編著

坂本 旬
法政大学
キャリアデザイン学部教授

山脇岳志
スマートニュース
メディア研究所 所長

クリティカルシンキング

吟味思考を育む

メディアリテラシー

MEDIA LITERACY

時事通信社

はじめに

　人生は、ひょんなことで思わぬ方向に転がっていく。

　34年間、新聞社で働いた後、2020年にスマートニュースのメディア研究所に転職した。メディアリテラシー教育や、メディア研究に携わっている。少し前まで、想像もしなかったことである。

　転職は、スマートニュースの鈴木健CEOや、メディア研究所の瀬尾傑所長（当時）との出会いがあったからこそである。ただ、そもそも、2016年のアメリカ大統領選を現地でカバーし、ドナルド・トランプ氏の当選を目の当たりにしなければ、おそらく転職はしていない。この本を編集することもなかっただろう。

　2016年の選挙では、虚偽ニュースや陰謀論の広がり、メディア不信、社会的な分断の深化を目の当たりにして衝撃を受けた。日本でも、社会的分断は広がりつつあるように見える。いったいわれわれはどういう時代に生き、メディアはどんな役割を果たすべきなのか。情報の出し手、受け手とも、メディアリテラシーを身に付けなければならないのではないか。記者という職業を離れて今の職に就こうと思ったのは、大統領選をカバーして、そんな思いを持ったのがきっかけだった。

　法政大学の坂本旬教授と初めてお会いしたのは、2020年2月のことである。川崎市の法政大学第二中学・高等学校で、メディア研究所の同僚が実施した授業を見学した時だった。

　授業が終わった後、坂本教授から、法政二中で、虚偽の見出しと本文の新聞記事を使って行ったリテラシー授業の経験談を伺った。どのグループも虚偽ニュースであることは見破ったが、その根拠まで調べた生徒はほとんどいなかったという。

　小学生の頃からスマートフォンを持つのが当たり前の現代、子どもたちはネットにつながった瞬間、真偽が分からない情報の中に投げ込まれる。運転免許を持たないままハンドルを握り、公道をいきなり走るようなものだ。

　情報が洪水のようにあふれる現代だからこそ、学校教育の中でのメディアリ

テラシー教育の重要性が高まっているという認識を共有した。

メディアリテラシーはなぜ今、重要なのか

さて、本書のタイトルでもあるメディアリテラシーとはそもそも何なのか。

定義は難しい。メディアリテラシーという言葉は多義的であり、人によって使い方が異なるからである。

大きく言えば、広い意味のメディアリテラシーと狭い意味のメディアリテラシーに分けられる。

広義のメディアリテラシーは、例えばフェイクニュースを見極めるといった情報リテラシー、ニュースについてのリテラシー、デジタルのスキルも含めたリテラシーなど、さまざまなリテラシーを含んでいる。筆者が、先ほど使った文脈においても、メディアリテラシーは、広義の意味で使っている。

一方で、狭義のメディアリテラシーとは、坂本教授の定義に従えば「民主主義社会におけるメディアの機能を理解するとともに、あらゆる形態のメディアメッセージへアクセスし、批判的に分析評価し、創造的に自己表現し、それによって市民社会に参加し、異文化を超えて対話し、行動する能力」となる。

やや専門的になるので、詳細は、第3章をご覧いただきたい。

国連機関のユネスコ（本部・パリ）も近年、メディアリテラシーに取り組んでいるが、メディアリテラシーと情報リテラシーを一体的に捉えて「メディア情報リテラシー（Media and Information Literacy）という名称を使っている。一つ重要なのは、市民が基本的な人権の恩恵を十分に享受することができるようになるためには、メディア情報リテラシーの習得がカギになると考えられている点である。特に世界人権宣言19条、表現の自由や知る権利などの擁護と結び付けられている。民主主義とメディア情報リテラシーの関係は深い。

では、なぜ今メディアリテラシーが注目されつつあるのか。さまざまな側面があるが、5点、重要だと思われる理由を挙げたい。

　1点目は、ソーシャルメディアの発達である。かつては、メディアといえば、新聞やテレビなどのマスメディアを指した。今は、YouTube、Twitter、Instagram、Facebook、TikTokなどのソーシャルメディア抜きに、メディアは語れない。インフルエンサーといわれる人々は、ソーシャルメディアを通じて、多数のオーディエンスを抱えている。一般の人も、身近な人たちに向けて日常的に発信している。「1億総メディア」といっても過言ではないほどに、みんながメディアとなる時代になったわけで、メディアとの付き合い方は、自分とどう付き合うか、と言い換えることもできる（なお、ソーシャルメディアと類似概念であるSNSはやや異なる定義となるが、「はじめに」においては、より広い定義であるソーシャルメディアという言葉を使う。本文中では、SNSという言葉もよく出てくる。定義については第2章を参照）。

　2点目は、ソーシャルメディアの発達と相まって、アメリカの大統領選や、新型コロナウイルス感染症の拡大局面などで、多くのデマや虚偽情報が拡散されやすくなったことである。例えば「新型コロナウイルスは26度から27度ぐらいの温度で死ぬので、ぬるま湯を飲むとよい」という虚偽情報が広がった。そもそも人の体温よりも低い温度で死ぬウイルスならば、これほど感染が広がるはずはない。しかし、通常は冷静な判断ができる人でも、大きな不安に包まれている中では、それが難しくなってしまう。情報を吟味し、友人などの他者に伝達するかどうかを判断する能力は、ますます重要になってきている。

　3点目として、AIやアルゴリズムによって、自分が見たい情報しか見えなくなる「フィルターバブル」に陥りやすくなっていることがある。ソーシャルメディアは自分が関心のある情報を中心に届けてくれ、検索サイトは、自分に合う情報をピックアップしてくれる。それは便利で快適なことではあるが、実はたくさんの情報が抜け落ちてしまう。そのことにどう対処するかという問題

がある。

4点目に、メディア不信や陰謀論の広がりも含め、民主主義そのものの揺らぎがある。新型コロナ対策でいえば、強権的な社会主義国の方がうまくコロナを抑制できた面があった。民主主義国においても、報道の自由についての懐疑が広がってきている。本書ではユネスコのメディア情報リテラシーへの取り組みに触れているが、メディアリテラシーは、民主主義の防波堤のような存在になり得る。

5点目として、教育界の動きがある。メディアリテラシー教育は、新学習指導要領でもうたわれている「主体的・対話的で深い学び」に通じる教育のはずである。しかしながら、本書の中で、下村健一氏は「（学校教育の現場の）『場末』に置かれたまま」と指摘する。その一方で、児童・生徒１人に１台パソコンやタブレットを配布する「GIGAスクール構想」が、実現しつつある。児童・生徒にとっても教師にとっても、デジタルの世界はますます身近になり、デジタル社会におけるメディアリテラシーを身に付けるニーズは高まってきている。

以上のような問題意識で、日本で出版されているメディアリテラシーや情報リテラシーについての主立った本や論文に目を通し、多くの学びを得た。

同時に、メディアリテラシー研究という学問の世界と、メディア界が分断されている印象を受けた。メディアリテラシーに関心を持つすべての方のためのテキストブックが出せないだろうか、と思い立った。

メディアの激変ぶり、それに対応した形でのメディアリテラシーの課題や理論の潮流、さらに現場での授業の実践例まで知ることができる本を出したい。やや欲張りなこの構想を坂本教授に話し共同編集の提案をして快諾いただいたのが、2020年夏のことだった。それから１年余りで、完成にこぎ着けた。

本書の狙いと構成

本書は、大きく 4 部構成とした。概要は、以下の通りである。

【第 1 部】　メディアの激変とメディアリテラシーの潮流

メディアの現状とメディアリテラシーについて体系的に知る「理論編」である。まず、メディアの急速な構造変化や若い世代のソーシャルメディアの受容と特徴について説明。それを受けて、メディアリテラシーの本質や定義、世界的な潮流、ユネスコの推進するメディア情報リテラシーを解説し、日本のメディアリテラシー教育の歴史や学校教育における位置付けを紹介する。さらに、メディアリテラシーと切り離せないデジタルシティズンシップの特徴や、クリティカルシンキングとメディアリテラシーの関係を考察するほか、トランプ時代以降のメディアリテラシー教育について、アメリカの研究者のインタビューも掲載している。

【第 2 部】　ジャーナリストの視点と実践

メディアの内側を経験してきたジャーナリストたちによるメディアリテラシーの試みや、なぜメディアリテラシーに取り組んでいるかという背景について紹介する。2000 年に岩波新書『メディア・リテラシー』を出版し、日本のメディアリテラシー教育に大きな影響を与えた菅谷明子氏や元キャスターの下村健一氏ら、さまざまなメディアでの勤務経験がある内外のジャーナリストのインタビューやルポ、解説で構成している。

【第 3 部】　教育現場での実践

学校教育現場での先進的なメディアリテラシー授業を紹介する「授業実践編」である。スマートニュース メディア研究所では、メディアリテラシー授業に取り組む中学・高校・大学の先生方と協力し、全国の先生方の授業のヒントとなるような実践例を、ホームページで紹介している。学校のみならず、家庭でも使えるようなものもある。

本書では、全部で10の授業について、それぞれカギとなるポイントをまとめ、要約版として掲載した。完全な形のものは、メディア研究所のホームページ（https://smartnews-smri.com/）から、無料でダウンロードできる。それぞれの実践例の最後に、掲載ページURLとQRコードを掲載している。

【第4部】 座談会・メディアリテラシー教育の現在地と未来
　　　　　　〜中央官庁、教育委員会、学校の現場から

今後の日本の学校教育の中で、メディアリテラシーやクリティカルシンキングはどう位置付けられるべきものなのか。行政と学校の役割を探る座談会である。

二度の学習指導要領の改訂に関わった内閣府の合田哲雄氏、ユニークな教育改革の旗手として知られる広島県教育委員会教育長の平川理恵氏、民間企業勤務の経験を持つ埼玉県立高校教諭の上田祥子氏を迎え、教育行政と現場におけるメディアリテラシー教育の現状と課題、具体的な取り組み例、今後の方向性などについて、話し合っていただいた。

「クリティカル」は、非難ではない

多様な内容を含むメディアリテラシーではあるが、筆者がとりわけ重要だと思っているのは、メディアリテラシー教育の「中核」ともいえるクリティカルシンキングの養成である。

クリティカルシンキングは、日本の教育では軽視されてきたといっていいだ

ろう。OECD国際教員指導環境調査（TALIS・2018年報告書）によれば、「生徒の批判的思考を促す」と答えた中学校教員の割合は、参加48カ国平均で82.2パーセントだったのに対して、日本は24.5パーセント。調査対象国の中で最も低い数字だった。

　クリティカルシンキングという言葉も、メディアリテラシーという言葉と同様に、多義的で難しい。日本語では「批判的思考」と訳されることが多いが、この訳語だと、相手の言っていることや書かれていることを否定・非難することを奨励する思考や態度だと誤解されることがある。

　だが、クリティカルシンキングを、「否定」や「非難」と捉えるべきではない。この本の執筆者でもある京都大学大学院教育学研究科の楠見孝教授は、クリティカルシンキングを、①内省的で熟慮的な思考②論理的・合理的な思考③目標指向的な思考、と定義している。

　そもそも、クリティカルシンキングの「クリティカル」は、見分ける・判断するという意味のギリシャ語「kritikos」が語源であるといわれる。

　「クリティカル・シンキングの養成」を大学教育の一つの柱にしている国際基督教大学（ICU）教養学部の生駒夏美教授は、自ら考えた結果、否定するだけでなく肯定することもクリティカルシンキングだと指摘する。「英語のクリティカルというのは、自分の価値観とか、他の総合的な知を利用して熟慮した結果、『これはいいだろう』とか『これはちょっと問題がある』などと判断をするということだと思うのです。その判断をできるような力を身に付けてほしいというのが本学の教育の根本です」と話す。

　面白いことに、大学1年生で入ったばかりの頃は、クリティカルシンキングを誤解し、議論の中で、やたら相手を批判したり、揚げ足を取ったりする学生も多いのだという。それが2年、3年と学年が上がり、訓練していくうちに「批判だけがクリティカルシンキングではない」と理解していくのだという。「クリティカルシンキング」は、鍛えれば伸ばせる「スキル」なのである。

　いずれにしても、クリティカルシンキングの「クリティカル」は、日本語に

するなら、「批判」というより「吟味」というニュアンスに近いのだろう。

こうしたことから、本書のタイトルは、クリティカルシンキングの訳を、「吟味思考」とした。耳慣れない言葉ではあるが、よけいな先入観を持つことなく、クリティカルシンキングを育みやすいようにとの願いを込めた。

ただ、歴史的に定着してきた日本語の訳語としては、やはり「批判的思考」や「批判的思考力」となるので、各筆者の本文においては、基本的に、この訳語を使っている。

メディアリテラシー教育で「吟味思考」を育てる

日本は、「課題先進国」であるといわれる。少子高齢化が進み、社会保障費の増大など、多くの難しい問題に直面している。安全保障、地球環境、経済格差など、どれを取っても、簡単には解決できない問題に取り囲まれているといっていい。

新型コロナウイルス感染症の拡大では、一部の地域で医療崩壊といってよい状況にまで追い込まれた。医療体制や危機管理の問題があぶり出されたが、問題の原因は複雑であり、そこに至るまでの長い歴史的な経緯もある。誰かを、あるいは何かの組織を「非難」したくなるのは人間としての自然な気持ちではあるが、それだけでは問題は解決しない。あらゆる事象の解決に、「魔法の杖」はないのである。

複雑な問題に取り組み、解決策を見つけていくには、まず、事象が複雑であることを理解し、複雑な状況に応じた、複合的な対策を講じる必要がある。

これからも、日本の課題は増えることはあっても減ることはないだろう。この複雑で難しい状況に対応するには、政府にも民間にも、多様な立場を理解し、さまざまな角度から物事を考えられる人を育てる必要がある。教育現場において、クリティカルシンキングの養成は、ますます求められていくに違いない。

メディアリテラシー教育を行うことは、クリティカルシンキングの力を養う

ことにつながる。

　知識を多く蓄える「インテリ」となることは、物事を多角的に見たり、事実に基づいて正確に判断したりすることには、必ずしもつながらない。

　カリフォルニア大学リヴァーサイド校のジョセフ・カーン教授らは、15歳から27歳を対象とする調査データを用いて、ソーシャルメディア上の政治的コンテンツについての正確性判断を検証した。すると、政治に関して高水準の知識を持つ若者ほど、投稿が事実かどうかに関わりなく、自分の信条に沿った投稿を「正確だ」と判断し、自分の信条に合致しない情報を「不正確だ」と認識する傾向があることが分かった。

　しかし、メディアリテラシー教育を受ける機会が多かった若者は、自らの政治的志向の影響はあるものの、事実の正確性に依拠して判断する傾向が強いという結果が出た。

　世界的に広がりつつある社会の分断を和らげるためにも、メディアリテラシー教育は、希望の一つであるといえる。

　虚偽ニュースやデマが、この世の中から根絶されることはないだろう。中世ヨーロッパの「魔女狩り」を持ち出すまでもなく、古くから、人間社会に虚偽ニュースは付き物であった。かつてと今の違いは、ソーシャルメディアの普及によって、虚偽ニュースや人を傷つける言葉が一瞬のうちに、巨大な規模で広がることである。ただ、ソーシャルメディアは、その利便性によって、もはや生活に欠かせないものになっている。

　多様な見方を尊重する。ちまたの言説を安易にうのみにせず、深く考え、行動する。メディアリテラシーやその根幹にあるクリティカルシンキングの力は、情報が洪水のように押し寄せ、ぎすぎすしがちな「1億総メディア社会」において、ますます求められるスキルになっている。

　30人以上の執筆者・インタビュイー・授業実践者が力を合わせたこの本が、日本のメディアリテラシー教育、ひいては「多様で寛容な社会」に向けての一助になることを切に願う。

2021年11月

スマートニュース メディア研究所

山脇 岳志

メディアリテラシー ──吟味思考（クリティカルシンキング）を育む
目　次

はじめに 002
スマートニュース メディア研究所　山脇岳志

第1部 メディアの激変と
メディアリテラシーの潮流───────── 017

018　**第1章**　激変するメディア
スマートニュース メディア研究所フェロー
ファクトチェック・イニシアティブ（FIJ）副理事長　藤村厚夫

053　**第2章**　若年層のSNS利用とコミュニケーション特性
電通メディアイノベーションラボ主任研究員　天野彬

072　**第3章**　メディアリテラシーの本質とは何か
法政大学キャリアデザイン学部教授　坂本旬

095　**第4章**　ユネスコによるメディア情報リテラシーの挑戦
法政大学キャリアデザイン学部兼任講師　村上郷子

124　**第5章**　日本のメディアリテラシー教育の歴史的潮流
弘前大学教育学部准教授　森本洋介

145　**第6章**　デジタルシティズンシップとメディアリテラシー
一般社団法人メディア教育研究室代表理事　国際大学GLOCOM客員研究員
関西大学大学院博士課程後期課程在学　今度珠美

160　**第7章**　学校教育におけるメディアリテラシーの
位置付け
東京学芸大学大学院教育学研究科准教授　中村純子

181　**第8章**　すべての子どもたちにメディアリテラシー
教育を【Interview】
ロードアイランド大学教授　ルネ・ホッブス

196　**第9章**　批判的思考とメディアリテラシー
京都大学大学院教育学研究科教授　楠見孝

第2部 ジャーナリストの
視点と実践 ———————————— 221

222 **第10章** **すべての情報は再構成されている**【Interview】
在米ジャーナリスト
ハーバード大学ニーマン・ジャーナリズム財団理事　菅谷明子

230 **第11章** **「Should（べき論）」ではなく**
「How（方法論）」を教えよう【Interview】
令和メディア研究所主宰　白鷗大学特任教授　下村健一

246 **第12章** **NHKはなぜ現場での実践を始めたのか**
【Interview】
日本放送協会広報局制作部チーフ・プロデューサー　海野由紀子

254 **第13章** **私が「テレビを疑え」と教えてきた理由**
教育アナリスト　フジテレビ解説委員　鈴木款

266 **第14章** **アメリカのニュース・リテラシー・**
プロジェクト（NLP）を解剖する
朝日新聞GLOBE副編集長　宮地ゆう

281 **第15章** **NLPを創設した理由と「陰謀論」の脅威**
【Interview】
ニュース・リテラシー・プロジェクト（NLP）創設者・CEO　アラン・ミラー

290 **第16章** **虚実のあいまいさとメディアリテラシー**
日米、新聞とニュースアプリの視点から
スマートニュース メディア研究所 所長　山脇岳志

第3部 教育現場での実践 ――――――――― 315

316 **実践1** 想像力を働かせよう 「朝の会」やホームルーム、授業で使える《ソ・ウ・カ・ナ》チェック
【対象】小学校5年〜大学／朝の会・ホームルーム・国語など
令和メディア研究所　下村健一

320 **実践2** 大人と本に興味を持たせる「図書館 出前講座」
【対象】小学校〜高校／特別活動
東京都大田区立羽田中学校　穐田剛

324 **実践3** 見出しを作って、ネットで発信してみよう
【対象】小学校5年〜中学校3年／国語・総合的学習
元スマートニュース メディア研究所　宮崎洋子、中井祥子

328 **実践4** リツイートしてみよう
【対象】中学校1〜3年／社会・総合的学習
横浜創英中学・高等学校　津田真耶
時事通信出版局　坂本建一郎
スマートニュース メディア研究所　山脇岳志

332 **実践5** それ虚偽ニュースかも。さて、どうする？
【対象】中学校・高校／社会・総合的学習（探究）など
本郷中学校・高等学校　横山省一

336 **実践6** 国語科教科書を国際バカロレアの観点からクリティカルに読む
【対象】高校1〜3年／国語・総合的探究
灘中学校・灘高等学校　井上志音

340 **実践7** ICTで高校をつないで「対話」する
【対象】高校1〜3年／国語
奈良女子大学附属中等教育学校　二田貴広
岡山県立岡山南高等学校　畝岡睦実
近畿大学附属広島高等学校・中学校 福山校　岡本歩

344 **実践8** 「教科書」もメディア？理想の教科書を考える
【対象】高校1〜3年／地理歴史・公民・総合的探究
国際基督教大学高等学校　鵜飼力也

348　実践9　「白雪姫暗殺未遂事件」
　　　　　　報道における情報元の評価
　　　　　　【対象】高校1〜3年・大学／国語・公民

　　　　　　香港大学ジャーナリズム・メディア研究センター　鍛治本正人

352　実践10　SNSで、どう情報を受信・発信するのか
　　　　　　体験型オンラインゲームで学ぶ
　　　　　　【対象】中学校3年〜大学／総合的学習（探究）・国語・情報

　　　　　　元スマートニュース メディア研究所　宮崎洋子
　　　　　　スマートニュース メディア研究所　長澤江美

第4部　【座談会】メディアリテラシー教育の現在地と未来

〜中央官庁、教育委員会、学校の現場から ─────── 357

Ⅰ　メディアリテラシー教育は「場末」に置かれている？
Ⅱ　「主体的・対話的で深い学び」の本質は、クリティカルシンキングの育成
Ⅲ　学校の「水平分業」化で、先生の役割は大きく変わる
Ⅳ　広島県の「学びの変革」の実践
Ⅴ　オンラインは学校の「壁」を打ち破れる
Ⅵ　学校全体に「メディアリテラシー教育」を

（参加者・五十音順）
埼玉県立川越初雁高校教諭（当時）　上田祥子
内閣府 科学技術・イノベーション推進事務局審議官（当時）　合田哲雄
広島県教育委員会教育長　平川理恵

（モデレーター）
スマートニュース メディア研究所 研究主幹（当時）　山脇岳志

おわりに　383
法政大学キャリアデザイン学部教授　坂本旬

編者／執筆者紹介　387

第 **1** 部

メディアの激変と
メディアリテラシーの潮流

第1章
激変するメディア

藤村厚夫 ● FUJIMURA Atsuo
スマートニュース メディア研究所フェロー
ファクトチェック・イニシアティブ（FIJ）副理事長

　2021年3月、文部科学省は2022年度から高校生が学ぶことになる新教科書の検定結果を発表した。新学習指導要領により大小の変化が盛り込まれたが、中でも大きなポイントの一つが、「デジタル化」を背景とする変化だ。新しく設けられた「情報Ⅰ」ではプログラミングが必修となった。だが、求められるのは、このようなデジタル化そのものに関する技能や知識の習得だけではない。

　読売新聞（2021年3月31日付）は、この発表について「真偽確認の大切さ強調——高校教科書検定　ネットの功罪　手厚く解説」との見出しで大きく紙面を割いて報道した[1]。

　　幼少期からネットに触れてきた世代が2022年度から学ぶことになる高校の新教科書。30日に公表された各教科書には、情報を読み解く「メディアリテラシー」や「ファクトチェック」など、ネットやSNSの功罪がふんだんに盛り込まれた。

　情報の受け止め方、その理解、さらには個人が「情報を発信する」際のマナーや法令順守に至るまで、「メディアリテラシー」や「ファクトチェック」を必要とするに至った背景には、生徒たちが日常的に目にし、利用することになる情報とメディアの分野全般での大きな変化がある。

　本書では、新教科書にも盛り込まれるようになった「メディアリテラシー」について、複数の専門家や研究者が多角的に掘り下げていくことになるが、本章では「激変するメディア」を主題に、変化するメディアのありようと、その背後にある幾つかの要因を概観することとする。

　当然のことながら、中でもデジタル技術やインターネットの隆盛が、従来の

1　「真偽確認の大切さ強調——高校教科書検定　ネットの功罪　手厚く解説」『読売新聞』（2021年3月31日付）

メディアの在り方をどう大きく変化させ、その変化が、私たちが直面する社会的な課題とどう結び付いているのか、そしてそれに対して私たちはどう振る舞うべきなのかについては、重要なポイントとして見ていくことにしたい。

1 ｜ インターネット時代のメディアが誕生

　通信ネットワークの一種であるインターネットの誕生、さらに、情報を相互にリンクする（関連付ける）規格である「ワールド・ワイド・ウェブ」（World Wide Web、以下ウェブ）の発明は、新しい情報伝達メカニズムを生み出すものだった。これが、新聞や雑誌、テレビやラジオといった従来存在するアナログメディアによって築かれた情報受発信の在り方全体を覆すかもしれない新たな「メディア」としての可能性を見せたのは、1990年代のことだ。

　本章では、このようなインターネットテクノロジーの進展から誕生し、以後、急速な発展を見せることとなった新しいメディア形式を「インターネットメディア」と総称する（以下、これと対比する意味合いで、新聞や放送、そして雑誌などを総称して「アナログメディア」と呼ぶことがある）。

　現在も私たちが日常的に目にする「ウォール・ストリート・ジャーナル（電子版）」「asahi.com（現在の「朝日新聞デジタル」）」「Yahoo! ニュース」などは、いずれもが1990年代に産声を上げていることから、インターネットメディアは、おおよそ30年ほどの歴史を刻んできたと理解してよいだろう。ちなみにこのインターネットメディアと切っても切り離せない「インターネット広告」もまた、1994年にアメリカのメディア「ホットワイアード」（HotWired）に掲示された「バナー広告」が最初といわれている[2]。

　インターネットメディアは1990年代に始まったと述べたが、それからの30年の歴史の中でも特筆すべき出来事は、2007年に誕生した「アイフォーン（iPhone）」を起点とするスマートフォンの誕生とその急激な成長だ。

　それまでのインターネットメディアは、机上に置くような大きなデスクトッ

2　DIGIDAY「巨大産業の原点：『最初のバナー広告』誕生秘話」：https://digiday.jp/publishers/history-of-the-banner-ad/（2021年11月5日閲覧）

2007 年、iPhone を発表するアップル CEO（当時）のスティーブ・ジョブズ氏（写真／AFP=時事）

プパソコン（PC）か、その小型版であるノート PC で、見る・読むものだった。つまり、PC があるような場所でしか体験できない限定的なものだった。しかし、スマートフォンが誕生したことで、本当の意味でいつでも・どこでもインターネットメディアを体験することが可能になった。また、スマートフォンが事実上、「1 人 1 台のインターネット端末」を実現したことで、メディアを体験することは、一人ひとりが自由にメディアを体験することでもあるという、現在のメディア観の趨勢を実現したという点でも画期をもたらした。

　iPhone が創造したのは、いつでも・どこでも小型の端末でウェブを閲覧できるという「機能」にとどまらなかった。その小型端末向けの特製ソフトウエアである「アプリ」開発の仕組みと、それを膨大なスマートフォン利用者に提供する流通市場（アップストア）をもたらしたのだ。これが多くの開発者、メディア、そしてクリエーターを引きつけ、文

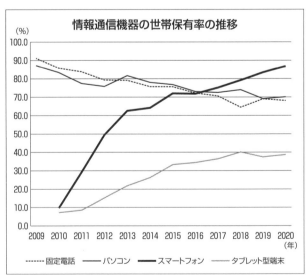

図 1　急成長を遂げたスマートフォンの世帯保有率（出典：『令和 3 年版情報通信白書』）

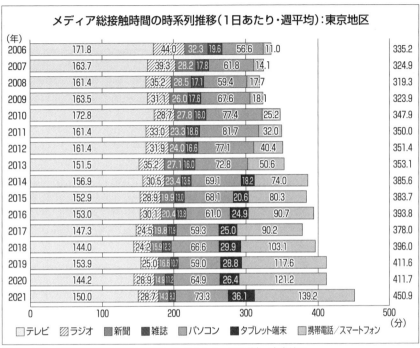

図2　メディア総接触時間の時系列推移（1日あたり・週平均）：東京地区
（出典：博報堂 DY メディアパートナーズ メディア環境研究所「メディア定点調査 2021」）

字や静止画像にとどまらず、動画像や音声などを組み合わせた新しい表現形式のメディアを次々に創造する意欲と機会を喚起したのだった。

　スマートフォンの誕生がメディアにもたらした影響度合いは際立っている。図2は、1日当たり・週平均での東京地区におけるメディア総接触時間だ。ここに見るように、iPhone 出現（2007年）以降、とりわけその普及期といえる2010年から、人々のメディア接触時間が増大している。2021年では、10年前の2011年に比べ1日当たり（週平均）のメディア総接触時間が100分、3割近くも伸長した。その間、接触時間で純増を果たした「メディア」は、スマートフォンとタブレット端末のみである。

　忙しい都会人に与えられた1日の時間は有限のはずだが、その制限を取り払うかのような拡張をもたらしたのも、「一人ひとりが自由にメディアを体験」

できるスマートフォン時代だからこそといえるだろう。

2 ｜ 成長と衰退が交差する2000年代のメディア

　誕生から約30年間、インターネットメディアは爆発的な成長を遂げ、いまだにその勢いを止めようとしない。例えば、経済的な指標である「広告費」で見ると、2018年にはテレビ広告費にインターネット（メディア）広告費がほぼ追い付くという歴史的な事件が生じた（図3）。経済的規模においてインターネットメディアが、アナログメディアの王者テレビに追い付き、さらに2019年以降はこれを大きく凌 駕することとなったのである。われわれは今ここで、成長するメディアと衰退するメディアが交差する、メディアの転換点を目撃していると言ってよいだろう。

　加えて注目したいのは、2018年はスマートフォンを対象とする「モバイル広告」の分野がインターネット広告費の70.3パーセント（1兆181億円）を占めた年でもあるということだ[3]。iPhoneが国内で発売開始（2008年）されてか

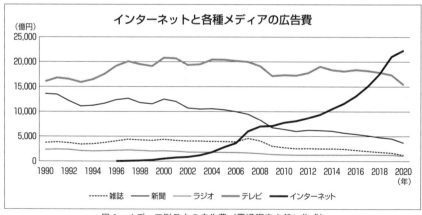

図3　メディア別日本の広告費（電通調査を基に作成）

3　株式会社D2C／株式会社サイバー・コミュニケーションズ／株式会社電通「2018年 日本の広告費 インターネット広告媒体費 詳細分析」：https://www.dentsu.co.jp/news/release/pdf-cms/2019026-0314.pdf（2021年11月5日閲覧）

らわずか10年のことだ。インターネット広告費急増の原動力は、スマートフォンの劇的な普及を背景にしており、「インターネットメディアの時代」とは、そのまま「モバイルメディアの時代」でもあることもまた記憶にとどめておくべきである。

　広告費の観点からテレビとインターネットメディアを比較し、成長と衰退の構図を確認してきたが、では「新聞」はどうなっているだろうか？

　新聞は、ピーク時の1990年代から見ると、その発行部数を落とし、如実に衰退の一途をたどってしまっている。1990年に7000万部台の発行部数総計があったのに対し、2020年には、その約6割、4000万部台にまで縮小してしまった（表1）。

単位：千部

	1990年	1995年	2000年	2005年	2010年	2015年	2016年	2017年	2018年	2019年	2020年
発行部数計	72524	72047	71896	69680	63199	55121	53690	51829	48927	46233	42345

表1　1990年代以降の新聞発行部数（日本新聞協会資料を基に作成）

　さらに注目しておきたいのは、従来のアナログメディアとインターネット（メディア）における接触時間の変化だ。2000年代の全世代における平日1日平均接触時間の推移を示すと、図4のようになる[4]。見て取れるのは、ここでもテレビ視聴時間漸減に対してインターネット利用時間が急増し、ついには凌駕するさまだ。

　さらに重要な点がある。これを世代別に見てみるとどうだろうか？まず、10代だ（図5）。見て分かるように、2014年という、はるか以前にインターネットへの接触時間がテレビを凌駕してしまっている。

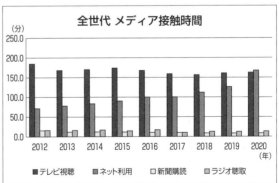

図4　全世代平均での1日のメディア接触時間
（総務省『情報通信白書』を基に作成）

4　総務省 平成28年版および令和3年版『情報通信白書』「主なメディアの平均利用時間と行為者率」から筆者が集計した。

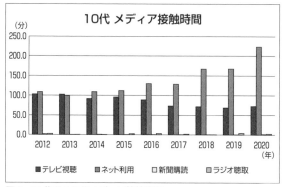

図5　10代の1日のメディア接触時間
（総務省『情報通信白書』を基に作成）

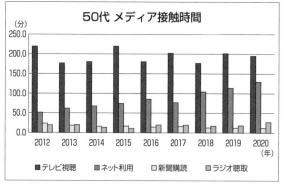

図6　50代の1日のメディア接触時間
（総務省『情報通信白書』を基に作成）

インターネットへの接触がテレビのそれを上回っただけではない。テレビ視聴の時間が著しく減少してきていることが分かる。ここでは示さないが、20代ではこのような激しい変化は見られない。つまり10代にだけ見えているインターネット世界の広がりがあることに注意を払わなければならないのだ。

逆に、シニア層ではどうだろう。対比のために50代のメディア接触時間の推移を見てみよう（図6）。もちろん、インターネットへの接触時間が増えているのが目に付くが、注目したいのは、テレビ視聴の時間がほとんど減少していないことだ。この世代のメディア接触時間は総体として長いと言えるが、それを支えているのは依然としてテレビ視聴時間だ。平日のほぼ200分をテレビ視聴に充て続けている。10代では、インターネットへの接触時間が純増し、テレビ視聴時間を奪っているのとは対照的だ。

　簡単に整理しよう。10代は、近くインターネットに1日250分を費やすことになるだろう。逆にテレビへの接触はインターネットの2割程度になる。また、テレビとインターネット以外のメディア、すなわち新聞やラジオへの接触はほぼグラフに表れないほどに少なくなっている。いずれ、インターネット

とだけメディア接触をすることとなる可能性が現実的なものとなってきている。一方のシニア世代では、テレビ視聴への執着は根強い[5]。

　このように10代と50代とでは、接するメディア世界がまったく異なる状況に差し掛かっている。「メディア」と一言でいった場合、シニアと10代とではもはや異なるものを指していると理解すべきだ。いずれこの10代が社会の中心を成す近い将来には、アナログメディアの存立が根本から揺らぐことは間違いない。この点でも、われわれはメディアの劇的な転換点を目撃しているのだということが分かる。

　ただし、インターネットメディアの隆盛によって、アナログメディアはただひたすらに消滅への道を歩むのかといえば、必ずしもそうではない。情報の伝達（流通）形態が、アナログな印刷物や電波から、インターネットメディアへと大きくシフト中であるのは明白だが、そのインターネットメディア上を流通する情報の多くは、現在もなお、アナログが培った従来メディア（組織）が生み出していることも事実だからだ。

　インターネットを生誕の地とする新しいメディア組織が、今、続々と誕生していること、個人でもメディアを創造できる仕組みが普及したことで、今後は、アナログメディアの思考や規範にとらわれないメディア（組織）が生まれ影響力を高めていくようになるだろう。ましてや、SNSのような、従来のメディア（組織）とはかけ離れた原理を持つものが情報流通の基盤になるその時こそ、メディアの質的な大転換が生じることになるはずだ。すでにそれは始まっているのかもしれない。それが社会に対して負のインパクトを与えるかもしれないという点について、以下では触れていくことになる。

3 ｜ インターネットメディアの周囲で何が起きているか

　インターネットメディアの隆盛に対してアナログメディアの衰退という、メ

5　NHK放送文化研究所「国民生活時間調査2020　生活の変化×メディア利用」においてもこの状況は確認できる。https://www.nhk.or.jp/bunken/research/yoron/pdf/20210521_1.pdf（2021年11月5日閲覧）

ディアに起きている激変について述べてきたが、次にこの変化が引き起こす課題に対して目を向けていくことにしよう。

　例えば、本書の読者であれば、多かれ少なかれ、以下のような現象を意識しているはずだ。

- 偽情報・誤情報など、総じて「フェイクニュース」がまん延する。
- 大規模なSNSの出現により、たとえ個人が発信するような情報であっても、高速に拡散し多くの人々に影響をもたらすようになった。
- 過度に個人の嗜好や行動を追跡するメディアや広告が、常態化している。
- お手軽で低信頼、没個性のニュースが多く生み出されるようになった。
- 好みの情報（ニュース）だけに触れて済ませてしまう「選択的情報接触」スタイルが増えた（選択的情報接触については後述）。

　上記の各種課題には、筆者はテクノロジーの「進化」が動因として関与しているものと理解している。

　まず、ふんだんに提供されている安価な道具やサービスが利用できるようになり、インターネットメディアであれば、個人でも容易に立ち上げられるものとなった。SNSに至っては、利用料は「無料」だ。工業化（規格化）の進展で生じる成果が、メディア分野にも及んだという意味で、これをインターネット（メディア）の「コモディティ（一般消費財）化」と呼ぶことができるだろう。

　次に、大量生産の仕組みを得たインターネットメディアにおいては、そこから収入を得る仕組みが発達する。インターネットメディアの多くは、今に至るもインターネット広告に収入源を依存している。それは、数多く広告を表示する＝記事の表示回数を増大させることを基本的な変数としており、増収のためには、メディアの表示（閲覧）回数最大化を推し進めることとなった。

　ウェブでは「ページ」という単位を多用するため、この表示回数を「ページビュー」と呼ぶ。ページビューが来訪者へ広告を表示するための基礎となる変数であるため、このような最大化へと突き進む動きを「ページビュー至上主義」と呼んだりする。

　さらに、インターネット広告にテクノロジーの集積が進み、インターネット上での行動を横断的に収集し、メディアを閲覧する利用者一人ひとりの嗜好や属性などの情報を精度高く分析できるようになった。これによって、利用者が訪問するサイトやページなど先々で、その利用者を狙い撃ちするような広告の掲出ができるようになっている。これを「ターゲティング広告」と呼ぶ。近年、このように利用者の行動を追跡し情報を収集し続けることによって広告の精度を高めていくような行為が、利用者の個人情報の収集行為として嫌悪されるようになり、国によっては厳格にその抑制を求めるようにもなってきている[6]。

　並行して、ページビューという量的な指標を追い求めるあまり、ニュース記事の品質を高めるという本来あるべき競争を避ける動きも顕著になった。例えば、記事タイトルを扇情的にする（「釣り見出し」などと呼ばれる）、検索キーワードの分析から情報ニーズの高いトピックスを導き出し、これを安価な外注作業で量産するといった、意図された低品質記事の生産体制によって収益を追求するような動きが繰り返し生じている。アメリカでは、2011年には、このような「コンテンツファーム」と呼ぶ問題が顕在化し[7]、Googleは、検索エンジンのアルゴリズム[8]を大掛かりに改修する「コアアップデート」（サービスの設計に影響するような大掛かりな改修）を実施することとなった。

　国内では、例えば2016年に、DeNA社が医療サイト「WELQ（ウェルク）」をはじめとする複数の「まとめサイト」（「キュレーションメディア」とも呼んだ）を開設して、組織的に低品質な情報を量産する戦略を実施し、結果として社会からの指弾を受けることとなった[9]。

　WELQは、医療情報の専門メディアをうたうものだったが、その記事の多数が、盗用や専門家が厳しく批判するような幼稚で危険な内容だった。しかし、

6　例えば、TechCrunch JAPAN「EUの主管プライバシー規制当局が行動監視に基づくターゲティング広告の禁止を求める」を参照。https://jp.techcrunch.com/2021/02/26/2021-02-10-eus-top-privacy-regulator-urges-ban-on-surveillance-based-ad-targeting/（2021年11月5日閲覧）
7　例えば、CNET Japan「グーグル、コンテンツファームへの対抗を表明」を参照。https://japan.cnet.com/article/20425362/（2021年11月5日閲覧）
8　「アルゴリズム」とは、求める結果を得るためのソフトウエアプログラミング上の手続きを意味する。
9　例えば、東洋経済ONLINE「DeNA、『3時間謝罪』でも解明しない詳細経緯」を参照。https://toyokeizai.net/articles/-/148657（2021年11月5日閲覧）

品質は低くても、検索エンジンでよく検索されるトピックスに沿った記事を量産したため、多くのページビューを生じ、広告収入を同社にもたらした。医療という人の生死や健康に重大な影響を与えかねない分野において、広告収入を狙った組織的な粗製乱造メディア

WELQ問題で謝罪に追い込まれた当時のDeNA社経営トップ（写真／時事）

が、インターネットメディアの特性を生かすようにして生み出された象徴的な事件だったと言える。

　また、WELQ問題ほどの社会的事件に至ってはいないものの、2020年くらいから、著名人の発言などを、テレビやラジオ番組の放送やSNSなどから拾い出して安直に記事化するといった、取材や編集に手間暇をかけずにページビューを荒稼ぎする「こたつ記事」（テレビやラジオ番組をネタに、こたつに入ったままでも執筆できると、このように揶揄する）の広がりを問題視する声も上がっている。

4 ｜ テクノロジーがメディアの激変を駆動

　述べてきたようなインターネットメディアの隆盛を背景にして引き起こされている課題には、膨大に生成される情報を一人ひとりの利用者の嗜好に沿って選別して表示する「**レコメンデーションシステム**」（「推奨システム」とも呼ぶ）が発達していることが重要な影響を及ぼしていると見られる。詳細は後述するが、ニュースのように、「現実」を知るために行われるはずのメディアとの接触においても、レコメンデーションシステム任せの閲覧傾向が強まっている。その弊害が、「フィルターバブル」や「エコーチェンバー」現象として指摘されるようになった（後述）。

　このように、従来のアナログメディアとインターネットメディアとの違いは、インターネットメディアでは、情報流通にテクノロジーの果たす役割が極めて大きいことだ。

　テクノロジーの進化は、至る所でヒトによる介入を必要としてきたアナログメディアの在り方を、ヒトの介入を不要として、随所でメディアの無人化や自動化へと変化を推し進める。さらにAI（人工知能）を用いた記事の自動生成でさえ、一部では実用化されるなど、自動化の範囲は日々広がっている[10]。

　また、テクノロジーを活用できる能力があれば、たやすく"メディアもどき"を作って運営することもできるようになった。何よりインターネットメディアとSNSを組み合わせれば、アメリカ大統領選での「フェイクニュース」問題のように、「マスメディア」さえ凌駕するような情報の波及（拡散）を生み出すことさえ不可能ではない（後述）。

　このような「激変するメディア」の現実について、もう少し掘り下げてみることとしよう。

5 ｜ 偽情報・誤情報など、「フェイクニュース」がまん延

　2016年のアメリカ大統領選を契機に「フェイクニュース」という語が広く知られるようになったことは記憶に新しい。ドナルド・トランプ氏が勝利したその選挙の期間中、トランプ氏や対抗馬であったヒラリー・クリントン氏、そしてそれぞれの陣営をめぐりさまざまな虚報が飛び交うこととなった。中でも「ローマ教皇、トランプ氏を支持」といった、文字通りのフェイクニュースが飛び出したことはよく知られている。老舗新聞の報道を模してトランプ氏とフランシスコ教皇を組み合わせた写真も交えた投稿が、SNSで流布され話題を呼んだ。

　また、「クリントン陣営の民主党幹部らがワシントンDCにあるピザレストラン地下で幼児の人身売買に関わっている」とのデマを真に受けた人物が、同

10　例えば、Forbes JAPAN「ロボットがニュース記事執筆　ジャーナリズムの避けられない現実に」を参照。https://forbesjapan.com/articles/detail/35089（2021年11月5日閲覧）

ピザゲート事件（写真／EPA=時事）

レストランに押し掛けてライフル銃を乱射するという「ピザゲート」事件が同年には起きた。

この二つの事件は、前者は特定候補者の人気を高める目的で、後者は相手陣営の評判をおとしめたいがための政治的な意図から起きたと見られるが、事は政治的意図にとどまらない。この時期に顕在化した偽情報の大量発生には、例えば、米国外、東欧に位置するマケドニア共和国（当時）の10代の青少年らが偽情報を捏造して100以上のニュースサイトを運営していたといった現象も含まれている[11]。

これらは、政治信条などとは無関係で、広告収入で荒稼ぎしたいという経済犯的な意図が存在して事態を複雑にしていたのだ。偽ニュースサイトを立ち上げては、両大統領候補の熱烈な支持者にとって刺激的な偽情報を捏造しSNSで拡散したという。これによって大量の支持者をサイトに誘導して広告を表示、多額な広告収入を得ていたという事態が確認されている。

6 ｜ 日本でも巧妙な「フェイクニュース」サイトが

ニュース（報道）メディアを装って、巧妙な偽情報を発信する事件はわが国でも起きた。「大韓民国民間報道」を名乗るサイトが、「韓国、ソウル市日本人女児強姦事件に判決　一転無罪へ」という民族感情をあおる捏造記事を掲載、これがSNS上で大きく拡散した。だが、この記事が捏造だったのはもちろん

11　例えば、HUFFPOST「『トランプ支持者向けの偽ニュースで700万円稼いだ』マケドニアの若者が証言」を参照。https://www.huffingtonpost.jp/2016/12/12/fake-news_n_13577368.html（2021年11月5日閲覧）

のこと、サイト全体が巧妙に作り込まれた偽ニュースサイトだったのだ。報道した BuzzFeed News がサイト運営者を突き止め取材すると、「（民族差別感情を喚起する）ヘイト記事は拡散する」との認識から企図したとのことで、やはり広告収入狙いだったことが明らかになっている[12]。

　このように、インターネットメディアでは、「メディアもどき」のサイトを構築することが比較的容易となっている。そこで生まれたデマを、SNS などを駆使して広く流布させることもまた難しいことではなくなった。

　さらに、たとえ偽情報であったとしても、多くの人々がその記事を閲読すれば広告収入を生んでしまうという、インターネット広告におけるモラルハザード的な側面が悪用されているという点も指摘しておきたい。そこには人間の介入抜きで、閲覧される情報に広告を自動的に振り当てるインターネット広告のテクノロジー上の「進化」が寄与しているのである。

　このような偽情報の広がりが社会問題と指摘されるようになって以降、「ファクトチェック」（真偽検証）の必要性も叫ばれるようになった。ここに触れたような事件がそもそもデマでしかないことを検証し、その真実の姿を論じる取り組みは広まった。だが、ファクトチェックの重要性が認識され、その取り組みが増しているものの、いまだ偽情報を駆逐できていないという現実もある。この点については、後ほど改めて、ファクトチェックについて紹介するとともに論じることとする。

7 ｜ テクノロジーが偽情報の高度化も促進する

　テクノロジーが偽情報の繁殖に寄与するという点では、写真や動画像などの合成が容易かつ安価になったということも、昨今の動向として注意が必要だ。最近では、写真の切り貼り細工といった単純な合成にとどまらない、高度な動画の合成が可能になっている。「ディープフェイクス」と呼ばれる AI（人工知能）を利用した動画合成の手法を用いると、例えば、著名政治家の演説動画を基に、

12　BuzzFeed News「『ヘイト記事は拡散する』嫌韓デマサイト、運営者が語った手法」: https://www.buzzfeed.com/jp/kotahatachi/korean-news-xyz-2（2021年11月5日閲覧）

巧妙に口元の動きに同期した偽の発言を合成することができる[13]。

また、2020年のアメリカ大統領選の前哨戦では、民主党のナンシー・ペロシ下院議長が酩酊したような状態で発言する姿が流布されたりもした（これは単純に録画動画の再生速度を操作しただけのものだったが）。

ディープフェイクの技術を使って作られたロシアのプーチン大統領の動画（画面右）とオリジナルの動画（同左）／アメリカ・ワシントン（写真／ AFP ＝時事）

このように、偽情報を駆使する勢力には、テクノロジーの最先端を取り込むなど、国家規模での情報工作活動が指摘される一方[14]、個人でも手軽に作り出せる偽動画（「チープフェイク」と呼んだりする）が広がるなどその裾野の拡大が進んでいる[15]。インターネットメディアの上では、アナログメディア全盛の時代には起きにくかった情報偽装、詐欺が流通しやすい土壌が整ってきていることに注意しなければならない。

8 ｜ なぜ偽情報・誤情報が独り歩きするのか

ここで、なぜ偽情報が流通しやすいのかについて、新聞記事を題材として簡単に考えてみたい。

そもそも、新聞「紙面」とは、複数の記事（情報）を新聞社のロゴやデザインなどと共に紙面へ物理的に定着（印刷）したものだった。多くの読者にとっ

<hr>

13　例えば、平和博「96％はポルノ、膨張する『ディープフェイクス』の本当の危険性」を参照。https://kaztaira.wordpress.com/2019/10/23/real_threat_of_deepfakes/（2021年11月5日閲覧）

14　例えば、日本経済新聞「ロシア、SNS工作拡大か　欧州社会分断あおる」を参照。https://www.nikkei.com/article/DGXMZO23567000W7A111C1FF2000/（2021年11月5日閲覧）

15　例えば、MIT Technology Review「『ディープ』よりも厄介だった2020年の『チープ』フェイク問題」を参照。https://www.technologyreview.jp/s/229447/dont-underestimate-the-cheapfake/（2021年11月5日閲覧）

ては、記事に期待する信用や品質面での安心感は、新聞社のロゴなどの下に記事があることによって担保されてきたとも言える。この点だけで言えば、記事単位でばらばらにして流通させてしまうことは得策ではない。

だが、インターネットメディアはその点を様変わりさせてしまった。新聞社の手になるニュース記事といえど、例えば、検索やニュースアプリ、SNSなどを経由して接触することで分かるように、記事は一つ一つばらばらとなって伝達（流通）する。つまり、インターネット上では、記事はその信用を担保してきた紙面という束から取り出されて、読者に消費されることが当たり前となったわけだ。

情報の伝達という点では著しく柔軟性を増したわけだが、他方で、情報が独り歩きすることで、他との識別が曖昧にもなってしまった。どういうことだろうか？

例えば、知りたい事柄をキーワードにして検索をしてみよう。今や検索結果で数千件はおろか数万件の情報が見つかることもあるだろう。中には、伝統や実績のある新聞社の記事が含まれる一方で、個人が書いたような記事（個人執筆の記事が信頼性が低いと言いたいわけではない）が検索結果の上位に表示されることもある。もちろん、偽情報や品質の低い誤情報が含まれることもある。

このように、新聞紙面などのように、メディアのブランドを頼りに信頼できる情報を見つけていくことが容易ではなくなった。ましてや、記事の見出しを扇情的にするなどの「釣り」テクニックも広がっている。多くの人々は、検索結果で示される膨大なリストから上位のほんの数件を一覧するくらいで、読みたいものを判定する。検索する人間自身か検索のテクノロジーが、信頼性の低い情報を除外する能力を向上させていかなければ、偽情報をつかまされてしまう危険性が常にあるというわけだ。偽情報・誤情報もまた多くの人々の関心が集まる場所で独り歩きしているのだ。

9 ｜ 成否を握るレコメンデーション

ここでインターネットメディアにとっての中核的なテクノロジーであるレコ

メンデーションシステムが果たす役割について、改めて触れておこう。

　直前にそのリスクを指摘した検索もまた、レコメンデーションの一つと見なすことができる。もちろん、検索に限らず、各種のインターネットメディア、ニュースアプリ、映像配信サービス、音楽配信サービス、動画投稿サービスやSNS……。今や多くの利用者、多くの情報を扱う巨大サービスが台頭している。その背景には、一人ひとりが吟味できる量を超えた膨大な情報が日々生み出されているという事実がある。そこでそのような情報の吟味、もしくはその支援を、システムが利用者に代わって自動的に行うことが求められるようになる。それを担うのがレコメンデーションだ。この開発には資金やエンジニア力を要することもあり、膨大な利用者を擁する体力のある大手各社だということになる。

　レコメンデーションは、インターネットメディアの歴史と共に発展してきた。個人のニーズや嗜好を分析して大規模に集積、これを好むだろう、見るだろうという予測を、システムが行い利用者に推奨する。材料となるのは利用者の過去の行動データ、それに関連付けられたニュースや映像といった情報などの巨大な統合データだ。このレコメンデーションが、今や大手各社の事業の成否を握るほど重要な役割を果たしているのだ。

　一例を挙げよう。映像配信サービスのNetflixは、同社がまだDVDレンタルサービスを主事業としていた2000年代初頭には、すでに利用者が次に見たいと思うはずの映画作品のカタログ表示を自社で開発したレコメンデーションによって行っていた。これを改善することを決めた同社は、2006年、外部の研究者や開発者に対して、賞金100万ドルのアルゴリズムコンテスト「Netflix Prize（ネット

定額動画配信サービス「Netflix」日本でサービス開始（写真／AFP＝時事）

フリックスプライズ）」を実施した[16]。そのゴールは、従来利用していたレコメンデーションの精度を 10 パーセント上回ることだった。

　優れたレコメンデーションがあれば、Netflix の会員は次々に見たい映画を見つけては注文を続ける。すなわち、会員サービスの利用を継続する。逆に、「もう見たい映画はない」と思えば、退会してしまう。今から 15 年も以前に、同社はレコメンデーションの精度が事業の成否に直結すると認識しており、10 パーセントの改善が実現すれば 100 万ドル以上のリターンを生むと計算したのだった。

　現在は、インターネットメディアやサービスの多くが、利用者の行動データの分析を通じて、利用者一人ひとりに最適化した情報を推奨している。このように利用者に合わせて情報を表示することを、「パーソナライズ」と呼んだりもする。

10 ｜ フィルターバブルとエコーチェンバー

　一方、多くのテクノロジー企業が、レコメンデーションの開発にまい進しパーソナライズを突き詰めていた時期、それがもたらす危険について指摘した人物がいる。市民活動家でメディア起業家でもあるイーライ・パリサーだ。彼は『閉じこもるインターネット──グーグル・パーソナライズ・民主主義』（井口耕二訳、早川書房、2012 年／その後『フィルターバブル──インターネットが隠していること』と改題、ハヤカワ文庫 NF、2016 年）を著して、パーソナライズの行き着く果てに「フィルターバブル」という危険な現象が生じると警告した。Netflix Prize の少し後のことだ。

　　我々がどういうものを食べるのかは、その食品の生産方法によって決まる。同じように、我々が消費する情報はメディアによって決まる。そしていま、我々の情報食は自分に関係のあるものだけが満載された状態になろうとしている。それはそれでいい面もあるが、過ぎたるは及ばざるがごとしである。パーソナライゼーションのフィルターは目に見えない自動プロパガンダ装置のようなものだ。これ

16　「Netflix Prize」については、マシュー・ハインドマン（山形浩生訳）『デジタルエコノミーの罠　なぜ不平等が生まれ、メディアは衰亡するのか』（NTT出版、2020年）を参照。

を放任すると、我々は自らの考えで自分を洗脳し、なじみのあるものばかりを欲しがるようになる。暗い未知の領域にひそむ危険のことなど忘れてしまう。(25頁)

パーソナライズされた各種サービスは、利用者の嗜好に沿って情報を推奨す

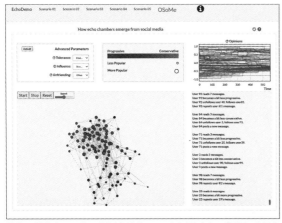

民主・共和といった二項対立軸を SNS 上に置くと、急速に分極化が生じることを示すシミュレーション（笹原らによる「エコー・デモ」（Echo Demo） https://osome.iu.edu/demos/echo/?lang=english より）

るため、利用者は情報選択にかかる認知的負荷から解放される。その快適さに慣れてしまえば、推奨される情報以外からわざわざ手間をかけて情報を探そうとはしなくなるだろう。この結果、自ら気付かぬまま、レコメンデーションがつくり出す「膜」（フィルター）に包まれた快適な空間で過ごすようになってしまう……。フィルターバブルとはこのような現象を指している。

　この居心地の良い情報空間は、居心地の悪い現実（世界には良いことも悪いこともあるものだ）に触れずに済む空間ということでもある。そして、その帰結として、対立や批判にさらされない世界に安住してしまうというわけだ。

　さらに、別の問題も指摘されている。自分の考えは正しく、周囲もそれを認めており、自分が何かを主張すれば常に賛同される……。SNS 上で親しいと感じる人々と常に共鳴し合っているような快適な関係は、実はパーソナライズされた結果、出現しているもので、そうでない意見を持つような他の人々の存在は、自分の情報接触上の「視界」から膜によって隠蔽（フィルター）されているだけなのかもしれない。

　このような閉鎖的な情報交流空間がフィルターバブルと同様に人工的に生み出されることも指摘されている。これを「エコーチェンバー（共鳴室）」現象と呼ぶ。アメリカの法学者キャス・サンスティーンが 2000 年代初頭に『イン

ターネットは民主主義の敵か』(石川幸憲訳、毎日新聞社、2003年。原題 "Republic. com")において、この現象を「集団分極化」といった概念を用いて説明している。

> 集団分極化とは以下のような非常に単純なことを意味する。グループで議論をすれば、メンバーはもともとの方向の延長線上にある極端な立場へとシフトする可能性が大きい。インターネットや新しい情報通信テクノロジーに照らし合わせてみれば、同じような考え方の人間が集まって議論をすれば、前から考えていたことをもっと過激なかたちで考えるようになる、ということを意味する。(80頁)

現実の生活では生じにくいような極端に思想信条が偏って共通する集合が、インターネットメディアや SNS では容易に出現することが、笹原和俊の研究によってもモデル化されている[17]。詳述は避けるが、SNS 上で「フォロー」や「アンフォロー」機能を繰り返し使っていくと、最初はランダムで多様な思想信条を含んでいた大集合から、偏った思想信条の小集合へと瞬く間に分岐していくことが確かめられるのである。

11 | 「陰謀論」へとエスカレーション

エコーチェンバー現象が危険な点は、単に閉鎖的な同好の士の集合を生むということにとどまらない。前述のサンスティーンが指摘するように、互いの意見を肯定し合うことから、その意見やものの見方が「過激なかたち」へと増幅してしまうという危険があるのだ。

2021年1月、ここでもアメリカ大統領選において、その開票結果に激高したトランプ氏の支持者が連邦議会を襲撃し占拠するという衝撃的な事件が生じた。そこに参加した多くが、トランプ氏が「闇の政府」(ディープステート)と闘う戦士だとする「Q アノン」と呼ばれる「陰謀論」の信奉者だったともいわれる[18]。

17　笹原和俊『フェイクニュースを科学する　拡散するデマ、陰謀論、プロパガンダのしくみ』(DOJIN選書、2018年)を参照。

18　例えば、BBC NEWS JAPAN「【解説】Q アノン陰謀論とは何か、どこから来たのか　米大統領選への影響は」を参照。https://www.bbc.com/japanese/features-and-analysis-53929442(2021年11月5日閲覧)

米連邦議会議事堂前に集結するトランプ支持者／アメリカ・ワシントン（写真／AFP＝時事）

「陰謀論」は、世界で起きているさまざまな現象は、その背後に巨大な力を持つ者が操作をして起きているのだと荒唐無稽な解釈をするという点や、それを行っているのが一部の富豪や権力者であるとするなどで共通している。疑似科学などとも融合してあたかも科学的な根拠があるかのような体裁を取るものもある。

　Qアノンの場合は、アメリカの一部の政治家や富豪らが悪魔崇拝者で、小児性愛などを伴う犯罪者であり、これがディープステートを動かしているとする。それに対抗する勢力が世界各国で熾烈な闘争を繰り広げているのだと主張する。残念ながらアメリカ国内にとどまる言説ではなく、世界的に影響を広げている。日本においても、ある県議会議員がQアノンの主張に沿って、新型コロナウイルスの脅威とワクチン接種はディープステートによる攻撃とする見解を述べた活動報告書を地元選挙区に配布したことが報道されている[19]。

　このような極端な思想から引き出される暴力的な攻撃性の発露として、連邦議会占拠事件が起きたとすれば、エコーチェンバー現象が陰謀論的な言説を増幅し、その極まった果てに現実の暴動を引き起こしたものとして歴史に記録されることとなるだろう。

12 ｜ 偽情報もまたパーソナライズされる現代

　身の回りから、世界で起きるようなさまざまな重大な事象に至るまで、利用者の嗜好を軸に情報をフィルター（濾過）して推奨することで、それら以外の

19　「稲田朋美 お膝元で自民県議が『ワクチンは殺人兵器』」『週刊文春』2021年3月25日号、文藝春秋

事象への無関心、もしくは希薄化を引き起こす可能性（フィルターバブル）。あるいは、考えの似通った人同士の主張や、利用者が信じたい情報を収集して推奨することで、一方的に怒りや不合理な信念を募らせてしまう可能性を生むメカニズム（エコーチェンバー）。

　これらは、受動的と能動的というように一見対照的に見えるが、一つの基盤に根差すものであると想像できる。それは大量な情報を利用者一人ひとりの嗜好に即して選別、推奨するレコメンデーションの存在だ。あるいはそのようなテクノロジーを基本原理として運営されるSNSがある。これに加えて、容易にインターネットメディアを立ち上げ、情報発信をしていけるようなコモディティ化の進展が相乗することで、このような問題が立ち上がってきたのではないだろうか。

　「あなたがメディア[20]」とは、文字通り誰もがメディアとして情報発信することができる時代を指す言葉だが、その一方で、誰もが容易に低品質な情報や偽情報・誤情報を発信して「稼ぐ」ことのできる時代の反語的表現でもある。レコメンデーションは、流通を抑止すべきネガティブな情報もまた、パーソナライズして効果的に一人ひとりへ届けてしまうことに注意を向ける必要がある。

　ネガティブな情報のまん延は、誹謗中傷やヘイトなどに結び付き、インターネットメディアを訪れる人間を傷つけるリスクがあるだけではない。また、多くの人々の関心をかすめ取ることで（広告収入という）金銭を得るという経済犯罪にとどまるものでもない。より重大なリスクは、人々、そして社会に深い分断をもたらす、あるいは分断を加速するという問題であると指摘されている[21]。前述のピザゲート、連邦議会占拠事件などはその一事例と見てもよいのかもしれない。

　自らの思想信条に固執し、対抗勢力の意見や主張に耳を貸さないどころか、ありもしない事件などに結び付けて暴力的な攻撃性をエスカレートさせていくという深刻な事態を、2016年・2020年のアメリカ大統領選は期せずして見

20　ダン・ギルモア（平和博訳）『あなたがメディア！　ソーシャル新時代の情報術』（朝日新聞出版、2011年）
21　例えば、小林哲郎「ソーシャルメディアと分断化する社会的リアリティ」を参照。https://www.jstage.jst.go.jp/article/jjsai/27/1/27_51/_article/-char/ja/（2021年11月5日閲覧）

せつけたのである。

13 | IT巨大企業「プラットフォーム」が果たす影響と責任

　激変するメディアには、インターネットメディアの台頭、さらにはレコメンデーションに代表されるテクノロジーの進化が大きく影響していることを述べてきた。

　そこで、例えば連邦議会占拠事件をめぐって改めて顕在化した「プラットフォーム」と総称される巨大IT企業をめぐる問題点についても見ておこう。

　「GAFAM」（Google、Apple、Facebook、Amazon、そしてMicrosoft）といった呼称を目にしたことがあるだろう。世界トップクラスの時価総額を誇るこれら巨大IT企業について詳しく論じることは本章のテーマを逸脱するが、これらの存在がインターネットメディアをめぐる難しい課題を生み出していることについては、触れておかなければならない。

　一つは、これらの企業のサービスが生んだレコメンデーションが、前述したようなエコーチェンバー現象として、アメリカの国論を二分するような抜き差しならないほどの"分断"を生んでいる、もしくはそれを増幅しているのではないかとする問いだ。もしエコーチェンバー現象が、巨大な各社が開発したレコメンデーションに促されたものだとすれば、それを防ぐためにどのような対策をこれらの企業は行っているのか、あるいは法制度などの規制によってそれは可能かといった議論が、アメリカを筆頭に各国で活発化している[22]。

　最近では、2021年3月に、米下院のエネルギー・商業委員会が「過激主義とフェイクニュースの拡散におけるソーシャルメディアの役割」をめぐり公聴会を開催[23]。Google、Twitter、そしてFacebookのCEO（最高経営責任者）に対して証言を求めた。この公聴会で、同委員長は、連邦議会占拠事件などが生

22　日本でもセーファーインターネット協会、ソーシャルメディア利用環境整備機構などの活動がある。

23　House Committee on Energy & Commerce. Hearing on "Disinformation Nation: Social Media's Role in Promoting Extremism and Misinformation" を 参照：https://energycommerce.house.gov/committee-activity/hearings/hearing-on-disinformation-nation-social-medias-role-in-promoting（2021年11月5日閲覧）

じた要因として、大統領選で公然たる不正が行われているなどとする「有害な情報」が、これら3社が運営するSNSや検索エンジン上でまん延していたとして、その責任を厳しく問うた。

このような厳しい規制を意識してか、巨大IT企業側は、連邦議会占拠

議会の公聴会（オンライン）で証言に立つ巨大IT企業経営者。写真は2020年10月に行われた米上院商業・科学・運輸委員会の公聴会でのもの（写真／EPA＝時事）

事件後に一転してSNS上でのトランプ前大統領をはじめ過激な主張を繰り返す人々のアカウントの凍結といった強い抑制措置を取り、過激な内容の投稿の削除など厳しい取り扱いも始めた。しかし、それはそれで「表現の自由」をめぐる批判や、トランプ氏の再選を目指していた保守派に対する党派的な敵対行為ではないのかと、保守陣営からの強い反発を浴びる事態を招いている。

巨大IT企業が運営するSNSや各種情報サービスに対して、企業はどう責任を果たすのか、また、彼らにどこまで情報検閲行為を認めるのか。これら企業が、アメリカだけでなく、世界における情報流通に対して支配的と言えるほどの影響力を持つだけに、これに注がれる視線は厳しさを増している。

14 ｜ 課題の解決は、一方的な断罪ではない

さて、ここまでは、インターネットメディアの時代に生じる課題を、インターネットメディアに強い相関のあるテクノロジー、そのような高度なテクノロジーを駆使することができる資金と人材を備えた巨大IT企業の存在へと絞り込んで説明してきた。

だが、テクノロジーとそのシステムを運用する巨大IT企業にだけ責任ありと一方的に断罪して済ませられるものだろうか。以下、その点についても見て

おきたい。

　前述したように、近年、巨大 IT 企業への世界的な批判、指弾の論調は高まる一方だが、例えば、アメリカ社会で最近特に指摘される思想信条、支持政党などをめぐる深い分断（その暴力的な発露が連邦議会占拠事件だったわけだが）について、巨大 IT 企業側も対策に必死だ。これら企業が運営する SNS や動画投稿サービスなどでは、日々投稿される莫大な数の情報に対して、最近では多くの人員とテクノロジーを投入して検閲を強化しており、その結果、膨大な数の「危険な」投稿が排除されていると、その数量を戦果に掲げるなどアピールをしている。

　別の観点もある。各国における社会の分断現象を歴史的にさかのぼれば、SNS やインターネットメディアの存在感が増す以前から民主主義への脅威として存在してきていることは間違いがない。従って、これが必ずしもインターネットメディアや関連するテクノロジーの発展と強く相関するものではないとする研究も発表されるようになっている[24]。つまり、社会の分断を一方的にインターネットやそのテクノロジーのせいとするには無理があるという研究も存在するのだ。

　このような両論を前にして取るべき姿勢とはどうあるべきか。正邪についての強い思い込みこそいったん抑制してさまざまな意見に謙虚に耳を傾けること、同時に事実に即して情報を読み解いていくことがまず大切だろう。私たちが今、目にしている問題を「特定の勢力のせいだ」と決めつけるのは、派手な論争スタイルにはなるかもしれないが、場合によっては、そのような姿勢こそ社会の分断を強化してしまいかねない。今後に向けて冷静に議論を深めていく必要がある。

15 ｜ 情報への「選択的接触」がもたらすもの

　そこで、現代のメディアの課題を、「受信者」の側に引き寄せた検討につい

24　例えば、田中辰雄・浜屋敏『ネットは社会を分断しない』（角川新書、2019年）を参照。

ても行うこととしたい。ここまでは、インターネットメディアとその中核にあるテクノロジーなど、「発信者」側の責任に引き寄せた議論を続けてきたからだ。

　NHK は、「情報過多時代の人々のメディア選択」と銘打った報告書を 2018年に発表している。「情報とメディア利用」という世論調査結果を基にするものだ。調査が念頭に置いたのは、SNS を通じた「フェイクニュース」の拡散や、利用者の好みにあった情報ばかりに囲まれている状態を指すフィルターバブル現象などであり、それらと、近年の情報接触者の価値観や情報接触のスタイルと関係を見いだそうとするものだ。

　報告は以下のように述べている。

> 　2018年6月に実施した「情報とメディア利用」調査の結果では,若年層と高年層の間で,日常的に利用するメディアが大きく異なっており,情報への意識では,「今の社会は情報が多すぎる」という人が,全体で8割を超えていた。一方,「自分が知りたいことだけ知っておけばいい」という人は,全体で3割だが,SNS利用が多い若年層では4割前後と多かった。さらに,関心のある情報のジャンルについて尋ねたところ,若年層では,政治・経済・社会の情報に対する関心が低く,そもそも関心のある情報のジャンルも少なかった。
> 　情報過多時代に,人々は,インターネットで「知りたいことだけ」に合理的に接触している一方,そうした選択的接触が,これまでマスメディアが形成してきた情報基盤の「分断」につながっていることが垣間見える結果となった。(『放送研究と調査』2018年12月号(NHK出版)20頁)

　報告が指摘する、人々の「情報に関する意識」をめぐって注目したい点は、上記の引用とも重複するが、以下のようなポイントだ（次頁表2）。

1.「今の社会は情報が多すぎると思う」と答えた人が、全世代でおおむね 80パーセント超。

2.「さまざまなメディアの情報を見比べるほうだ」と答えた人が、おおむね50 パーセント以下（男性 60 代と女性 30 代が 50 パーセント超）。

3.「自分が知りたいことだけ知っておけばいい」とする人が、全世代平均で30 パーセント超（特に 20 代男性では、45 パーセントに及んだ）。

%

	全体	16～19歳	男					女				
			20代	30代	40代	50代	60代	20代	30代	40代	50代	60代
今の社会は情報が多すぎると思う	84	80	86	80	83	84	83	82	85	90	86	86
さまざまなメディアの情報を見比べるほうだ	46	43	50	50	50	46	52	46	55	41	40	41
自分にとっては、数は少なくても決まった情報源があればいい	60	62	60	61	55	58	55	60	66	62	66	61
自分が知りたいことだけ知っておけばいい	31	39	45	38	27	29	27	44	29	32	27	22
情報はできるだけ深く知りたい	66	65	67	67	72	70	74	63	73	59	61	61
正しい情報をより分ける自信がある	30	24	35	33	39	36	42	21	19	25	23	22
知りたいことについて、すぐ情報が得られないと気がすまない	40	49	48	48	39	43	36	49	47	36	34	28
必要な情報にはお金をかける	19	13	25	24	23	25	18	20	21	20	15	11
必要な情報を得るときは時間をかける	44	41	54	52	47	46	37	50	50	44	43	35
自分の考えや感じたことを多くの人に知ってもらいたい	17	34	34	17	17	15	14	21	10	12	13	17
マスコミ情報より、くちコミ情報のほうが信頼できる	24	30	28	27	21	20	14	43	33	31	21	18

表2　情報に関する意識（出典：NHK報告書「情報過多の時代の人々のメディア選択」）

　報告は、さらに「選択的接触」派を「自分の好きなものに対する情報や他人の意見は、好意的なものだけ知りたい」という定義をもって尋ねた結果、それに当てはまると回答する人々は全体では4割だった。しかし、20代・30代ではそれが45パーセント、47パーセント（男性）と高まる（それ以上の世代では漸減していく）。このような選好を持つ人々は、情報消費に意欲的で情報消費量も多いと推察できる一方、それが自分の意見と親和的でない情報に対しても目を向けるようなバランスの取れたものかどうかには懸念が残る。

　対して、やはり「両論接触」派として「自分の好きなものに対する情報や他人の意見は、否定的なものでも知りたい」と自認する人々が、全体で60パーセント存在することも見ておこう。年代が上がるに従ってその比率は上昇するが、20代・30代では、55パーセント、52パーセント（男性）と全体を下回る。

　述べてきたように、巨大IT企業が開発を競ってきたレコメンデーションは、選択的情報接触派の選好を満たそうとする仕組みであると理解できる。

　ニッチな分野であっても膨大な量の情報が生み出されるインターネットメデ

ィア全盛時代では、レコメンデーションを備えたウェブのサービスやスマートフォンのアプリに委ねれば、欲しい情報は十二分に集めることができる。ここに、スマートフォンのように、一人ひとりが肌身離さず携帯できる情報端末が劇的に普及したことも加わって、選択的情報接触派の行動を支える環境が整ったということを理解しておくべきだろう。なんと「快適な時代」が到来していることだろうか。

16 ｜ 好みの情報にとどまらず、新鮮な発見へと目を向ける

　テクノロジーや情報機器の発達した時代では、自分が好む情報に数多く当たることができる蓋然性が高まっているのは間違いない。

　先に取り扱った NHK の報告書では、「ニュース」の定義が、10代〜30代など、青少年層で拡大していることも指摘する。「音楽・芸能などの情報」を、10代では過半が、さらに女性の20代・30代でも4割がそれもまた「ニュース」だと受け止めていると述べている。選択的情報接触のスタイルが定着していると見ておかしくはない。

　だが、関心の薄い情報や、自身の嗜好にそぐわない情報に直面すると、「情報が多すぎる」と苦痛を意識する時代でもあることがポイントだ。その意味で「自分は両論接触派」とする回答があることは、いささか優等生的と見えなくもないが大切な姿勢と言える。

　誰にとっても、自身の意見に「不都合な現実」を突き付けるような情報をわざわざ選択することは、決して愉快な体験とは言えない。それを若い世代に強いるにはためらいがある。また、若い世代より年齢が高い世代の方で、多様な情報接触が乏しくなっているとする別の調査研究もある[25]。そこで、どの世代であっても、狭い「同好の士」の集合にどっぷりと漬かった状態にとどまるのではなく、時には自身にとって必ずしも快適とは言えないような話題にも目を向けてみることをお勧めしたい。日ごろと異なる情報源を選択してみるなど、

25　田中辰雄・浜屋敏 前掲書を参照。

日々小さな挑戦に取り組んでみることがよいだろう。そこに新鮮な発見も見いだされるはずだ。

17 ｜ ファクトチェックとは何か

　さて、私たちがこの社会が直面している課題について、その原因を一つの標的へと絞ることは危険だと述べた。多様な視点が必要という一方で、フィルターバブル、エコーチェンバーのように、その及ぼす影響を客観視することが難しいものが多いということも指摘してきた通りだ。

　偏った、あるいは誤った情報にのみ込まれかねない危険に対して、私たち一人ひとりはどう対処していけるだろうか。また、そのような対処を社会的な取り組みへとどう発展させていけるだろうか。

　本章の冒頭に立ち戻るならば、これからの高校生らが学ぶことになる新教科書が指針として示すように、「情報を読み解く『メディアリテラシー』や『ファクトチェック』など」について、しっかりと身に付けていく必要がある。ただし、これを高校生らにだけ押し付けて済ませられるような課題でないことはもちろんだ。

　本書では、以後の各章で「メディアリテラシー」の概念と実践について深めていくことになる。そこで、本章ではその最後として、メディアリテラシーと併せて取り組むべきテーマである「ファクトチェック」について、改めてその考え方や概要、そして課題を紹介し、次章への橋渡しとしていくことにしよう。

　ファクトチェックは、本章冒頭の読売新聞記事のタイトルにあったように、「真偽確認」、もしくは「真偽検証」と呼ばれるもののことだ。従来、組織的な体制の整った報道機関などでは、報道するに当たって、事前にその記事に含まれる事実などについて確認を行う。内容に、事実に関する誤りが多ければ、報道自体の信頼性が問われてしまうからだ。これは報道する側、つまり当事者が行う行為を指している。

　一方、本章で述べているファクトチェックは、第三者が行うのが前提だ。公

開された情報について、第三者が行うものと理解してほしい。筆者が創設に携わった認定NPO法人ファクトチェック・イニシアティブでは、以下のように定義する（https://fij.info/introduction）。

> ファクトチェックとは、社会に広がっている情報・ニュースや言説が事実に基づいているかどうかを調べ、そのプロセスを記事化して、正確な情報を人々と共有する営みです。
> 一言でいえば、「真偽検証」です。

ファクトチェックでは、当然のことながら「ファクト＝事実」を大切にする。「実は、あの発言の裏にはこのような事情があるはずだ」といった解釈は、ファクトチェックとは言わない。それは「意見」ということでしかない（もちろん、意見が価値の低いものだと言いたいわけではない）。

　対象とする発言や情報が、事実に立脚しているという点で真だと主張するならば、その根拠となる事実は、他の人間にも確認できるものでなければならない。それによって真偽検証が可能になる。事実を証する材料は、事件の当事者などの証言として確認できたり、あるいは、公開されている資料などを通じて第三者であっても検証できたりすることが必要だ。

　さらに、ファクトチェックには守るべき重要な「原則」がある。ファクトチェック・イニシアティブはこう述べている（https://fij.info/introduction）。

> ファクトチェックの原則
> ファクトチェックは、特定の主義・主張や党派・集団等を擁護、あるいは批判する目的で行うものではありません。「非党派性・公正性」――これは、国際標準のファクトチェック原則であるIFCN[26]ファクトチェック綱領において最も重要な考え方です。

ファクトチェックをめぐって、意外に理解されていないのが、この「非党派

26　「IFCN」は、「インターナショナル・ファクトチェッキング・ネットワーク」（https://www.poynter.org/ifcn/）のことで、世界のファクトチェック団体をネットワークする組織。ファクトチェック・イニシアティブもIFCNと提携している。

性・公正性」を大切にするという原則だ。時の権力者が誤った発言をしたことをファクトチェックが指摘することを、権力者を批判する使命、反政権活動の一環として理解する向きがあるが、そうではない。

　時の権力者であろうとなかろうと、その発言が事実に基づかない誤った言説で、それが影響力の大きいものであれば指摘するし、逆に、その検証の結果、事実に基づく正しい情報であったとすれば、その旨を公表すべきだ。この点で、あらかじめ特定の政敵を批判する意図で行う情報発信と、ファクトチェックとは峻別（しゅんべつ）されなければならない。

　ファクトチェック・イニシアティブが開催した、アメリカのファクトチェックメディア（アメリカにはファクトチェックを専門とするメディアが多く存在する）の編集責任者を招いたセミナーで、その責任者が「自分たちのメディアが、（当時の）トランプ大統領の発言に関して行ったファクトチェックでは、何件がフェイク（偽）と判定され、何件がファクト（事実）だった」と説明したところ、参加していたわが国の大手新聞の記者が「なぜトランプの正しかった発言という結果まで公表する必要があるのか」と食い下がるという光景があった。

　その記者にとっては、トランプ政権は攻撃すべき対象とあらかじめ決まっていたようで、であれば、トランプ氏の発言が正しかったケースなど説明すべきではないというわけだ。だが、ファクトチェックは、そのような立場に立たない。重要なのは政権を追い詰める、といった「政治的目標の達成」ではなく、社会に影響を及ぼす可能性のある言説について、事実に誤りがあれば指摘する、ということなのだ。

18 ｜ 「最終兵器」ではないファクトチェック

　ここでファクトチェックをめぐり注意しておくことがある。「フェイクニュース」に対して、ファクトチェックは、今のところ最終兵器ではないという点である。それはどういうことだろうか？

　アメリカ大統領選をめぐるフェイクニュース問題でも触れたことだが、白熱した選挙戦の過程で次々に飛び出す偽情報、デマの類いについて、当時のアメ

リカのメディア、そしてファクトチェック団体が真偽検証を行い、次々に偽情報を指摘してきたわけだが、これを指摘する大手メディアの報道は、フェイクニュースが拡散する勢いを止め得なかった。例えば、2016年の大統領選において、「Facebook上では偽ニュースが本物を逆転した」ことが観測されている[27]。簡略に説明すると、最大のSNSであるFacebookにおいて、当時トランプ氏の対抗馬であったヒラリー・クリントン氏が「ISに武器を売っていた」とする記事、そして、前述の「ローマ法王がトランプ氏を支持した」とする記事が、最も利用者からエンゲージメント数（「いいね！」やシェアされるなどした数）が高かったというのだ。真偽検証によってその信憑性が打ち消された記事であっても、多くの人々は熱狂的に支持し、拡散したというわけだ。

　つまり、真偽を冷静に指摘するだけではとどまらない偽情報拡散のメカニズムがそこにはあることにも、目を向ける必要がある。実際、2018年にはマサチューセッツ工科大学（MIT）の研究者らが、論文[28]で端的に「真実よりもうその方が早く広まる」という調査結果を示した。12万件ものTwitterのつぶやきを分析した結果、「正しいニュースは、最も人気のあるものでも1000人以上に到達することがめったになかったのに対し、虚偽のニュースの上位1パーセントは1000〜10万人に到達していた。また、虚偽のニュースが、1500人以上に到達するのに要した時間は正しいニュースのわずか6分の1だった」と報告している。

　山口真一は、このような「虚偽」のニュースの方が人々に影響力をもたらす理由として、以下の三つを挙げる[29]。

1. フェイクニュースの方が目新しく、センセーショナルに感じられる。
2. フェイクニュースは怒りの感情を原動力として、拡散する。

27　BuzzFeed News「米大統領選の終盤、Facebook上では偽ニュースが本物を逆転した」：https://www.buzzfeed.com/jp/bfjapan/fakenews-facebook（2021年11月5日閲覧）

28　Soroush Vosoughi, Deb Roy, Sinan Aral. The spread of true and false news online.：https://science.sciencemag.org/content/359/6380/1146（2021年11月5日閲覧）

29　山口真一「フェイクニュース拡散のしくみと私たちに求められるリテラシー」：http://www.kokusen.go.jp/wko/pdf/wko-202012_04.pdf（2021年11月5日閲覧）

3.「友人の情報は信頼できる」という心理が働く。

　上記をまとめるならば、情報（ニュース）の受け手の心理に潜むメカニズムには、真偽検証の指摘さえ乗り越えてしまうリスクがあるということになる。

　そこで、ファクトチェックの目標が、偽情報が広く拡散し、それによって社会に悪影響を及ぼすことを抑止するということまでを包含するとするなら、今後は、前記のような人間一般に潜む心理的メカニズムをより深く究明しなければならないだろう。また、真偽検証を経た信頼性の高い情報が、速く・広く伝わるテクノロジー上の研究にも深まりが求められることになる。

　もちろん、以下にも述べるところだが、メディアリテラシーの広がりも重要なポイントとなってくるだろう。

19 ｜ 誰が情報接触における「安全安心」を守るのか

　これまで、主に政治的言説をめぐってのファクトチェックを話題にしてきたが、実際には、偽情報や誤情報は、政治をめぐってだけ生じるわけではもちろんない。生活者の生活の根幹に関わる医療、健康、購買、教育などあらゆる分野で信頼性の低い情報が流通していることを、残念ながら警戒しなくてはならない状況だ。

　そのような状況だからこそ、ファクトチェックを「誰か専門家がやってくれるもの」とひとごとにしてほしくない。インターネットメディアを介して届く膨大な情報は、さまざまな分野、テーマを含んでいる。その分野に明るい人々は、少数の学識者らにとどまるものではない。ファクトチェックすべき対象は膨大だ。専門家、ジャーナリストはもちろん、市民、学生らがそれぞれ取り組める領域がある。ファクトチェック・イニシアティブで継続的に、地道な検証作業を積み上げている活動の中心は、学業の傍ら参加している大学生らだ。

　「インフォデミック」（パンデミック、新型感染症をめぐる偽情報、誤情報の爆発的な広がりを、WHOはこう呼んだ）から自分の身を守るのは、医療の専門家だけの仕事ではない。新型コロナウイルス感染症で生じた社会的危機の経験を通

じて、多くの人が理解したことだった。政治や医療はもちろん、各自治体、そして生活者自らが、冷静さを取り戻した上で、科学的な根拠や事実を基にして情報を選別し、理解する。また、それを他に伝えるという姿勢が求められたはずだ。

　ファクトチェックは、このように社会的危機の下で影響力を高める偽情報・誤情報に的確に対処するためにも、その重要性を増している。ファクトチェックを行うに当たっての考え方や原則については、ファクトチェック・イニシアティブによる「基本的な考え方[30]」に集約されているので参照されたい。

　ところで、PR企業のエデルマン・ジャパンが、例年行っている信頼度調査「2021エデルマン・トラストバロメーター[31]」で、新たな指標として「情報衛生」を定義した。それによれば、情報衛生は次の四つの指標から成る。

① ニュースを積極的に収集しているか
② エコーチェンバー現象を避け、自分とは異なる考え方を取り入れているか
③ 情報の真偽を確かめているか
④ 不確かな情報を拡散していないか

　これら四つのうち3点を実施していれば、「情報衛生の状態が良い」と判断できるとする。その結果、日本人の情報衛生状態は世界27カ国平均の26パーセントを下回り19パーセントにとどまったという。新しい概念でもあり数値の良しあしを拙速に論じないが、バランスの取れた情報接触と、自ら情報発信者となることに伴う責任を果たしているか、自らに問い掛ける良い視点だと言えるだろう。

　われわれは、日々、情報を追い掛けているつもり（選択的情報接触）でいな

30　ファクトチェック・イニシアティブ「基本的な考え方」: https://fij.info/introduction/basic（2021年11月5日閲覧）

31　エデルマン・ジャパン「2021エデルマン・トラストバロメーター」: https://www.slideshare.net/EdelmanJapan/2021-246556173（2021年11月5日閲覧）

がら、時に、むしろ情報の渦にのみ込まれてしまっているのかもしれない。刺激に満ちた情報が殺到してきたとしても、自らの判断や価値観を守って主体的に振る舞うような存在であるために、メディアリテラシー、そしてファクトチェックの考え方や実践の仕方を学ぶ意義があるだろう。自らを守り、情報の渦にのみ込まれないようにすることは、同じ社会で暮らす多くの人々を守ることにもつながっていくはずだ。

第2章
若年層のSNS利用とコミュニケーション特性

天野　彬 ● AMANO Akira
電通メディアイノベーションラボ主任研究員

1 ｜ はじめに

　筆者は広告会社のシンクタンク部門に所属し、若年層を中心としたSNSの利用法やマーケティング活用についてのリサーチやコンサルティングを専門としている。本稿では、そうした活動の中で得た知見に基づき、SNSが私たち、特に若年層のコミュニケーションの形をいかに変えてきたのかというテーマで考察をまとめる。それに当たっては、実地的なことと理論的なこととのバランス、さらにはテクノロジーに対して生活者側の楽しさやポジティブな面を描きつつ、そこに隠れている課題をしっかり見定めるような、一面的な議論にならないようなバランスを意識して筆致を進めたい。

　大まかな構成として、(1)初めに若者の中でSNSがどのように使われているのかを、具体的に各サービスの利用実態にも踏み込みつつ確認する。2021年におけるSNSの今も切り取るような視点を意識しつつ、今後代表的なSNSがどうなっていくのかについても触れる。(2)その上で、現在のSNSの情報空間がはらむ問題性を指摘しながら、(3)最後にそうした問題・課題を乗り越えるための示唆をまとめたい。

　なお、SNSとソーシャルメディアという混同されやすい二つの用語についても初めに腑分けしておきたい。SNSは「ソーシャルネットワークをインターネット上に構築するサービス」（①）で、ソーシャルメディアは「万人が参加できる双方向発信のメディア」（②）を総称的に指す。ここでのポイントは、SNSはソーシャルメディアというカテゴリの一部であるということだ。

　例えば「口コミ評価サイト」は万人が発信者として参加できるメディア（②）であるが、知人友人といったソーシャルネットワーク（①）を伴わないことが

多い。ブログも、やや①の要素が入るが、②に含まれるだろう。知り合いかどうかにかかわらず、発信の可能性が担保され、多くのユーザーのシェアが行き交うことに価値を見いだすわけだ。英語圏でもソーシャルメディアは何らかのパブリッシング機能を伴うものを指すという考え方があり、②の定義に沿っている。

　裏返せば、ソーシャルメディアは記事や投稿など何らかの発信をすることに主眼があるが、SNSは必ずしもそれがなくてもいい。その場にいて、周りを見ているだけでもよい——実際に、ユーザーの多くは発信せず閲覧のみである。そのような場があり、そこで「つながりを維持」できていることがSNSの特性でありサービス資源である。

2 ｜ 若年層のSNS利用実態

まずは、世代ごとのメディア利用実態を見ていこう。電通メディアイノベーションラボが行った「頼りにするメディアに関する調査」（2018年11月実施）

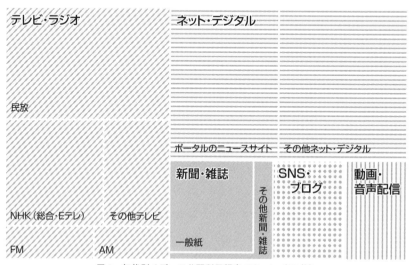

図1　年代別メディア分野利用頻度パターン（50代）
（出典：電通メディアイノベーションラボ「頼りにするメディアに関する調査」2018年11月）

から、各メディアの接触頻度について確認する。▨▨が「テレビ・ラジオ」、▨が「新聞・雑誌」、▨が「インターネット・デジタルメディア」で、▥が「動画共有サービス」、そして▨が「SNS」を指しており、面積が大きいほど接触頻度が多いことを示している。図1の50代を例に、各ブロックの内訳も確認してほしい。

では、世代ごとに比較するとどうなるのか。それを示したのが図2だ。50代～60代は▨▨の「テレビ・ラジオ」ブロックが巨大な存在感を示している。おそらく70代以上も同様の傾向だろう。20代～40代は▨の「インターネット・デジタルメディア」ブロックが大きく全般的に共通性が見て取れるが、10代は特異的に▨の「SNS・ブログ」ブロックがトップシェアを占める。メディア接触は年齢持ち上がり効果があるため、今の10代は10年後も——つまり、20代になっても、SNSを接触筆頭メディアとするだろう。

若年層はインターネットメディアを好み、年齢が上がると伝統的なメディアを好むという二項対立がよく聞かれるが、実際には三層に分化しつつあるのだ。

今、説明したのは接触頻度だったが、今度は同調査より頼りにするメディアは何かという心理的な重要性を計測した結果を共有したい。「テレビ」「雑誌」などからさらにブレイクダウンした74のメディア分野について聴取し、それ

図2　年代別メディア分野利用頻度パターン（世代ごとの比較）
（出典：電通メディアイノベーションラボ「頼りにするメディアに関する調査」2018年11月）

に対してカテゴリカル因子分析を施したものが表側の 12 項目となる（表1）。▨がポジティブで、▨がネガティブである。

50 代〜60 代は接触頻度も高かった伝統的なニュースメディアを頼りにしていることが分かる。なお 40 代は何も頼りにしていないということではなく、平均値に近いということを意味している。デジタルメディアを頼りにする若年層と、伝統メディアを頼りにする高齢層との境目が 40 代なのだ。

10 代は SNS に多く接触していることに加えて、情報源としても頼りにしていることが分かるが、特に有名人やインフルエンサーといった個人が発信する情報の重要度が高い。インフルエンサーは、一般的に SNS 発で有名になった人々のことを含意しており、若者にとっては憧れと共感を併存させやすい。広告・マーケティングの領域でも非常に注目されており、インフルエンサーが推奨した商品がヒットするため、多くの企業・ブランドがコラボレーションを望むようになっている。またそれに限らず、現代のインフルエンサーは、社会的なア

	15〜19歳	20代	30代	40代	50代	60代
NHK・新聞（一般紙）	− 0.67	− 0.48	− 0.21	− 0.07	0.24	0.54
BS・CS/CATV	− 0.26	− 0.29	− 0.15	− 0.10	0.12	0.38
民放番組	− 0.10	− 0.25	− 0.09	− 0.03	0.07	0.18
週刊誌・総合月刊誌	− 0.08	− 0.19	− 0.09	− 0.01	0.07	0.19
ラジオ・ライブ動画配信	0.18	− 0.11	− 0.07	− 0.04	0.05	0.09
新聞・雑誌デジタル版・ビジネスサイト	− 0.07	− 0.06	0.00	0.01	0.07	0.03
男性スポーツ紙誌・ジャンル誌	− 0.02	− 0.02	0.05	0.02	0.01	− 0.01
女性生活・趣味誌・レシピ動画	0.01	− 0.01	0.03	− 0.03	− 0.03	− 0.03
ショッピング・口コミ・Q&A	− 0.01	− 0.03	0.05	0.00	0.02	− 0.05
SNS（マスメディア由来・オピニオン系）	0.46	0.18	0.08	− 0.05	− 0.09	− 0.18
ネタ・まとめサイト	0.53	0.31	0.21	0.00	− 0.15	− 0.37
SNS/動画（芸能・有名人・インフルエンサー）	1.00	0.41	0.17	− 0.06	− 0.23	− 0.46

表 1　頼りになっているメディアや情報源

（出典：電通メディアイノベーションラボ「頼りにするメディアに関する調査」2018年11月）

ジェンダやトピックスに自分のオピニオンを発信することをいとわない。そうした態度やものの考え方にも若年層は多大な影響を受けている。

　表1の中で興味深いのは、マスメディア由来の情報もSNSで触れる場合は頼りにしているということだ。コンテンツの中身というよりも、自分たちが普段いる場で接触できるかどうかがより重要であるということが示唆される。

　また、このようなSNSを情報源として頼りにする若年層の情報接触の在り方の変化を示すキーワードとして、筆者は「ググるからタグるへ」を提唱している[1]。「ググる」はGoogleで検索することを指しているのに対して、「タグる」はSNSでハッシュタグを通じて情報を手繰り寄せるように集めることを指す。InstagramやTwitterはもちろん、TikTokでもタグることは頻繁になされている。

3 ｜ 各サービスは具体的にどのように使われているのか

　では、代表的なSNSはどのように使い分けられているのだろうか。筆者がまとめたSNS利用法の分類を概観していこう。

　まずInstagramは国内MAU（Monthly Active Users）3300万人（2019年）で、2017年に「インスタ映え」が新語・流行語大賞を取ったことからも分かるように、日本では女性ユーザーがブームをけん引した。今では「インスタ映え」という言葉そのものはあまり使われないが、とっておきの体験をシェアし、それを起点にコミュニケーションを図るという特質は不変だ。従って、ユーザーは発信者のテーマ・世界観を求めて見に来るということが言えるだろう。

　最近では、いわゆるすてきなビジュアル（写真）で勝負する通常投稿だけでなく、ストーリーズやリール、さらにはライブ配信といった機能拡張を進めている。さらには投稿のまとめ記事も作れるようになっており、「誰もが簡単に持てるホームページ」のような位置付けになってきた。それも踏まえて、筆者はInstagramの特性を「その人の家／部屋に遊びに行く」と言い表している。

1　天野彬『SNS変遷史　「いいね！」でつながる社会のゆくえ』（イースト新書、2019年）

Facebookは国内MAU2700万人（2019年）であり、実名登録制ということもあって、オフィシャルなつながりを楽しむ場だ。投稿される内容も知り合いに共有したいパブリックな「報告」がよくなされる。むやみに情報が拡散されることもないので、ニュースに自分のオピニオンを添えてシェアすることも多い。グローバルではFacebookのMAUは約29億人といわれており、ニュース消費の場としても重要な位置を占めている。なお、ユーザー構成は40代以降の年齢が高めの人々の割合が増えている。これらをまとめる形で、筆者はFacebookの利用特性を「パーティー会場での社交」に例えている。

　その一方で若年層を中心に日本国内で存在感を高めているのがTikTokだ。国内MAUは約1800万人だ（2021年、App Annie調べ）。TikTokは時計の針が鳴る音「チクタク」に由来しており、短い時間でも楽しめるという意味が込められている。15〜60秒ほどの短尺動画をシェアするショートムービープラットフォームで、ダンスや歌だけでなく今ではさまざまなテーマで発信されるが、どれもエンターテインメント志向が色濃く表れるのが特徴だ。従って、TikTokは「自分の長所・特技を披露するステージ」だと言える。

　一般にはTikTokというと2018年中ごろの初期のイメージが強く、いまだに「自撮り」「リップシンク（口パク）」「ダンス」を若者が大量に投稿している場だと捉えられているが、2019〜2020年ごろからは「お笑い・エンタメ」や「歌・音楽」「日常系・Vlog」も増えてきており、現在では「How to系・雑学知識」「趣味・ライフスタイル（食・旅行・ファッションなど）」「ニュース」や「ショートドラマ」などにも幅が広がっている。おしゃれなお店を探すとき、InstagramはもちろんTikTokで探すというユーザーも増えている。大学生とTikTokの活用について話していると、本書のテーマとして重要なニュースの接触もTikTok経由になっているというユーザーがかなり増えている。

　TikTokの特性として、コンテンツのレコメンドアルゴリズムが秀でており、ユーザーの多くは自分のフォローする人々が現れるタイムラインではなく、「おすすめ」ばかりを見ることがさまざまな調査から明らかになっている。快適な操作性と相まって、どんどんおすすめされるものをスワイプしながら気になるものを見ていると、1時間はあっという間にたってしまうということもザラと

いう中毒性を持つ。

　最後に、Twitter は国内 MAU4500 万人（2017 年）で、情報の拡散に最も適した SNS だ。発信も気軽であることから、ファストなコミュニケーションと言えるだろう。Instagram や TikTok が個人の世界観やスキルを見せる場だとすれば、Twitter は世の中ごとの場だと対比できる。みんながある出来事に対してどう思っているのか、そのカンバセーションこそが焦点となる。何かのイベントやテレビ番組などリアルタイム性が強いコミュニケーションを共時的に楽しむわけだ。Twitter の利用特性は、「みんなが何してるかを見に広場へ」とまとめられる。Twitter とニュースの関わりにおいては、ハッシュタグを付けて意見表明をしたり、それを元に意見を組織化して世論を動かすハッシュタグ・アクティビティが盛んになっている。

　厳密には SNS ではないが、インスタントメッセンジャーの LINE もニュースやタイムラインを強化しているし、動画共有サービスの YouTube も短尺動画の Shorts をリリースするなど、各サービスの横並びとそれに伴う競争激化が起こっている。今や SNS 領域も成熟するとともにレッドオーシャン化が進行しているのだ。

　各 SNS もそれに伴い機能追加を活発化しており、今後の展開についても簡潔に触れておく必要がある。まず、Twitter は 2020 年からさまざまな拡張を進めており、140 文字のツイートだけでなく、Clubhouse のような音声コミュニティーサービス「Spaces」、ポッドキャスト、ニュースレターなど発信方法を強化している。さらには、課金したユーザーのみが限定コンテンツを見られるスーパーフォローを導入。これによって、誰にもフラットでオープンな情報が届くという方針を改め、コミュニティーのレイヤーを分けて多層型のプラットフォームになろうとしていることが分かる。

　Instagram の「Head of Instagram」を務めるアダム・モッセーリは、2021 年 7 月に「すでに Instagram は四角い写真を共有するアプリではなく、動画やコマース、メッセージといった新しい柱に注力していく」と方針を明言している。アメリカではすでに若者の好きなアプリは Instagram から TikTok にシフトしている。日本は Instagram 大国だが楽観視はできない。動画やコマー

スといった分野が SNS 戦国時代の勝敗を分かつキーエレメントになっていくだろう。

4 ｜ なぜSNSが頼りにされるのか──ミレニアル世代とZ世代

　若者を指す世代論としてよく言及されるものに、ミレニアル世代と Z 世代がある。前者は 1980 年〜1996 年生まれ、後者は 1997 年〜2015 年生まれを指している。本論のテーマに則してテクノロジーとの関係で整理すると、ミレニアル世代は情報テクノロジーと共に育った世代で、Z 世代は生まれた時から情報テクノロジーがあった世代だ。筆者は 1986 年生まれのミレニアル世代に属するが、高校時代からフィーチャーフォン（ガラケー）を持ち始め、一番最初の SNS は大学時代にクラスのみんなでつながった mixi だった。それに対して、Z 世代の多くは初めに持ったモバイルデバイスがそもそもスマートフォンであるというスマホネーティブで、学校の友達との交遊関係も含めて、SNSが当たり前のように存在していた。

　Z 世代にとっては SNS が大前提になっていることから、発信できる何かを持っていること、「キャラ立ち」していること、自分なりのスタンスを持っていることが重要な意味を持つ。一人ひとりの個性を大切にするというダイバーシティーの文化もそれを後押ししているだろう。

　それは企業であったり、メディアであっても同様だ。表裏がないこと、顔が見えること、すなわち「透明性がある」ことが重要な資質となる。実際に、それらとは真逆の「いかにも仕事でやっています」感が伝わる SNS の運用は多くの場合成果に結び付かないものだ。

　また Z 世代においてはリアルとバーチャルも等価な位置付けであることから、SNS でどんなアクティビティを行うのかが自分自身が何者であるのかを規定する。マサチューセッツ工科大学（MIT）で情報テクノロジーと人々の心理の関係を研究するシェリー・タークルは、「我シェアする、ゆえに我あり」とい

う箴言を残している[2]。シェアしたものが自分自身を形作るし、またそれによって私たちは全能感を得るようになっていると指摘する。Instagram でどんなおしゃれな写真や充実した生活のシーンをシェアするのか、TikTok でどれだけキャラ立ちしてフォロワー数を稼げるのか、Twitter で拡散されるだけの何かを発信できるのか…など。ミレニアル世代にもそうした志向性はあるが、Z世代はさらに強い動機付けをそこに持っていると考えられる。

　ただし、本節の最後に注釈的に述べておきたいのは、ミレニアル世代とZ世代という両者に明確な特徴の違いがあるというよりは、同じ特性の濃淡として、つまりグラデーション状態として捉えるべきということだ。メディア業界・マーケティング業界特有の癖として、新しい概念や新しいペルソナを発見し喧伝したがるということも正直ある。変化を見逃すくらいなら、微妙であってもその変化に着目した方がいいということ——言ってしまえば、「第二種の過誤」よりも「第一種の過誤」を犯しがちなマインドセットがあるのかもしれない。「ぼんやり者」より「慌て者」の方がまだましだというビジネスエートスの存在を割り引いて認識しておきたい。

5 ｜ コロナ禍でのSNSの重要性の高まりと課題

　新型コロナウイルスの影響により、私たちの在宅時間（#StayHome）が伸長している。全般的にウェブサービスの利用がアクティブになっており、SNSも同様に、ユーザー数（MAU）や利用頻度、利用時間など主要指標が軒並み上昇している。実際に顔を合わせられない分だけ、私たちはそのコミュニケーションを SNS で代替することができたというのは、技術の恩恵という意味でポジティブなことだった。

　その一方で、SNS上での「情報の信頼性」についての評価が、幾つかの調査では低下していることに注目しなければならない。例えば、野村総合研究所が行った「新型コロナウイルス感染拡大による生活の変化に関するアンケート」

2　シェリー・タークル（日暮雅通訳）『一緒にいてもスマホ　SNSとFTF』（青土社、2017年）

（2020年4月）によれば、信頼度が上がったメディアとして「政府・自治体の情報」「NHK・民放の情報」「ポータルサイトの情報」などが挙げられる一方で、信頼度が下がったメディアとして、「ブログで個人が発する情報」「ソーシャルメディアで個人が発する情報」などが挙げられた。つまり、オフィシャルな情報源の価値が高まったことが分かる。

　ピュー研究所（Pew Research Center）の米国成人9000人を対象とした調査「Americans' news habits during 2020」においても、政治や選挙のニュースをソーシャルメディアだけに頼っている人は、ニュースアプリやサイトを使っている人よりも相対的に知識が不足しがちなこと、またソーシャルプラットフォーム上での誤報がいまだに横行していることなどが報告されている。

　いわばパンデミック環境下におけるインフォデミックの問題だが、新型コロナウイルスに限らず、災害・有事のSNSは虚偽ニュースの温床になるという問題は、幾つかの先行研究でも指摘されてきた。

　筆者も参加していたスマートニュース メディア研究所が主催する「『格差・分断の広がりとメディアのあり方』を考える研究会」において、大阪大学・三浦麻子教授がまとめた論考で指摘されているように、「未知」かつ「恐ろしい」イシューほど、リスク情報が拡散されやすい。デマや虚偽ニュースも、それが私たちにとって深刻な影響を及ぼすテーマであるほど猛威を振るってしまうということを意味している[3]。

　ただし、それはSNSが悪いと短絡的に結論付けられるものでもない。佐藤卓己（2019）[4]の研究が明らかにしているように、インターネットやSNSが根付く前から——それこそ、電報や新聞報道の時代から、あるいは人々がうわさを口コミで広げていた時代から、そうしたことは起こっていた。人間はパニック環境になるとデマを流しがちになるし、それを信じてしまいやすくなるということが前提にあった上で、現代では情報の発信がたやすいSNSこそがそのるつぼになってしまいがちだと解釈するべきなのである。

3　三浦麻子「リスク情報の拡散メカニズムを社会心理学で読み解く」:https://smartnews-smri.com/research/asako-miura/（2021年8月1日閲覧）
4　佐藤卓己『流言のメディア史』（岩波新書、2019年）

6 ｜ 若年層はニュースを周囲の反応とセットで解釈する

　私たちが虚偽ニュースを信じてしまうのは、それが周囲でも同様に話題化されがちだからだ。エコーチェンバー、フィルターバブルといった術語で説かれる私たちの視野狭窄（きょうさく）ぶりは、似た情報が集まりやすくなるという情報アーキテクチャーの問題も関係しているし、似た属性の人と一緒にいることで安心感を得たいという人々の心理メカニズムにも支えられている。

　周囲の反応を含めてニュースの価値を見積もる傾向は、私たちの調査からも確認されている。2015年3月に電通メディアイノベーションラボが実施した「頼りにするメディア調査」では、メディア利用パターンから見ると、どれだけメディア活用に積極的かという観点から生活者を三つのクラスターに分類できるということが分かった。関与度合いでスライスすると、メディア高関与層は21.4パーセント。メディア中関与層は26.7パーセント。そして、メディア低関与層は51.8パーセントである。メディア低関与層はメディアを通じて情報を取得するということにそもそも労力を払わず、テレビが辛うじてリーチすることができる程度だ。こうした人々が約半数いるということになる。メディア中関与層は情報をある程度得ようと努めるが、こだわりを持って開拓していくようなことはあまりない。テレビや新聞、国民的なインターネットサイト・アプリなど「みんなが見る」ような場で接触するニュースがメインである。4人に1人ほどが該当する。メディア高関与層になると、自分の関心に合わせてさまざまなメディア——例えばセグメント誌やインターネットメディアなどをディグる（掘る）ことに積極的だ。5人に1人程度の割合である。

　その上で、このメディア高関与層（21.4パーセント）を腑（ふ）分けすると、ほぼ同じ割合で、中高年中心のデジタルメディア重視クラスター（高デジ）と、若年層中心のデジタルメディア重視クラスター（若デジ）が現れる。両者は、ニュースのどこを見るのかが異なっている。ストレート記事を読むのは、高デジでは92.1パーセントだが、若デジは71.9パーセントである。ニュース記事で専門家の解説を読むのも高デジは50.9パーセントだが、若デジは41.2パーセントとなっている。しかしながら、読者による投稿・コメントを参照する

のは、若デジが 35.6 パーセントなのに対して、高デジは 27.9 パーセントとなっている。ネットの話題を紹介する記事を読むのも、若デジが 26.2 パーセントで、高デジは 21.9 パーセントと差が生まれる。

　つまり、情報感度が高いニュース受容者の中でも、年齢が高めの人々はストレート記事や解説、評論などを読んでおり、〈理解を深める〉という志向性がある。その一方で、情報感度が高い若年層は〈周りの反応を知る〉という志向性を持つ。この対比は、ここまで述べてきたように、若年層世代においてSNSが主要な情報取得の場になっていることの影響によるものだと推測できる。

7 │ SNSが公論を生み出すことへの期待（外れ）

　かつては、個人が情報を発信する力を持てば、オンライン空間上には良い情報があふれ、公論が豊穣（ほうじょう）なものになっていく——そんな期待が語られていたオプティミズムの時代も存在した。2000 年代中ごろには、ティム・オライリーが唱えた「ウェブ 2.0」というキーワードを錦の御旗として、日本でもブログ文化が花開き、それに類する意識の高い議論がかなり注目されるようになった。

　しかしながら、今のインターネットコミュニケーション環境がそうした状況を実現させていると賛同する人はあまりいないように思われる。むしろ、こうした状況に危機感を持つ人ほど、人々が自由に発信できる環境が整った結果として、SNS は虚偽ニュースが広がる温床となり、攻撃的なコミュニケーションによってヘイトが起こり、「相手の陣営」を指弾し合うような社会的分断を悪化させる原因になっていると感じてしまうだろう。

　ただし、水を差すわけではないが、新しいメディアが出現するタイミングというのは、そうした希望論も語られやすくなるものだ。実際に、新聞が生まれた時も公共圏の創出が期待されたし（ハーバーマス）、テレビが生まれた時もグローバルビレッジの構想が語られた（マクルーハン）ことを思い起こせば、そうした期待論が生まれるということ自体も反復的なクリシェ（決まり文句）である。とはいえ、もちろん意味がないわけではない。そのような理想的な状態

が実現されずとも、そこにどう近づくかという試行錯誤にこそ意義があると考えられる。

　また、ガートナーのハイプ・サイクル（図3）を想起すると、そもそも人間の心理とはそんなものなのかもしれないとも感じる。新しく出現するテクノロジーには過大な期待を抱いてしまうが、意外にできないことの方が多いことから失望のフェイズへと移行し、「でもそんなものか」とバズワードが忘れ去られたころに、諦めない実践者たちが少しずつ前進していくことで持ち直していく……。あらゆる場でそんなことが起こっているように思われる。

　もちろんそのような私たちのメンタリティもこの「期待外れ」の原因の一つだが、東京経済大学の佐々木裕一教授は、その青写真がなぜ現実のものとならなかったのかをより具体的に究明している[5]。いわく、1990年代中盤～後半のインターネット初期の段階では、篤志的なモチベーションに基づいたコンテンツ発信やコミュニケーションがメインだったとされる。いわば、インターネットが好きで、誰かの役に立つならという GIVE の精神があった。しかし、そこから10年ほどたつと、環境が整ってきたこともあり、「インターネットが

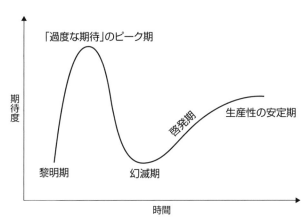

図3　ガートナーの「ハイプ・サイクル」

（出典：https://www.gartner.co.jp/ja/research/methodologies/gartner-hype-cycle）

5　佐々木裕一『ソーシャルメディア四半世紀　情報資本主義に飲み込まれる時間とコンテンツ』（日本経済新聞出版社、2018年）

好きな人」以外もどんどん参入してくるようになる。SEO（検索エンジン最適化）やウェブサイトのグロースハックの手法が体系化され、お金のために情報発信することが前景化してきた。もちろん、多くの人々の目に留まる価値あるものをつくりその対価を得ることは正しいが、順序が逆転すると人々の耳目さえ集められればよいという質の悪い割り切りがまん延する。粗製乱造の記事や手軽に情報を消費するためのスナックコンテンツが増加し、結果として「悪貨が良貨を駆逐する」状況を招いてしまったのだ。

8 ｜ 分断のパラドックス

今、SNSで最も強力なコンテンツは何だろうか。人気アイドルのミュージックビデオ、友人知人の近況シェア、あるいは癒やされる犬や猫の姿…などさまざまな回答が可能だが、一つ穏やかではないが確実にそうだと断言できるのが「怒り」である。実際に、日々SNSでバズるものの中には、誰かの不正をただしたり、攻撃してスッキリするようなものが多い。やや意地悪な見方だが、怒りの発露は、何らかのクリエーティブな才覚や工夫も必要とせず誰もが発信者になるための手段なのだ。しかもそれは人間の感情の最も強い働きであるからこそ、怒りを惹起するようなコンテンツはシェアされやすく、あっという間に拡散していく。

ブログサービス「はてな」には匿名で投稿できる「はてな匿名ダイアリー」という機能があるが、2021年2月21日に投稿された記事は大きな反響を呼んだ。その書き手は副業でウェブの記事を作成していると自己紹介した後、特に人々の怒りをたきつけ、分断と憎しみをあおる記事ばかりを作っていることを告白した。もともとはペットの情報を中心とした和やかな記事を作成していたそうだが、次第に「○○さんがこんなことをやらかした」「○○という差別が問題になっている」といったレスバトル（レス＝返信でののしり合い）が起こりやすい記事の受注が増えていったという。そして、そうした活動を行う自

分を「憎悪クリエイター」と呼んでいた[6]。

　あえてこの憎悪クリエイターの言い方に倣うならば、憎悪メディアと呼ぶべき媒体の数も増えている。著名人のゴシップに対するやっかみのような「軽い」ものから、ヘイトクライムと呼ばれる、人種や民族、宗教など、特定の社会的集団への偏見や差別に動機付けられた嫌がらせのような「重い」ものまでが含まれる。私たちの怒りに火を付け、SNSで拡散されるための火種を提供しているのだ。もちろん、それが多くの人の注目を集めることで、憎悪メディアには経済的なメリットが舞い込む。

　ソーシャルメディアが現代のさまざまなレベルの争いごとに深く関わっていることを説いた『「いいね！」戦争[7]』の中で指摘されているのは、人間を社会的な生き物にする進化上の特性——好奇心、帰属願望、他者への共感や親近感といったもの——が、ここではネガティブな副作用をもたらしているということだ。憎悪や怒りは、私たちの共感力の高さ故に簡単に人から人へ伝わってしまうし、それを外部に向ければ内輪の一体感を得られる。つまり、分断を生むことでまとまるというパラドックスがあり、憎悪や怒りは往々にして「私たち」を守るための義憤（良いこと）として発露される。だからこそ、こうしたコミュケーションは道徳に訴えても収まらないのだ。私たちの進化上必要だった特性がSNS空間の中に溶け出した結果、情報の真実性よりも拡散性が力を持つ土壌を支えることにつながってしまっている。

9 ｜ 「おすすめ」に抵抗感のない若年層のニュース接触

　似たような情報ばかりを浴びてしまうことの問題点は、前述したようにエコーチェンバーやフィルターバブルといったタームで認知されてきた。それをもたらしているのが、若年層のニュース受容に関する特徴を考える上で欠かせない「おすすめ」の存在だ。

6　はてな匿名ダイアリー：https://anond.hatelabo.jp/20210221015550（2021年8月2日閲覧）
7　P・W・シンガー、エマーソン・T・ブルッキング（小林由香利訳）『「いいね！」戦争　兵器化するソーシャルメディア』（NHK出版、2019年）

補助線となるデータを紹介すると、法政大学などの調査によれば、「(A)ニュースには意識して自分から接している」と「(B)ニュースはたまたま気付いたものだけで十分だ」のうち、(B)で良いと考えるのは10代～20代が多く、30代以降は(A)の能動的接触を重視するようになるという[8]。「自分が知りたいことだけを知っておけばいい」の回答比率も10代～20代は4割程度と高く、60代の回答率は2割程度と約半分になる。

　ただし、この「気付いたものだけで十分だ」は若者に探究心がないといったわけでなく、気付きのレベルが向上し、そこに効用感を確かに感じているが故のことなのだと筆者は推察してみたい。

　広告業界では、生活者の情報行動モデルとして、1920年代に提唱されたAIDMAと、2004年に提唱されたAISASがよく知られている。AIDMAはAttention（注意）、Interest（興味）、Desire（欲求）、Memory（記憶）、Action（行動）から成る頭字語だ。当時はまだ広告メッセージを受容してから店頭での購買行動までに時間的距離があったため、「Memory（記憶）」が挟まるのが特徴的だ。従って、覚えてもらえるようなキャッチーな表現手法が成熟していったり、記憶に残るためには5回接触する必要があるといったフリークエンシー理論が発展していったりした。AISASはAttention（注意）、Interest（興味）、Search（検索）、Action（行動）、Share（共有）から成る頭字語で、Search（検索）とShare（共有）が加わった形だ。特にソーシャルメディア以降、買い物の前に情報を検索したり、商品やサービスの評価を口コミの形で人々が共有するようになった変化を捉えている。

　これらに続いて、最近提唱されているのがALSASである。ALSASは、「ALgorithm：アルゴリズム」→「Sympathy：共感」→「Action：行動」→「Share：共有」の頭文字を取ったもので、ユーザーごとに適した情報を差配するアルゴリズムの仕組みが、重要なコンタクトポイントの座を占めるようになったことを指している。今、若者に人気のTikTokはまさにALSASの精度の高さが競争優位性となっている。

8　法政大学大学院メディア環境設計研究所編『アフターソーシャルメディア　多すぎる情報といかに付き合うか』(日経BP、2020年)

　AIDMA は受動的な情報接触（生活者は受動態＝情報を受け取る）、AISAS は「Search：検索」や「Share：共有」を含む能動的な情報接触（生活者は能動態＝情報を探す）である。それに対して、ALSAS は中動的な情報接触（生活者は中動態＝情報プロセスの中に組み込まれる）と描き分けられる。では、中動態とはどんなものだろうか？

　哲学者の國分功一郎（東京大学大学院総合文化研究科准教授）によれば、私たちは一般的に能動態 vs. 受動態という対比で捉えているが、実は受動態は中動態から派生してきたものにすぎない[9]。能動態と受動態は、行為と行為する主体そのものを切り離せるような在り方を指すが、それに対して中動態は、行為する主体がその行為の過程に含まれるような形式を指している。この考え方からすると、私たちの行動履歴が AI にとっての学習データとなり、それが「おすすめ」として戻ってくるという再帰的な情報との出合い方を指し示すには、中動態という術語を活用するのが最も適していることが分かる。

　さらに國分功一郎によれば、中動態には「主体─選択─責任」図式を中和するという現代的な意義がある。私たちは、自分の能動か誰かからの受動のみで構成される世界を生きているわけではないし、その見方は人間の意志なるものを狭く捉え過ぎてしまっているという弊害をもたらす。また、現代が情報の取捨選択が難しいからこそ、生活者はそれを緩和したいというニーズを強く持っているのだと筆者は考えている。特に若者は精度が高ければ高いほど、おすすめに依存することへの抵抗感はないし、それは現代の情報環境への若年層なりの順応と捉えるべきだろう（その意味では技術をフラットに評価している）。動画や SNS といったエンターテインメントはもちろん、前述したようにニュースそのものがソフト化していることの影響も相まって、若年層のニュース受容の在り方を考える上でも、ALSAS 的な情報受容の重要性はますます高まっていくはずだ。

9　國分功一郎『中動態の世界　意志と責任の考古学』（医学書院、2017年）

10 | ファストへの抗い、アルゴリズムへのリテラシー

　ここまでの議論で考察してきたように、今のSNSのコミュニケーションはどんどん速くなっており——同時に私たちの認知や思考の癖を利用してアテンションを稼ぐ術が洗練されてきている——、そして機械（アルゴリズム）が差配するものになってきている。利便性が高まっているとは言えるが、この副作用をどう評価するべきなのかは依然として重大な課題のままだ。

　ダニエル・カーネマンが述べるように、人間の認知や思考は——よく言われるように左脳的か右脳的かということではなく——、速い思考と遅い思考（ファスト＆スロー）に大別される[10]。これまでの記憶や経験則から即断するファストな思考と、それにとらわれずに頭の中の情報を整理しさまざまなシミュレーションを試行錯誤するスローな思考。どちらも重要だが、ファスト優位な情報環境の中でスローな思考を貫徹することは難しい。実際に、スマートフォンユーザーの注意力はどんどん短いものになってきているという研究結果も知られている。だからこそ、スローな思考を意識する、あるいはそのための時間をつくるという個々人の営みも大切だ。

　評論家の宇野常寛は、良質な公論のためには、一人ひとりがものを考え、咀嚼しながら発信するプロセスの「遅さ」が重要であると述べている[11]。その理論を実践するべく、感情を刺激するような過激なキャッチで、いかに拡散されるかを狙った記事やコンテンツが増えていることに抗して、それらを価値指標としないゆっくり読み継がれる記事だけを集めた「遅いインターネット」というウェブマガジンを運営している。また、スマートニュースが立ち上げたスローニュースでは、調査報道を支援するとともに、国内初出の海外調査報道などを選り抜いて掲載するなど、ファストに消費されないニュースの在り方を模索している。

　そのような情報流通の課題にフォーカスした動きに加えて、私たち自身の情

10　ダニエル・カーネマン（村井章子訳）『ファスト＆スロー　あなたの意思はどのように決まるか？（上・下）』（早川書房、2012年）
11　宇野常寛『遅いインターネット』（幻冬舎、2020年）

報接触がどんどん機械任せになってしまっていることの中長期的な影響についても最後に触れておきたい。多くの人に同じ情報が届く受動的な情報接触や、自らが欲しい情報を探索する能動的な情報接触に加えて、中動態的な情報接触が増えていくということは、機械がアルゴリズムの力で私たちに差配する局面が増えるということを意味する。機械は最適化することが得意だが、その最適化がどういう意味を持つのか、また中長期的に最適なものとなるかどうかは私たちユーザーが考え判断するしかない。良い情報を見極めるという一人ひとりの心掛けも重要であると同時に、それだけでなく、情報環境そのものにも目を向ける視座が欠かせない。そのためにも、インターフェースの背後にある不可視なアルゴリズムをとらまえるようなリテラシーこそがますます肝要になってくるのだ。

第**3**章
メディアリテラシーの本質とは何か

坂本　旬　● SAKAMOTO Jun
法政大学キャリアデザイン学部教授

1 ｜「フェイクニュース」と陰謀論の衝撃

　今日、私たちはメディアリテラシーのブームの真っただ中にいる。日本におけるメディアリテラシーのブームは二度目である。一度目は 1990 年代の半ばから 2000 年ごろまでであった。そして二度目は 2016 年 11 月のアメリカ大統領選によって引き起こされた。「フェイクニュース[1]」の登場である。そして、4 年後の 2020 年 11 月のアメリカ大統領選では「フェイクニュース」だけではなく、陰謀論が世界を駆け巡った。2021 年 1 月 6 日のトランプ前米大統領支持者による米国連邦議会議事堂襲撃事件の背景に、陰謀論が大きな影響を及ぼしたといわれている。このようなアメリカの状況は日本にも影響を及ぼした。

　さらに、2020 年からは新型コロナウイルス感染症パンデミックが世界中に広がるとともに、健康や命に関わる大量のデマが拡散することとなった。その一部は陰謀論とも関係している。例えば、ロンドンに拠点を置くリサーチ会社「YouGov」のリンレイ・サンダースによると、共和党支持者の 44 パーセントが、「ビル・ゲイツは、新型コロナウイルスに対する大規模なワクチン接種キャンペーンを利用して、デジタル ID で人を追跡するために使用されるマイクロチップを人々に移植したいと考えている」という陰謀論を信じていた。無党派は 24 パーセント、民主党支持者では 19 パーセントであった。「新型コロナウイルスは中国の科学者によって中国の武漢にある研究室で作られ、そこから流出した」という根拠のない説については、共和党支持者の 57 パーセントが信じている。そして民主党支持者では 23 パーセントが信じており、53 パー

1　学問的には政治的に使われることの多い「フェイクニュース」ではなく、偽情報（Disinformation）という用語を用いることが多い。

セントは虚偽だと考えている[2]。

　このように、陰謀論は単純な偽情報ではなく政治的な背景を持っていることが多い。ただし、陰謀論は今に始まったものではなく、以前からあったものである。オンライン版ケンブリッジ辞書によれば、陰謀論とは「ある出来事や状況が、権力者による秘密の計画の結果だと考える信念」を意味する。古くは魔女狩りも陰謀論の一種であり、近年になってからもフリーメイソンやアポロ計画にまつわるものなど、数多くの陰謀論が知られている。「フェイクニュース」が世界的な問題になった時も、陰謀論は偽情報の一つの形態として見なされてきた。例えば、視聴者の利益のための欧州協会（EAVI: European Association for Viewers Interests）はミスリーディングニュースの10の形態の一つとして、風刺やプロパガンダ、誤情報、偽科学などと共に陰謀論を挙げている[3]。つまり陰謀論は偽情報の一形態である。しかし、最近になって陰謀は加速度的に増加し、見える形で国際社会に影響を与えるようになってきた。

　より深刻な影響をもたらしているのはアメリカ大統領選に伴って世界中に拡散した「Qアノン」と呼ばれる陰謀論である。武邑光裕によると、Qアノンとは、小児性愛者の秘密結社「深層国家（ディープステート）」が、「何千人もの誘拐された子供たちを地下に閉じ込め、延命と若返りの特効薬の生産のため、子どもたちの松果体（脳に存在する内分泌器でホルモン系の中枢を担う）から『アドレノクローム』という成分を抽出している」という説である。しかし、アドレノクロームはアドレナリンの代謝産物にすぎず、このような説は成り立たない。しかも、この秘密結社はオバマ前大統領やヒラリー・クリントン氏、さらにはドイツのメルケル首相もメンバーだという[4]。荒唐無稽のように見えるが、Qアノン信奉者は「新型コロナウイルスはでっち上げだ」と主張し、その結果、人命を犠牲にすることにもつながっている。

2　Sanders, Linley.（2020）. The difference between what Republicans and Democrats believe to be true about COVID-19. YouGov. May 27,2020.：https://today.yougov.com/topics/politics/articles-reports/2020/05/26/republicans-democrats-misinformation（2021年9月8日閲覧）

3　EAVI Infographic: Beyond Fake News-10 Types of Misleading News - Seventeen Languages：https://eavi.eu/beyond-fake-news-10-types-misleading-info/（2021年9月8日閲覧）

4　「トランプ支えるQアノン、ドイツに影響力飛び火　陰謀論が急増する背景」（ニューズウィーク日本版）：https://www.newsweekjapan.jp/takemura/2020/10/q.php（2020年10月20日閲覧）

英国放送協会（BBC）のスプリング偽情報専門記者は、陰謀論を信じたために愛する人の命を失ってしまったアメリカ人を取材している。そして「パンデミックに不安を抱く人は大勢いる。陰謀論は、とてつもなく複雑に見える問題に簡潔な答えを提供する。そうすることで、相手に満足感を与える」と指摘している[5]。Ｑアノンは、アメリカのみならずヨーロッパにも拡散しており、日本も例外ではない。共同通信は2020年12月26日「トランプ支持、世界へ拡散　日本でも8都県に『Ｑアノン』」と題する記事を配信した。「トランプ氏が批判するメディアや中国政府に不信感を抱く支持者が、東京でも大統領選で不正が行われたと主張するデモを開催」したという。

　Ｑアノン信奉者はトランプ前大統領を「ディープステート」と戦うヒーローとして描く。Ｑアノンという名前は出さなくとも、民主党が組織的に選挙不正を行ったという陰謀論や偽情報は日本でもTwitterやまとめサイトなどで大量に流布している。このような偽情報を流布する人々の多くは、反中国思想を持ち、トランプ前大統領を強く支持していることも大きな特徴である。彼らが拡散する偽情報について、FIJ（ファクトチェック・イニシアティブ）は要注意情報をリポートしている。例えば2020年11月26日の「《週刊》ネット上の情報検証まとめ（Vol.60）」では、「テキサス州のバイデン陣営の責任者が不正投票事件で逮捕」というまとめサイトやTwitterで拡散した情報を取り上げ、ニューヨーク・タイムズやFactCheck.orgなどのファクトチェックを基に偽情報だとしている。同じリポートには「ドミニオンが全米で270万票のトランプ票を削除」という情報もある。これは大統領選で使われた投票システムのドミニオンが不正を行ったという情報だが、米ファクトチェックサイトThe Dispatchによって否定されていることを紹介している。このように、FIJは独自のファクトチェックではないものの、海外のファクトチェックの結果を基に日本で拡散された偽情報の誤りを逐次報告している。

　このような努力にもかかわらず、ソーシャルメディアにおける陰謀論や偽情報の流通を完全に止めることは不可能である。偽情報の拡散速度に対してファ

5　Spring, Marianna. (2020). How I talk to the victims of conspiracy theories. BBC News. November 1,2020.：https://www.bbc.com/news/blogs-trending-54738471（2020年12月31日閲覧）

クトチェックされた情報の流通は圧倒的に少ない。こうした現実の背景には、偽情報を虚偽だと知らずに信じるのではなく、陰謀論の信奉者への分かりやすい答えとして受け取る人たちがいる。スプリング記者が指摘したように陰謀論は複雑に見える問題に簡潔な答えを提供することで、不安を抱く人々に間違った安心感を与えてしまうのである。

　上記のように、偽情報は多様であり、それらを分類し、その上でそれらの情報への対策を考えるべきであろう。例えば、「コロナがまん延し始め、マスクやトイレットペーパーなど物資が足りなくなる」という情報では、マスクが足りなくなったのは事実だが、トイレットペーパーが足りなくなるという情報は虚偽であった。2020年2月27日にTwitterに投稿された「トイレットペーパーがなくなる」という情報の内容は次の通りである。「コロナで品薄になる品予測を根拠付きでお伝えします。次は、トイレットペーパーとティッシュペーパーが品薄になります。製造元が中国です。生産元がティッシュペーパーやトイレットペーパーを生産をそもそもしてないのが根拠です。品薄になる前に事前に購入しておいた方が良いですね」。この情報はトイレットペーパーやティッシュペーパーの製造元が中国と断定しており、事実ではない。しかし、これを読んだ人が次々に情報を共有し、拡散した。さらに、マスメディアがこの偽情報を報道したことによって、より一層拡散したのである。

　こうした事情を日経クロステックは「『新型コロナのSNSデマはマスメディアが拡散』、東大の鳥海准教授が分析」（2020年7月6日）と題する記事の中で、東京大学大学院工学系研究科の鳥海不二夫の言葉を用いて、実際に「トイレットペーパーが不足する」というデマが拡散したわけではなく、「『不足するというデマに踊らされる人がいるかもしれない』という不安がSNSを通じて広がった結果、多くの人がトイレットペーパーの購入に走ったのではないか」と書いている。さらに、さほど拡散していないにもかかわらず、拡散しているとマスメディアが報じたことによって、ますます拡散したのではないかとも指摘している。この種の偽情報は、発信者に悪意があったわけではなく、政治的な意図があったわけでもない。「コロナがお湯で予防できる」「ニンニクを食べると新型コロナウイルス予防に効果がある」といった偽情報も同様である。

陰謀論を背景に持つ偽情報はこのような偽情報とは性格を異にする。例えば、「テキサス州のバイデン陣営の責任者が不正投票事件で逮捕」という偽情報の日本における発信元は「看中國」というまとめサイトである。そしてそこにはアメリカのメディア「ナショナル・ファイル」からの転載だと書かれている。この情報は虚偽であることがニューヨーク・タイムズなどの検証によって否定されているが、発信元は個人ではなくメディアなのである。ドミニオンに関する偽情報も同様に、米メディア「ワン・アメリカ・ニュース・ネットワーク」からの情報であり、トランプ前大統領もこの情報をTwitterで共有したという。すなわち、アメリカの保守的なメディアが偽情報を発信し、日本のまとめサイトがそれを転載もしくは紹介し、さらに日本の個人がTwitterなどにその情報を共有することで拡散するという構図が見えてくる。

　このように陰謀論を背景に有する偽情報とそうでない偽情報とは政治性の有無という点で、性格が異なる。日本では欧米ほどの陰謀論や深刻な偽情報が拡散されているという状況ではないものの、日本の一部の保守層によるアメリカの陰謀論を背景に持つ偽情報の流通が存在し、さらにQアノン信奉者の拡大が始まりつつあると言ってよいだろう。陰謀論はカルト宗教とよく似た性格を持ち、スプリング記者の記事に描かれているように、一度その罠にはまってしまうと容易に抜け出すことができない。

　コケレルは世界中に拡散されつつあるQアノンの状況を特集した記事の一部として、「ポピュリズムとQアノン」と題した文章を書いている。そして「Qアノンはポピュリズムよりもさらに魅力的であり、信奉者に秘密の知識と排他的なクラブに属しているような感覚を提供している」と指摘している[6]。Qアノンは新型コロナウイルス感染症への恐怖や人種差別意識と分かち難く結び付いていると考えるのである。さらにYouTubeなど多様なソーシャルメディアチャンネルを通して大量のQアノンやトランプ前大統領をヒーロー化するプロパガンダが流通し、その日本語版もすぐに見つけることができる。そのコメ

6　Cockerell, Isobel. (2020). Populism and QAnon, the year QAnon went global. Coda Story. 22 December,2020.：https://www.codastory.com/disinformation/qanon-went-global/（2021年9月8日閲覧）

ントを読むと、視聴者への影響力の大きさが理解できる。

　Ｑアノンなどの政治的な陰謀論は根拠のない情報を操作することによって市民の人権意識を侵食する。それはソーシャルメディアが社会のインフラとなった現代民主主義に深刻な影響をもたらす。市民が陰謀論に対抗できる真実探究のすべを持たなければ、陰謀論による民主主義への侵食が進行するだろう。そうした状況を放置すれば、かつてのファシズムのように、国や世界そのものを危険にさらすことになりかねない。そのためにも、真実探究のための基礎的能力の系統的な育成が求められる。

　オンライン版の『タイム』は2021年1月21日に米国連邦議会議事堂襲撃事件を取り上げ、「サイバー・シティズンシップ教育は国家的優先事項にならなければならない」と題した記事を配信した。そこには次のように書かれている。

> デジタル化が進む今日の社会の一員として責任ある行動をとるためには、新たな「サイバー・シティズンシップ」のスキルが必要となります。これは、オンラインの詐欺や個人情報の盗難から身を守る必要性をはるかに超えるものです。このスキルは、米国市民であることの意味の核心に迫るものでなければなりません。

　サイバーシティズンシップとは、一般的にデジタルシティズンシップと呼ばれているものだ。もはやアメリカは情報の真偽を検証する能力だけではなく、より高次のデジタルシティズンシップ教育の重要性を国家的優先事項とする状況に至っている。デジタルシティズンシップについては第6章で説明することにする。

2 ｜ メディアリテラシー教育の対応

　「フェイクニュース」や陰謀論は日本にも大きな影響をもたらした。すでに第1章で紹介したように、「メディアリテラシー」や「ファクトチェック」はその一つの答えである。もちろん問題の解決を教育だけに頼るわけにはいかない。世界的に「フェイクニュース」や陰謀論をめぐって、プラットフォーム企業への規制は強められつつある。また、すでに紹介したように、2017年6月に日本で初めてのファクトチェック団体であるFIJが創設されたのもその一つ

である。テレビや新聞、雑誌でも「フェイクニュース」や「ファクトチェック」という用語が取り上げられるようになり、2018年10月にはNHKで「フェイクニュース」を題材にしたテレビドラマが放送されたほどである。日本でもファクトチェックに取り組む新聞社が徐々に増えつつある。

　メディアへの規制や自主的な取り組みと教育は車の両輪であり、世界的に双方への取り組みが強化されつつあるが、日本では教育への取り組みは世界の潮流に追い付いておらず、研究としても政策としても遅れた状態にある。2017年以降の世界の「フェイクニュース」への対抗教育の動向と比較すると、日本の教育界の反応は鈍く、危機感は見られなかった。今でも状況は大きく変わらないが、しかし、まったく反応がないわけではない。特筆すべきなのは2021年3月31日に文部科学省主権者教育推進会議最終報告「今後の主権者教育の推進に向けて」である。

> 主権者教育を充実し、政治的事象など現実社会の諸課題について子供たちが多面的・多角的に考察を深めるためには、各種の統計、白書、新聞やインターネットの情報などの豊富な資料や多様なメディアを活用して情報を収集・解釈する力や、情報の妥当性や信頼性を踏まえて公正に判断する力などのメディアリテラシーの育成を学校のみならず家庭においても図ることが重要である。[7](20頁)

　オンライン偽情報や陰謀論の深刻さについては触れられていないものの、「豊富な資料や多様なメディアを活用して情報を収集・解釈する力や、情報の妥当性や信頼性を踏まえて公正に判断する力などのメディアリテラシーの育成」と書かれている。このことは評価に値する。しかし、この報告書が出たからといってすぐに教育政策に反映されるわけではない。日本の教育政策に最も大きな影響を与えるのは中央教育審議会の答申である。2021年1月26日に文部科学省・中央教育審議会は「『令和の日本型学校教育』の構築を目指して〜全ての子供たちの可能性を引き出す、個別最適な学びと、協働的な学びの実現〜」を答申した。「令和の日本型学校教育」とは、先進的なICT教育を土台とした伝統的な日本型学校教育という意味であり、デジタル情報への対応を全面的に

7　文部科学省「今後の主権者教育の推進に向けて（最終報告）」: https://www.mext.go.jp/content/20210331-mxt_kyoiku02-000013640_1.pdf（2021年3月31日閲覧）

打ち出している。

　それにもかかわらず、その内容はICTの利活用に偏重しており、オンライン偽情報については、新型コロナウイルス感染症対策の一環として、「学校においては、誤った情報や認識や不確かな情報に惑わされることなく、正確な情報や科学的根拠に基づいた行動を行うこと、感染者、濃厚接触者等とその家族に対する誤解や偏見に基づく差別を行わないことなどの点について、しっかりと取り上げ、身に付けさせることが必要である」と述べるにとどまっている（答申29頁）。

　日本の教育政策はこれまでクリティカルシンキングの育成を軽視してきた。むしろ、上意下達に服従する従順な国民の育成を重視してきたと言ってよいだろう。その姿勢は、世界的な偽情報・陰謀論の時代になっても変わらない。民主主義を土台とする国々がメディアリテラシーやデジタルシティズンシップ教育に取り組んでいることを考えるとその差は明確である。

　一方、総務省は2021年9月に「プラットフォームサービスに関する研究会中間とりまとめ」を公表し、「フェイクニュース」や偽情報対策として「産学官民が連携し、体系的で多元的なリテラシー啓発を実施することが必要」と記している。こうした新たな政策の動きに注目すべきだろう。

3 ｜ メディアリテラシーとは何か

　情報の真偽を見分ける能力としてメディアリテラシーが取り上げられることが多いが、一般的にメディアリテラシー研究者はメディアリテラシーをそのような能力とは見なさないし、情報の真偽を見分けること自体について懐疑的である。世界的に著名なデイビット・バッキンガムは、2018年に来日し、「デジタル資本主義時代のメディア・リテラシー教育」と題した講演を行っている。この時の講演は『メディア情報リテラシー研究』（法政大学図書館司書課程）第1巻第1号（2019年7月）に収録されている。学術論文データベースCiNii（https://ci.nii.ac.jp/）から「デジタル資本主義時代のメディア・リテラシー教育」をキ

ーワードとして検索すると誰でもダウンロードして読むことができる。難しい文章ではないのでぜひ読んでほしい。バッキンガムは事実と虚偽を区別できるという考え方を否定している。事実と虚偽の間には大きなグレーゾーンがあり、チェックリストを用いて情報の真偽をチェックするだけでは不十分だという。彼が重要だと主張するのはより広いクリティカルシンキングであり、同時にデジタル資本主義の土台となるプラットフォームへの規制である。彼によれば、メディアリテラシーとは情報の真偽を見分ける能力以上のものである。

　では、メディアリテラシーとは何だろうか。メディアリテラシーの原点はイギリスのレン・マスターマンが1985年に出版した『メディアを教える（Teaching the Media）』である。この本は世界思想社から日本語訳が出ており、関心のある人はぜひ読んでいただきたい[8]。この本にはメディアリテラシーの原理ともいうべき一文がある。

> メディアは能動的に読み解かれるべき象徴的（あるいは記号の）システムであり、外在的な現実の確実で自明な反映などではない（28頁）

　ここでいうメディアは、原著では the media となっており、単なる媒体ではない。具体的には組織としてのメディア、つまりマスメディアであり、テレビやラジオ、新聞、映画、広告、雑誌のことを指している。テレビに映し出された映像はありのままの現実ではなく、人によって構築されたものであることを意味している。ただし、注意しなければならないのは、決して「意図」を読み解くことを目的にしているのではない。確かに、カメラマンや編集者、ディレクターの意図は存在するし、それぞれの意図を考えることは重要である。しかし、ほとんどの場合、カメラマンや編集者、ディレクターは番組制作の慣習に従って映像を制作している。

　一つの例を挙げよう。2020年6月7日、NHK「世界のいま　Mr. シップ」公式アカウントは番組宣伝映像を投稿した。この映像は白いタンクトップを着た筋肉質の黒人が格差に対して怒りをあらわにしている様子を表しており、ア

8　レン・マスターマン（宮崎寿子訳）『メディアを教える　クリティカルなアプローチへ』（世界思想社、2010年）

メリカの「ブラック・ライブズ・マター」（黒人の命も大切）運動を紹介したものであった。こうした黒人の描き方こそが人種差別だとして社会的に大きな問題となり、NHKも謝罪することとなった。まさに黒人に対するステレオタイプなイメージが慣習によって表現された事例である。

　果たして、この番組制作者やアニメーター、編集者は差別を意図していただろうか。おそらく意識さえしていなかっただろう。では差別の意図がなければ、差別はなかったと言えるのだろうか。差別的行為に「差別を意図していない」という言い訳はよく聞かれる。しかし、差別の本質は行為者の意図の有無ではない。

　マスターマンはテレビ番組が番組の意図を明確にしようとして「操作」をするという。分かりやすく質の高い映像は、ほとんどの場合、作られたものなのだ。写真でさえ、照明の当て方やポーズを取らされるなど、カメラマンはさまざまな技術を用いて良い写真を撮ろうとする。しかし、それはメディアの裏技ではないとマスターマンは指摘する。問題はそうした個々人の意図ではなく、メディアの背景にあるイデオロギーだというのである。私たちの日常の言説（発言されたことや書かれたこと）の中に意識されていないイデオロギーが存在しており、それが私たちの行動を作っている。差別は無意識のイデオロギーとして日常の言説の中にあり、私たちの差別的な発言や行動を作り出しているのである。マスターマンはこうした考え方をソシュールやロラン・バルト、アルチュセールらの構造主義者の理論を用いて説明している。

　例えば、マスターマンはソシュールの次の言葉を本の中で引用している。「意味は公共的で慣習的なものであり、個人の意図ではなく個人間の理解力の結果である。言い換えれば、意味は社会的に構築されたものである。」そして、イギリスの著名な批評家であるデビッド・モーリーが、メディアの「メッセージ」の制作者の意図と、視聴者の解釈との間に「適合性」がないことに関心を持っていたことを紹介している（原著217頁）。

　このようにメディアリテラシーの本質は、メディアのメッセージが無意識のイデオロギーによって構成されていること、それは個人の意図という表面的な理解を超えたものであることを理解することである。メディアの言語や慣習を

理解することはメディアテクストのメッセージを読み解くために欠かせない。例えば、写真には写真の言語があり、動画には動画の言語がある。そして、それぞれにはすでに紹介したように、制作する上で必要な慣習がある。

　さらに、視聴者は制作者の意図をそのまま受け入れたりはしない。視聴者の社会的文脈によって多様な解釈がされる。制作者に求められるものは、多様な社会的文脈を持った多様な視聴者が自分たちのメッセージをどのように受け止めるのか、考える力である。もしNHK「世界のいま」の制作者たちがこうした能力を持っていたとすれば、自分たちが黒人に対して持っているステレオタイプに気が付き、人種差別的な番組を作ることはなかったであろう。

　マスターマンの本の画期的な意味を理解したのは、メディアに関心を持つカナダ・トロント市の教師たちであった。彼らはメディアリテラシー協会を設立し、マスターマンの理論を受けて、メディアリテラシーの八つのキーコンセプトを作り出した。それは1989年にオンタリオ州教育省が発行した『メディア・リテラシー・リソースガイド』に収録されている[9]。さらに、マスターマンの理論はアメリカに渡り、アメリカのセンター・フォー・メディアリテラシー（CML）によってより洗練されたものとなった。それが五つのコアコンセプトである[10]。

1. メディアメッセージはすべて「構成された」ものである。
2. メディアメッセージは創造的言語とそのルールを用いて構成されている。
3. 多様な人々が同じメディアメッセージを多様に受け止める。
4. メディアは価値観と視点を含んでいる。
5. ほとんどのメディアメッセージは、利益を得るため、および／または権力を得るために作られる。

　1はマスターマンがメディアリテラシーの最も重要な原理として挙げたものである。2は言語と慣習であり、慣習はより分かりやすいルールと言い換えられている。3は多様な社会的背景を持った視聴者が多様に受け止めることを示

9　日本語訳は以下の通り。カナダ・オンタリオ州教育省編（FCT〔市民のテレビの会〕訳）『メディア・リテラシー　マスメディアを読み解く』（リベルタ出版、1992年）
10　Thoman, Elizabeth. Jolls, Tessa.（2008）. Literacy for the 21st Century: 2nd Edition. Center for Media Literacy.

している。4の価値観と視点はマスターマンがイデオロギーと呼んだものであり、意識されないステレオタイプや偏見を含む。そして5はメッセージの目的であり、発信者の意図を超えた視点を提示している。このようなメディアリテラシーの基本原理を学校での学習に取り入れるために、より分かりやすい質問の形にしたのが、メディアリテラシーの「5キークエスチョン」である。5キークエスチョンには、読解と制作の二つがある。それぞれの質問は5コアコンセプトに対応している。このような質問は、テレビや新聞・雑誌のみならず、ソーシャルメディアのメッセージにも用いることができる。

5キークエスチョン：読解

1. （さ・作者）誰がこのメッセージを作ったのか？
2. （ぎ・技法）どんな創作テクニックが私の関心を引くために使われたのか？
3. （し・視聴者）このメッセージの他の人々の理解はどのように異なっているか？
4. （か・価値観）このメッセージにはどんな価値観やライフスタイル、視点が表現されているか、あるいは排除されているか？
5. （な・なぜ）なぜこのメッセージは送られたのか？

5キークエスチョン：制作

1. （さ・作者）作者の私は何を制作しているのか？
2. （ぎ・技法）私のメッセージはフォーマット、創造性、テクノロジーなどの技法に意見が反映されているか？
3. （し・視聴者）私のメッセージは対象の視聴者の心を捉え、動かしているか？
4. （か・価値観）私はコンテンツの中で、価値観やライフスタイル、視点を明確かつ一貫して構成したか？
5. （な・なぜ）私は目的を効果的に伝えたか？

　メディアリテラシーの本質はこれら五つの項目を問い、考え、議論することである。とりわけ重要なのは、多様な視聴者が多様に理解することを考えることである。メッセージを受け取る側は、一方的に受け取るのではなく、多様な社会的文脈によって多様に理解する。メディアリテラシーの理論は、そこに人間としての主体性があると考える。メディアリテラシーのクリティカルシンキングとは、メディアメッセージの背景にある社会的文脈への視点を含んだ五つ

の問い掛けによる探究の思考である。すなわち、情報を正しく受け取ることはメディアリテラシーの目的ではないし、そのような目的の教育はメディアリテラシー教育とは呼べない。

　さて、最後にメディアリテラシーの定義を紹介しよう。世界的に広く使われている有力な定義としては、NAMLE（全米メディアリテラシー教育学会）や五つのコアコンセプトを作ったアメリカのCML、EUの欧州委員会（European Commission）、ユネスコによるものがある。まず、5コアコンセプトを作ったCMLの定義は以下の通りである。

> メディアリテラシーは、多様な形態（印刷からビデオ、インターネットまで）のメッセージへアクセス、分析、評価、創造、参加するための枠組みをもたらす。メディアリテラシーは、社会におけるメディアの役割の理解を構築するとともに探究に必須のスキルであり、民主主義社会における市民の自己表現に不可欠なものである。

NAMLEの定義は以下の通りである[11]。

> メディアリテラシーとは、あらゆるコミュニケーション形態を用いてアクセス、分析、評価、創造し、行動する能力である。最も単純な用語としては、メディアリテラシーは伝統的なリテラシーを土台とし、新しい読み書きの形態をもたらすものである。メディアリテラシーは、人々を批判的に思考し、かつ創造し、効果的にコミュニケーションするアクティブな市民にする。

欧州委員会の定義は以下の通りである[12]。

> メディアリテラシーはあらゆる技術的、認知的、社会的、市民的および創造的諸能力に関わるものであり、それらは私たちがメディアへアクセスし、その批判的理解とメディアとの関わり合いを可能にする。これらの諸能力によって私たちは批

11　National Association for Media Literacy Education. Media Literacy: The Basic Definition.：https://medialiteracyweek.us/resources/media-literacy-basics/（2021年9月8日閲覧）

12　European Commission. "Media literacy". Shaping Europe's digital future.：https://digital-strategy.ec.europa.eu/en/policies/media-literacy（2021年11月5日閲覧）

> 判的思考力を鍛えるとともに、社会の経済的、社会的、文化的側面に参加し、民主主義的プロセスへ積極的な役割を演じることを可能にする。

　一方、メディアリテラシーと図書館界を中心に概念が形成された情報リテラシーを統合し、ニュース情報を批判的に評価する能力としてのニュースリテラシーや情報・コミュニケーション技術を用いる能力としてのデジタルリテラシーなどのリテラシーを包含したメディア情報リテラシー概念をユネスコは用いている。このメディア情報リテラシーについては次章でより詳細に説明することにしよう。

　ユネスコによる情報リテラシーとメディアリテラシーの定義は以下の通りである[13]。

情報リテラシー
- 情報の必要性を明確化・区分化する。
- 情報の場所を特定し、アクセスする。
- 情報を批判的に評価する。
- 情報を組織する。
- 情報を倫理的に利用する。
- 情報を交流する。
- 情報の加工のためにICTを利用する。

メディアリテラシー
- 民主主義社会におけるメディアの役割と機能を理解する。
- メディアがその機能を十分に発揮し得る条件を理解する。
- メディア機能の観点からメディアコンテンツを批判的に評価する。
- 自己表現、異文化間対話、民主主義的参加のためにメディアに取り組む。
- ユーザーコンテンツを創造するのに必要なスキル(ICTを含む)を身に付けて用いる。

　そして、これらの定義を統合した筆者のメディアリテラシーの定義は以下の

13　UNESCO. Media and Information Literacy: Policy and Strategy Guidelines（2013）

通りである。

> メディアリテラシーとは、民主主義社会におけるメディアの機能を理解するとともに、あらゆる形態のメディアメッセージへアクセスし、批判的に分析評価し、創造的に自己表現し、それによって市民社会に参加し、異文化を超えて対話し、行動する能力である。

4 | メディアリテラシー概念の拡大

　2016年のアメリカ大統領選以降、メディアリテラシーは再び脚光を浴びることとなった。本章冒頭で紹介したように、「フェイクニュース」と呼ばれる偽情報と陰謀論の流行である。新型コロナウイルス感染症の流行に伴ってソーシャルメディア上は偽情報にあふれることになった。WHOはこの状況をパンデミックになぞらえてインフォデミックと呼んだ。ユネスコは偽情報の氾濫であることを強調するためにディスインフォデミックという言葉を使っている。

　スタンフォード大学歴史教育グループは2016年11月22日に中学生から大学生まで約8000人の若者たちのオンライン情報評価能力調査の結果を発表した。デジタルネーティブと呼ばれる若者たちには、オンラインの情報を評価する能力に欠けていることが判明したのである。多くの生徒・学生がウェブサイト上にある広告と本物のニュースの区別がつかないということが分かり、アメリカの教育関係者に大きな衝撃を与えた。問題の一つが「福島原発花」と名付けられた奇形のデイジーの写真の読み解きだった。アメリカの高校生10人のうち4人は、この写真に提供元も場所も書かれていなかったにもかかわらず、見出しを見て、福島第一原発の近くがいかに有害な状況にあるかを示す強力な証拠だと信じた。

　筆者が日本の生徒や学生に同じ質問をしたところ、50人ほどの大学生のうち、原発の影響を証明していると思う学生が3割、思わないが3割、分からないが4割という結果が出た。アメリカと同じくらい、もしくはそれ以上に深く考えないで判断していることが分かる。そのうち、大学1年生だけで見ると、

半分以上の学生が「証明していると思う」と判断している[14]。

　証明していると思わなければいいのかといえば、決してそうではない。スタンフォード大学のルーブリック（評価基準）によれば、「マスター」レベルがとても重要だという。それは情報源のチェックをしているかどうかであった。日本の高校生も大学生もほとんど情報源についてチェックしていなかった。写真を見て「本物っぽい、偽物っぽい」、そういう判断しかしていなかったのである。この写真は「帯化」と呼ばれるキク科や多肉植物でよく起こる現象であり、つまり、原発の影響でこうなったとは言えない。いずれにせよ、ほとんどの生徒・学生は情報源を確認するという最低限のことすらできていないのである。

　スタンフォード大学の調査はアメリカ中の教育関係者に衝撃を与えた。もはや学校で「正しい」ことを教えていればよい時代は終わった。子ども・若者はインターネットで見聞きしたことをうのみにしてしまう。もちろんそれは子ども・若者だけの問題ではない。大人も同じ問題を抱えている。こうした状況に最も素早く対応したのは図書館だった。もともと学校図書館や大学図書館は子ども・若者たちにチェックリストを用いて情報の評価の仕方を教えていた。それが情報リテラシー教育である。

　情報リテラシーの「情報」は本や雑誌、新聞などのことであったが、アメリカ図書館協会はそのチェックリストをインターネットの情報に対応させて、学校の授業に用いるよう全米の学校図書館に奨励したのである。そのチェックリストの項目は① Currency（流通）「いつパブリッシュされたか？」、② Relevance（関連）「自分に関係するのか？」、③ Authority（権威）「誰が書いたのか？　誰が情報発信したのか？」、④ Accuracy（正確）「情報・参照はどこから来ているのか？」、⑤ Purpose（目的）「執筆・情報発信の目的は何か？」の５項目であり、頭文字を取って CRAAP（クラップ）テストと呼ばれた。ただし、そのままでは日本の子どもたちには分かりにくいため、より覚えやすく日本語にしたリストが次の「だいじかな」リストである。

14　坂本旬「『ポスト真実』時代のメディア・リテラシーと教育学　フェイクニュースとヘイトスピーチへの対抗」『生涯学習とキャリアデザイン』15巻1号（2017年）

「だ」（誰）は Authority（権威）である。個人によって発信された情報よりも公的な機関や学問機関などの権威のある組織が発信する情報は信頼性が高い。「い」（いつ）は Currency（流通）を意味する。情報の発信日時を確認する。オンラインにはしばしば発信日時がなかったり、古いニュースが掲載されたりすることがある。「じ」（事実）は Accuracy（正確）である。情報の根拠や参照を確認する。「か」（関係）は Relevance（関連）である。この質問は情報リテラシーが生徒のリポートや論文作成のリテラシーであることと関係する。その情報が自分にとってどんな意味があるのか、利用価値があるのか、検討する。「な」（なぜ）は Purpose（目的）である。情報発信の目的を考える。

　このように、オンラインの偽情報の真偽を見分ける教育を最も早く手掛けたのは学校図書館であり、それはメディアリテラシー教育ではなく、情報リテラシー教育であった。もちろんメディアリテラシー教育者の中には即座にこの情報リテラシーの手法を取り入れ、メディアリテラシー教育として教えた人もいる。しかし、一般的に言えば、バッキンガムが講演したように、メディアリテラシー教育研究者や教育者はこのようなチェックリストを使って情報の真偽を教える方法に対して、深いクリティカルシンキングや探究を伴わないという点で懐疑的であった。

　オンラインの情報評価の教育は決して情報リテラシー教育だけではない。もう一つ、特筆すべき教育運動がある。それはニュースリテラシー教育の潮流だ。ニュースリテラシー教育を推進するアメリカのニュースリテラシー・プロジェクト（NLP）は、ロサンゼルス・タイムズのワシントン支局記者であったアラン・ミラーが 2008 年に設立した。ミラーはその 2 年前に娘が在籍する中学校にゲスト講師として呼ばれ、175 人の子どもたちを前にジャーナリストとして

の仕事の話をした。後日、娘は 175 人分の感謝の言葉がつづられた感想文を自宅に持ち帰った。その経験を基に、デジタル時代に生きる教師と子どもたちが事実とフィクションを見分けられるよう支援する民間教育団体の設立を思い立ったという。今では多くのジャーナリストがニュースリテラシー教育を支援し、教員向け研修「ニュースリテラシーキャンプ」を実施するとともにオンラインコース「Checkology」を用意している（下の画像）。

　Checkology には、「ニュースとは何か」「憲法修正第 1 条（表現の自由）」「アルゴリズム入門」「質の高いジャーナリズム実践」「編集者になろう」「市民ウォッチドッグ（監視者）」などから始まり、「誤情報」「バイアスを理解する」「陰謀論思考」などニュースやジャーナリズムに関するレッスンが含まれている。さらに実践的なファクトチェックのレッスンも用意されており、実際にオンラインに流通した情報を用いた学習ができる。Checkology とニュースリテラシーキャンプとを組み合わせることで、ニュースリテラシー教育を全米に普及させている。

　このようにニュースリテラシーはジャーナリズムの基礎知識とニュースを中心とした多様なオンライン情報を読み解く能力だと言ってよい。日本では読売新聞教育ネットワークがNLP と提携している。ニュースリテラシーはメディアリテラシーと混同されがちだが、基本的な考え方が異なる。しかし、クリティカルシンキングを重視している点は共通していると言える。

　すでに紹介したスタンフォード大学歴史教育グループ（SHEG）も独自の取り組みを行っている。彼らはファクトチェッカーの情報真偽検証の

ニュース・リテラシー・プロジェクトの Checkology（ファクトチェック）

方法を分析し、「横読み」と呼ばれる情報検証手法を見いだした。CRAAP テストなどのチェックリスト方式の情報評価は情報の中身をチェックするが、「横読み」は中身をチェックするのではなく、ブラウザのタブを開き、元のサイトの情報の社会的評価を調べるのである。そして次の三つの問いを考える。すなわち「情報の背後に誰がいるか」「エビデンスは何か」「他の情報源は何と言っているか」である。「横読み」の授業は、生徒がコンピューターを用いて調べた結果をグループやクラス全体で討論する形式で行われる。SHEG はこの学習コースを「市民オンライン論理思考」と呼び、メールアドレスを登録すれば、誰でも自由に教材をダウンロードすることができる。

　SHEG は、市民オンライン論理思考によって身に付けることができるリテラシーを質の高いデジタルリテラシーと呼んでいる。一般にデジタルリテラシーはデジタル機器の操作能力やデジタルコンテンツの読み書き能力だと考えられているが、さらに一歩進んで、オンラインで社会的・政治的な情報を効果的に検索し、評価し、検証する能力としてデジタルリテラシーという用語を用いている。

　このようにして、メディアリテラシー以外に、情報リテラシー、ニュースリテラシー、デジタルリテラシーという三つのリテラシーが登場した。では、オンラインの偽情報に対してメディアリテラシー研究者はどのように対応したのだろうか。

　メディアリテラシー研究の第一人者として著名なルネ・ホッブスは「現代プロパガンダ」という考え方を提起し、メディアリテラシー教育として実践している。私たちはプロパガンダといえば、戦前の広告や映画、ラジオなどのメディアを用いた国家主義的なイデオロギー宣伝を思い浮かべるだろう。ホッブスはそのような古いイメー

市民オンライン論理思考の教材

ジを払拭して現代的なものによみがえらせた。

　彼女によれば、現代のプロパガンダはかつての国家主義的なものとは異なり、ありとあらゆるところにある。例えばテレビやインターネットの広告は典型的な現代プロパガンダである。ソーシャルメディアは現代プロパガンダにあふれている。商業的なものもあれば、政治的なプロパガンダも数多く含まれている。それを作り出している機関や個人も多様である。

　そして、現代プロパガンダは良い影響をもたらすものもあれば、悪い影響をもたらすものもあるという。良いか悪いか、その判断は受け手次第である。さらには、現代プロパガンダを制作する学習も可能だという。例えば、公共広告は良い影響をもたらすことを目的とした現代プロパガンダである。ホッブスは「メディアを乗り越えよう（Mind Over Media）」というウェブサイトを立ち上げ、現代プロパガンダの事例を集め、教材として用いることができるようにしている。

　2020年10月6日、トランプ前大統領は短い一本の動画をTweetした。その動画とは、新型コロナウイルス感染症に感染した前大統領が完治してホワイトハウスに帰還した時の様子を37秒に編集したものである。この動画は、壮大なBGMやカメラを下から上にあおって撮影したカットなどさまざまな撮影と編集技術を駆使して作られた典型的なプロパガンダであった。この動画にうそがあるわけではない。真偽ではなく、どのような表現技法が視聴者にどのような印象をもたらしているのか、読み解く能力がメディアリテラシーなのである。すなわち、現代のプロパガンダは情報真偽の視点だけでは、読み解くことができない。さらに、今日私たちの社会に大きな脅威となりつつある陰謀論は、文字以外の映像などを通じて増大拡散することを考えると、プロパガンダと密接に関わっていると言える。

　このように、ソーシャルメディア時代にはオンライン情報の評価や真偽検証、プロパガンダを読み解く能力が総合的に求められるのである。すなわちメディアリテラシーのみならず、情報リテラシー、ニュースリテラシー、デジタルリテラシーなど、多元的なリテラシーがソーシャルメディアを生きる市民に必要とされている。このような多元的なリテラシーをどのように考えればよいのだろうか。

参考にすべき重要な考え方がある。それはユネスコが2008年に開催したパリ会議で提起したメディア情報リテラシー（MIL: Media and Information Literacy）という考え方である。この会議で用いられた『メディア情報リテラシーのための教職員研修バックグラウンドペーパー』には、MILの基本的な考え方が書かれており、それによるとMILはメディアリテラシーと情報リテラシーを統合し、さらに視聴覚リテラシー、デジタルリテラシー、コンピューターリテラシーなどのさまざまなリテラシーを包含したものであり、単なる技術的なスキルではないという。

　ユネスコのMILはソーシャルメディアの普及によるデジタル環境の変化に対応するために生み出された。もともとユネスコは2000年ごろから批判的思考を重視する批判的リテラシーからさらにそれをさまざまな領域に拡大した多元的リテラシー論へと主張を変えつつあった。つまり、メディア情報リテラシーとは21世紀の多元的リテラシーだと言ってもよいだろう。イギリスや北米、日本ではメディアリテラシーという用語が伝統的に使われてきたため、用語としてのMILはさほど普及していないが、ユネスコの影響の強いヨーロッパや発展途上国ではMILという用語が広く普及している。

　MILは多元的リテラシーであるが、その中でも重視されているのは上に述べたようにメディアリテラシーと情報リテラシーである。ユネスコがメディアリテラシーを重視するようになったのは、2005年7月に国連事務局直属の組織として設立されたUNAOC（国連「文明の同盟」：The United Nations Alliance of Civilizations）がメディアリテラシーを四つの主要な任務のうちの一つにしたからである。UNAOCはイラク戦争によってイスラム文明と西洋文明がぶつかり合い、そのことが新たなテロや戦争につながりかねない状況に対して、文明間の対話を目指した。メディアリテラシーは対話と寛容のツールとして不可欠だと考えられたのである。ユネスコはもともとIFLA（国際図書館連盟：The International Federation of Library Associations and Institutions）と共に情報リテラシー教育を推進していた。2008年のパリ会議はUNAOCとの共催であり、このようにして世界的なメディア情報リテラシー政策が作られた。そして2011年には教職員研修用のカリキュラムも作られた。このカリキュラムは

「フェイクニュース」時代に対応させるため、2021年中に改訂され、新カリキュラムが登場した。今日の私たちに求められるのは、メディア情報リテラシーだと言うことができる。しかし、この用語は日本ではまだ浸透していないため、便宜的にユネスコのメディア情報リテラシーを「広義のメディアリテラシー」と呼ぶこともできるだろう。

　ただし、ユネスコのMILは数多くのリテラシーが含まれており、分かりにくい。そこで、特に今日世界的に重要視されているメディアリテラシー、情報リテラシー、ニュースリテラシー、デジタルリテラシーの関係を図式化し、新たな「広義のメディアリテラシー概念図」に筆者がまとめたのが下の図である。

　メディアリテラシーはリテラシーのアンブレラ（傘）やビッグテントと呼ばれることもあるほど、学問的に強固な枠組みと伝統を持っている。何よりも四つのリテラシーの中でも最もよく知られている概念である。情報リテラシーはメディアリテラシーほど目立たないが、国際図書館連盟と世界中の大学にある図書館情報学を土台としている。とりわけ大学図書館や学校図書館は情報リテラシー運動の主要な舞台となっている。

　一方、デジタルリテラシーは情報機器の操作能力とデジタル情報の読み書き能力を土台としており、デジタル社会に不可欠なリテラシーとして重視されるようになった。デジタル機器の活用という点で他のリテラシーと重なる。ニュースリテラシーは、他のリテラシーに比較すると比較的新しいリテラシー概念であるが、ジャーナリズムとジャーナリストによる組織を土台としている点で、メディアリテラシーと共通点を持ちつつ、オンライン情報の

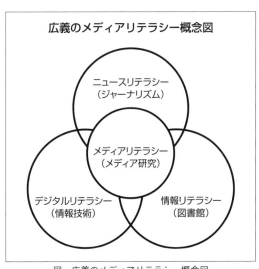

図　広義のメディアリテラシー概念図

読み書き能力を重視する点で、情報リテラシーとも共通点を持つ。

　私たちは情報リテラシー、ニュースリテラシー、デジタルリテラシー、そしてメディアリテラシーを同時に学ぶだけでなく、それらを循環しながら、らせん階段を登るように、少しずつ能力を向上させていく必要がある。例えば、オンライン情報の真偽を検証する学習をするだけではなく、他方でプロパガンダや陰謀論を読み解いたり、あるいは自らメディアメッセージやコンテンツを創造する活動やメディアを通じて市民社会に参加し、課題を解決する活動に関わったりすることも必要だ。すなわち、私たちの育むべきメディアリテラシーとは、メディアリテラシーを核にしつつ、情報リテラシーやニュースリテラシー、デジタルリテラシーなどのリテラシーを包含する多元的で循環的なメディアリテラシーなのである。

第4章
ユネスコによる
メディア情報リテラシーの挑戦

村上郷子 ● MURAKAMI Kyoko
法政大学キャリアデザイン学部兼任講師

1 | ユネスコ「メディア情報リテラシー」とは何か

(1)　「メディア情報リテラシー」の定義

　ユネスコ（国際連合教育科学文化機関）が推進している「メディア情報リテラシー（Media and Information Literacy: MIL）」という包括的な用語は、2008年に採用[1]されたものであり、「メディアリテラシー」「情報リテラシー」および「デジタルリテラシー」を融合したものである。従来のユネスコの定義では、メディアリテラシーと情報リテラシーの融合をうたっていたが、2021年発行の『教育者と学習者のためのメディア情報リテラシーカリキュラム』(2021)[2]では、新たにデジタルリテラシーも加わった。しかし、ユネスコは、もともと多様なリテラシーを含んだものとしてのメディア情報リテラシー（以下、MIL）を想定していたため、MILの定義自体は従来のものと変わらない。

　ユネスコの定義によれば、MILとは、「個人的、職業的、社会的な活動に参加し従事するために、批判的、倫理的、そして効果的な方法で、市民が、さまざまな道具を使いながら、あらゆるフォーマットの情報やメディアコンテンツ

1　*Belgrade Recommendations on Draft Global Standards for Media and Information Literacy Curricula Guidelines*（UNESCO, 2019），p. 4: https://en.unesco.org/sites/default/files/belgrade_recommendations_on_draft_global_standards_for_mil_curricula_guidelines_12_november.pdf（2021年4月29日閲覧）。2008年以前のユネスコのメディアリテラシー教育・メディア教育の歴史的経緯については、村上郷子「メディア・リテラシー教育の磁場」『メディア・リテラシー教育の挑戦』（アドバンテージサーバー、2008年）61－91頁を参照。

2　Grizzle, A., Wilson, C., Gordon, D. Eds., *Media and Information Literate Citizens: Think Critically, Click Wisely: Media and Information Literacy Curriculum for Educators and Learners.*（Second Edition）(UNESCO, 2021)：https://unesdoc.unesco.org/ark:/48223/pf0000377068（2021年5月10日閲覧）

を共有するだけではなく創造することができ、アクセスし、探索し、理解し、評価し、活用することができるようになるための一連の能力（competencies）[3]」である。2017年以来、近年の偽情報やヘイトスピーチなどインターネットの浸透に伴う負の課題を踏まえて、ユネスコでは、MILについてより幅広く具体的な概念を使っている。MILは、「情報やメディアのコンテンツを賢く検索し、批判的に評価し、利用し、貢献するための一連の能力、オンライン上の自己の権利に関する知識、オンライン上のヘイトスピーチやネットいじめとの対抗の仕方の理解、情報へのアクセスと利用をめぐる倫理的問題への理解、そして、平等、表現の自由、異文化・異宗教間の対話、平和などを促進するためのメディアやICTとの関わりなど[4]」を含むものとも理解されている。

これらMILの考え方の土台になっているのは、世界人権宣言である。MILを習得することは、表現の自由を含めた基本的人権でもあると考えるユネスコは、「メディアリテラシー」や「情報リテラシー」「デジタルリテラシー」の個別の概念について明確な言及はしていないが、MILというより大きな概念に収斂させている。

それでは、三つの概念に共通のリテラシーとは何か。次項では、ユネスコのリテラシーの成立経緯とその概念について概観する。

（2）　リテラシーとは何か

現在のMILにおけるリテラシーを概観する前に、簡単にユネスコのリテラシーに関する歴史的な変遷を見ていこう。

ユネスコは、設立当初（1946年）、リテラシーの概念をいわゆる「読み書き計算」と捉えていた。リテラシーの概念が大きく変容したのは、1950年代後

3　Wilson, C., Grizzle, A., Tuazon, R., Akyempong, K. and Cheung, C-K. *Media and Information Literacy Curriculum for Teachers*（United Nations Educational, Scientific and Cultural Organization, 2011）. p. 18: https://unesdoc.unesco.org/ark:/48223/pf0000192971（2021年11月16日閲覧）

4　Grizzle, A. (2018). *Assessing Citizens' Responses to Media and Information Literacy Competencies through an online course: An Empirical Study and Critical Comparative Analysis of Experts' Views.* Doctoral Dissertation. ISBN: 9788449084775: http://hdl.handle.net/10803/666860, p. 32.（2021年5月10日閲覧）

半にアメリカ合衆国の教育学者グレイ（William S. Gray）の提言を受けてからである。グレイは、初歩的な読み書き計算を超え、リテラシーが社会経済の発展とどのように結び付いているかに着目した「機能的リテラシー[5]」という概念を提唱した。1970年代になると、既存の社会経済的な構造に対して批判的な意識を持つことの重要性を通じて、抑圧的な状況から人間性を解放していくためのリテラシーの在り方が提起された。これがパウロ・フレイレ（Paulo Freire）による批判的リテラシーである[6]。フレイレの教育思想は、ユネスコだけではなく批判的教育学やメディアリテラシーなどさまざまな領域にも影響を与えた[7]。

　その後、1990年代に入ると「基礎教育」の重要性が認識されてきた。1997年ドイツ・ハンブルクにて行われた第5回成人教育国際会議で、リテラシーは、「急速に変化する世界においてすべての人が必要とする基礎的知識とスキル」であり、「基本的人権」であると認識された。同時に、メディアと新しい情報技術の果たす役割の重要性も指摘された[8]。21世紀に入ると、2003年から2012年の10年が国連識字の10年（United Nations Literacy Decade）に指定された。リテラシーの概念にも、経済的、政治的、社会的な変革に伴うグローバル化や情報通信技術（ICT）の進歩、異なる文化的プロセス、個人的・集団

5　「機能的リテラシー」では、単に読み書き計算ができる以上のリテラシーが想定されている。すなわち、私たちが所属する集団やコミュニティーのあらゆる活動において、リテラシーが社会的・経済的な発展と結び付き、私たちが効果的な役割を果たすのに必要不可欠な知識やスキルを獲得していることが肝要になる。生産性の向上という観点から、積極的かつ能動的にコミュニティーに参加していくための能力にまで、リテラシーの範囲が広がったのである。

6　UNESCO. *Literacy, a UNESCO perspective* (UNESCO, 2003) .p. 9.: https://unesdoc.unesco.org/ark:/48223/pf0000131817（2021年11月12日閲覧）

7　例えば、1975年に出されたペルセポリス宣言（イラン）において、「リテラシーは普遍的人権である」という観点から、「リテラシーとは、単に読み書き計算のスキルを学ぶ過程ではなく、人間の解放とその全面発達に寄与するものである」と明示された。同宣言では、「リテラシーは、人間解放の唯一の手段ではないが、あらゆる社会変革のための基本的な道具（instrument）なのである」とも述べられている。言うまでもなく、ペルセポリス宣言の背景には、リテラシーを政治の場に正面から位置付け、社会経済の変革に政治的に積極的に参加することから、生活改革や被抑圧者の解放を目指したパウロ・フレイレの影響がある。UNESCO. *Declaration of Persepolis. Paris: International Co-ordination Secretariat for Literacy* (UNESCO, 1975) を参照。

8　UNESCO. *Adult education the Hamburg declaration, the agenda for the future*, Fifth international conference on Adult education. 14-18 July 1997, pp. 23-24

的な構造に組み込まれた多様なリテラシーの実践が数多くあることが認識された。これに伴い、ユネスコでは「マルチリテラシー（multiple literacies）」や「複数のリテラシー（plural literacies）」を提示するようになった[9]。これは、「基礎教育」としてのリテラシーからマルチリテラシーへの移行を意味する。

近年のユネスコでは、グローバルシティズンシップ、職業上の技能、メディア情報リテラシー、デジタルリテラシーを含めた多様なリテラシーの重要性を強調している。こうした背景から、ユネスコにおける「リテラシー」は、「市民が生涯学習に取り組み、地域社会、職場、より広範な社会に十分に参加できるようにするための継続した学習と習熟レベルを意味する。リテラシーは、印刷物や書面を活用しながら、読み書きをし、特定し、理解し、解釈し、制作し、伝達し、計算する能力、さらには、より技術的で情報豊かな環境で問題を解決する能力が含まれる。リテラシーは、生活、文化、経済、社会において進化する課題や複雑さに対処し、人々の知識やスキル、能力を高めるために不可欠な手段である[10]」。もちろん、ここでいう「印刷物」や「書面」には紙媒体だけではなく、オンラインを含む電子媒体の情報も含まれている。このようなリテラシーを推進していくための方略として、リテラシー（読み書き能力）の学習成果と発達の影響を定義するためのガイドと枠組みに持続可能な開発目標（SDGs）を認証することや仕事に特化した多様なスキルが含まれている。また、デジタルスキル、メディアリテラシー、情報リテラシー、持続可能な開発のための教育、グローバルシティズンシップを含むより大きなスキル一式にリテラシーを連結することなども提示されているのである[11]。

ユネスコにおけるリテラシー概念の変遷の今日的な意味について、三つの特徴が見られる。第一に、リテラシーの概念が単なる読み書き計算のスキルから、機能的リテラシー、批判的リテラシー、マルチリテラシーへと大きく変化し、

9　UNESCO, 2003, pp. 11-12

10　UNESCO. *Recommendation on Adult Learning and Education*（UNESCO, 2015）, p. 16.: https://unesdoc.unesco.org/ark:/48223/pf0000245179（2021年5月10日閲覧）

11　UNESCO, *UNESCO strategy for youth and adult literacy (2020-2025)*. General Conference, 40th.（UNESCO, 2019）, p. Annex I 2.: https://unesdoc.unesco.org/ark:/48223/pf0000371411（2021年11月12日閲覧）

いわゆる「高次リテラシー」といわれるリテラシーも含まれるようになった。つまり、リテラシーの教育ないしは、より高次の「質」への転換を図ったものと思われる。第二に、リテラシーという高度認知システムが、紙媒体だけではなくオンラインを含む多様な電子媒体を想定したものになった。こうした現状に対応するためには、いわゆるデジタルリテラシーを含む MIL の能力の習得が不可欠になる。第三に、リテラシー概念の高次化に伴い、リテラシーを推進する対象が、主として読み書き計算に主軸を置く、いわゆる発展途上国・地域の人々や移民、難民、マイノリティーの人たちだけではなく、先進国の人たちも含んだものになった。これは、先進国や発展途上国、または最も発展が遅れているとされる国・地域の人々が一丸となって、世界が直面するグローバルな課題に対峙するリテラシーを身に付け、その問題解決に取り組むという方向性をつけたともいえよう[12]。MIL はリテラシーであり、人権とも言えるゆえんである。

　次項では、MIL の主要な要素について見ていく。

(3)　メディア情報リテラシーの要素

　「メディアリテラシー」という言葉が初めて使われたのは、1955 年にルイス・フォルスデール（Louis Forsdale）によって発行された「よりよい放送のためのアメリカ評議会」のニューズレターのコラムである[13]。しかし、当時は「メディアリテラシー」の言葉はあまり普及しなかった。この言葉が一般的に使われるようになったのは 20 世紀の後半からであり、それ以降、世界中のさまざまな識者によってメディアリテラシーとは何かについて論じられてきた。MIL を推進するユネスコは、「メディアリテラシー」の明確な定義には言及していないが、「伝統的なメディアリテラシーは、情報へのアクセスや表現の自由に

12　村上郷子「リテラシー概念の伸展」寺崎里水・坂本旬編著『地域と世界をつなぐSDGsの教育学』（法政大学出版局、2021年）143－157頁

13　Carlsson, Ulla. Media and Information Literacy: Field of Knowledge, Concepts and History. Edited by Ulla Carlsson, *Understanding Media and Information Literacy (MIL) in the Digital Age: A Question of Democracy* (University of Gothenburg, 2019) pp. 37-56; Forsdale, L. (1955). *Multimedia Literacy*. Better Broadcasts Newsletter (American Council for Better Broadcast, 1955), (8) 4; Grizzle, A. (2018), p.31; Silverblatt, A. *The Praeger Handbook of Media Literacy*. (Westport: Praeger, 2014), p. 469.

情報リテラシー

情報のニーズを決定し、流通させる	情報を位置付け、情報にアクセスする	情報を評価する	情報を組織する	情報を倫理的に用いる	情報を伝達する	情報検索のためにICTスキルを用いる

メディアリテラシー

民主主義社会におけるメディアの機能と役割を理解する	メディアがその機能を十分に発揮するための状況を理解する	メディアの機能に照らしてメディアの内容をクリティカルに評価する	自己表現と民主主義社会への参画のために、メディアと関わる	利用者が生み出すコンテンツを提供するために必要なスキル（ICTsを含む）を振り返る

デジタルリテラシー

デジタルツールを活用する	デジタルアイデンティティーを理解する	デジタルの権利を認識する	AI問題を評価する	デジタルコミュニケーション方法を改善する	デジタルヘルスを管理する	デジタルセキュリティーと安全性を実践する

表 1　メディア情報リテラシーの主要な成果と要素
(Grizzle, A., Wilson, C., Gordon, D. Eds.（2021）. p. 9.)

関連しており、メディアやデジタル通信企業の機能を理解し、その内容や機能がどのように実行されているかを評価し、持続可能な発展と自己表現のために、メディアやデジタル通信企業と批判的に関わる能力を重視している[14]」と述べている。

「情報リテラシー」という言葉は、1974 年にポール・ズルコスクウィ（Paul Zurkoskwi）によって、ビジネスや産業における多様な能力に関する将来的ニーズについての報告書の中で使われたものである[15]。ユネスコとの関連で言えば、「情報リテラシー」は、2005 年「アレキサンドリア宣言」で採択された概念でもある。情報リテラシーは、「情報の必要性を認識し、文化的・社会的文脈の中で情報を見つけ、評価し、応用し、創造する能力[16]」であり、また、「メディアの機能を理解し、それらの機能がどのように発揮されているのかを評価し、

14　Grizzle, A., Wilson, C., Gordon, D. Eds.（2021）. p. 9.

15　Grizzle, A.（2018）.

16　Beacons of the Information Society: The Alexandria Proclamation on Information Literacy and Lifelong Learning, Alexandria, Egypt; 9 November 2005; p.1: http://www.unesco.org/new/fileadmin/MULTIMEDIA/HQ/CI/CI/pdf/alexandria_proclamation_info_literacy.pdf（2021 年 4 月 29日閲覧）

自己表現のために理性的にメディアと関わるという能力が強調[17]」される。すなわち、情報リテラシーでは、情報へのアクセスと評価、倫理的な利用、情報検索のための ICT スキルなどが重視されるのである。

　1997 年、ポール・ギルスター（Paul Gilster）は、「デジタルリテラシー」という言葉を初めて導入した[18]。コンピューター機器が一般に普及されてきた時期にあって、多様なデジタルソースからの情報についての理解や利用方法について一般的関心が高まったことによる。デジタルリテラシーは、従来の情報やメディアに関するコンピテンシーを横断するものである。多くの場合、ハード面の技術的スキルが重視されるが、デジタル問題に特有のソフト面のスキルも考慮される[19]。

　メディアリテラシー、情報リテラシーおよびデジタルリテラシーに関する定義や概念はさまざまであるが、ユネスコが招集した幾つかの国際的な専門家グループは、情報、メディア、デジタルコンピテンシーの相互関係を指摘している[20]。そのために、最新の MIL カリキュラムおよびコンピテンシーのフレームワークで、この三つのリテラシーを融合させ、「メディア情報リテラシー」という言葉に収斂させた。さらに、この「メディア情報リテラシー」という言葉は、メディアリテラシーや情報リテラシー、デジタルリテラシーだけではなく、多様なリテラシー、例えばコンピューターリテラシー、表現の自由と情報リテラシー、ニュースリテラシー、ゲームリテラシー、インターネットリテラシー、シネマ（映画）リテラシー、図書館リテラシー、テレビリテラシー、広告リテラシー、ソーシャルメディアリテラシー、プライバシーリテラシー、クリティカルリテラシー、ビジュアルリテラシー、AI リテラシー、データリテラシー、シビックリテラシー、ソーシャル＆エモーショナルリテラシーなどを含有するものである[21]。

17　Wilson, Grizzle, Tuazon, Akyempong, & Cheung,（2011）.
18　Bawden,D. *Origins and Concepts of Digital Literacy,*（2018）：http://pages.ucsd.edu/~bgoldfarb/comt109w10/reading/Lankshear-Knobel_et_al-DigitalLiteracies.pdf（2021年4月29日閲覧）
19　Grizzle, A., Wilson, C., Gordon, D. Eds.（2021）.p. 9.（2021年5月10日閲覧）
20　Ibid., p. 10.
21　Ibid., pp. 10-12.

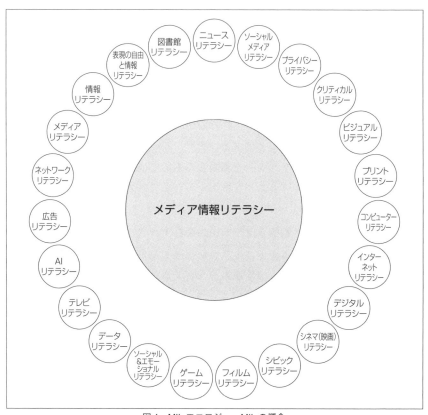

図1　MILエコロジー：MILの概念
(Grizzle, A., Wilson, C., Gordon, D. Eds.（2021）. p.12.)

2 ｜ ユネスコのMILカリキュラム

　2021年5月、ユネスコは『教育者と学習者のためのメディア情報リテラシーカリキュラム』2版（MILカリキュラム2版）を発行した。初版の発行から10年を経ての改訂版であり、ユネスコのMILに関する考え方を色濃く反映している。ここでは、(1)ユネスコMILカリキュラム（初版）発行までの歴史的経緯とその意義、(2)新旧のMILカリキュラムの普遍的な考え方、(3)新MILカリキュラムの特徴について概説する。

（1）　パリ・アジェンダとユネスコMILカリキュラム

　ユネスコは、今日までさまざまな国際会議における提言や教材等の提供を通じて、各国・地域のメディアリテラシー教育およびメディア教育の振興に尽力してきた。これまでの大きな流れとして、1982年グローバル化と新技術を背景に、「メディア教育の挑戦」をテーマにしたグリュンバルト会議をはじめ、1990年「メディア教育の新しい方向性」をうたったトゥールーズ会議、1999年「メディアとデジタル時代の教育」のテーマを掲げたウィーン会議（Vienna）などの実績がある。とりわけ、グリュンバルト会議におけるグリュンバルト宣言では、「政治的・教育的組織は、市民たちのコミュニケーション現象についての批判的な理解力を奨励することを自らの義務として認識する必要がある」として、就学前教育から中等教育、高等教育、成人教育に至るまでの発達段階に応じたあらゆるメディア教育のプログラム開発、メディア教育に向けての教員研修、メディア教育と心理学、社会学、コミュニケーション科学などの領域との横断的研究・開発、メディア教育への国際協力の推進などが、ユネスコ加盟国が取り組む課題として提示された。グリュンバルト宣言は、国際的なレベルで、日本をはじめとした世界各地の国・地域に強いインパクトを与えた。

　2007年、ユネスコはグリュンバルト宣言を促進するための主要な取り組みとして、「メディア教育に関する国際会議」を開催した。この会議では、メディア教育を拡大するために国際的な動員が緊急の課題であること、提案された提言の実施状況を査定し、更新するための定期的な評価が必要であることが強調された。その成果として、「メディア教育のためのパリ・アジェンダ」、すなわちメディア教育を広げるための優先的な行動に関する12の勧告が作成された[22]。このパリ・アジェンダは、次の通りである。

22　Carlsson, U., S. Tayie, G. Jacquinot-Delaunay and J.M.P. Tornero Eds. *Empowerment through Media Education. An Intercultural Dialogue.* (Gothenburg: Nordicom, University of Gothenburg, 2008); Carlsson (2019)

すべての教育レベルにおける総合的なメディア教育プログラムの開発
1. メディア教育の包括的な定義の採用
2. メディア教育、文化的多様性、人権尊重の関連性の強化
3. 基本的なスキルと評価システムの明示

社会分野の他の関係者(ステークホルダー)を交えた教員養成と教員の意識化
4. 初期の教員養成にメディア教育を取り入れること
5. 適切で発展的な教育方法を開発すること
6. 教育システム内のすべての関係者(ステークホルダー)を取り込むこと
7. 社会分野の他の関係者(ステークホルダー)を取り込むこと
8. 生涯学習の枠組みの中にメディア教育を位置付けること

研究とその普及のためのネットワーク
9. 高等教育におけるメディア教育および研究の発展
10. 交流ネットワークの構築

実行段階における国際的な協力体制
11. 国際交流を組織し、可視化すること
12. メディア教育への意識を高め、政策の意思決定者にもその重要性を理解して
　　もらうこと

　同年、ユネスコは初めて「メディア情報リテラシー」という言葉の使用を推奨した。デジタル化の進展によって世界のメディア文化が大きく変化したことと、知識社会や表現の自由の分野におけるユネスコの解釈や活動が拡大したことが、この用語変更の背景にある[23]。

　パリ・アジェンダの提言を受けて、ユネスコは、2008 年から本格的に『教師のためのメディア情報リテラシーカリキュラム』(MIL カリキュラム)を作成するための包括的なプロジェクトを開始した。このプロジェクトは、MIL は基本的人権として、すべての子どもたちが学校教育のごく初期段階から普通に学ぶべきものであるという信念から生まれたものである[24]。MIL カリキュラムは、

23　Carlsson.(2019). Wilson, C.(2012). Media and Information Literacy: Pedagogy and Possibilities. Comunicar, 20(39): pp. 15-24.
24　Carlsson(2019).

一連の国際的な専門家グループの会議やアフリカ南部、ラテンアメリカ・カリブ地域、南アジアでのトレーニングワークショップやフィールドテスト等を経て、2011年に発行された。MILカリキュラムは日本語を含め、12の言語に翻訳されている。

　MILカリキュラムは二つの点において画期的である。第一に、ラジオ、テレビ、インターネット、新聞、書籍、デジタルアーカイブ、図書館などを一つのプラットフォームに収束させるという現在のトレンドを利用して、初めてMILを包括的に提示したという先見性がある。第二に、MILカリキュラムは教師が使用することを念頭に置いて設計されており、公的な教員養成制度に組み込むことができる[25]。ユネスコは、適切な教育方法、シラバス、リソースを無償で提供することにより、教師がMILを容易に授業に取り入れることができるようにしているからである。MILカリキュラムおよびそのモジュールなどは、ユネスコのホームページでも入手・閲覧可能である。

　その後、ユネスコはMILの政策や評価にも焦点を当てた。2013年、ユネスコは「メディア情報リテラシー：政策と戦略のガイドライン」および「グローバルメディア情報リテラシー評価フレームワーク：各国の準備状況とコンピテンシー」を発表した。

（2）　新旧のMILカリキュラムの普遍的な考え方：基本的人権と民主主義

　ユネスコの新MILカリキュラムは、初版同様、2部構成になっている。第1部では、MILカリキュラムとコンピテンシーフレームワークが提示され、カリキュラムの理論的根拠、枠組み、主要テーマの概要などが説明されている。第2部では、MILカリキュラムの詳細な内容として、14のコアモジュールが導入され、トピック、学習目標、内容、活動の概要が示されている。

　新旧のMILカリキュラムに共通して強調されているのは、世界人権宣言第19条である。世界人権宣言第19条には、「すべて人は、意見及び表現の自由に対する権利を有する。この権利は、干渉を受けることなく自己の意見をもつ

25　Wilson, Grizzle, Tuazon, Akyempong, & Cheung, (2011).

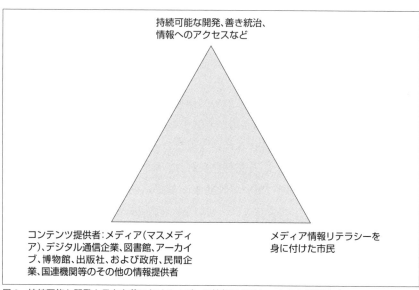

持続可能な開発、善き統治、
情報へのアクセスなど

コンテンツ提供者：メディア（マスメディ
ア）、デジタル通信企業、図書館、アーカイ
ブ、博物館、出版社、および政府、民間企
業、国連機関等のその他の情報提供者

メディア情報リテラシーを
身に付けた市民

図2　持続可能な開発と民主主義におけるメディア情報リテラシーとその重要性（Grizzle, A., Wilson, C., Gordon, D. Eds.（2021）, p.24）

自由並びにあらゆる手段により、また、国境を越えると否とにかかわりなく、情報及び思想を求め、受け、及び伝える自由を含む[26]」と書かれている。ユネスコによれば、MIL は、「公共の利益のために情報を理解すること、持続可能な開発に参加するために情報、メディア、デジタルコミュニケーションを批判的に活用すること、基本的人権の恩恵を最大限に求め、享受すること、といった能力を市民に身に付けさせるものである[27]」。公共財としての MIL の能力を習得することによって、あらゆる人たちが基本的人権、とりわけ表現の自由や知る権利を行使することができるとユネスコは考えているのである。

　基本的人権としての MIL と並んで、新旧の MIL カリキュラムで強調されているのは民主主義の考え方である。ユネスコは、この大きなテーマの関係性を、図2のようにトライアングルで示している。まず、持続可能な開発、民

26　外務省「世界人権宣言（仮訳文）」: https://www.mofa.go.jp/mofaj/gaiko/udhr/1b_001.html（2021年11月11日閲覧）
27　Grizzle, A., Wilson, C., Gordon, D. Eds.（2021）.p. 3.

主的な対話、平和、表現の自由、善き統治（ガバナンス）、情報へのアクセスといった民主主義の根幹を成す思想がある。これらを実現するために、教育者、学習者、そしてすべての一般市民が MIL の能力をどのように高めていくことができるかが重要な課題になってくる。これを克服するための鍵となるのが、コンテンツ提供者たちである。この中には、メディア（マスメディア）、デジタル通信企業、図書館、アーカイブ、博物館、出版社、および政府、民間企業、国連機関等その他の情報提供者などが含まれる。

　図書館を起源とする情報リテラシーが融合された MIL においては、図書館やアーカイブ、博物館などもコンテンツ提供者として認識されている。同時に、MIL は、マスメディアの分析やメディア制作から発展したメディアリテラシーとも融合されているため、メディアやマスメディアを含めたジャーナリズム[28] およびデジタル通信企業などもコンテンツ提供者に含まれる。また、市民主導の情報を提供する市民ジャーナリズムもコンテンツ提供者に含まれるだろう。これらのコンテンツ提供者たちは、確かなコンテンツや情報を提供することによって、持続可能な開発のための知識を創造し、学びの環境を整えることによって、表現の自由や知る権利、情報へのアクセスなどを担保する。そして、多元主義や異文化間対話、寛容を促進し、公共の利益や民主的な対話を進めていき、ひいては MIL の能力を身に付けた市民および民主主義社会を醸成していくのである。多様なコンテンツがある中で、市民の主体性を促す透明性の高い情報を提供するジャーナリズムの役割は、民主主義や持続可能な開発との関連でも新旧双方の MIL カリキュラムで繰り返し強調されている。

（3）　新「MILカリキュラム」の特徴

　新「MIL カリキュラム」全体で強調されている概念や方向性は、大きく三つある。持続可能な開発目標（SDGs：Sustainable Development Goals）、グロー

28　UNESCO が主導する「ジャーナリストの安全と不処罰の問題に関する国連行動計画」では、ジャーナリストの保護を目的としている。ジャーナリズムと MIL 関連の書籍では以下のものがある。N. Muratova, A. Grizzle, D. Mirzakhmedova. *Media and information literacy in journalism: a handbook for journalists and journalism educators*（Baktria press, 2019）: https://en.unesco.org/sites/default/files/mil_eng.pdf（2021年11月12日閲覧）

バルシティズンシップ教育およびユネスコの理念を脅かす脅威や新技術との対<ruby>峙<rt>たい</rt></ruby>である。

① SDGs

SDGs は、地球上の「誰一人取り残さない」という理想の下に、2015 年 9月の国連サミットで採択された、2030 年までに達成すべき 17 の持続可能な開発目標である。持続可能な開発目標では、目標 4（SDG4：教育分野の目標）として「すべての人に包摂的かつ公正な質の高い教育を確保し、生涯学習の機会を促進する」ことが明記された。また、「持続可能な開発目標：目標 4」の7 に、「(7) 2030 年までに持続可能な開発のための教育（ESD）やグローバルシティズンシップ教育等を通じ、すべての学習者が、持続可能な開発を促進するために必要な知識・技能を習得できるようにする」という項目が定められた。そのため、ユネスコが推進している MIL カリキュラムの開発・実践のための国際基準は、SDGs とグローバルシティズンシップ教育の実現を軸に展開されている[29]。

新「MIL カリキュラム」のモジュールは、17 の SDGs のすべてに関連しているが、以下の開発目標に特に焦点を当てている。それらは、質の高い教育（SDG4）、ジェンダー平等（SDG5）、働きがいと経済成長（SDG8）、人や国の不平等是正（SDG10）、持続可能なまちづくり（SDG11）、平和と公正の促進（SDG16）、そしてパートナーシップの活性化（SDG17）である。これらの開発目標の中でも、とりわけ次の三つが重要である。第一は、「万人に質の高い教育を」という SDG4 である。MIL の能力を身に付けることによって、子どもや若者、成人を含めたあらゆる人々が、質の高い教育、グローバルシティズンシップ、平和構築を可能にするための重要なコンテンツや情報、メディア・デジタルコンピテンシーなどを享受することが可能になるのである。

第二は、ジェンダー平等と女性のエンパワーメントを掲げた SDG5 である。MIL は、あらゆる年齢層の男女が、多様なメディアやデジタルプラットフォ

---

29 UNESCO. *MILID Yearbook - Media and Information Literacy for the Sustainable Development Goals*（UNESCO, 2015）：http://milunesco.unaoc.org/wp-content/uploads/2015/07/milid_yearbook_20151.pdf(2021年4月29日閲覧)

ーム上におけるジェンダーのステレオタイプや憎しみ、人種差別を察知し、そ
れに対抗する能力を高めていくことを目的の一つとしている。あらゆるネット
ワーク上で、ジェンダーの重要性を理解したユーザーが生成するコンテンツを
通じて、ジェンダー課題に対抗し、そうすることによって女性のエンパワーメ
ントの向上を後押ししていこうとしているのである。ジェンダー視点の重要性
は、新 MIL カリキュラムの多くの箇所で強調されている。

　第三は、「情報への公共アクセスを確保し、基本的自由を保障する」という
目標を持つ SDG16 である。情報へのアクセス、市民のコミュニケーション能
力とデジタルの自治、基本的自由、そして、包括的かつ安全で持続可能な都市
の実現に向けて、市民の情報へのアクセスに対する意識を高めていくことが期
待されている[30]。このような健全な民主主義社会とガバナンスを構築するため
には、幅広いコンテンツの中でも信頼できる情報提供者の存在が欠かせない。
例えば、ジャーナリズムは、その倫理と職業上の基準にのっとって行われる場
合、公共財としての情報を生み出す重要な役割を果たす。批判的思考を持ち、
多様なコンテンツおよび情報提供者が発信するメッセージや情報を読み解く能
力を身に付けることによって、私たちは、SDGs のあらゆる開発目標に対する
認識と理解を促進していくのである。

② グローバルシティズンシップ教育

　新「MIL カリキュラム」全体を通じて強調されている概念の一つは、グロ
ーバルシティズンシップ教育である。グローバルシティズンシップとは、政治
的、経済的、社会的、文化的な相互依存関係や、ローカル、ナショナル、グロ
ーバル間の相互関係性を強調した、より広いコミュニティーへの帰属意識や共
通の人間性を意味する。グローバルシティズンシップ教育は、「学習者がより
包括的かつ公正で平和な世界に貢献するために必要な知識、スキル、価値観、
態度を身に付けることで、変革をもたらすことを目的としている。グローバル
シティズンシップ教育は、人権教育、平和教育、持続可能な開発のための教育、
国際理解教育など、他の分野ですでに適用されている概念や方法論を用いた多

30　Grizzle, A., Wilson, C., Gordon, D. Eds.（2021）, p. 334.

面的なアプローチを取り、それら共通の目的を推進することを目指している[31]」のである。グローバルシティズンシップ教育は、教育 2030 アジェンダの目標 4.7 の一部であり、公教育から課外活動、社会教育など幼児期から大人になっても学び続ける生涯学習の視点も取り入れている。

　社会的、政治的、経済的、環境的な地球規模の諸問題に取り組む多様なプロジェクトの一つとして、学習者や市民の積極的な参加を促すユネスコのグローバルシティズンシップ教育には、二つの主要な要素がある。それらは、グローバルな問題の道徳的もしくは倫理的な側面である「グローバル意識」と、世界の変化と発展に参画するためのスキルである「グローバルコンピテンシー」である。グローバルシティズンシップ教育に対する意識を高め、グローバルコンピテンシーを身に付けるために、ユネスコは次のようなアプローチを提唱している。

- 全体的：フォーマル、ノンフォーマル、インフォーマルな学習環境における学習内容と学習成果、教育学、学習環境に取り組むこと。
- 変革的：学習者が自分自身や社会を変革できるようにすることを目指すこと。
- 文脈に即したもの：地域のニーズや文化的現実に適応すること。
- 価値観に基づくもの：無差別、平等、尊敬、対話など、普遍的に共有される価値観を促進すること。
- 包括的で公平な質の高い教育を促進するという大きな取り組み（コミットメント）の中で設定されること[32]。

　グローバルシティズンシップ教育は、教育の意識化や対話による社会変革を訴えたパウロ・フレイレの影響を受けているものと思われる。世界には、環境問題、移民問題、人種差別、紛争、貧困など、国や地域の問題を超えた深刻な問題が依然として存在している。そうした問題をグローバルに意識化し、MILのスキルを持って言語的、地理的、文化的、政治的な境界を超えて他者と関わり合い、コミュニケーション（対話）を図ることによって、よりよい社会へ変革することを目指しているのである。これを実践する教育が、グローバルシテ

31　Ibid., pp. 172 & 376.
32　Ibid., p. 189.

ィズンシップ教育なのである。

③ ユネスコの理念を脅かす脅威や新技術との対峙（たいじ）

　SDGs やグローバルシティズンシップ教育の他に、新「MIL カリキュラム」で取り上げられている新しい概念や用語は多数あるが、とりわけ強調されているのは、偽情報やヘイトスピーチなどの脅威および人工知能（AI）などの新技術への対応である。

　偽情報について有名な研究に、2018 年のマサチューセッツ工科大学（MIT）の研究者による「オンライン上の真偽不明ニュースの広がり」という論文がある。その論文では、情報のすべてのカテゴリーにおいて、真実よりも虚偽の方がより広範に、より速く、より深く拡散したと結論付けられていた。こうした研究結果を受け、ユネスコでは、いわゆる「フェイクニュース」という一般的な用語を使わずに、虚偽のニュースや情報を指すのに「偽情報」あるいは「誤情報」[33] という用語を使用している。

　新「MIL カリキュラム」では、既存のニュースメディアへの不信感、ヘイトスピーチの増加、不寛容と分極化、選挙などの民主主義プロセスの崩壊、持続可能な開発目標の達成への脅威、そしてコロナウイルス危機に関連した偽情報の出現などに目を向ける必要があることが強調されている[34]。また、偽情報やヘイトスピーチに関して、国連では 2019 年に「ヘイトスピーチに関する国連の戦略と行動計画[35]」、2020 年には「新型コロナウイルス感染症（COVID-19）

33　偽情報（Disinformation）とは、虚偽や誤解を招くようなコンテンツ全般を指すが、より具体的には、「虚偽であることを知りながら、被害を与える意図を持った制作者によって作られた虚偽のコンテンツに限定して使用される」。誤情報（Misinformation）とは、虚偽情報ではあり、危害を加える意図で作成されたものではないが、結果としてその影響で危害が及ぶ可能性があるものである。一般的に偽情報は、「表現の自由の権利を有意義なものにする検証可能で信頼できる情報へのアクセスとは正反対の働きをすることで、（表現の自由などの）力を削ぐ」ことでもある。陰謀論などとセットで使われることが多い。Grizzle, A., Wilson, C., Gordon, D. Eds. (2021), p. 373 と p. 382 を参照。

34　Ibid., モジュール4参照。

35　United Nations Strategy and Plan of Action on Hate Speech：https://www.un.org/en/genocideprevention/documents/advising-and-mobilizing/Action_plan_on_hate_speech_EN.pdf（2021年4月29日閲覧）

関連のヘイトスピーチへの対処と対策に関する国連ガイダンスノート[36]」を出している。ヘイトスピーチを偽情報と関連付ける一方で、グローバルシティズンシップ教育や人権教育を通じて、批判的思考を深め、社会的・感情的スキルを醸成し、責任ある行動を促進することを奨励している。

　新「MIL カリキュラム」では、人工知能（Artificial Intelligence：AI）に代表される新技術への対応にも紙面が多く割かれている。AI とは、「言葉を操り、絵を認識し、問題を解決し、学習する能力など、人間の心が持つ性質の一部を持つ機械やソフトウエアの研究、応用、生産[37]」である。AI は、データの収集や保存、分析などを人間や機械によって設計されるアルゴリズムや指令セットによって、金融、医療、災害、科学、経済、教育などのさまざまな領域で何らかの意思決定の支援をすることで私たちの生活に多くの恩恵をもたらしている。その一方で、アルゴリズムや指令セットの透明性が不十分なことから、誰の意思決定か、どのような世界観や商業的意図を反映したものなのかという懸念も生じるだろう。そのため、人間の主体性やプライバシーの権利、表現の自由といった私たちの基本的権利の保障に関する問題が生じる可能性がある[38]。AI の影の部分が偽情報や誤情報の問題とも絡み合う昨今のメディアや情報環境において、MIL の向上は、コミュニティーの分断や、SDGs の達成を妨げる偽情報や誤情報の拡散に対抗するためにもますます不可欠となってきている。

　新「MIL カリキュラム」の MIL コンピテンシーと 14 のコアモジュールは次の通りである。

36　United Nations Guiding Note on Addressing and Countering COVID-19 related Hate Speech：https://www.un.org/en/genocideprevention/documents/Guidance％20on％20COVID-19％20related％20Hate％20Speech.pdf（2021年4月29日閲覧）
37　Grizzle, A., Wilson, C., Gordon, D. Eds.（2021）, p. 369.
38　具体的には、最新の人工知能を使った本物そっくりに作られる偽動画のディープフェイクの問題、情報のサイロ化に伴うフィルターバブルの深化の問題、人工知能とデータ分析による個人のデジタルフットプリントを利用した企業の広告戦略とプライバシーの問題、または広告によるニュースコンテンツの偏りや検索結果のコンテンツの優先順位付けに利用される人工知能のプログラムの問題などが挙げられよう。

MILコンピテンシー1：持続可能な開発と民主主義における情報、メディア、デジタルコミュニケーションの役割を理解する。
MILコンピテンシー2：コンテンツとその用途を理解する。
MILコンピテンシー3：効果的かつ効率的に情報にアクセスし、倫理を実践する。
MILコンピテンシー4：情報および情報源と倫理的な実践を批判的に評価する。
MILコンピテンシー5：デジタルおよび伝統的メディアフォーマットへ応用する。
MILコンピテンシー6：情報、メディア、デジタルコンテンツの社会文化的な文脈を位置づける。
MILコンピテンシー7：学習者／市民のMILを推進し、必要な変革へ対応する。

コアモジュール
モジュール1：基幹的モジュール：メディア情報リテラシーおよびその他の重要な概念の紹介
モジュール2：情報とテクノロジーの理解
モジュール3：研究、情報サイクル、デジタル情報処理、知的財産
モジュール4：誤情報、偽情報、ヘイトスピーチに対処するためのメディア情報リテラシーコンピテンシー：真実の探究と平和を守るために
モジュール5：市民としてのオーディエンス
モジュール6：メディアと情報におけるリプレゼンテーション：ジェンダー平等の強調
モジュール7：メディアやテクノロジーがコンテンツに与える影響
モジュール8：プライバシー、データ保護、そしてあなた
モジュール9：インターネットの機会と挑戦
モジュール10：広告とメディア情報リテラシー
モジュール11：人工知能、ソーシャルメディア、MILコンピテンシー
モジュール12：デジタルメディア、ゲーム、伝統的メディア
モジュール13：メディア、テクノロジー、持続可能な開発目標：MILの文脈
モジュール14：コミュニケーションと情報、MILと学習-モジュールの頂点

3 │ ユネスコMILプログラムの発動

　情報やコミュニケーションへのアクセスが劇的に増加している今、私たちの周りは多様なメディアやデジタルコンテンツであふれている。ユネスコは、住んでいる国・地域、ジェンダー、年齢、社会的・教育的・経済的・政治的・宗

教的バックグラウンドにかかわらず、すべての人々が、公平さや異文化間・宗教間の対話、平和、表現の自由、情報へのアクセスなどを促進することができるように、さまざまな MIL プログラムを発信している。本節では、ユネスコ MIL の代表的なプログラムである MIL 大学のネットワーク MILID、ユネスコ MIL アライアンス（旧 GAPMIL）、ソーシャルメディア・イニシアチブ「MIL CLICKS」について概観する。

（1）　MILID 大学ネットワークの創設

　ユネスコのグローバル MIL のプログラムが本格的に動き出したのは、2011年である。同年、第 1 回メディア情報リテラシーに関する国際フォーラム（モロッコ、フェズ）が開催された。そこでフェズ宣言[39]がなされ、メディア情報リテラシーと異文化間対話（Media and Information Literacy and Intercultural Dialogue launched：MILID）に関する大学ネットワークが創設された[40]。これは、ユネスコと国連文明の同盟（United Nation Alliance of Civilizations：UNAOC）[41]が、MIL のある社会を世界規模で推進するという理念の下に立ち上げたものである。MILID 大学ネットワークは、現在でもユネスコ MIL 関連プログラムの頭脳として機能している。

　フェズ宣言で確認された主な提案事項は以下の通りである。第一に、毎年 1週間を「グローバルメディア情報リテラシー週間」とし、世界中で MIL を推進・

39　FEZ DECLARATION ON MEDIA AND INFORMATION LITERACY：http://www.unesco. org/new/fileadmin/MULTIMEDIA/HQ/CI/CI/pdf/news/Fez％20Declaration.pdf（2021年11月12日閲覧）

40　メディア情報リテラシーと異文化間対話に関する初の国際的な大学ネットワーク（UNESCO/ UNAOC-MILID）には、2011年の設立当初、以下の八つの基幹大学が含まれていた。それらは、バルセロナ自治大学（スペイン）、西インド諸島大学（ジャマイカ）、カイロ大学（エジプト）、サンパウロ大学（ブラジル）、テンプル大学（アメリカ）、北京清華大学（中国）、シディ・モハメド・ベン・アブデラ大学（モロッコ）、クイーンズランド工科大学（オーストラリア）である。加盟大学は、年々増えており、日本では法政大学が2014年からアソシエートメンバーとして、2020年からはフルメンバーとして正式に名を連ねている。

41　国連文明の同盟（United Nation Alliance of Civilizations：UNAOC）（www.unaoc.org）は「2005年に事務総長が提唱したもので、宗教的信条と伝統に対する相互尊重を推進し、あらゆる分野で強まる人類の相互依存を再確認する連合となる。その主要な任務は、集団の政治的意思を造り出し、国家、国民、地域社会間の異文化理解と協力を改善することである」（国際連合広報センター）。

追求することの意義をすべての関係者にアピールすることである。これによって、毎年「グローバルメディア情報リテラシー週間」がユネスコやその他のステークホルダーとの共同で開催されているのである。2021年度は、10月24〜31日南アフリカで「公共の利益のためのメディア情報リテラシー」のテーマの下、オンラインによって開催された。

　第二に、フォーマル、ノンフォーマル両方の教育カリキュラムにMILを組み込むことにより、(1)市民一人ひとりがこの新しい市民教育を受ける権利を確保し、(2)教育者の相乗効果を利用して、学習者は批判的思考や分析方法を身に付け、(3)教師と学習者の双方がMIL能力（コンピテンシー）を習得し、メディア情報リテラシー社会を構築し、知識社会を形成することである。これは、2000年代中ごろから始まったMILカリキュラムの適用を念頭に定められたものと思われる。MILカリキュラムの初版（2011）、2版（2021）の著作には、多くのMILID関係者が関わっている。

　第三に、ユーザー生成コンテンツ、特に若者が作成したメディアを収集配布し、MILの全体的な枠組みの一部として含めることである。第四に、UNESCO-UNITWIN-UNAOC-MILID[42]ネットワークを世界のすべての地域を代表する他の大学にも拡大し、MILに関する研究所や情報センターの設立をすべての地域で奨励することである。世界中のメディア情報リテラシーの取り組みを支援することによって、このネットワークを社会全体でMILを育成する原動力とし、世界の持続可能な平和の構築に貢献するためである。MILID大学ネットワークは、現在でも拡大を続けている。第五に、地域文化の発展、異文化間の対話、相互の知識と理解のためのプラットフォームとしてのMILを育成することである。

　フェズ宣言での提案を受け、翌2012年に第1回「メディア情報リテラシーと異文化間対話（MILID）週間」が、スペインのバルセロナで開催された。こ

42　UNESCO/UNAOC-MILIDネットワークは、高等教育と研究の能力を高め、学術界、市民社会、地域社会、研究、政策立案などの統合を促進するためのプラットフォームとして機能するユネスコ大学ツイニング・ネットワーキングプログラム（UNESCO University Twinning and Networking programme：UNITWIN）の枠組みの中で設立された。

の会議では、UNESCO-UNITWIN MILID UNAOC の行動計画プログラム[43]
および MIL のためのグローバルパートナーシップ[44] が発表された。2012 年に
始まった「MILID 週間」は毎年開催され、2015 年から「グローバルメディア
情報リテラシー（MIL）週間」に名称を変え、ユネスコ MIL アライアンス（旧
称 GAPMIL：MIL パートナーシップのグローバルアライアンス）、UNESCO-
UNAOC MIL and Intercultural Dialogue（MILID）University Network、そ
の他のパートナーと協力し、UNESCO が主導して開催されている。これは、
関係者が「万人のためのメディア情報リテラシー」に向けてどれだけ達成され
たかの進捗状況を確認するための重要な機会となっている。

　UNESCO/UNAOC-MILID による具体的な活動には、（1）研究（UNESCO/
UNAOC 合同の MIL に関する国際的な情報センターの開発と関連出版物の制作等）、
（2）MILID と教育（正式な教育システムのあらゆるレベルでの MILID の普及なら
びに関連するメディア制作の支援等）、（3）参加（市民参加の奨励、コミュニティー
を基盤とした MIL プロジェクトや青少年メディアイニシアチブなど、さまざまな利

パリにある国連教育科学文化機関（ユネスコ）の本部／フラ
ンス・パリ（写真／EPA=時事）

害関係者を巻き込むことを目的
とした活動の促進等）が含ま
れる。2013 年、第 2 回メデ
ィア情報リテラシーと異文化
間対話（MILID）週間が、エ
ジプト・カイロで開催された
時は、MILID 年鑑の発行が
決まった。毎年、MILID 週
間（現「グローバル MIL 週間」）
が開催されており、年度ごと

43　本会議で MILID/UNITWIN プログラムのアクションプランが承認された。計画には、MIL のトレ
　ーニング、研究、MILID のプロモーション、チェアとメンバー間の交流など、幅広い内容が含まれてい
　る。具体的には、UNITWIN プログラムと情報センターのためのウェブサイトの構築、MILID に関す
　る年鑑の発行、科学出版物の発行、チェアメンバーの会合での年次セミナー、メディアに関連したフェ
　スティバルやイベントの開催、研究の実施、国際的な博士課程プログラムやサマースクールの実施、学
　生や学者の交流、メンバーの大学による各国のユネスコカリキュラムの実施などが含まれている。
44　八つの基幹大学を中心に、日本の法政大学を含め多数の大学や MIL 関係機関が参加を表明した。

に新たなプロジェクトや取り組み、宣言などが提案され、実行されている[45]。

(2)　「ユネスコMILアライアンス」(旧GAPMIL)の創設

　2013年6月「文化的多様性の手段としてのメディア情報リテラシーの促進」をテーマに、ナイジェリアのアブジャで、「メディア情報リテラシーに関するパートナーシップのためのグローバルフォーラム」が開催された。そこでユネスコは、MILの影響力を高めるのに必要なパートナーシップを構築するため、MILパートナーシップのグローバルアライアンス（Global Alliance for Partnerships on Media and Information Literacy：GAPMIL）を立ち上げた。GAPMILは、すべての市民がメディアと情報に適切にアクセスできるようにするための国際協力を推進する画期的な取り組みである。ユネスコは、MILの影響力を強めるのに必要な、より永続的なパートナーシップを確立することが不可欠と考えていたために、GAPMILを創設したのである。GAPMILは、2020年10月ソウルでのグローバルMIL週間で「ユネスコMILアライアンス」に名前を改称し、ロゴを刷新したが、設立の理念や目的は、GAPMILの時と変更はない[46]。

45　例えば、2014年の「MILID週間」は、中国・北京で開催され、MILパートナーシップのグローバルアライアンス（GAPMIL：Global Alliance for Partnerships on Media and Information Literacy）が本格的に始動した。2015年グローバルMIL週間は、アメリカ・フィラデルフィアで開催され、この年からグローバルMILアワードが立ち上げられた。2016年は、ブラジル・サンパウロで開催され、この会議では、MIL CLICKS（Critical thinking and creativity、Literacy、Intercultural、Citizenship、Knowledge、Sustainabilityの頭文字を取ったもの）の運用が開始された。2017年は、ジャマイカのモナキャンパスにある西インド諸島大学で開催された。この年から、ユースやユース団体のリーダーによる「グローバルMIL週間ユースアジェンダフォーラム」のプレカンファレンスが行われるようになった。2018年、本会議がリトアニア・カウナスで、ユースアジェンダフォーラムがラトビアのリガで開催された。これらのメインイベントは、バルト三国（エストニア、ラトビア、リトアニア）の独立100周年を祝うものでもあり、メディア情報リテラシー都市（MIL都市）のためのグローバルフレームワーク（2018年）が採択された。2019年は、スウェーデンのヨーテボリで、ヨーテボリ・ブックフェアとの相乗効果を狙って開催された。この会議では、「デジタル時代におけるメディア情報リテラシーの理解（Understanding Media and Information Literacy（MIL）in the Digital Age）」の書籍が刊行された。2020年は、韓国・ソウルで行われたが、COVID-19のパンデミックが進行中のため、完全オンライン化された。ここでのテーマは「偽情報パンデミックに対抗する万人による、万人のためのMIL」であり、「万人のための万人によるメディア情報リテラシーに関するソウル宣言」が採択された。

46　詳しくは、ユネスコMILアライアンスのサイトを参照：https://en.unesco.org/themes/media-and-information-literacy/gapmil（2021年11月16日閲覧）

ユネスコ MIL アライアンス（旧 GAPMIL）の目的は、（1）MIL の発展と影響を世界的に推進するための重要な戦略的パートナーシップを明確にすること[47]、（2）MIL コミュニティーが、特に政策の必要性を含む重要な事項について、統一された声で発言し、対処できるようにすること、（3）世界中の MIL 関連ネットワークや団体に共通のプラットフォームを提供することにより、MIL を複合的な概念として扱う戦略をさらに深めていくことである。これらの目的を遂行するために、ユネスコ MIL アライアンスは、ユネスコと、国連文明の同盟（UNAOC）、ユニセフ、オープンソサエティー財団、IREX、欧州委員会、その他の国連機関や国際開発パートナーなどの主要なステークホルダーとが共同して運営されている。

　ユネスコは、MIL アライアンスの国際運営委員会の設立を主導し、同委員会と緊密に連携しながら、グローバル、地域、ローカルレベルでのアライアンスのさまざまな活動を調整している。2019 年 10 月には 2 年間の任期で新たな国際運営委員 12 人[48]が選出された。

　MIL アライアンスの活動は、MIL の推進に取り組む個人や組織を承認し、国際協力を促進することであるが、その一つにユネスコ MIL アライアンス賞がある。ユネスコの MIL サイトによれば、これは、MIL の分野に関連するあらゆるイニシアチブやプロジェクトを活用することを目的としており、革新的な方法で MIL に関連する活動に取り組んでいる個人や団体を表彰するものである。具体的には、教育、研究、政策、アドボカシー、メディア、通信・情報産業の六つの分野における優秀性とリーダーシップが評価される。ユネスコ MIL アライアンス賞は、2015 年から始まり、毎年、グローバル MIL 週間での特集会議で発表されている。

47　GAPMIL は、グローバルに MIL を推進するための重要な戦略的パートナーシップを以下九つの重要な開発分野に適用する。それらは、①ガバナンス、市民権、表現の自由、②すべての市民のための情報と知識へのアクセス、③メディア、図書館、インターネット、その他の情報提供者の発展、④教育、指導、学習‐専門家の育成、⑤言語的・文化的多様性、および異文化・異宗教間の対話、⑥女性、子ども、若者、障害者、その他の社会的に疎外されたグループ、⑦健康とウェルネス、⑧ビジネス、産業、雇用、持続可能な経済発展、⑨農業、農作業、野生生物保護、林業、天然資源の保護、その他の分野、である。

48　筆者は、2013 年から旧 GAPMIL の設立に関わり、2016 年から 2019 年の間、国際実行委員として GAPMIL の運営に携わった。

MIL アライアンスには、MIL を推進するテーマ別委員会が設けられ、プライバシー、ジェンダー平等、青少年、人工知能など、MIL に関するさまざまなテーマ別分野にも取り組んでいる。また、国内レベルのアライアンスや支部の開発および組織化を促すとともに、MIL ユースアンバサダーを通じたユース委員会の強化も図っている。アライアンスのユース支部は、グローバルコーディネーター、MIL ユースアンバサダー、地域コーディネーターで構成されており、多くのユース団体やネットワークを巻き込んだユース主導の MIL 関連プロジェクトを多数実践している。

(3)　MIL CLICKS とその他教育プログラム

2016 年グローバル MIL 週間が、ブラジル・サンパウロで開催され、そこで MIL CLICKS（Critical thinking and creativity、Literacy、Intercultural、Citizenship、Knowledge、Sustainability の頭文字を取ったもの）の運用が開始された。MIL CLICKS は、MIL の習得を支援するソーシャルメディア・イニシアチブであり、ユネスコの 2021 レポートによれば、すでに 9300 人以上の若者が参加している。

ソーシャルメディアは、MIL の能力を高めるための強力なツールとして活用されている。MIL CLICKS は、政策立案者、MIL の専門家、MIL の専門知識を持たない教師、開発機関、民間組織、一般市民を対象としている。特に、ネットワーク上で多くの時間を過ごす若者をターゲットに、MIL の能力を身に付けるためのさまざまな教材や説得力のある情報を提供している。例えば、Facebook、Twitter、Instagram、YouTube、LinkedIn、iTunes などのソーシャルメディアとユネスコ MIL アライアンス、MIL 関連の多様なパートナー組織とが連携し、「MIL コンピテンシーのトレーニングや意識向上に加えて、メディアによる MIL 報道の可能性を高め、MIL 教育のためのドナーとの連携を図り、MIL を推進する新しい公共政策を導入し、オンラインリテラシーのための運動の一翼を担うパートナー組織の数を増やすことに努めている[49]」ので

49　詳しくは、次の MIL CLICKS のサイトを参照：https://en.unesco.org/MILCLICKS（2021年11月12日閲覧）

ある。MIL CLICKS のキャッチフレーズである「批判的に考え、賢くクリックする」は、新 MIL カリキュラムのタイトルにもなっている。

　ユネスコは、MIL CLICKS の他にも、MIL を推進するためのさまざまなプログラムを用意している。例えば、MIL トレーニングへのアクセスを増やすため、さまざまなパートナーと協力して、多言語（英語、スペイン語、ポルトガル語、アフリカ言語など）での MIL に関する Massive Open Online Course（MOOC）の開発を支援している。これは、MILID 大学ネットワークのオープンアクセスコースであり、MIL と異文化間対話の概念に加え、グローバルシティズンシップに向けた新しいコンピテンシーを獲得するための重要な概念や課題を紹介している。こうしたプロジェクトの背景には、MIL のある社会の実現のため、MIL は教室外の万人のための教育に、万人のための MIL が含まれていなければならないという信念がある。

　英語による MOOC は、ユネスコとカナダのアサバスカ大学のパートナーシップにより企画・運営されている。ユネスコのサイト情報によれば、このコースでは、希望者は誰でも参加することができる。MIL、異文化間対話、表現の自由、現代生活におけるメディアと広告の多様な役割、メディアにおけるジェンダー表現とステレオタイプ、若者の課題と機会、社会変革のための新技術への取り組み方など、10 のユニットで構成されている。このコースを受講したという証明書の発行を希望する場合は、全体で 65 パーセント以上の成績を収める必要がある。また、政府関係者・政策立案者向けの MIL MOOC も、国連大学の政策主導型電子統治運営ユニット（UNU-EGOV）とスペインのバルセロナ自治大学の協力により開発されている。

　ユネスコが提供するオンラインマルチメディア MIL 教材[50]も、MIL を推進するためのプログラムの一つである。世界中の市民が、メディアや図書館、アーカイブ、インターネットなどの情報提供者の機能と多様なメディアコンテンツを評価するための基本的な知識を必要としている。MIL の目的の一つはこうした知識を万人に伝えることであるから、ユネスコでは教師教育や教材開発

50　オンラインマルチメディア MIL 教材については、次のサイトを参照：http://unesco.mil-for-teachers.unaoc.org/（2021年11月12日閲覧）

にも力を入れている。オンラインマルチメディア MIL 教材は、主に旧版の MIL カリキュラムモジュールを土台に作られているが、世界中の教師や一般市民が新しいモジュールを付け加えることも可能である。

4 ｜ 終わりに（日本のユネスコ MIL 状況）

　ここまで、ユネスコの MIL の概念、MIL カリキュラム、MIL プロジェクトについて概観してきた。日本でユネスコの MIL を推進している団体として、アジア太平洋メディア情報リテラシー教育センター（AMILEC）がある。AMILEC は、2012 年、国連・ユネスコのメディア情報リテラシー教育の政策と運動を普及させることを目的に設立された NGO 団体であり、ユネスコ MIL アライアンスの加盟団体でもある。その他に日本で MIL アライアンスに加盟している団体は、FCT メディア・リテラシー研究所および昭和女子大学である。MIL アライアンスには加盟していないが、MILID のフルメンバーになっているのは、法政大学である。法政大学図書館司書課程では、AMILEC と協力してオンライン学術雑誌『メディア情報リテラシー研究』を年 2 回発行している。

　日本におけるユネスコ MIL の活動は、限られた団体・個人の努力に負うところが多い。これは、他章でも言及されているが、日本のメディアリテラシーの定義や理解が多様であるとともに、個人・団体が個別にメディアリテラシーの活動を進めていることもあり、アメリカの全米メディアリテラシー教育学会（NAMLE）のように団体として一枚岩になり切れていない現状がある。そのため、MIL カリキュラム（初版）の日本語訳もなされているが、活用されているのはごく一部にすぎないのである。また、日本の教育政策では、ICT リテラシーの重要性は認識されているが、ユネスコが重視するメディアリテラシーにおける批判的思考力の育成が軽視されてきたという背景もある。文部科学省は、2021 年 3 月、主権者教育推進会議の最終報告で「主権者教育の充実に向けた

メディアリテラシーの育成[51]」に触れてはいるが、メディアリテラシーが教育政策へ反映される実効性は依然として不透明のままだ。

　私たちは、2016年のトランプ前米大統領の当選に大きな役割を果たしたとされる偽情報や誤情報などのいわゆるフェイクニュースが充満しているインターネット社会に生きている。デジタル資本主義時代のインターネット環境において、私たちは全く見えないアルゴリズムの力学に支配されており、いわゆる「フィルターバブル」や「エコーチェンバー効果」にもさらされている。偽情報か否かを問わず、自分が信じるものを追求した結果[52]、多様な意見や考え方から目を背け、極端なケースでは誰もが陰謀論の信者にもなり得る土壌ができつつある。これは、言論の自由や多様性の尊重を是とする民主主義の危機とも言える。

　こうした状況をつくり出すビジネスモデルにおいては、いわゆるGAFAM（Google、Apple、Facebook、Amazon、Microsoft）はもとより、インターネットを介したさまざまな電子サービスなどによって、私たちは、自身の消費行動や嗜好、考え方、人脈、年収、職業、行動範囲やパターンなどが「データ」として抜き取られ、そうした情報が売買され、「監視」されてもいるとも言える。私たちは、こうしたデジタルメディア社会の現実に対し、プライバシーの問題を含め自覚的に対処しなければならない時代に入っている。

　MILやメディアリテラシー（ML）、情報リテラシーなどは、その対処法の一つと言えるが、イギリスのデイビット・バッキンガム（David Buckingham）はMLが万能的な魔法の解決法ではないと指摘している。フェイクニュースやヘイトスピーチ、ネットいじめといった社会問題の手っ取り早い解決法としてMLが必要だというのは、対処すべき問題を単純化し過ぎており、「教育」のないメディアリテラシーはメディアについて考えるよりもメディアにおける否定的な影響に焦点を当てる保護主義的なアプローチに陥る危険性があるからだ。バッキンガムは、MLには教育が必要であり、「変革を要求すること」で

51　文部科学省「今後の主権者教育の推進に向けて（最終報告）」：https://www.mext.go.jp/b_menu/shingi/chousa/shotou/142/mext_00001.html（2021年5月11日閲覧）
52　第5章で、森本は、この現象を「信実・自実」と表現している。

もあるとも指摘した[53]。この視点は、ユネスコをはじめとしたさまざまな識者のものとも符合する。私たちは、MIL や ML を自他共に教育によって学んでいく必要がある。MIL 教育や ML 教育の土台となっているのは批判的思考力である。MIL 教育や ML 教育を通じて批判的思考力を身に付けることによって基本的人権や表現の自由、民主主義の思想などを学び、ひいては社会や政治の変革の一助になるのである。

53　デイビット・バッキンガム(時津啓、砂川誠司訳)「デジタル資本主義時代のメディア・リテラシー教育」『メディア情報リテラシー研究』第1巻第1号(2019年)4−33頁

第5章
日本のメディアリテラシー教育の歴史的潮流

森本洋介 ● MORIMOTO Yosuke
弘前大学教育学部准教授

1 | 現在の日本のメディアリテラシー教育をめぐる状況

　本稿を執筆している 2021 年 1 月時点で、「メディアリテラシー」という言葉で Google 検索をすると、約 339 万件がヒットした。（筆者の検索結果で）トップに出てきたのは Wikipedia である。2021 年 5 月 1 日時点の Wikipedia では「民主主義社会におけるメディアの機能を理解するとともに、あらゆる形態のメディア・メッセージへアクセスし、批判的に分析評価し、創造的に自己表現し、それによって市民社会に参加し、異文化を超えて対話し、行動する能力である。また、用語としてのメディア・リテラシーはメディア・リテラシーの実践や運動を含む。」[1] と説明されている。

　次に出てきたのは「コトバンク」という、幾つかの辞典で掲載されている同じ言葉の説明を羅列しているサイト[2] である。「コトバンク」では最初に「メディアの特性を理解して使いこなす複合的な能力。」（ブリタニカ国際大百科事典小項目事典）、次に「インターネットやテレビ、新聞などのメディアを使いこなし、メディアの伝える情報を理解する能力。また、メディアからの情報を見きわめる能力のこと。」（ASCII.jp デジタル用語辞典）とあり、三つ目に「テレビ番組や新聞記事などメディアからのメッセージを主体的・批判的に読み解く能力。」（知恵蔵、2007 年）、続いて「《literacy は、読み書きの能力の意》1 コンピューターや先端的な情報通信機器を使いこなせる能力。2 メディアに対して主体性を確立すること。コンピューターネットワーク・テレビ・音楽・映画・出版物などさまざまなメディアが伝える価値観・イデオロギーなどをうのみにせず、

1　https://w.wiki/3Qo7（2021年4月24日閲覧）
2　https://kotobank.jp/word/BC-9271（2021年4月24日閲覧）

主体的に解読する力をつけること。」（デジタル大辞泉）、最後に「（1）新聞やテレビ放送などのマスメディアが発信する情報を、評価し、批判的に理解する能力．（2）各種メディアを活用する能力．メディアを使いこなす技能（メディアスキル）や「情報リテラシー」とほぼ同じ意味で使われている。」（図書館情報学用語辞典第5版）とある。

　インターネット上にある定義を伝えていると切りがないので、今回ヒットした中で最新の記事であると考えられる2020年11月14日の朝日新聞GLOBE＋（https://globe.asahi.com/article/13918604）と、その次に新しい2020年8月14日更新のTECH-CAMPというITエンジニア養成プログラムを運営している企業のブログ（https://tech-camp.in/note/pickup/92091/）を紹介して前置きを終えたい。まず2020年11月14日の朝日新聞GLOBE＋は「『メディアリテラシーは誤用されている』　フェイクを見抜くよりも大切なこと」と題して、法政大学第二中・高等学校において行われたメディアリテラシーの授業内容が報告されている。ここでは法政大学の坂本旬教授により「すべてのメディア・メッセージは構成されている[3]」などの五つの原理を用いてメディアリテラシーの説明がなされている。

　最後にTECH-CAMPのブログでは前述したコトバンクの説明のうち「インターネットやテレビ、新聞などのメディアを使いこなし、メディアの伝える情報を理解する能力。また、メディアからの情報を見きわめる能力のこと。」を引用した上で、次のような説明をしている。

> つまり、数ある情報の中から、正しく情報を理解し選択する力のことです。（中略）
> リテラシーという言葉は「メディアリテラシー」だけに使われるものではありません。
> 特に、IT化が進んだ現代では、情報リテラシーという言葉も聞く機会が多いのでしょう。
> そもそもリテラシーとは「読み書き能力」や「コンピューターや情報を上手く扱う知識・能力」という意味。
> これに当てはめると、メディアリテラシーと情報リテラシーは以下のように表現できます。

3　坂本旬『メディア情報教育学　異文化対話のリテラシー』（法政大学出版局、2014年）

- メディアリテラシー：新聞・テレビ・インターネットなどから正しい情報を取捨選択する能力
- 情報リテラシー：取捨選択した情報を上手く扱う能力
  このように両者を比べると、メディアリテラシーよりも情報リテラシーの方が能力の範囲が広いと言えるでしょう。
- 能力範囲：メディアリテラシー　＜　情報リテラシー

　前置きが長くなったが、これらの検索結果の内容を見て、数々の疑問が湧き上がるのではないだろうか。例えば「メディアリテラシーにおける『メディア』とは新聞やテレビ、インターネット等のマスメディアに限定されたものなのか」「民主主義や市民社会という要素は必須なのか」「メディアリテラシーは情報リテラシーに含まれるのか」といったものが挙げられるだろう。つまり、日本における現在のメディアリテラシー概念や、メディアリテラシー教育の状況は、「多義的」であり、何が本当の説明なのか、一般市民には分かりづらいのである。メディアリテラシーを解釈するためにメディアリテラシーが必要とされている状況であると言える。

　本章ではまず、主に笠原正大と中橋雄、そして鈴木みどりの論考を参考に、メディアリテラシーの定義が多義的に乱立するような状況が生まれた背景について、日本のメディアリテラシーをめぐる歴史から考えてみたい。なお、本章ではメディアリテラシー（Media Literacy、以下 ML）は能力を指し、メディアリテラシー教育（Media Literacy Education、以下 MLE）は ML を獲得させるための教育を指すこととする。

2 ｜ 日本のMLの定義と教育をめぐる歴史① （「グリュンバルト宣言」まで）

（1）　MLの能力概念から見た歴史

　日本における ML 研究（概念についての研究）は主に社会学的な見地からなされてきた。例えば日本にカナダ流の ML を初めて紹介したとされる鈴木みどりは解釈学的研究、社会科学研究、映画・テレビ制作研究の三つの視点から

MLの概念について述べている[4]。解釈学的研究は、ホール（Hall, S.）らのカルチュラルスタディーズの研究の流れをくんでいる。カルチュラルスタディーズは、1960年代からイギリスを中心に発展していった研究アプローチであり、テレビや大衆雑誌、映画などのメディアを日常的な実践の中で捉えていくものである[5]。同じ情報に対して情報の送り手と読み手が同じような読み取り方をするという前提が成り立っていた当時において、主にメディアが媒介する情報を受け手の解釈が多様であることを実証しようとした点で革新的なアプローチであり、MLの基本概念にも大きく影響した。

　社会科学研究は、メディアコミュニケーションの過程や文脈を分析対象とするメディア研究のアプローチである。テクストがどのように生産されたか、また消費されたか、といったことを問題関心にしている。さらにオーディエンス研究が対象とされ、テクストそのものの価値自体はほとんど問題にされないことが特徴である。これは、アルチュセール（Althusser, L.）に代表される構造主義、アドルノ（Adorno, T. W.）らフランクフルト学派の研究、またカルチュラルスタディーズも含んだ多様なメディア研究の流れをくんでいる。映画・テレビ制作研究はメディアの創造という実践的な職業訓練を中心とする芸術・映画教育の流れであり、他の二つとは異なる。1980年代になって安価で高品質なビデオ機材が普及するにつれ、映画・テレビ制作研究においても批判的なメディア研究が行われるようになり、解釈学的研究と社会科学研究に近づいていくことになる。この三つの流れの接近と交差が顕著になる1980年代初頭にメディアリテラシーという新たな研究領域が形成された、というのがML概念の形成過程である（鈴木、1997）。

　また水越伸も文化人類学の視点を取り入れつつ、基本的にはカルチュラルスタディーズを中心に据えたMLの展開を説明している。水越はMLの系譜について、①1930年代に英米圏を中心に展開されてきたマスメディア批判の理論と実践、②学校で実践されてきた視聴覚教育、③1980年代の情報技術の発達に伴って必要となる操作的・技術的知識の習得をリテラシーとして捉える系

譜、の三つがあるとする。少なくとも 1990 年代まではこれらがあまり交わることなく ML 論が展開されたということである[6]。

このように、ML という能力概念のみの歴史を見た場合、メディアの批判的（＝多面的、分析的）な分析能力と、メディア作品の制作能力という二面性が強調されることになる。この理解を軸に、MLE についても批判的視聴能力とメディア制作という二面的な実践が展開されることになる。

（2） MLE から見た歴史

笠原によれば、日本がたどってきた MLE の経緯は、視聴覚教育や放送教育を中心とした「メディアによる教育」・「メディアについての教育」（前期 MLE）と、メディアの批判的視聴を中心とした教育（後期 MLE）であり、2010 年ごろの状況はその二者が混在した（区別がつかない・つけようとしない）状況であると説明されている。また中橋は 1950 年代から 2000 年代までの日本の MLE の簡単な歴史を学校教育、社会教育、放送教育や国際的な動き等を踏まえて検討している[7]。本節では、MLE の転換点といえる 1982 年のグリュンバルト宣言までの歴史を概説する。

笠原によれば、日本では 1950 年代半ばに映画や広告等を批判的に視聴する能力の必要性が説かれ、また映像教育（Screen Education）の流れと 1962 年にユネスコが取り上げた「映画・テレビ教育に関する国際集会」が相まって、いわゆる ML の批判的思考能力の方向性を目指す教育活動が一部に起こったという。しかし当時の教育関係者の考えは、例えばテレビ番組の内容をそのまま教育内容として伝えるような、メディアの影響力をむしろ教育に生かす方向性にあった。このようにマスメディアを好意的に捉える傾向は 1980 年代に入っても学校関係者に残っていたと笠原は述べている[8]。

この状況が変化を始めるのは 1982 年のユネスコのグリュンバルト会議前後

---

6 水越伸「メディア・プラクティスの地平」水越伸・吉見俊哉編『メディア・プラクティス　媒体を創って世界を変える』(せりか書房、2003年) 20 - 50頁
7 中橋雄『メディア・リテラシー論　ソーシャルメディア時代のメディア教育』(北樹出版、2014年)
8 笠原正大「日本におけるメディア・リテラシーの変質とその原因─『メディア教育』に関する言説の分析から─」『教育メディア研究』第18巻第1・2合併号 (2012) 13 - 23頁

である。1982 年にドイツのグリュンバルトで開催された、ユネスコによるメディア教育国際シンポジウムにおいて「グリュンバルト宣言」が参加 19 カ国の満場一致で採択された。この宣言においては「疑う余地のないほどの力を持つメディアを、非難したり、賞賛するよりもむしろ、一つの確かな事実として、世界を覆うメディアの持つ大きなインパクトや浸透力を受け入れなければなりません。そして、今日の世界における文化の一要素として、その重要性を認める必要があります」と、当時の社会とメディアの関係を認識した上で、「学校と家庭は、青少年が強力な映像、言葉、そして音の世界に生きるための準備に対する責任を共有します。子どもと大人は、これら 3 つの記号体系のリテラシーを身につける必要」があり、「保護者、教職員、メディア関係者、政策担当者、そのすべての人が、視聴者や読者がより高い批判的意識」を持つようになれば、メディア社会における責任ある市民（シティズン）の育成、つまりMLE が可能になると述べている[9]。ユネスコのこの MLE の認識は本節（1）で述べた社会学的見地からの ML 概念とほぼ同じものである。

　国際機関であるユネスコがこのような宣言を行った下で、再びメディアに対する批判的視聴能力としての ML が認識されるようになる。この時点では学校教育における「メディア教育」もマスメディア批判の系譜としての MLE と同様の概念を有していたとされる。しかし特に学校教育において「メディア教育」の意味が多義的に用いられるようになった。1980 年代半ばに、坂元昂によってメディア教育にコンピューターリテラシーが含まれるという主張がなされ、批判的視聴能力と機器の操作能力という二つの別種の能力が ML に含まれるという解釈が優勢になる（笠原、前掲書）。また 1986 年に坂元が「パソコンと教育」シンポジウムにおいて ML を「映像、テレビ、コンピューターを使いこなす能力」と発言しているように（笠原、前掲書）、ML から批判的思考能力（特に政治や文化に対して）が除かれていった。さらに MLE は視聴覚教育とも統合されていくようになる。このことにより、日本ではいろいろなリテラシーを包含する能力として ML が理解されることになったと考えられる。つ

9　メディア教育についてのグリュンバルト宣言：http://amilec.org/?key=joojlw7ly-136&lang=english（2021年5月11日閲覧）

まり今日の多義的な能力である ML の理解はグリュンバルト宣言後、1980 年代に形成されるようになったと考えられる。

　他方、中橋によれば 1980 年代に学校教育において放送教育・視聴覚教育の研究者と現場の教師が協力し、送り手の意図と受け手の理解を追究する映像視聴能力の研究が行われたこと、1982 年のグリュンバルト宣言が日本のメディア教育者に大きな影響を与えたことが述べられている。また研究分野においても 1980 年代の教育工学や認知心理学の研究成果からメディアリテラシー教育による認知理論と能力育成に関する研究が進められたとする。この認識は笠原の「前期 ML」の展開と重なるものであり、前述した今日の多義的な ML の理解の根源は 1980 年代にあると言って差し支えないだろう。

3 ｜ 日本の ML の定義と教育をめぐる歴史②（カナダの MLE への注目）

　笠原も中橋も 1982 年のユネスコのグリュンバルト宣言が日本のメディアリテラシーに影響した点で認識が一致している。この影響が 1990 年ごろの新たな動きと連動して「メディアリテラシーブーム」とも呼べる動きが 1990 年代から 2000 年代にかけて起こることになる。

　1992 年にカナダ・オンタリオ州の『メディア・リテラシー・リソースガイド』の訳本が出版された[10]ことで、メディアの批判的視聴能力というメディアリテラシーの側面が改めて注目されるようになった。これ以降を笠原は「後期 ML」と定義する。ところが「後期 ML」の影響は限定的（市民運動を中心に理解が進む）で、学校教育の系譜においては依然として「前期 ML」の影響力が強く、概念があまり変わることなく継続したと笠原は指摘する。つまり学校教育の場と社会教育の場で認識の隔たりが生じていたと考えられる。

　本章第 2 節（1）で少し触れたが、カナダの ML を日本に普及させた鈴木の ML 理解について少し詳細を述べておこう。鈴木は ML の定義を「メディア・

10　カナダのメディアリテラシー教育が注目された理由については、森本洋介「メディアリテラシー教育の世界的潮流（前篇）」を参照されたい。https://smartnews-smri.com/literacy/literacy-242/（2021 年 5 月 26 日閲覧）

リテラシーとは、市民がメディアを社会的文脈でクリティカルに分析し、評価し、メディアにアクセスし、多様な形態でコミュニケーションを創りだす力をさす。また、そのような力の獲得をめざす取り組みもメディア・リテラシーという」とし、グリュンバルト宣言でも主張されていた「市民」を強調した。この定義に基づいて、MLE でどのような能力を育てるのかについて述べている。鈴木はメディアテクスト（新聞記事や CM のような個々のメディアの制作物）を多角的に分析するためのモデルとしてカナダのトロント地区教育委員会が作成した「三角形モデル」（図1）を ML 特有の分析アプローチとして用いた。この「三角形モデル」は第2節（1）で述べた、ML の起源となる三つの研究の視点を根拠にしている。さらに ML におけるメディアの捉え方（「ML の基本概念」）を、

　基本概念1：メディアはすべて構成されている

　基本概念2：メディアは「現実」を構成する

　基本概念3：オーディエンスがメディアを解釈し、意味をつくりだす

　基本概念4：メディアは商業的意味をもつ

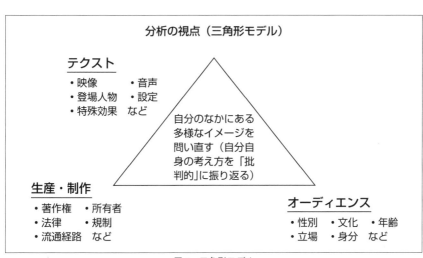

図1　三角形モデル

基本概念 5：メディアはものの考え方（イデオロギー）や価値観を伝えている
る

基本概念 6：メディアは社会的、政治的意味をもつ

基本概念 7：メディアは独自の様式、芸術性、技法、きまり／約束事をもつ

基本概念 8：クリティカルにメディアを読むことは、創造性を高め、多様な
形態でコミュニケーションをつくりだすことにつながる

の八つに整理した。トロント地区教育委員会は「メディアは『現実』を構成している」「オーディエンス（視聴者や読者、消費者などのこと）がメディアの意味を解釈する」「メディアは商業的・社会的・政治的意味をもつ」「メディアはイデオロギーや価値観を伝える」「それぞれのメディアがそれぞれの伝え方で情報を伝えている」の五つが ML の基本概念であるとしている[11] ことから、鈴木の基本概念 8 は鈴木が独自に設定したものであると考えられる。

カナダの MLE の具体例については以下の書籍等に詳しいので、興味のある方はそちらを参照されたい。

- 市川克美『これが“21 世紀の学力”だ！　メディアリテラシーの提言』（明治図書出版、1999 年）
- 菅谷明子『メディア・リテラシー　世界の現場から』（岩波新書、2000 年）
- 静岡県教育委員会『平成 14 年度海外調査事業報告書　諸外国におけるメディア・リテラシーへの取り組み』（静岡県教育委員会、2003 年）
- 静岡県教育委員会『平成 14 年度・15 年度　メディア・リテラシー教育研究委員会報告書』（静岡県教育委員会、2004 年）
- 鈴木みどり編『Study Guide　メディア・リテラシー【ジェンダー編】』（リベルタ出版、2003 年）
- 鈴木みどり編『新版 Study guide　メディア・リテラシー【入門編】』（リベルタ出版、2004 年）

11　Toronto District School Board. Media Studies K-12.（Toronto District School Board, 2005）

• 森本洋介『メディア・リテラシー教育における「批判的」な思考力の育成』（東信堂、2014年）

　少なくとも筆者が観察してきたトロント地区の中等学校におけるMLの授業では、映画やCM、ドキュメンタリーを分析してクリティカルな思考力を促したり、そうしたクリティカルな視点からポスターや短編動画を制作したり、ショッピングモールに教師と生徒が出掛けて行って広告について調べて分析したりするという、頭も体も主体的に動かして学習を行っていた。MLEでは知識として学ぶべき事項もあるが、それ以上に自分で問題意識を持ち、調べ、データや社会的な意識等を基に自分で考えること、つまりアクティブラーニングが必要である。そして学習者がMLを獲得するためには少なくとも数カ月にわたって、毎日のように授業でクリティカルな問いを教師が学習者に提起し、学習者も問題意識を持つような癖をつけていく必要がある。分析的な活動であれ、制作的な活動であれ、フィールドワークであれ、クリティカルに問うことなくしては、MLEは成り立たないのである。

　話を日本に戻そう。中橋は、1990年代にマルチメディアマシンとしてのパソコンが登場することで、表現する道具としての機能が備わり、メディアを介した送り手と受け手の関係性が生まれ、MLE促進のきっかけとなったとする。またインターネットの登場も、情報社会に氾濫する情報に流されないための情報収集・判断能力や、個人が情報を発信し表現する能力の重要性を訴え、MLの必要性が推進された契機になったと考える。ただしインターネットに関しては「情報活用能力」の一部として情報教育がコンピューターの操作技能の習得を目的に学校教育に導入されることになり、MLの知見が生かされたとは言い難い状況になった。他方で1990年代はマスメディアによる「捏造」や「誤報」が社会問題としてクローズアップされ、旧郵政省（2000）の「放送分野における青少年とメディア・リテラシーに関する調査委員会報告書」の刊行につながっていることから、政府としてもMLに着目したことがうかがえる。なお、中橋は日本におけるMLの研究アプローチの多様性について、（1）社会学からの理論的な研究、（2）諸外国の研究動向に関する研究、（3）認知理論と能力

育成に関する研究、(4) 教育実践からの研究、(5) 情報教育研究からの研究、(6) 教師教育に関する研究、の六つを挙げている（中橋、2014）。これらはいずれにしても 1980 年代から 2000 年代にかけて盛んに研究成果が出されるようになった。

　このように、ML の概念はメディアに関する複合的な能力（わかる・つかう・つくる）および多様なリテラシーを包括する上位概念として 1980 年代半ばに形成されたと考えることができる。同時代にグリュンバルト宣言がなされたが、学校教育に対する影響はあまり見られず、特に政治や文化に対する批判的視聴能力が含まれない状態で学校現場に ML の概念が普及されていった。つまり、学校現場では ML が今で言えば「ICT 活用能力」のようなものとして理解されたと考えられる。そのため、カナダ流のクリティカルな思考力を主とする ML 概念が 1990 年代初頭に紹介されたが、学校現場ではすでに「ICT 活用能力」的な ML が一定のコンセンサスを得ていたため、別種の ML として展開していくことになる。中橋が述べるように、このころの日本の MLE の実践は①マスメディアが生み出すポピュラー文化を批判的に読み解こうとする系譜（社会教育、成人教育、市民活動）、②学校教育におけるメディア教育の系譜（第 2 次世界大戦以前のラジオ教育、映画教育から今日のコンピューター教育に至るまでの流れ）、③情報機器の技術的操作能力を育むという意味での情報教育（コンピューターリテラシー）の系譜、の三つの系譜があったものの、ほとんど互いに交わることがなかったという（中橋、2014）。

　つまり冒頭で述べた今日の ML 概念の多義性は、繰り返しになるが、1980 年代からすでに起こっていたのである。さらに、中橋が指摘するような研究アプローチの多様性が、2000 年代からさらに拍車を掛けることになる。特に 2000 年に発刊された菅谷明子『メディア・リテラシー』は岩波新書として一般の人々にも読みやすい内容であり、ML という言葉や概念、カナダの取り組みが日本に普及した一因となったと考えられる。

4 │ 日本のMLの定義と教育をめぐる歴史③（多義性の加速）

(1)　2000年代以降のMLEの動向

　2000年代までの日本においては学校、市民団体、産業界がそれぞれ独自に MLE を進めており、相互交流・理解がほとんどなかったことが特徴だったが、学校教育とマスコミが研究者を介して協働するという新たなタイプである、メルプロジェクトが 2000 年に発足した。これは社団法人日本民間放送連盟（民放連）と東京大学情報学環の水越伸教授などが協力した事業である。具体的には 2001 年度から 2002 年度にわたり「民放連メディアリテラシー・プロジェクト」を実施した。メルプロジェクトは 2005 年度に終了したが、2007 年度にメル・プラッツと名称を変えて事業を継続し、2012 年度まで活動を行った（それ以降は休止状態）。メルプロジェクトが活動した間、学校現場、マスメディア、研究者が協力して ML 活動に取り組んだことにより、日本における新たなメディアリテラシー教育の展開がなされたと解釈することもできる。まさに 2000 年代、特に 2000 年代前半は「ML ブーム」とも呼べる状況で学校教育に MLE が導入される動きが見られた。このあたりの流れに関しては坂本旬の著作に詳しいので、より詳しく知りたい方はそちらを一読していただきたい[12]。以下に挙げた書籍はメルプロジェクトに関連した書籍である。

- 東京大学情報学環メルプロジェクト・日本民間放送連盟編『メディアリテラシーの道具箱　テレビを見る・つくる・読む』（東京大学出版会、2005 年）
- 本橋春紀「日本におけるメディアリテラシーの展開」水越伸・東京大学情報学環メルプロジェクト編『メディアリテラシー・ワークショップ　情報社会を学ぶ・遊ぶ・表現する』（東京大学出版会、2009 年）224-231 頁
- 水越伸・東京大学情報学環メルプロジェクト編『メディアリテラシー・ワークショップ　情報社会を学ぶ・遊ぶ・表現する』（東京大学出版会、2009 年）

12　坂本旬『メディア情報教育学　異文化対話のリテラシー』（法政大学出版局、2014年）

他方、2000 年代以降は以下の書籍に見られるように、ML が特定のメディアに限定する形で紹介されたり、MLE の解釈が多様になされたりしたような書籍が出版されている。

- 井上泰浩『メディア・リテラシー　媒体と情報の構造学』（日本評論社、2004 年）
- 小玉美意子編『テレビニュースの解剖学　映像時代のメディア・リテラシー』（新曜社、2008 年）
- 藤川大祐・塩田真吾編著『楽しく学ぶメディアリテラシー授業　ネット・ケータイ、ゲーム、テレビとの正しいつきあい方』（学事出版、2008 年）
- 町田守弘『「サブカル×国語」で読解力を育む』（岩波書店、2015 年）
- 大重史朗『実践メディア・リテラシー――"虚報"時代を生きる力―』（揺籃社、2017 年）
- 徳山喜雄『新聞の嘘を見抜く　「ポスト真実」時代のメディア・リテラシー』（平凡社新書、2017 年）

このように、ML の定義や MLE の内容は多様で、笠原の定義する「前期ML」と「後期 ML」が入り混じった状況にあるのが 2000 年代以降の日本であると言える。ここまでの展開を簡単に整理すると表 1 のようになろう。

ただし、「ML ブーム」という言葉を筆者が使ったように、2010 年代になると注目度が下がることになる[13]。2016 年のアメリカ大統領選を機に、再び注目度が増している感があるものの、どの ML 概念を信じているかによって、ML の有効性について評価が分かれているものと考えられる。

(2)　1950年代以前にMLEはあったか？

本章第 2 節（2）において、笠原も中橋も MLE の歴史は 1950 年代から始まっていたと考えていた。その後は教育業界やマスコミ業界を舞台として ML

13　詳しくは、中橋雄編著『メディア・リテラシーの教育論―知の継承と探究への誘い―』（北大路書房、2021年）を参照されたい。

1950〜1960年代	メディアの批判的視聴能力を取り入れたML的な教育が一部に起こる
1982年	グリュンバルト宣言
1980年代半ば	メディアリテラシーという用語の認識が広まる。視聴覚教育やコンピューター教育と一体化していく（前期ML）
1990年代	『メディア・リテラシー・リソースガイド』刊行、インターネットの普及、マスコミの不祥事に対する不信感、などにより批判的視聴能力を重視するMLが再注目される（後期ML）
2000年	菅谷明子『メディア・リテラシー』（岩波新書）が刊行される
2000年代	学校と研究者、学校と産業界などが連携してMLEに取り組み、多様な実践を展開

表1　日本におけるMLの歴史的展開のまとめ

の理解やMLEの実践が展開されたことは本章を通じて確認してきた。特に一般市民がMLという言葉に注目するようになったのは1994年、1995年ごろに、松本サリン事件での犯人誤報道や、阪神・淡路大震災での偏った報道がきっかけであったと言われている。「メディアリテラシー教育」という名称は1980年代に日本に輸入されてきたものであり、視聴覚教育や放送教育分野では「メディア教育」という名称が使われていた。しかし「メディアリテラシー教育」や「メディア教育」とは呼称されていないものの、同じような教育内容をすでに日本では行っていたとする見解もある。中村純子は、昭和27〜29年使用の国語教科書『光村図書／中等新国語　言語編一』に「ラジオの聞き方」という単元があることや、昭和30年の光村出版の中学3年生用国語教科書に「ニュース」という項目があること、昭和34〜36年に使用された開隆堂の中学3年生用国語教科書に「新聞を読む必要性」という項目があり、それらの記述にはMLEの考え方に近い「批判的思考」が見られることから、戦後直後の学習指導要領が「試案」であった時期に、すでに日本ではMLEが存在していたとしている[14]。

　また、国語教育の立場から、井上尚美は自身が中学校教員になった1952年

14　下村健一の「眼のツケドコロ」：http://www.ken1.tv/ken1-eye/2001-2002/020216.html（2013年12月10日閲覧）

に、同年のオリンピックのヘルシンキ大会についての新聞の見出しの比較を行った授業について述べており、これは新聞の読み方についてのMLEであったとする。また当時の国語教科書(三省堂「中等国語　三訂版　三上」金田一京助編)には「映画のシナリオが教材として出され、ロング・ショットやクローズ・アップなどの用語も解説されていた」(井上・中村、2001、21頁)という。その上で、「昭和20〜30年代の教科書は、ことばの機能のうち『コミュニケーションのための手段』という側面が強調されていた時期であるから、こうした教材は案外たくさんあった」(井上・中村、2001、21頁)[15]と述べている。しかし当時の教師はこれらの教材を扱うすべを教わってこなかったため、関心は薄く、読ませて終わりとか、敬遠されがちだったとも述べている。中村敦雄と井上の説明からは、戦後当初には教科書にMLE的な内容が取り扱われていたこと、教師がどのように教えればよいか分からなかったためにほとんど教えられなかった可能性があることが示唆される。この点について水越は、日本では国語教育や美術教育、視聴覚教育など、MLと関係する教育内容は存在していたが、「メディアで学ぶ」ことはあっても「メディアを学ぶ」ことは十分になされてこなかったと評している（水越、2003）。

　他方、1910年ごろから登場し、本格的には1920年代末から実践が広がった「生活綴方」もMLEの一種ではないかと筆者は捉えている。生活綴方は、生活について取材した作品を子どもたちにつづらせる過程や、できた作品をみんなで読み合い、それについて話し合う過程を通して子どもたちの生活の不安や悩み、喜び、悲しみを明らかにし、共有することで、子どもたちに確かな表現と認識の力を育て、生き方の指導をする教育である。生活綴方教育において佐々木昻が行った実践などは、「子どもたちの『ありのまま』の認識と表現を重視し、既成概念から解放し、子どもの認識を指導するというリアリズムの原則をうち立てた[16]」と評価され、後に「概念くだき」とも呼ばれるようになった。綴方（作文）というメディアをクリティカルに捉え、子ども自身がエンパワーされていく教育であることから、MLEの一種と考えることができよう。また

15　井上尚美・中村敦雄編『メディア・リテラシーを育てる国語の授業』(明治図書出版、2001年)
16　日本教育方法学会編『教育方法学研究ハンドブック』(学文社、2014年)310頁

生活綴方教育においては子どもの変容をどのように評価するのかも論点となり、今日のパフォーマンス評価のような、高次の思考力を評価する議論の源流になっているとされる[17]。この評価の視点はMLEでも重要な論点となっているため、筆者は「生活綴方」をMLEの一種であると考える。

5 │ 1990年代以降の日本におけるMLE実践

　最後に、本章執筆時点までの日本におけるMLEの実践状況を確認し、教育現場と研究における日本のMLEの展望を考えてみたい。すでに森本が教育関係の雑誌記事や論文で「メディアリテラシー」がタイトルに含まれる、1998年から2014年9月末までの間に行われた実践報告を、合計170件分析している[18]。その中では2001年をピークにして増減を繰り返していること、小学校、特に小学校高学年での制作活動の事例が多くなっていること、日本では体系的なMLの学びがなく、単発的な授業しかなされていないことなどが指摘されている。

　一方、1997年から2008年の間に出版されたMLの専門書10冊の中に見られる小学校のMLE実践を検討し、MLがどのようなイメージを持たれているのかを検証したのが浅井ほか（2014）の論考である[19]。これら10冊の専門書内で合計36件の実践報告がなされている。36件のうち12件が国語の授業で、8件が「総合的な学習の時間」、5件が生活科で、算数・音楽・社会科・図工がそれぞれ1件、そして明確な教科の記載がないものが7件となっている。このことから浅井ほかは、MLEと言えば国語科か「総合的な学習の時間」で行われるものであることが示唆されていると述べている。また、小学校低学年・中学年・高学年に分けて分析を行っているが、それぞれの段階において取り扱

17　川地亜矢子「戦前生活綴方における教育評価論研究の方向性―綴方批評と「生活台」分析を結ぶ観点から―」『京都大学大学院教育学研究科紀要』50巻（2004年）131‐143頁
18　森本洋介「日本の学校教育におけるメディア・リテラシー教育の重要性：カリキュラムマネジメントの視点を交えて」福島裕敏・松本大・森本洋介編著『教育のあり方を問い直す：学校教育と社会教育』（東信堂、2019年）137‐171頁
19　浅井和行ほか「専門書が実践報告を通じて伝えているメディア・リテラシーのイメージ：初等教育における実践事例に焦点を当てて」『日本教育工学会論文誌』37巻4号（2014年）505‐512頁

われるメディア（テレビ、インターネット、新聞など）や活動内容にある種の偏りがあるとする。その上で、MLEを系統的に行う教育実践の必要性を主張している。浅井ほかは小学校以外の実践については触れておらず、また授業時間数についても触れていないが、前述した森本（2014）の実践事例分析と似たような結論になっていると考えられる。また手塚ほか（2021）[20] は、日本教育メディア学会で扱われた、学校教育を対象としたMLEの実践研究を整理し、実践の傾向を分析した。1995年から2018年までに発表された122件の実践研究を整理した結果、単元・学習プログラム・カリキュラム開発の実践が多い一方で、「教材開発」および「評価・目標達成」をテーマにした実践研究と、「メディアのあり方を提案する能力」の育成を狙いとした実践研究の割合が低いことが分かったとする。つまり、実践について研究する際の視点の偏りがあるということであり、MLEを広めるためにはバランスの良い研究視点を持つ必要がある。

　上記の報告でMLEの実践が多いとされた国語科でのMLEの内容はどのようになっているのだろうか。砂川は、2000年代が国語科教育においてMLEの試行的な実践が多く行われた時期であるとし、国語科でのMLEの課題が「テキストの社会的な文脈を扱うこと、メディアとことばの関係の究明、デジタル・リテラシーの観点からの実践の開発」（砂川、2020、21頁）[21] であると述べている。そして2010年代に行われた20件程度の実践報告を分析し、①既存の教科内容の再創造、②編集に着目した単元、③ネットワークを介した言語活動、④マルチモダリティという観点、⑤社会的・政治的文脈への言及、という五つの観点で実践の内容を分類した。このうち①～④の実践は多様になされており、特に④のマルチモダリティ（複数の多様な形式の要素を用いること。例えば言語と視覚、音声など）は活字の読み書きを中心に扱う日本の国語科において、写真と言葉の組み合わせについて考えさせる実践など、国語科教育における新た

20　手塚和佳奈ほか「日本教育メディア学会における学校教育を対象としたメディア・リテラシー教育の実践研究の整理からみる今後の実践課題」『教育メディア研究』27巻2号（2021年）101－119頁
21　砂川誠司「国語科におけるメディア・リテラシー教育の動向と課題―2010年代の実践・研究の整理から―」『国語国文学報』78号（2020年）21－32頁

な MLE の実践可能性を示唆していると考えられる。ただし砂川は⑤の実践が MLE を特徴付けるものであるにもかかわらず、分析した実践の中では 2 件しかないことについて、国語科の領域を超えている部分があるため教科の性質上扱い切れないのではないかとしつつ、ないがしろにはできないとも述べている。国語科におけるメディアの意味が、活字を中心としているため、ML の映像記号や音声記号も「言語」として認識することを学習指導要領に明示しない限り、国語科において MLE を十分に実施することは困難があると考えられる。

　上記の報告ではあまり触れられなかった社会科においても、ある程度の蓄積はなされている。山澤・金（2014）は 1999 年から 2011 年までの、社会科系科目における MLE 実践について、『歴史地理教育』や『社会科教育研究』などの学術誌に掲載された実践 19 件を検討している[22]。この検討においては、マスターマン（Masterman, L.）の「メディア・リテラシーの 18 の基本原則」を理論的根拠として、批判的思考力、コミュニケーション能力が育成されているのかどうかを各実践における「教材」「活動」「評価」の観点から整理、分析した。19 の実践は小学校（主に 5 年生）が 11 件、中学校（主に公民分野）が 6 件、高校が 3 件（うち 1 件は中学校と高校の両方）であり、取り扱っているメディアは新聞、インターネット、テレビ（ニュースと CM）のいずれか、ないし複数を取り扱っていた。これらの実践では情報を批判的に見抜く力や、直接話し合う力の育成が目指されていたが、メディアは構成されていることを理解したり、メディアを用いて考えを表明したりする力については授業で扱われる傾向が少なく、また評価について言及されている実践はほとんどなかったということである。小学校 5 年生での実践が多いのは、日本の産業構造と生活について理解する単元があり、その中のテーマで情報化の進展を扱っている項目があるためである。

　ここまでに登場しなかった教科等における実践も散見される。理科教育では、予想の根拠とする情報を見直した上で、自分や他者の実験の結果・考察をクリ

22　山澤佳浩・金玹辰「メディア・リテラシー育成をめざす社会科授業モデルの開発：イギリスのメディア教育および日本の授業実践を参考に」『北海道教育大学紀要教育科学編』64巻2号（2014年）289－298頁

ティカルに見る活動を取り入れた指導法を考案した授業を、小学校6年生30人を対象に行っている[23]。「ものの燃え方と空気」の単元の授業実践を行い、小学生の批判的思考能力の向上を分析したというものである。また高橋・和田（2017）は高校の必修教科である「情報」において、18歳選挙権に関する新聞の分析と制作を行い、どのような活動の時にどのような学びがなされるのか検討した[24]。埼玉県の高等学校1校で、高校生7人が編集長・取材班・調査班・論説班に分かれて新聞を制作し、ウェブ上で公開し、生徒が学期末に振り返りシートを作成した。中学校「技術科」では森阪（2007）が、中学1年生を対象に13時間をかけて「大切なもの」をテーマに脚本を作り、協働で撮影を行い、動画を作成し、リアルと虚構の違いを見分ける授業を行っている[25]。

　以上、本節で取り上げることのできなかった実践は多数あるが、これらの実践から言えることは、前節までに述べたようなMLの多義的な理解が実践にそのまま反映されているため、実際のところMLがキーワードにはなっているが、内容的にはMLのごく一部の能力にしか引っ掛かっていない実践がほとんどである。浅井ほか（2014）や手塚ほか（2021）が指摘しているように、依然としてMLEの実践に体系性がなく、散発的に実践が行われていることがうかがえる。他方でMLのタイトルやキーワードが付きながらも、内容的に情報モラルやICT教育になっているものもある。また、学習指導要領にMLが位置付けられていないために、MLが掲載された教科書であっても、MLが一部のスキル（ICT操作能力や、「うそを見抜く能力」）のように紹介されていることがあり、MLEをめぐる日本の歴史で説明したように、教師に対するMLのイメージに偏りがあると考えられる。一方で、タイトルにMLが付いていなくても、ML的な批判的思考力の育成を目指した実践もある。本節で紹介した実践事例分析でも指摘されていることであるが、日本のMLEには系統的な

23　後藤勝洋「理科におけるクリティカル・シンキング能力を育成するための指導法に関する研究—児童が作成した情報の信頼度表を基に相互評価する活動を通して—」『理科教育学研究』59巻3号（2019年）357−366頁
24　高橋敦志・和田正人「高等学校共通教科情報科の授業における新聞の分析と制作を通したメディア・リテラシー教育の実践研究」『教育メディア研究』24巻1号（2017年）13−26頁
25　森阪康昌「メディアリテラシーを育む協働のプロジェクト—制作者の立場で映像を紐解いてみよう（1学年）—」『福井大学教育実践研究』32号（2007年）27−35頁

カリキュラムが必要である。また、カリキュラムと共にその内容を伝え、学習者に ML を獲得してもらうための教材も必要である。日本で注目されたオンタリオ州から学ぶことは、実践の中身よりもカリキュラムや教材の開発である。カナダにおける MLE は実践内容ばかりが注目された感があるが、より広い視点での MLE の展開を私たちは学ぶ必要があろう。日本における MLE の見取り図を作るとすれば、図2のようになろう。

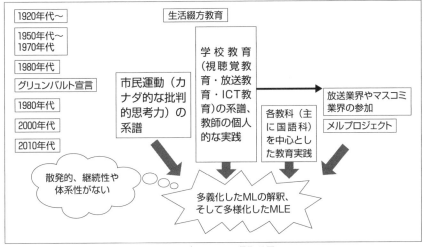

図2　日本の MLE の見取り図

6 ｜ 今、そしてこれからのMLEを展望する

「フェイクニュース」や「ポスト真実（トゥルース）」という言葉が一般的になってきてから、筆者が思っているのは、真実ではなく「信実」、事実ではなく「自実」と呼べる状況が生まれているのではないか、ということである。「真実」の辞書的な意味は「うそ、偽りのないこと」であるが、真実は個人がある事実に基づいて述べる見解であり、客観的な証拠に基づく出来事である事実とは異なる。例えば 2001 年 9 月 11 日にアメリカで発生した同時多発テロにおいて 2 機の旅客機がワールドトレードセンターに墜落したのは事実であるが、その背景にある

テロリスト集団「アルカイダ」がなぜそのような事件を引き起こしたかについての真実は関わる人によってさまざまである。この真実と事実について、「ポスト真実」の時代においては「自分が信じたい事実」のみ追い求める風潮が出てきている。それを筆者は「信実・自実」と表現する[26]。「信実・自実」によって引き起こされた事件として、2021年1月6日（現地時間）、アメリカ大統領選挙においてバイデン候補が選挙不正を行ったと主張するトランプ支持派が連邦議会議事堂を襲撃した事件が挙げられよう。他にも第1章のフェイクニュースを扱った事例の多くが「信実・自実」に当てはまるものと思われる。

「信実・自実」の世の中で、MLは無力なのだろうか。西田亮介が「（2016年）12月13日朝刊『ネットとの付き合い方』をはじめ他紙の記事でもしばしば言及される伝統的な『メディア・リテラシーの重要さ』は、理念にこそ共感するが、もはや実効性のある処方箋とはいえないだろう」（西田、2017）[27]と指摘しているが、ここでの問題は西田のMLに対する理解がどのようなものであるかが不明確なことにある。おそらくその情報が本当かうそかを見抜く能力として扱われているMLであると推察される。そうではなく、鈴木らが主張してきた批判的思考力（クリティカルシンキング）の意味でのMLの理解であれば「信実・自実」に対抗する手段となり得る。

　以上のように、日本のML概念やMLEをめぐる歴史が、現在におけるMLとMLEの解釈や説明の多義性・多様性をもたらした要因になっていることは明白である。すでにどの理解や説明が正しい／間違っているといったことを議論するのは困難な状況にある、もしくは論ずること自体が不毛であると考えられる。筆者としては、どれか一つの概念の正当性を主張するよりは、これらの概念を把握し、整理することによって、MLとMLEが重要であると信じる人たちにその道筋を示すことが大切であるように思われる。本章で説明してきた日本におけるML、そしてMLEの歴史から、その道筋を見つけるヒントが得られれば幸いである。

26　言葉の意味としては心理学における「確証バイアス」（9章参照）と同様であるが、本章では「ポスト真実」とかけて、あえてこのように表現した。

27　西田亮介「（わたしの紙面批評）偽ニュース対策　個人の力に限界、メディアの役割大」『朝日新聞』（2017年2月18日付朝刊）

第6章
デジタルシティズンシップと
メディアリテラシー
―情報モラル教育と何が違うのか―

今度珠美 ● IMADO Tamami

一般社団法人メディア教育研究室代表理事
国際大学GLOCOM客員研究員　関西大学大学院博士課程後期課程在学

1 | メディアリテラシーとは社会を知ること

　メディアリテラシーとは、「メディアを批判的に読み解くこと」「情報の信 憑性を確かめること」「メディアの意味と特性を理解し、メディアの在り方を考え行動できること」と解説されることが多い。かつては私もそのように説明し、教えてきた。

　例えば小中学校の授業では、CM作りを疑似体験することで、メディアメッセージが送り手の意図によって構成されることを学んだり、2枚の報道写真を比較し、切り取り方で受け取り方が変わることを考えたり、CMや新聞の広告等のステレオタイプについて分析したりする学習を行っていた。しかし大学院在学中、小林正幸氏の『メディア・リテラシーの倫理学』を読んだのをきっかけに、メディアリテラシーの授業について再考することとなった[1]。

　小林氏の書籍には、次のような記述がある。「メディア・リテラシーはメディアに関する理解力だけでは不十分であり、社会に関する知識や教養、あるいは洞察力が前提なのである。メディア・リテラシーは社会を知ることでもある。」（281頁）

　また、このような例が示されている。「例えば、子宮頸がんワクチンに関して、現在ワクチンによる副作用が大きな社会的問題になっているが、ワクチン推奨のキャンペーンがさまざまなメディアで行われていた。当然、その時点で副作

1　小林正幸『メディア・リテラシーの倫理学』（風塵社、2014年）

用の問題は問われるべきであったはずであるが、一般の人にはまったく知りえない問題であった。そこで、必要なのは医療的な、あるいは科学的な専門的知識や、製薬メーカーと厚生労働省との関係をめぐる政治に関する洞察力になるだろう。つまり、薬や病気、あるいは健康に関わる社会に関する知識や洞察力が要求されるのである。ワクチンが新聞やテレビなどで報道、広告されるときに稼働するメディア・リテラシーは、これらの知識や洞察力が前提でなければ意味がないことになってしまう。」（281頁）

　もう少し分かりやすい事例を出そう。2017年12月、あるテレビ番組で、お笑いタレントが顔を黒塗りして黒人俳優の物まねをするというコーナーが放映された[2]。

　放送後、このタレントの物まねが人種差別に当たるか当たらないか、ネット上では論争が起きた。このお笑いタレントの物まねやメディアの伝え方が人種差別に当たるかどうか判断するためには、受け手に人種差別、歴史認識などに関する知識、教養、洞察力がなければ難しい。メディアリテラシーはメディアに関する理解だけでは不十分で、小林が指摘する通り、社会に対する知識、教養、洞察力が前提となる。

2 ｜ 情報の受け止め方は、個人の価値観に左右される

　しかし、すでに得ている知識もこれから得る知識も、元からある思想信条によって偏りが生じることがある。メディアの受け止め方は、その人の持つ価値観にも左右される。

　例えば、2021年夏に開催された東京オリンピック・パラリンピックにあなたは賛成だっただろうか、反対だっただろうか。仮にあなたが賛成派だった場合、SNSやネットニュースでどのような見出し記事をクリックすることが多かっただろう。反対派の場合はどうだっただろうか。

2　渡辺一樹「「笑ってはいけない」浜田の黒塗りメイクが物議　黒人作家が語った不安」HUFFPOST：https://www.huffingtonpost.jp/2018/01/02/history-of-blackface_a_23321243/（2021年5月10日閲覧）

その選択には、自身が持つ意見、思想、価値観が反映されていたはずだ。同じ反対派でも、新型コロナウイルスの感染拡大を恐れて反対する人と、運営組織に否定的、またはお金の無駄遣いだと考えて反対する人では、読みたい記事が異なったに違いない。メディアの送り出す情報が、現実のすべてを正しく反映して再現することなどあり得ない。そして、情報の受け止め方は、受け手の知識、経験、思想、価値観により決定されてしまう。つまり受け手に向かって「情報を見極めよう」と伝えるだけでは、メディアリテラシーを発揮することはできない。

では、私たちはどのようにして、メディアリテラシーを学ぶ必要があるのだろう。その問いについて考えていた時、私は「デジタルシティズンシップ」という教育と、その中で示される「メディアリテラシー」に出合った。その学びに影響を受け、実践が大きく変化した。その教育法とは、どのような学びであったのか、以下、解説する。

3 | デジタルシティズンシップとは

デジタルシティズンシップは、1990年代初期にアメリカで誕生し、教室に多くのテクノロジーが導入されるようになるのに合わせて発展した。初期のデジタルシティズンシップは、テクノロジーへのアクセスと、そのテクノロジーを使いこなすためのハードスキルであるデジタルリテラシーに焦点を当てていた[3]。

モバイルの技術が発達してくると、その安全性が大きな関心事となっていく。「インターネットには大人の犯罪が潜んでいる。子どもを悪いものから遠ざける」として、リスク管理が重視されるようになった。しかし、2014年以降は、教育者はデジタルへの参加をメリットと捉え、デジタルシティズンシップを、テクノロジーの使用を意図的に行う機会と考え始めた。教育方法も教育者中心ではなく学習者中心となり、「何ができないか」ではなく「何ができるか」が重

3　Digital Respons-Ability. The Definition of Digital Citizenship.: https://respons-ability.net/definition-digital-citizenship/（2020年8月18日閲覧）

視され、「責任ある使用」の焦点は「価値観や倫理観に沿ったテクノロジーの使用」へと拡大されていった[4]。

デジタルシティズンシップは、National Education Technology Standard（NETS）2007年改訂版の中で「情報技術の利用における適切で責任ある行動規範」と定義され、2015年には国際教育テクノロジー学会（International Society for Technology in Education）が次のような定義を示している（2016）[5]。「生徒は相互につながったデジタル世界における生活、学習、仕事の権利と責任、機会を理解し、安全で合法的倫理的な方法で行動し、模範となる」というものだ。

その構成要素は次の通りである。

a. 生徒は自らのデジタルアイデンティティーと評判を構築・管理し、デジタル世界における行動の永続性を自覚する。
b. 生徒はオンラインでの社会的相互交流を含んだテクノロジーを利用もしくはネット端末を利用する場合は、ポジティブで安全、合法的で倫理的な行為に携わる。
c. 生徒は知的財産を使用・共有する権利と義務への理解と尊重を態度で示す。
d. 生徒はデジタルプライバシーとセキュリティーを維持するために個人のデータを管理するとともにオンラインナビゲーションの追跡に利用されるデータ収集技術を意識する。

この構成要素は、次のような特徴を示していると筆者は考える[6]。

• インターネット上に永続的に残り続ける可能性のある個人情報や、管理する情報すべての未来にわたる影響を意識して行動すること。
• ネットを介したコミュニケーションでは、インターネットという公共空間の倫理、作法を意識し行動する力が必要であること。

4　LeeAnn. The Evolution of Digital Citizenship. Edvolve.: https://www.edvolvelearning.com/blog/the-evolution-of-digital-citizenship（2020年8月18日閲覧）
5　International Society for Technology in Education. ISTE STANDARDS: STUDENTS.: https://www.iste.org/standards/for-students（2021年5月1日閲覧）
6　今度珠美・坂本旬・豊福晋平・芳賀高洋「アメリカのデジタル・シティズンシップ教育教材の検討と日本における学習実践の可能性についての研究」『日本教育工学会研究報告集』JSET19-5（2019年）27－32頁

- 創造者として知的財産を使用、共有する権利を理解し行動できることと、プライバシー管理の知識とスキルが必要であること。
- 思慮深い創造者、利用者としての責任を持つために、デジタルメディアの基本要素や仕組みを理解すること。

また、マイク・リブルとマーティ・パークの『The Digital Citizenship Handbook for School Leaders: Fostering Positive Interactions Online』では、新たな九つの要素に改訂された（Mike Ribble & Marty Park, 2019）[7]。

1. デジタルアクセス
2. デジタルコマース
3. デジタルコミュニケーション＆コラボレーション
4. デジタルエチケット
5. デジタルフルーエンシー
6. デジタル健康福祉
7. デジタル法
8. デジタル権利と責任
9. デジタルセキュリティーとプライバシー

　これらの要素の5番目デジタルフルーエンシーには、「メディアリテラシー」と「情報評価能力」が含まれた。

　私は鳥取県教育委員会の講師として、2005年から県内外で年間約150校の小中学校、高等学校を回り、情報モラル教育、メディアリテラシー教育の授業実践、研究、教材開発等を進めてきた。5年ほど前、アメリカのデジタルシティズンシップ教育の教材と出合い、これまでに実施してきた情報モラル教育との違いに衝撃を受けた。そこから、研究仲間と共にデジタルシティズンシップ教育を研究する会を立ち上げ、2021年からは国際大学グローバル・コミュニケーション・センター（GLOCOM）でデジタルシティズンシップの日本にお

7　Mike Ribble. *Digital Citizenship in Schools Nine Elements All Students Should Know (3rd edition).* （International Society for Technology in Education, 2015）.
　Mike Ribble and Marty Park. *The Digital Citizenship Handbook for School Leaders: Fostering Positive Interactions Online.* （International Society for Technology in Education, 2019）.

ける実践の可能性について研究を進めている。

　私がデジタルシティズンシップになぜ魅力を感じたか、というと、デジタルシティズンシップは、日本の情報モラル教育に足りなかった下記のような視点を持っていたためだ。

- ICTの利活用が前提であること。
- 同じ答えに導くのではなく、個々の価値観の違いに配慮すること。
- ICTの特性を善き利用に結び付けること。
- オンライン上で立ち止まって考える、そして行動するための方法とその理由を具体的に学ぶこと。
- メリットとデメリットを検討し、悪い特性や悪い結果だけを強調しないこと。
- 個人の安全な利用のためだけに学ぶのではなく、人権と民主主義のための情報社会を構築する善き市民となるために学ぶこと。

　情報モラルは、「情報社会で適正な活動を行うための基になる考え方と態度」と定義されている[8]。本定義は、1999 年告示の高等学校学習指導要領で新設された教科「情報」の中で示された。その後、2007 年に文部科学省が日本教育工学振興会に委託して作成した「情報モラル指導実践キックオフガイド」の中で、「情報モラルの定義、概念、モデルカリキュラム」が示された。その定義、概念は、2009 年に文部科学省が公表した「教育の情報化に関する手引」でも引用され、現在まで情報モラル教育の多くの教材等で引き継がれている。

　具体的には、「他者への影響を考え、人権、知的財産権など自他の権利を尊重し情報社会での行動に責任をもつこと」「危険回避など情報を正しく安全に利用できること」「コンピュータなどの情報機器の使用による健康とのかかわりを理解すること」。

　個人が危険であるから学ぶ、悪影響がないよう指導する、という「安全の倫理」としての認識が示されている「情報モラル」と、ICT を善く利活用して、情報社会を構築する善き市民となることを目指す「デジタルシティズンシップ」では、その視点が大きく違うのだ。

8　文部科学省「平成11年 高等学校学習指導要領」

4 ｜ メディアリテラシーの役割

アメリカには、広く普及しているデジタルシティズンシップ教育の教材がある。「コモンセンスエデュケーション（Common Sense Education）」である[9]。

2020年にはアメリカの6万以上の学校に勤務する60万人以上の教育者が利用した。本教材は、ハーバード大学大学院の研究機関 Project Zero が2010年から研究、開発に着手した教材で、幼稚園児から高校3年生までを対象とし、次の6領域をカバーするように作成されている（かっこ内は各領域で育成する学びについて解説している）。

1. メディアバランスと幸福（自身のデジタル生活でのメディア利用のバランスを考える）
2. プライバシーとセキュリティー（皆のプライバシーに気を付ける）
3. デジタル足跡とアイデンティティー（われわれは誰なのか定義する）
4. 対人関係とコミュニケーション（言葉と行動の力を知る）
5. ネットいじめ、オンラインのもめ事、ヘイトスピーチ（親切と勇気）
6. ニュースとメディアリテラシー（批判的思考と創造）

この六つの領域には情報モラルと共通するテーマもあるが、デジタルシティズンシップでは、どのテーマでも、批判的思考（クリティカルシンキング）と創造者としての責任を強調し、多様性に配慮し、生徒が主体的に学ぶ流れとなっている。

領域の6番目にはメディアリテラシーが入っている。では、デジタルシティズンシップとメディアリテラシーという概念はどのような経緯で結合し、批判的思考がデジタルシティズンシップに位置付けられたのだろうか。そして、批判的思考は、デジタルシティズンシップにどのような役割を果たしているのだろうか。

メディアリテラシーについては、すべての生徒が21世紀型リテラシースキルを確実に身に付けるための公教育システムの構築や、全米でのメディアリテ

9　Common Sense. Common Sense Education.: https://www.commonsense.org/education/（2021年5月1日閲覧）

ラシー法の制定に取り組んでいる NPO 法人 Media Literacy Now が次のように解説している[10]。

> 「メディアリテラシー教育（メディアのメッセージに批判的思考を適用し、メディアを使って自分のメッセージを作成することを教える）は、21世紀の重要なスキルである。メディアリテラシーは、子どもたちの健康と幸福、そして将来の民主主義の市民生活や経済生活への参加に不可欠なものである」

　そして、2017年4月、米国ワシントン州にて制定された「デジタルシティズンシップ法」にて、デジタルシティズンシップとは「今日の情報技術の利用に対して適切かつ責任を持った健康的行為の規範であり、デジタルおよびメディアリテラシー、倫理、エチケット、および安全性、メディアへのアクセス、分析、評価および解釈」を含むものとして定義された[11]。デジタルシティズンシップの要素にメディアリテラシーが包摂されることが、ここで明確に示されたのである。

　ちなみに、ワシントン州のデジタルシティズンシップ法では、メディアリテラシーは「メディアメッセージに関わる批判的思考を可能にするスキル」と定義され、デジタル市民に関しては「メディア創造の主要な方法であるデジタルツールを効果的かつ深く考えて活用するリテラシー・スキルを持った市民」と定義されている。本定義は、「情報社会を構築する善き市民には批判的思考と創造者としての責任が必要」であることを示している。

　Media Literacy Now の研究者クルアン・ウェッブは、「メディアリテラシーが、善きデジタル市民となるために重要な役割を持つ」ことを次のように解

10　Media Literacy Now. What Is Media Literacy?: https://medialiteracynow.org/what-is-media-literacy/（2020年5月1日閲覧）

11　Washington Office of Superintendent of PUBLIC INSTRUCTION. FINAL BILL REPORT SSB 6273.: https://lawfilesext.leg.wa.gov/biennium/2015-16/pdf/Bill%20Reports/Senate/6273-S%20SBR%20FBR%2016.pdf（2021年9月8日閲覧）
　ワシントン州デジタルシティズンシップ法：https://medialiteracynow.org/what-is-media-literacy/

説している[12]。

> 「インターネットはこれまで以上に多くの情報にアクセスできるようになったが、残念ながら事実と虚構の境界線が曖昧になり始めている。コネチカット州の生徒たちが現代社会で責任ある市民となるように準備するためには、メディアリテラシーの教育を確実に受けさせなければならない。これは、どのような情報が信用でき、何が信用できないのかを見極めるのに役立つ。これらの基本的なスキルは、将来の世代が情報を得て、安全を確保し、善きデジタル市民になるのに役立つものである」

　Media Literacy Now が、このような強いメッセージを発表したのには理由がある。2016年当時のアメリカは、大統領選挙を機に「フェイクビジネス」が出現し、多くのデマや陰謀説、ヘイトスピーチがメディアを席巻した。フェイクニュースサイトが次々登場し、サイトはクリック数などで多額の収入を得た。これらの事象は、社会の分断を招き、民主主義の根幹を揺るがしかねないと、多くのメディア関係者も危惧するところとなった。

　現実社会でもソーシャルメディアでも、同じような思想や価値観の人とのみ交流するような状況が広がる中で、寛容さを学び、多様な考えの人と議論する場面を教育現場に作ることが必要とされた。若者の政治参加などの社会背景も加わり、メディアリテラシーを向上するための教育が急務であるとされ、シティズンシップ教育がより注目されるようになったのである。

　Media Literacy Now を設立したエリン・マクニールは次のように述べている[13,14]。

> 「メディアリテラシーとデジタル・シティズンシップは、参照枠（価値判断や行動などの基準枠）、態度、学習へのアプローチであり、お互いに補完し合っている。メ

12　Qur-an Webb. Connecticut has New Media Literacy and Digital Citizenship Law. Media Literacy Now.: https://medialiteracynow.org/connecticut-has-new-media-literacy-and-digital-citizenship-law/（2021年5月1日閲覧）

13　McNeill Erin. Linking Media Literacy and Digital Citizenship in the public policy realm. Media Literacy Now.: https://medialiteracynow.org/linking-media-literacy-and-digital-citizenship-in-the-public-policy-realm/（2021年1月15日閲覧）

14　坂本旬「デジタル・シティズンシップの可能性と教育学の再考　『ポスト真実』世界のディストピアを超えて」『教育学研究』（2021年）

ディアリテラシー教育は企業やイデオロギー的なメディア制作者、デジタルツールのメーカーを批判的に検討するスキルを発達させる。探究学習と批判的思考の方法がはっきりと含まれており、エビデンスベースのカリキュラムと国際的に認知された学術的研究領域の長い歴史によって支えられている。メディアリテラシーとデジタルシティズンシップは教育政策においてどのような場合でも共に議論されるべきである」

　このように、2016年当時の社会背景と、Media Literacy Now の運動により、批判的思考はデジタルシティズンシップの中で大きな意味を持つようになった。2017年にクルアン・ウェッブが Media Literacy Now のウェブサイトで述べた通り、メディアリテラシーはデジタルシティズンシップにおいて、「現実社会の諸課題と向き合う上で、どのようなメディアの特性をどのように理解するか、ソーシャルメディアにおけるメッセージやアルゴリズムの批判的読解と創造者としての責任を学ぶ」役割を果たすようになったのである。

5 ｜ コモンセンスエデュケーションのメディアリテラシー教材

　デジタルシティズンシップ教育教材である、コモンセンスエデュケーションの「ニュースとメディアリテラシー」のカリキュラムは、次のような構成、内容となっている[15]。

- **中心的な質問**：「表示および作成する情報について、どのように批判的に考えることができますか」
- **子どもたちは、** デジタルニュースと情報源の信憑性と信頼性を特定し、思慮深いメディアクリエーターと消費者としての責任を持つためのスキルと気質を養う。
- **レッスンでは、** 「事実と根拠を探究」し「行動する」ために、メディアリテラシースキルの実用的な応用、展開のための教材を使い、学びを深める。
- **小学生は、** メディアの定義、写真操作（加工）、効果的な検索方法、デジタル創造者としての権利と責任、オンラインニュース記事の基本要素や仕組みの理解など、

15　坂本旬・豊福晋平・石原一彦・芳賀高洋・今度珠美・林向達『デジタル・シティズンシップ教育の挑戦』（アドバンテージサーバー、2021年）

メディアリテラシーの基本概念に焦点を当てる。

• **中学生および高校生**は、情報を読み、誤った情報、および偽情報を分析する方法に関するスキルを習得する。また、個人の感情と知識経験のバイアスが、ニュースの理解をどのように形成するかについても検討する。高学年の生徒は、自分のフィルターバブルやエコーチェンバー現象から抜け出す方法を模索し、批判的思考や市民としての責任を担う。

「ニュースとメディアリテラシー」の教材では、核となる五つの質問が用意されていて、そのバリエーションから学びを深められるように提案されている（表）。この質問を読むと、メディアリテラシー教育の中で「個人の感情と知識経験のバイアスがメディアの理解をどのように形成するか」を重視していることが分かる。

1. このメッセージは誰が作成したのですか。 （メディアメッセージは全て構成されたものである）
2. 私たちの注意を引くために、どのようなテクニックが使われていますか。 （メディアメッセージは創造的言語とそのルールを用いて構成されている）
3. 人々はこのメッセージをどのように解釈するでしょうか。 （多様な人々が同じメッセージを多様に受け止める）
この質問は、私たちがメディアのメッセージをどのように解釈するか、私たちの背景、価値観、信念をどのように反映するかを考えます。どんなメディアでも、見る人の数だけ解釈があります。自分とは異なる背景を持つ人が同じメッセージをどのように解釈するかを考えることが大切です。
4. どのようなライフスタイル、価値観、視点が表現されていますか。あるいは欠けていますか。 （ほとんどのメディアメッセージは、利益を得るため、または（および）権力を得るために作られる）
私たちが目にするものをどのように解釈するかに、私たち自身の背景や価値観を持ち込むように、メディアのメッセージ自体にも価値観や視点が埋め込まれています。生徒が、あるメッセージから、どのようにして特定の視点や声が欠落しているのかを疑問に思い、考えることができるようにします。特定の視点が欠落している場合、それはメッセージにどのような影響を与えるのでしょう。また、人気のあるメディアが、時に特定の固定観念や価値観、視点を強化することがあることについても議論します。
5. このメッセージはなぜ送られているのですか。 （メディアは価値観と視点を含んでいる）
この質問では、生徒にメッセージの目的を探ってもらいます。情報を提供するためなのか、楽しませるためなのか、説得するためなのか。それともこれらの組み合わせなのか。そして、なぜ特定のメッセージが送られたのか、その背後にある可能性のある動機を探ります。さまざまなメディア産業の背後にある経済構造を調べることも重要です。

表　五つの質問・読解用

授業では、これら五つの質問をどのように織り込んでいくかを考え、応用し、

実践する。この質問に答えるためには、（多様な人々が情報を多様に受け取るのならば）多様な人々の知識や理解がないと考えることができないことや、自身の持つバイアスを意識する必要がある。

このように、生徒は、質問を通してデジタルニュースと情報源の信憑性と信頼性を特定し、自身の持つ価値観の反映や、多様性に配慮しながら、思慮深い「メディア創造者」「消費者」としての責任を持つためのスキルと気質を育んでいく。

ちなみに、メッセージという概念にはコミュニケーションが含まれており、伝達される情報のことである。メディアメッセージが人権侵害や社会の分断を引き起こすこともあるため、この問いを通じて、どのような社会像を目指すのかも意識していく。

6 ｜ 確証バイアスに挑戦する

中学校で、「認知バイアス」とその一部である「確証バイアス」について学ぶ教材がある。「認知バイアス」とは、個人的な経験や好みによって情報を認識することで生じる思考や判断の現象のことをいう。その中の「確証バイアス」とは、自分がすでに信じていることを肯定するように情報を解釈する傾向のことだ。

例えば、「認知バイアス」は、全身黒ずくめの服装の女性は気が強いと思い込んでしまうような傾向をいい、「確証バイアス」は、女性は感情的だと考える人は理性的な女性を認めなくなるなどの傾向をいう。

この学習の目標は以下の3点である。

- 自分に確証バイアスがあることを認識する。
- 自分が理解していると思っていることが、実際には理解できていないかもしれないことを考える。
- 自分の意見に反対する人の視点を調べ、検討する。

授業では、まず三つのフェイクニュースの事例を読み、自身の確証バイアス

がこのニュースを信じる可能性をどのように高めるのかを検討する。そして、前述の五つの質問を通して、議論し、確証バイアスに挑戦する戦略を立てていく。

　授業後には、保護者に対し生徒を通して以下のような五つの助言をする。このとき生徒には、次のように語り掛ける。

　　「今、あなたは責任あるデジタル市民としての在り方を学んでいます。あなたが家族のために専門家となり、自分の知識を家族と共有する時が来たのです。皆さんは批判的思考力と創造力を身に付けることを学んできましたが、今度は家族が同じことをするのを手伝う番です」

　生徒を信頼し、メディア利用者、創造者としての責任を自覚する自律した一人として認め、確証バイアスに挑戦する方法を保護者と共に考える。この姿勢がデジタルシティズンシップの良さであり素晴らしさだと思う。

　保護者への五つの助言というのは、次のような内容だ。

　「子どもたちがフェイクニュースを見分け、メディアのメッセージを読み解くために」

1. 健全な懐疑心を育む。

　Instagramの投稿からニュースの見出しまで、身の回りのメッセージを分析し、目にした言葉や画像の目的を疑うようにしましょう。

2. 広告を探すゲームをする。

　テレビや看板で広告を見かけたら、その広告が何を売っているのか、子どもに考えてもらいましょう。明らかなこともあれば、そうでないこともあります。なぜ特定の商品を売るために、特定のイラスト、音楽、言葉が使われているのかを探ってみましょう。

3. 物語のさまざまな側面を探る。

　同じ状況でも、人によってまったく違う見方をすることがあることを、実例を使って理解します。きょうだい間の争いは、同じ出来事に対して2人の人間がまったく異なる意見を持つことを示す良い例です。議論が分かれるテーマについて話し合ったり、順番にどちらかの意見を主張したりすることで、子どもたちがさまざまな価値観、視点を意識できるようにします。

4. "共有すべきか"ゲーム

子どもと一緒に、どのようなコンテンツをネット上の友達と共有するか、話し合ってみましょう。どのような情報を共有したいですか。また、共有する前に必ず事実かどうかを確認しますか。共有するかどうかの判断に、感情はどのように影響していますか。何かを共有して、後でそれが真実ではないと分かったことはありますか。

5. いろいろな情報源を選んでください。

子どもには、さまざまな場所からニュースや情報を得る方法を示し、どのようにして選択するかを説明します。どこで情報を得ているのか、また、その情報が信頼、信用できるものか、公平なものかを判断するために、どのような手段を使っているのかを聞いてみましょう。視点の異なる報道機関を幾つか見て、気付いたことを話し合いましょう。偏見、風刺、クリックベイト(ユーザーにクリックしてもらうために扇情的なタイトルを付け、興味を引いて閲覧者数を増やす手法)について話し合いましょう。

このように、デジタルシティズンシップのメディアリテラシーは、メディアを批判的に読み解き、情報の信憑性を確かめるために、自身のバイアスを認識し、偏ったバイアスに挑戦する方法とその理由を、子どもとその周りの大人と共に検討していくのである。

7 ｜ 現場の先生からの悩み事にもデジタルシティズンシップで応える

文部科学省の GIGA スクール構想により、児童・生徒 1 人につき 1 台の端末と大容量の通信ネットワーク環境の整備が進んでいる。この整備が進むにつれて、各地の自治体や学校から、よく以下のような相談が来るようになった。

「生徒が、持ち帰った端末でアダルトサイトなどを見ているようだ。不適切なサイトを見られないように、厳しい規制を課すべきではないか」

筆者は、「そんな制限をかけても、生徒は抜け道を探すのではないでしょうか」と答えている。それに、個人のスマホを持てばアダルトサイトも見ることができる。むしろ必要なことは、規制をかけることではなく、彼ら自身が「仕組みを知る」ことだ。その学びがあれば、彼らを立ち止まらせることができるかもしれない。

　筆者は、教育現場でこのような実践をしている。「アダルトサイトを見たら、次から何か別のサイトを見るたびにアダルトな広告が出るようになる。あなたがアダルトサイトを見たというシグナルがウェブ上で伝えられるからです。どうしてアダルトサイトが無料で提供されているか、どこから収入を得ているか（答えは広告です）、考えてみましょう」

　そうすると、生徒たちからは「自分がアダルトサイトを見ていることが外に伝わっているのって、恥ずかしいな……」という声が出てくる。

　前述のコモンセンスエデュケーションの教材で、ビッグデータについて考える項目の中には、こんな問いがある。

> ・ネットの商品やウェブサイトをより多く見てもらうためには、例えば中学生の消費者は何を必要とし、何を好み、何を欲しがっていると思いますか。自身であればどのような企画を立てるか考えてみよう。
> ・企業はどのような種類のデータをよく見ていると思いますか。
> ・行動データはどのように収集されると考えますか。

　このような問いを立てることで、生徒と共にアダルトサイトなどの問題も考えていくことができ、生徒の行動変容にもつながる可能性がある。

　デジタルシティズンシップ教育は何を目指すべきなのか──それは、自身の確証バイアスに挑戦し、フィルターバブルから抜け出し、メディアを消費するとともにコンテンツを創り出す責任を自覚する自律した善き市民を育てることだと、筆者は考える。

第7章
学校教育におけるメディアリテラシーの位置付け
令和期の国語科教科書教材の分析を中心に

中村純子 ● NAKAMURA Sumiko
東京学芸大学大学院教育学研究科准教授

1 ｜ はじめに…21世紀、国語科教科書教材におけるメディアリテラシー定着の経緯

　国語科におけるメディアリテラシー教育は 21 世紀に本格的に幕を開けた。その分水嶺となったのが、2000 年に出た菅谷明子の『メディア・リテラシー 世界の現場から』（岩波新書）である。

　それまでの教材では、メディア情報の分析の仕方は明確に示されていなかった。1997 年（平成 9）の池田謙一「マスメディアを通した現実世界」（光村図書『国語 3』910[1]）では、テレビの情報は忠実な「現実の鏡」と思い込ませ、感動の仕方をマニュアル化してしまうので、周囲の人々と語り合って自分なりに情報を取捨選択して再構築することが促されていた。受け手側の立場で情報の受け止め方を教える視点が中心だった。

　メディアリテラシーでは、メディアの構造や情報の送り手に対するクリティカルな分析の観点も重要である。菅谷によって、メディア研究の学問的背景や海外の授業実践の具体が紹介され、実践研究が盛んになり、教科書教材も変化した。中学校国語科教科書で、最初にメディアリテラシー概論を紹介したのは、2002 年の見城武秀の「メディアとわたしたち」（三省堂『現代の国語 3』903）である。2006 年度には、菅谷明子の著書から「メディア・リテラシー」（三省堂『現代の国語 3』908）と「メディアを学ぶ」（東京書籍『新編　新しい国語 3』906）、水越伸「メディア社会を生きる」（光村図書『国語 3』910）の 3 本の説

1　本稿において引用する教科書には文部科学省「教科書目録」の番号を付す。

明文でメディアリテラシーが論じられた。これらの教材によって、メディアの特性、情報の編集や加工、「送り手」の意図、「受け手」の多様な解釈、情報の背景にあるコンテクストといったメディアリテラシーの原則が紹介され、メディアに対するクリティカルな分析方略が普及した。

　さらに、平成29年版小中学校の新学習指導要領、平成30年版高等学校の新学習指導要領で、国語科の「知識及び技能」の領域に「情報の扱い方に関する事項」が新たに加えられた。特に、中学3年では、「(2)イ　情報の信頼性の確かめ方を理解し使うこと」、高校1年の「現代の国語」では、「エ　情報の妥当性や信頼性の吟味の仕方について理解を深め使うこと」という項目が加えられ、メディアリテラシーに関する教材が充実した。

　こうした流れを受け、新学習指導要領に対応した令和期の国語科教科書におけるメディアリテラシーの位置付けを概観し、社会科や情報科との関わりも含めて論じていく。

2 ｜ 2020年度版　小学校・国語科教科書教材におけるメディアリテラシー

(1)　メディアリテラシーに関する説明文

　池上彰「わたしたちとメディア」（学校図書『みんなと学ぶ　小学校国語　五年上』503）では、ニュース報道を中心に、テレビ、新聞、インターネットの特性を解説している。テレビや新聞が視聴者の要望を反映し双方向性を持たせる工夫や、誤報の問題について触れている。インターネットは送信者と受信者の情報共有によって豊かな文化を育む一方、情報の不確かさや考え方の偏りが起きる。その対策として、メディアの特徴やその奥にある発信者の意図を捉えて情報を読み解く力とメディアからの必要な情報を選んで活用する力、メディアリテラシーの必要性を訴えている。

　下村健一「想像力のスイッチを入れよう」（光村図書『国語五　銀河』507）では、メディア情報は送り手の主観で切り取られていてすべてを伝えることはできないことを前提として、情報の吟味分析のための四つの問い、「まだ分か

らないよね」「事実かな、印象かな」「他の見方もないかな」「何が隠れている
かな」を提示している。架空の人気サッカーチームの新監督決定に関する報道
事例に対して、これらの問いを使い、隠された事実や解釈の可能性を明らかに
している。このように情報を分析することを、「想像力のスイッチを入れる」
と表現している。これらの四つの問いは、新聞でも SNS でも、どんなメディ
ア情報にも活用できる普遍的で汎用性のある問いである。

（2）　情報の比較

① 新聞記事の比較

　小学 4 年生では、行事や社会見学の新聞記事を書くことで学習する。紙面
の構成や記事の種類、「見出し・中見出し」といった用語を、制作を通して習
得させる。

　小学 5 年生では、情報と情報との関係の学習として、新聞記事を比較する
学習に取り組む。「**生活の中で読もう　新聞を読もう**」（光村図書『国語五　銀河』
507）では、桐生祥秀選手が日本人で初めて 100 メートルを 9 秒台で走ったニ
ュース（2017 年 9 月 10 日付朝刊）を全国紙と地方紙で比較させ、伝え方の違
いを分析させている。

　「**新聞記事を読み比べよう**」（東京書籍『新しい国語　五』501）では車いすバ
スケットボール日本選手権決勝のニュースを取り上げた A 社と B 社の記事を
並べ、次のような問いから分析を促している。

〈新聞記事を読み比べて、記事に書き手の意図がどう表れているかを考えよう。〉
＊二つの新聞記事を読み比べよう。
  ・共通している情報に線を引く。
  ・見出しとリードを読み比べる。どのような効果か。
  ・書き手が最も伝えたいことは何か。書き手の意図を話し合おう。
＊記事と写真の関係を読み取ろう。
  ・写真に何が写っているか。
  ・掲載されていない場合と比べて考えよう。
   紙面の印象や読み手の興味はどう変わるか。
   記事内容を理解するのに違いはあるか。

> 書き手のメッセージの伝わり方はどう変わるか。
> • A社とB社の写真を入れかえたらどうなるか。

　写真と記事の関係に焦点を当てたり、書き手の意図や読者の反応を問い直したり、クリティカルに情報を分析する観点が明確である。このように問いの立て方を身に付けることがメディアリテラシー向上の基本であり、日常生活で活用できる力を育成する優れた教材である。

② インターネット投稿の論点比較

　「読む　インターネットの議論を考えよう　インターネットの投稿を読み比べよう」（東京書籍『新しい国語　六』601）では、「がんばるスポーツニュース」という架空のニュースサイトの「延長13回　232球投げぬいたエース」という記事に対するコメント投稿が11例、提示されている。議論の争点は、スポーツの意義の捉え方である。健康や体力保持として楽しむべきか、勝利を目指し技術や精神を鍛えるべきかの二つに分かれている。この単元では、投稿の分析を通して、主張に説得力を持たせる工夫を学ばせている。主張の根拠として、自分の経験、有名人の言葉の引用、ことわざや格言、具体的な数値のいずれが効果的かを考えさせている。さらに、言葉遣いから、インターネットの議論への参加の仕方や態度を評価させている。まとめの活動では、分析結果や感想を書き、教室の掲示板に貼り出し、お互いに読み合う。このように具体的な掲示板を活用することで、SNS上の掲示板が公的なものであることをイメージでき、SNSをより良く活用できるようになることが期待できる。

（3）　インターネット・コミュニケーション

　「視点を変える　インターネット・コミュニケーション」（学校図書『みんなと学ぶ　小学校国語　五年上』503）では、小学5年生を対象に情報モラルを扱っている。メールのやりとりやウェブページの掲示板書き込みの「落とし穴」として、文字だけの解釈から起こる誤解や匿名の書き込みによる言葉の暴力、個人情報漏洩などの問題を取り上げ、SNSでのマナーを指導している。そして、小学6年生で、「手紙　言葉をおくろう　電子メールで質問しよう」（学校図書『み

んなと学ぶ　小学校国語　六年上』603）の単元につなげ、見学先の公共施設への質問のメールを出すことを課し、電子メールのマナーを使う経験を持たせている。

　「書く　自分の考えを発信しよう」（教育出版『ひろがる言葉　小学国語　六下』606）では、小学 6 年生を対象に、インターネット活用の注意点についての意見文を書く課題を設定している。作品例として、インターネットのメリットとデメリットを挙げ、情報をすぐに信じないで情報の発信源や根拠や目的を確かめること、発信するときは相手の受け止め方を考え、むやみに個人情報を発信しないことをルールとし、上手な活用方法を確認している。

　『国語　六　創造』（光村図書 607）では、池上彰「メディアと人間社会」のメディア論と、鴻上尚史「大切な人と深くつながるために」のコミュニケーション論の二つの説明文を比較し、話し合いに取り組ませている。池上の説明文では、ラジオ、テレビ、インターネットの特性から、人間が持つ情報伝達の欲求について考えさせている。鴻上の説明文では、インターネットの発達でメールやゲーム、ウェブ視聴が増え、人との会話が少なくなる傾向にあるが、大切な人と深くつながるために、対面によるコミュニケーション練習の重要性が強調されている。この二つの論を自分の知識や経験と比較し、共通点・相違点を考察し、「これからの社会でどう生きていくか」というテーマで話し合う。メディアにとらわれず、コミュニケーションを通じた人との関わり方の本質を考えさせる教材である。

(4)　「社会科」との関わり

　小学 5 年生の社会科では、平成元年版小学校学習指導要領から「放送、新聞、電信電話などの産業」を扱うことになり、メディアリテラシーにつながる教材が増えていった。平成 29 年版では、さらに、さまざまな産業を発展させるための大量の情報や情報通信技術の活用が加えられた。小学校・社会科の教科書は、東京書籍、教育出版、日本文教出版の 3 社から出版されている。全社とも、情報化社会に関する章では、テレビ局と新聞社におけるニュース制作の過程と、働く人のインタビューを扱っている。インタビューの中で、情報の取捨選択や

ニュースバリュー、視聴者や読者の受け止め方への配慮などが語られており、メディアリテラシーの理解につなげられている。

2020年度版教科書では、報道被害や虚偽ニュースが大きく取り上げられていることが大きな特徴である。**東京書籍**『**新しい社会　5下**』（502）では、1999年の有害物質検出報道による農作物被害を打ち消す安全宣言を伝える新聞記事が掲載されている。**日本文教出版**『**小学社会　5年**』（504）では、情報の捏造（ねつぞう）に関する「サンゴ礁取材」「納豆減量」の記事や、「松本サリン事件」のメディアスクラムを伝える新聞記事を掲載している。**教育出版**『**小学社会5**』（503）では、マスメディアでは虚偽ニュースに対するファクトチェックを行って責任を果たしていることを伝えている。

最もメディアリテラシーの定着が図られているのは、**東京書籍**である。「3情報を生かすわたしたち」という章で、「メディアが伝える情報の中から必要な情報を自分で選び出し、内容の正しさを確認し、活用する能力や技能のこと」とメディアリテラシーを定義している。そして、インターネット情報の問題を学習し、情報の活用方法について話し合い、まとめとして、情報活用宣言を書く。「インターネットを正しく使うために、メディアリテラシーを身につけたいと思います。」というせりふが掲載されている。マスメディア産業におけるメディア情報の生成過程を具体的に理解した上で、インターネットメディアの使い手としての自覚を持たせる構成で、メディアリテラシーの向上に有効な教材である。

3 ｜ 2021年度版　中学校・国語科教科書教材におけるメディアリテラシー

（1）　3学年を通して取り組むメディアリテラシー単元

光村図書と教育出版の2社では中学1年生から3年生まで通して、スパイラルにメディアリテラシーを学ぶ単元を設定している。

光村図書では「**情報社会を生きる**」という単元で、次のように学習内容を設定している。

```
1年  ＊情報を集めよう    ＊情報を読み取ろう
    ＊情報を引用しよう   ＊著作権について知ろう      （光村図書・国語704）
2年  ＊メディアを比べよう
    ＊メディアの特徴を生かして情報を集めよう
    ＊池上彰「『自分で考える時間』をもとう」           （光村図書・国語804）
3年  ＊実用的な文章を読もう
    ＊報道文を比較して読もう                      （光村図書・国語904）
```

　中学１年次は自らの調べ学習のためにメディアで見つけた情報の読み解き方を学び、２年次でメディアの特性比較からニュース記事の内容比較、３年次では実用的な文章や報道文の比較を行っている。情報受信者として読解スキルの向上が目指されている。

　教育出版では「メディアと表現」という単元名で、１学年に３回ずつ、メディアリテラシー課題を設定している。

```
1年  ＊写真で「事実」を表現する
    ＊広告の情報を考える
    ＊漫画で「物語」を表現する                     （教育出版・国語703）
2年  ＊高橋暁子「SNSから自由になるために」
    ＊脚本で動きを説明する
    ＊映像作品の表現を考える                      （教育出版・国語803）
3年  ＊森達也「メディア・リテラシーはなぜ必要か？」
    ＊新聞が伝える情報を考える
    ＊ニュースで情報を編集する                     （教育出版・国語903）
```

　教育出版では、メディアリテラシーで扱うジャンルをサブカルチャーを含めて幅広く設定している。中学１年生と２年生で、写真、広告、漫画、アニメ、脚本、映画といったフィクションのジャンルを扱い、３年生から報道に関するSNS、新聞、ニュースといったノンフィクションのジャンルを扱っている。どちらのジャンルにおいても、制作者の意図やオーディエンスの解釈の分析ができ、より豊かなメディアリテラシーを育むことが可能となる。

(2)　メディアリテラシーに関する説明文

① メディアリテラシーの基本原則

　菅谷明子の著書からの抜粋を改訂した説明文「**情報社会を生きる―メディア・リテラシー**」（三省堂『現代の国語3』902）は2006年から掲載され続けている定番教材である。メディアリテラシーを「メディアの特性や社会的な意味を理解し、メディアが送り出す情報を『構成されたもの』として建設的に『批判』する能力」「メディア社会と積極的につき合うための能力」「メディアが形づくる『現実』を批判的に読み取るとともに、メディアを使って効果的に表現していく総合的な能力」と定義している。メディアが送り出す情報は現実そのものではなく、メディア情報は常に主観で切り取られていることや、ニュースバリューを決定付ける要素など、メディアリテラシーの基本原則が網羅されている。「情報社会の未来は、前向きで創造力あふれるメディア・リテラシーを身につけた私たち一人一人の存在にかかっている。」とポジティブなメッセージで締めくくっている。

　森達也『**メディア・リテラシーはなぜ必要か？**』（教育出版『伝え合う言葉中学国語3』903）は、サバンナのインパラとライオンのそれぞれの立場を取材するドキュメンタリーの事例から、情報は伝える人の視点によって異なり、100パーセント正確な事実は伝えられないことを説いている。1920年代のファシズムによるプロパガンダの事例からメディアの危険性に触れ、メディアリテラシーを身に付けることに失敗したら人類はメディアによって滅びるという視点から必要性を訴えている。

② ニュース報道から見るメディア特性

　池上彰「ニュースの見方を考えよう」（東京書籍『新しい国語1』701）では、テレビニュースの街頭インタビューでは、取材場所の違いによって異なる世論がつくられる例を挙げ、ニュースが現実を加工・編集していることを説いている。ニュースはそのまま信じないで、疑問を持ちながら聞き、複数のメディア報道を調べ、自分なりに判断することを促している。池上彰「**『自分で考える時間』をもとう**」（光村図書『国語2』804）では、虚偽ニュースを取り上げ、

まず疑ってうのみにしないこと、自分で考える時間を持つこと、複数のメディアに当たることが、情報発信者として間違った情報を伝える危険性を弱めることに役立つと述べている。情報の送り手の立場からメディアリテラシーを考えさせている点で、SNSを活用し始める中学生に有効な教材である。

(3)　情報の比較

「情報社会を生きる　情報：報道文を比較して読もう」（光村図書『国語3』904）では、2018年に行われた東京オリンピックのボランティア募集について賛否が分かれている二つの記事を取り上げている。「メディアと表現　新聞が伝える情報を考える」（教育出版『伝え合う言葉　中学国語3』903）では、2018年の大坂なおみ選手のテニス全米オープン優勝のニュースの夕刊一面での取り上げ方と翌日の社説を二つずつ、比較させている。

「情報社会を生きる　情報：メディアを比べよう」（光村図書『国語2』804）では、新聞、テレビニュース、ネットニュース、SNS、雑誌の五つのメディアを取り上げ、ニュースの伝え方の違いを「速報性、詳細さ、信頼性」の観点から分析させている。ニュース報道をメディアの特性から多角的に比較させている点が画期的な教材である。

(4)　インターネットコミュニケーション

高橋暁子「SNSから自由になるために」（教育出版『伝え合う言葉　中学国語2』803）は、SNSは共通の関心でつながり、人と知り合えるメリットがある半面、言語以外の情報が伝わらないため、前後の文脈が分からずに感情的なトラブルが起こるデメリットを挙げている。SNSは、承認欲求を満たすと同時に、外される恐怖との表裏一体をもたらす不自由なメディアでもあると説き、他人から期待される自分を演じることをやめ、リアルな人間関係を大切にすることを推奨している。

「〈書く〉手紙・メール　心をこめてわかりやすく書く」（三省堂『現代の国語2』802）と、川添愛「意味と意図　コミュニケーションを考える」（三省堂『現代の国語1』702）でも、SNSやメールでは文字だけでニュアンスが伝わらず、

トラブルが起きることを取り上げている。川添は言葉の「意味の理解」よりも「意図の理解」の重要性を説いている。

(5)　「社会科・公民的分野」との関わり

　社会科・公民的分野の教科書では、中学校学習指導要領の内容項目、「A　私たちと現代社会」と「C　私たちと政治」に当たる2カ所でメディアリテラシーを取り上げている。一つ目の「A　私たちと現代社会」では、現代社会の文化の特色として「情報化」を取り上げ、メディアリテラシー、情報リテラシー、情報モラルの必要性を示している。二つ目の「C　私たちと政治」では、民主政治のために必要な公正な世論の形成で果たすメディアの役割を学習する。国民の意思を政治に反映させるためにも、マスコミュニケーションやSNSからの情報に対する主権者としての良識ある主体的な判断力を育成することが掲げられている。この判断力がメディアリテラシーであり、公民の教科書を出版している東京書籍、教育出版、帝国書院、日本文教出版、自由社、育鵬社の6社とも、メディアリテラシーに関するコーナーを設けている。また、メディアリテラシーの定義を掲げ、民主政治の基盤としての必要性を訴えている。

　例えば、教育出版『中学社会　公民　ともに生きる』（902）では、「**第3章　私たちの暮らしと民主政治　1節　民主政治と日本の政治**」のまとめとして「**メディアリテラシーを学ぼう～情報の入手と活用**」というコーナーを設定している。情報の真偽や意図を見極め、適切に選び取る力で活用する「クリティカル・シンキング」として、次の項目を挙げている。

- 「事実」については，それが本当に事実かどうか，信頼できる情報源によるものかを見きわめる。
- 物事を一面的に見るのではなく，常に複数の視点から見て，さまざまな可能性を考える。
- 他者の意見や情報をそのまま受け入れるのではなく，論理的に考えてから慎重に選び取る。
- 自分の思考がかたよっていないかどうかを，客観的に確認しながら，判断を下したり評価したりする。

これらの定義は、中学校・国語科で扱っている定義と同じであり、二つの教科を横断した授業の可能性を示すものである。

　情報の比較で新聞記事を教材化している点でも共通しているが、公民の方が政治的な立場の違いが分かりやすい記事を扱っている。

　「**メディアリテラシーを学ぼう〜情報の入手と活用**」（教育出版『中学社会　公民　ともに生きる』902）では、「1991年イラク戦争による油まみれの水鳥の写真」と「2016年熊本地震発生直後のSNS投稿写真『動物園からライオンが逃げ出した』」というフェイクニュースの記事と、「1994年サリン事件Kさん容疑者誤報」のメディアスクラムの記事を掲載している。これらはメディアリテラシー教材として定番の有名な記事である。

　また、新聞社の立場から報道内容の違いを分析させているのは、**帝国書院『社会科　中学生の公民　よりよい社会を目指して』**（903）と**自由社『新しい公民教科書』**（905）である。両社とも読売新聞、朝日新聞、毎日新聞、産経新聞を並べて掲載している。帝国書院では、2017年10月23日の衆議院議員選挙結果で与党勝利を伝える一面記事を、自由社では、新元号に関する2019年4月2日の社説を掲載している。東京書籍の「**スキル・アップ3　新聞でメディアリテラシーを身に付けよう**」（東京書籍『新しい社会　公民』901）では憲法記念日に関するA社の社説「憲法70年　この歴史への自負を失うまい」とB社の社説「憲法施行70年　自公維で3年後の改正目指せ」を掲載している。これらの社説の分析比較では、事実を述べている部分に直線、意見について述べている部分に波線を引かせ、そこから、どのような印象を持ったか、なぜそのような違いが生まれるのかグループで話し合う活動を設定している。これは、国語科における事実と意見を仕分けて読解することと、話し合いによって自己の考えを形成する活動とも共通する学習活動である。国語科と社会科を横断する授業設計によって、国語科の新聞教材では扱うことのできなかった情報の送り手の立場のイデオロギー分析も可能になる。より効果的なメディアリテラシーの授業が実現できよう。

（6）　「技術・家庭科［技術分野］」との関わり

　技術・家庭科［技術分野］では、1989年から「F　情報基礎」の項目が新設された。2016年度版までの教科書では、コンピューターを活用したデジタル作品制作で、映像制作が取り入れられており、メディアリテラシーの分析の観点が入る可能性はあった。しかし、平成29年版中学校学習指導要領からは、プログラミング教育に力点が置かれることになり、制作課題はゲームや双方向性のあるコンテンツをプログラミング作成する課題となった。2021年度発行の**東京書籍**『**新しい技術・家庭　技術分野　未来を創る Technology**』（701）、**教育図書**『**New　技術・家庭　技術分野　明日を創造する**』（702）、**開隆堂**『**技術・家庭　技術分野　テクノロジーに希望をのせて**』（704）、のいずれも、情報モラルが中心に扱われており、メディアリテラシーに関する事項は入っていない。

4 ｜ 2022年度版　高等学校・国語科教科書教材におけるメディアリテラシー

（1）　評論文読解のためのキーワード「メディアリテラシー」

　2017年度の教科書改訂では、「国語総合」「現代文B」で、メディア論に関する評論が多く掲載されるようになった。それに対応し、評論読解のキーワードとして、「メディアリテラシー」が取り上げられるようになった。

　平成30年版高等学校学習指導要領から、高校1年の必修科目の「国語総合」が「現代の国語」と改訂された。この科目は、実社会に必要な国語の知識や技能を身に付けることを目指している。小中学校の国語科と同様に高校でも「情報の扱い方に関する事項」が導入され、さらにメディアリテラシーに関する評論教材が充実した。評論読解のキーワードとしての「メディアリテラシー」の項目は、2022年度の「現代の国語」の教科書でも踏襲され、全社、掲載している。

　例えば、**数研出版**『**現代の国語**』（708）では、「**ズームアップ　情報とメデ**

ィア」のコーナーで、「著作権や個人情報保護などの知識を持ちつつ、玉石混交とも言える大量の情報をいかに主体的に選択し利用するか、さらには、自らがいかなる情報の使い手になり得るかといった『メディア・リテラシー』の力を身に付けることは、今日における喫緊の課題である。」と解説している。

大修館『現代の国語』（706）では、「資料編　豊かな言語活動のために　キーワード解説」で、メディアリテラシーは「メディアの特性を理解し、情報を取捨選択して活用したり自分の意見を表現したりする能力」と定義されている。そして、「テーマと読書　情報化社会の功罪」というコーナーで、インターネットによる双方向的な伝達形式を獲得した半面、情報の波に埋もれないために、「情報を冷静に、時には批判的に受け止め、使いこなす力、メディア・リテラシーを身につけることが求められている。」と述べ、メディア関連の新書を3冊、紹介している。

東京書籍『精選現代の国語』（702）では、「評論文キーワード」の「メディア」の項目の中で次のようにメディアリテラシーを定義している。

> 媒体。中間にあってつなぐもの。テレビや新聞などは、不特定多数に情報を伝えるマスメディアと呼ばれる。文字や本、レコード、あるいは紙幣なども一種のメディアである。同じ情報であっても、媒介するメディアによって意味が異なるとされる。情報化社会にあっては、どのメディアが、どのように情報を伝えているか、そのコンテクストを含めて批判的に読み解く力（メディア・リテラシー）が重要となる。

このように、高等学校国語科では、メディアリテラシーについての理解を前提とした教材が定着してきたことが分かる。

（2）　メディアリテラシーに関する評論

① 新しいメディアの出現による喪失の警告とその対策

2022年度版「現代の国語」の教科書に掲載されているメディアリテラシーに関する評論は、初出が1999年から2019年までの幅がある。概観するに当たり、年代順に論じ、21世紀以降のメディア観の変遷もたどっていくことができる。

まず、20世紀初頭は新しいメディアの出現による人間の身体観、精神の変

容と喪失を憂える評論が多い。

　黒崎政男「ネットが崩す公私の境」（三省堂『精選　現代の国語』704、初出：『朝日新聞』1999 年 12 月 13 日付夕刊）は、活字文化に対するニーチェの警句を使って、誰もが情報発信者になれるインターネットは著者の権威や公私の境を崩壊させ、何を腐敗させるのかと強く警戒している。同筆者による**「デジタル社会」**（筑摩書房『現代の国語』712、初出：『身体にきく哲学』NTT 出版、2005 年）では、情報がデジタル化によって「脱」物質化し、内容や質が淘汰_{とうた}されず無制限に蓄積され、光速に近い検索能力で個人情報が洗い出される現状から、フーコーの「パノプティコン」のような強力な監視社会となることを警告している。

　吉岡洋「情報と身体」（三省堂『精選　現代の国語』704、初出：『朝日新聞』2002 年 3 月 15 日付夕刊）は、運動や経験を通して得られた知覚の喪失を、**石田英敬「未来をつくる想像力」**（東京書籍『新編現代の国語』701、初出：『自分と未来のつくり方　情報産業社会を生きる』岩波ジュニア新書、2010 年）は、人間の想像力や他人への思いやりの喪失を憂えている。**松田美佐「『選べる社会』の難しさ」**（三省堂『精選　現代の国語』704、初出：「2006 年度教養番組・知の回廊 55 "ケータイ社会情報学"『選べる社会』の難しさ」2006 年、中央大学：https://www.chuo-u.ac.jp/usr/kairou/programs/2006/2006_01/）では、「選択」の自由裁量の幅が失われ想定内の狭い範囲にとどまることにより、公共性や規範がなくなり、民主主義が危うくなる可能性を指摘している。いずれの評論も結論として、電子的空間から距離を置くことや、自分なりに考える時間を持つこと、セーフティーネットを用意するといった対策を提案している。

　以上のようなメディアによる身体観の変容や悪影響に対する言説を総括しているのが、**荻上チキ「メディアがつくる身体」**（東京書籍『現代の国語』703、初出：『社会的な身体_{からだ}　振る舞い・運動・お笑い・ゲーム』講談社現代新書、2009 年）である。インターネットの出現によって、「記憶」の必要がなくなり、メディアを通じて「想起」する新たな身体能力が獲得された。「メディアによって拡張された能力」は手放すことはできない。問題に対してはさらにアップデートするか、代替メディアを構築することで対処するものだと荻上は諦観している。

　フェイクニュースが新語・流行語大賞に選ばれた 2017 年になると、**押井守**

「**ひとまず、信じない**」（三省堂『新　現代の国語』705、初出：『ひとまず、信じない　情報氾濫時代の生き方』中公新書ラクレ、2017年）では、インターネットの出現は個人が手にできる情報の精度を格段に落とし、情報から人々を遠ざけたと評し、初めから「情報なんてフェイク」くらいのニヒリズムを持つべきだと達観するに至っている。

　これらの評論は、冒頭で紹介したメディアリテラシー導入以前のマスメディア警戒論の論調に近いもので、情報に対して受け身的な姿勢にとどまっている点がやや消極的で物足りない。デジタルメディア社会の状況を認識する上では有効であるが、メディア情報に対してクリティカルな分析をもって能動的な関わり方をもっと提示してほしいところである。

　吉見俊哉「**インターネット時代の音楽産業**」（大修館『現代の国語』706、初出：『平成時代』岩波新書、2019年）では、音楽産業の収益がCDからインターネット配信へ移行するにつれ、ライブやコンサートなどが大きな収益を上げていったことから、身体観を取り戻す現象が起きていることを指摘している。ネット社会では誰もが「パフォーマー」としてSNSでの物語発信をする。「ネット社会化は人々を一方的にヴァーチャルな世界に閉じ込めるのではなく、非日常的な場に誘い一時的ながら大規模な集まりを可能にしている」と結論付けている。情報の受け手がバーチャルな情報空間と現実空間を自在に往還し、能動的にメディアと関わるメディアの使い手としての在り方を描き出している。この点では、メディア評論の新しい方向を読み取ることができる。しかし、イベント主催者の収益の問題にとどまらず、非日常的な場でのパフォーマンスをSNSで発信していることが、情報プラットフォームを運営するグローバルな大企業の収益に絡め取られている点も指摘してほしいところである。

② ジャーナリズムの送り手の立場からのメディア論

　前項の評論とは対照的に、ジャーナリズムに関わり、送り手の立場を経験した論者は現在のメディア状況に積極的に切り結ぶ提言を行っている。

　森達也「**たったひとつの「真実」なんてない**」（大修館『新編　現代の国語』707、初出：『たったひとつの「真実」なんてない　メディアは何を伝えているのか？』ちくまプリマー新書、2014年）では、ライオンとガゼルの動物ドキュメンタリ

一の例を挙げ、事実は一つだが、視点によって真実は一つではないこと、事実は限りなく多面体であり、メディアが提供するのはその一つにすぎないと述べ、自分で現場に行くと全然違う世界が現れる可能性が高いことを訴えている。

　NHK ニュースキャスターであった**国谷裕子**は「**ポスト真実時代のジャーナリズム**」（筑摩書房『現代の国語』712、初出：『世界思想』45 号 2018 春、世界思想社）で、送り手の立場から、「ポスト真実」の時代にあって、受け手が偏った「確証バイアス」で自分があらかじめ共感できる情報だけを重視する傾向にあることを憂えている。受け手が感情によって一体化できる情報だけを求めていると、同調圧力が強まり、社会の分断が進む。だからこそ、メディアやジャーナリズムは異質なものの提示や多様性の提示といった役割を果たし、社会的対話を促す場として機能すべきであると提言している。

　林香里「現代の『世論操作』」（第一学習社『高等学校　標準現代の国語』715、初出：『メディアは誰のものか―「本と新聞の大学」講義録』集英社新書、2019 年）では、2016 年の Facebook を使った親トランプ派の世論形成、2017 年のドイツの極右政党のネットメディアを使った広報戦略、2016 年のイギリスのEU 離脱の国民投票に向けてのロシアからのボット・ツイートなどの事例を挙げ、マイクロプロパガンダによる世論操作の危険を訴えている。グローバル企業が提供する情報プラットフォームが日常化し、「権力」は不可視化され偏在するようになった。権力による監視が強まる社会において、ジャーナリズムは国際的なコラボレーションを活用して、権力への監視の手綱を緩めてはいけないと主張している。

　これらの 3 人の論者はメディアを社会状況に照らして客体化して批評できる視点、メディアリテラシーを確立している。メディアリテラシーを民主主義の土台としている点では、社会科の「公共」に通じる内容である。

（3）　メディアリテラシー育成の特設単元

　三省堂『新　現代の国語』（705）は、教科書全体が情報の扱い方を軸に編纂されている。その中で、「**2　確かな情報を伝えるために**」は、メディアリテラシーをテーマに複数教材を組み合わせ、学びの成果をスピーチで表現する「話

す・聞く」の指導に焦点を当てた単元である。

> 2　確かな情報を伝えるために〈話す・聞く〉
> ［情報を吟味する］情報はつくられる／コラム：メディアとのつきあい方
> ［情報と適切につきあう］ひとまず、信じない（押井守）／コラム：引用について
> ［情報を適切に編集する］情報を編集し、的確に発表する—パブリックスピーチ／
> 　　　　　　　　　　表現テーマ例集　メディア・リテラシー
> ［学びを深める］情報と身体（吉岡洋）

　このように複数の教材を組み合わせてメディアリテラシーを育む単元として
は、「**ズームアップ　情報とメディア**」（数研出版『現代の国語』708）、「**表現へ
の扉　メディアとの付き合い方**」（大修館『新編　現代の国語』707）、「**探究編2
情報の収集5　メディアを適切に使い分けながら、情報を収集する**」（東京書籍
『現代の国語』703）が挙げられる。これまで、読解中心であった高等学校国語
科に、メディアリテラシーに焦点に当てたワークショップ型の単元が増えたこ
とが2022年度版「現代の国語」の大きな特色である。メディアの特性比較や
情報への問いの立て方など、情報分析の方略が示されており、評論での消極的
な結論を補う形になっている。

（4）　情報の比較

　「**実用的な文章7　新聞記事からバリアフリーを考える**」（桐原書店『探求　現
代の国語』717）では、『朝日新聞』2019年1月29日付夕刊「御茶ノ水　やっ
とバリアフリー　難工事JRにエレベーター・エスカレーター」という記事と、
『朝日新聞』1977年4月13日付朝刊「車椅子乗車　またおおもめ　バス35
台が運休　乗客ら実力排除も」という記事を掲載している。バリアフリーの現
状と過去を分析し、今後の社会のあるべき姿を考察させる課題である。歴史的
コンテクストを踏まえた比較分析ができるユニークな教材である。

（5）　インターネットコミュニケーション

　阪本俊生の『ポスト・プライバシー』（青弓社ライブラリー、2009年）から引
用した評論文を掲載した出版社が、2社ある。「**ポスト・プライバシー**」（数研

出版『現代の国語』708）と、「『私作り』とプライバシー」（第一学習社『高等学校標準現代の国語』715）である。前者は、かつては個人自らが作るものだった自己のアイデンティティーが、インターネット社会では親密な人々との現実の相互行為より、情報システムで作られるものの方が、社会的影響力を持つようになってきていることの指摘までを扱っており、警戒型の論となっている。後者は、タレントが私生活をメディアに公表することを売名行為というよりもマスメディアによる物語化の阻止と肯定的に捉えて論じている。プライバシーは「自己に関するイメージを自らコントロールする権利」という消極的な面にとどまらず、いかに自分の情報を作るかという「私作り」の主導権を握るという積極的な面との両面から理解していく必要があると提言している。

(6)　「公民科　公共」との関わり

　平成30年版高等学校学習指導要領では、公民科の「現代社会」が「公共」という科目名に改訂された。高校1・2年、いずれかで必履修科目である。「グローバル化する国際社会に主体的に生きる平和で民主的な国家及び社会の有為な形成者」の育成が目標とされ、主体的に探究する学習活動が大きく採り入れられた。2022年版「公共」の教科書では、東京書籍、実教出版、清水書院、帝国書院、数研出版、第一学習社の全8社でメディアリテラシーの定義を掲載している。さらに、「Seminer　メディアリテラシー」（実教出版『詳述公共』703）、「Skill-UP　新聞を読んでみよう」（数研出版『公共』708）、「社会のしくみと諸課題　How to　ニュース番組を作ってみよう」（帝国書院『高等学校　公共』707）といった発展課題が設定され、活動を通して、メディアリテラシーを育むことが目指されている。「現代の国語」の特設単元とも共通しており、教科横断的に取り組むことができる内容である。

(7)　「情報Ⅰ」との関わり

　平成21年の高等学校学習指導要領の改訂で、情報科は「情報A」「情報B」「情報C」の3教科から、「情報の科学」と「社会と情報」の2教科に改訂された。この時の「社会と情報」の教科書では、メディアリテラシー論が充実していた。

しかし、平成30年版高等学校学習指導要領で「情報Ⅰ」「情報Ⅱ」に改訂され、プログラミングやネットワーク、データベースの基礎の指導に重点が置かれたことにより、2022年度の教科書ではメディアリテラシーの位置付けがやや後退した。それは、メディアの定義が、マスメディアからインターネットメディアに特化して、「表現のためのメディア、伝達のためのメディア、記録のためのメディア」と機能で分類されたことも影響していると考えられる。つまり、情報の「送り手」の位置付けが薄れたことによって、メディアリテラシーを活用した情報の信憑性の分析で焦点化すべき対象が曖昧になってきているのである。

　例えば、実教出版『最新情報Ⅰ』（705）では、「**第2章　メディアとデザイン 1節　メディアとコミュニケーション**」の中の「**第2項　メディアの特性**」の下位項目に「**④メディアリテラシー**」がある。インターネット上の情報の不確かさは、不正アクセスによる書き換え、ハードウエアの故障、プログラムの誤り、操作上のミスや自然災害によるものと説明されている。そして、メディアリテラシーを「メディアからの情報を主体的に読み解く能力、メディアにアクセスして活用する能力、メディアを通じてコミュニケーションを行う能力」と定義している。メディア情報の信憑性がメディアシステムの問題に焦点化され、情報の「送り手」「受け手」の分析の回路が見いだしにくいものとなっている。メディアリテラシーのクリティカルな分析よりも、情報モラルの順守に重点が置かれているように見受けられる。

5 ｜ 今後の課題

　令和期の教科書からメディアリテラシーに関する教材を概観することによって、21世紀初頭に導入されたメディアリテラシーが定着したことが確認できた。小学校から高等学校までの間に、メディアリテラシーを学ぶ機会が7回あることも明らかになった。小学5年の国語と社会、中学3年の国語と公民、高校1年の現代の国語と公共と情報Ⅰである。発達段階に準じて難易度を高めながら、繰り返し教科書教材に登場することによって、学習者の中でメディア

リテラシーが定着することが期待できる。

　そして、このメディアリテラシー指導の主軸となる国語科において、幾つかの課題も明らかとなった。

　まず、第一の課題は、国語科では、小中高と上がるにつれ、メディア情報に対する警戒型の論調が強まっている点である。デジタルメディア情報の警戒すべき点を踏まえることは必要である。しかし、すでにデジタル情報社会から距離を置くことは難しい時代になってきている。むしろ、その中にあって、デジタル情報と対峙していくメディアリテラシーを習得し、クリティカルで自立したメディアの使い手の育成を目指すことが必要であろう。その点、小中学校の国語の教科書では、現代のメディア状況に則した教材やそれに対する問いの立て方の指導が充実していた。これは、小学5年の社会科でメディア産業についての学習が組み込まれていることが大きく影響していると考えられる。日常生活、社会生活におけるメディア状況を踏まえたメディアリテラシー学習の教材が充実していた。

　ここで、第二の課題が浮かび上がる。それは、メディア産業に関する学習が小学5年の社会科だけでとどまっていることである。どの教科でも、デジタルメディアに関わる産業構造や収益に関わる部分が扱われていない。そのため、メディアの送り手の意図の分析で曖昧になる部分が生じてしまう。「現代の国語」の評論の考察で指摘した通り、情報プラットフォームを運営するグローバルな大企業の実態についての指導をもっと扱うべきであろう。無料でSNSが使えるのは、メディア利用者の検索キーワードや入力情報が集積され、広告産業を動かすデータとして使われているからである。このことを踏まえ、より戦略的にメディアを使いこなすメディアリテラシーの指導を考えていくべきであろう。

　また、第三の課題は、国語科ではイデオロギーに関する内容が扱いにくい傾向にあることである。これは、国語科で扱うニュース素材がスポーツ報道に偏っていることに表れている。しかし、中学校学習指導要領・国語科では、第3学年の「C　読むこと」に、「(1)イ　文章を批判的に読みながら、文章に表れているものの見方や考え方について考えること」という指導項目がある。文章を書いた筆者の立場からものの見方や考え方を考察する上で、イデオロギーや

社会の主流の価値観、情報を取り巻く社会状況といったコンテクストの分析は必要である。コンテクストを踏まえた指導は、公民の内容を取り入れることによって、実現の可能性があるだろう。

　以上のように、本章で分析してきたのはあくまでも教科書教材である。最も重要なのは教師が実際に展開する授業である。今回の学習指導要領では、知識を体系付けて汎用性のある学びとするために、教科の枠組みを超えた横断型の発想力が教師に求められている。

　メディアリテラシーという軸で、国語、社会、情報の三つの教科領域を融合させる授業が構想できる。社会科で扱う民主政治を支える主権者育成を目標に据え、メディア情報のクリティカルな分析と読解、表現に関わる指導を国語科が担い、情報科で学ぶデジタルメディアの技術をプレゼンテーションやニュース番組制作に活用する体験型のアクティブラーニングである。

　教師一人一人がカリキュラムマネジメントの発想を持つことで、お互いの教科内容を横断した豊かなメディアリテラシーの授業が作れるはずである。教科書教材をキックボードとして、柔軟な発想で日常生活の中からメディア教材を開発することもできよう。新たなメディアリテラシー授業がどんどん開発され、学習者が情報社会をより良く生き抜く力を身に付けていくことを期待している。

第8章

【Interview】
すべての子どもたちに
メディアリテラシー教育を

ルネ・ホッブス ● Renee Hobbs
ロードアイランド大学教授
（聞き手・スマートニュース メディア研究所　宮崎洋子、山脇岳志）

メディアリテラシーには五つの支柱がある

──　ルネ・ホッブス教授は、アメリカで長年にわたりメディアリテラシー教育をけん引してきました。デジタル時代における最も重要なメディアリテラシーは何でしょうか。

　図（182頁）をご覧ください。メディアリテラシーは、幾つもの能力が組み合わさった集合体（constellation）と考えることができます。constellationとは、星の集合体、つまり星座も意味する言葉です。

　メディアリテラシーで中心となる能力は、アクセス（access）、分析（analyze）、創造（create）、振り返り（reflect）、そして行動（act）の五つであると考えます。それぞれ、図の中では四角で囲んで示しています。他の用語は、それらを具体化した能力や習慣、行動を示しています。

　メディアリテラシーのそれぞれの能力は、夜空における星のようなものです。メディアリテラシーは文化や科学技術、社会の変化に応じて、変わり続けていくのです。

　私は、20年以上、メディアリテラシー教育に取り組んでいますが、メディアリテラシーは知識やスキルだけでなく、人々の習慣や生き方によっても変化すると気付きました。新しい知識やスキル、習慣などがメディアリテラシーの五つの支柱に対して、常に影響を及ぼしています。

　新型コロナウイルス感染症への対応を例にとってみると、在宅勤務が主流に

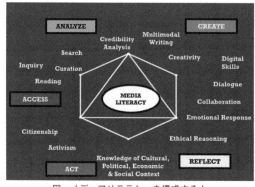

図　メディアリテラシーを構成する力

なり、オンラインで対話をするのが普通になりました。Zoom を使うと、お互いが違った空間にいるわけなので、そこでの感情の伝え方は、一つの空間にいるのとは異なってきます。その方法を習得することもメディアリテラシーの一部だと思います。

― メディアリテラシー教育の中で最も重要な目標は、批判的思考（critical thinking）を身に付けることと理解してよいですか？

現在、私が最も関心を持っていることの一つが批判的思考です。英語圏では、批判的思考に二つの意味があると考えています。

一つは、メディアメッセージがどうやって構成されたかです（注・この場合のメディアは、マスメディアだけでなく、世の中に飛び交うあらゆる情報の媒体を指す）。

構成を考える上で、作者は誰で、何が目的か、注目を集めるためにどのような表現テクニックが使われているか、どんな価値観や視点が提示されているか、何が除外されているか、といった要素を考える必要があります。

そして、もう一つは、メッセージの後ろにある経済的な側面や社会的な側面に目を向けることです。

例えば、次のような視点から考えることにつながります。

メッセージによって、誰が利益を得ているのか。
メッセージにはどのような偏見が織り込まれているのか。
メッセージは視聴者にどのようなインパクトをもたらしたか。
このメッセージによって選挙における投票行動が変わったり、例えば、新

しい携帯電話を購入するようなことにつながったか。メッセージが、人々の行動にどのような変化をもたらしたか。

つまり、「批判的」という言葉を使うときには、社会学の文脈、心理学の文脈、そしてどのような結果をもたらしたのかなど、さまざまな角度から考え直すことが必要です。

アメリカのメディアリテラシー教育は「草の根」モデル

― アメリカのメディアリテラシー教育の特徴は何でしょうか？

1990年代に書いた論文で、私は初等中等教育におけるメディアリテラシー教育の実施には、メディアリテラシーを単体の科目として扱うやり方と、国語や社会、科学など、他の科目に統合するという二つのモデルがあることを明らかにしました。

これは専門家の間でどちらがよいのか、議論を巻き起こすことになりました。当時は、その二つのモデルのうち、どちらがよいのか私たちにも分かりませんでした。その後、たくさんの研究を重ねてたどり着いた結論は、その学校や地域で活用できる資源によって、どちらもあり得るというものです。

例えば、ある地域では、元ジャーナリスト、あるいは広告業界、ウェブ出版社で働いていた経験がある先生がいて、その方々の貴重な知識や経験を基に、単体でメディアリテラシー授業を展開できるかもしれません。

しかし、そのような専門的知識を持っていたり、メディアリテラシーのコースを取ったことがある教育者がいない地域も多くあります。そのような場合は、メディアリテラシーを科学や数学、社会といった既存の科目と統合して教育カリキュラムに取り込み（ジャーナリスト経験や専門的知見がない）学校の先生が教えることが現実的でしょう。

要するに、メディアリテラシーを単独で教える、あるいは統合する、どちらのやり方でも効果的に教えられている例はあり、どちらも機能していると言え

ます。

　他国の初等中等教育におけるメディアリテラシー授業との比較で言えば、例えば、フィンランドのように、教育省がカリキュラムを作って、教師がそれに則して授業を実施する国では、一定の方向性が見られますが、アメリカのように、連邦や州政府が弱く分権的で、教師の専門性への依存度が高い国では状況が全く異なります。アメリカにはおよそ1万5000の学区がありますが、その学区（の学区長）に、カリキュラムなどの教育政策の決定権があります。教師の自律性が高いということは、教師のトレーニングが大切になります。だからこそ、私は教師のメディアリテラシー教育を重視しています。

　私たちが教師を教えるというより、教師側が私たちにアクセスしてきて、メディアリテラシーについて学ぶことが多いです。教師たちはそれを学区に持ち帰り、校長先生や保護者等に「これは良い、ぜひやりましょう！」と説得し、実施しています。

　ですから、アメリカのメディアリテラシー教育の実施方法は、「草の根アプローチ」と言えるでしょう。これはイギリスやフランスと違うものです。フランスの場合、カリキュラムは完全に政府が管轄しています。メディアリテラシー教育を政府が管轄することには、リスクもあります。

――　アメリカでは、地域によってメディアリテラシー教育への関心の高さに違いがありそうです。地域によっては、やりにくいということはありますか？

　20年前、メディアリテラシーの専門家の中には、「メディアリテラシーはリベラルなものと思われているが、どうやって保守層に届ければよいか」と発言する人もいました。

　これまで強固な保守層を抱える州も含め、ほぼすべての州で教師向けの教育プログラムを実施してきましたが、私の印象では、保守層もメディアリテラシーに結構興味を持っています。ただし、彼らの価値観が反映されています。

　キリスト教福音派が強い地域を例にとると、彼らは、メディアリテラシーを信仰と価値に基づいて理解します。例えば、映画の中には、悪役が魅力的で善

良に描かれているものもありますが、彼らは、これを文化的価値観の破壊と見なします。ですから、保守的な地域のメディアリテラシーの教育者は、ハリウッドを好意的に見ていないですし、殺人を楽しむようなビデオゲームを創作するシリコンバレーを敵視しています。

　一方で、リベラルな人々は、個人主義や多様性を重んじるため、これらの価値を重視したメディアリテラシーのカリキュラムが喜ばれます。

　どちらの側も、彼らが信じる価値観によって、メディアリテラシー教育はゆがめられているケースがあると言えます。

政治的な公平性を保つ授業の手法とは

―　公民教育、特にアクションシビックス（行動を重視する公民教育の手法）について、一部の保守派からリベラルだという強い批判があります。メディアリテラシーの要素の一つに「act」があることから、アクションシビックスとメディアリテラシーには共通点があるように思いますが、保守派はなぜ懸念するのでしょうか。

　保守派がメディアリテラシーに疑念を抱いているのは、一種の思想教育として利用される可能性があると認識しているからです。教育者が「アメとムチ」を駆使し、生徒たちが疑問を持つ余地のない形で情報やイデオロギーを提示した場合、生徒たちの思想が染まってしまうことは現実的に起こり得るでしょう。メディアリテラシー教育者が、ジェンダーのステレオタイプについて教えるためにドキュメンタリー映画を使うことがありますが、映画の内容によっては思想教育になってしまうことがあります。それは、学生がドキュメンタリーの中の考えに反論や批判、批判的な分析ができない場合に起こります。ですから、マスターマン（Len Masterman）が1985年に示した批判的主体（critical autonomy）という概念が非常に重要であり、学生が自分自身のために考える力を付けることを目標としています。

― どのように授業をすれば、政治的な公平性が保てるのでしょうか？

教師は自分の政治的見解をどのように、いつ、なぜ明らかにするか、あるいは差し控えるかを決めなければなりません。物議を醸すような話題は学習者にとって教育的価値があると認識していても、避けてしまう人もいます。

私自身が教室で使う手法は、論争の的になる問題について生徒の批判的な対話を促す、というものです。中立的で公平な立場を目指すため、取り上げる問題に対する自身の見解は保留します。

別のやり方としては、「公平性にコミットする」という手法もあります。政治的な問題について自分の意見を述べます。一方で、反対意見を歓迎するなど、多様な視点を大切にし、証拠や推論を用いて政治的立場の整合性を評価します。教師は、他の教育者と対話するなどして、模索しながらやり方を決めていくとよいと思います。

― アメリカ全土で使える、中庸を重んじるようなメディアリテラシープログラムは存在するのでしょうか？

保守とリベラル、両方の地域で活用できるメディアリテラシープログラムはあります。これまで長年にわたる国語（英語）教育の蓄積がヒントになります。

国語（英語）の教師は「言葉は力なり」という概念、言葉の使い方で世界を変えられるという考え方を、政治的には中立な形で教えています。ポップカルチャー、ニュース、広告、エンターテインメントはすべて言葉による表現で、社会的な権力の一形態であり、アート（art）の一形態でもあります。メディアを社会的権力としてだけではなく、アートとして見ると、政治色は薄まります。国語の中で、メディアリテラシーを教えるこのアプローチは多くの地域で成功しています。

2019 年 11 月、ウォルマートの拠点があるアーカンソー州のファイエットビルに行きました。とても保守的な町ですが、そこの国語教師は皆さん、メディアリテラシーを教えています。

その授業では、子どもたちにニュースやジャーナリズムを批判的に読む思考を養い、広告やプロパガンダなど誘引する類いのコンテンツへの理解を深め、責任あるコミュニケーターとなることを手助けしようとしていました。

そのことによって、適切なウェブコンテンツにアクセスしたり、オンライン上でトラブルに巻き込まれたり、だまされたりすることがないように、さらにはどうすればメディアを活用して世の中を変えられるか、ということを先生たちは教えています。何かおかしいことがあれば、メディアを使ってその課題への注目を集め、変えていくことができるということを知ってほしいと。

これらは、全く政治的ではなく、誰でも実践できることだと思います。

公民教育・社会科との補完性

―　アメリカでは、公民教育（civic education）とメディアリテラシー教育の関係はどう位置付けられていますか？　2002年のブッシュ政権時代に導入された「どの子も置き去りにしない法（No Child Left Behind Act：NCLB）」によって、国語や算数、科学といった主要科目の点数で学校が評価され、公民教育や美術などは軽視されるようになったと考えられます。この法律の制定で、メディアリテラシーカリキュラムは何か影響を受けましたか？

この質問は、カリキュラムと教育政策の密接不可分な関係を理解するのに役立ちますね。確かに、NCLB の導入により国語教師の役割がより重視されるようになりました。

このこと自体はメディアリテラシーにとってはよかったように思います。NCLB の中心となる共通基準にメディアリテラシーと同様の概念が盛り込まれたこともあり、一時は恩恵を受けられました。

NCLB が最も注目されていた時期、メディアリテラシーの能力を測る新しい試験が幾つか考案されました。例えば、ETS（Educational Testing Service）が開発した iSkills という、情報リテラシーとメディアリテラシーを組み合わせた試験は、よく考えられていたと思います。受験生は二つの情報源を比較し

て評価し、何が共通か、何が信頼できるかなどを回答する試験でした。ただ、国語の教師はこの新しいテストをあまり使いたがらず、今では少し古くなってしまった感じです。

しかし、2011年、高校卒業時に憲法修正第1条や三権分立などが理解できていないとの調査結果が発表されると、試験対象教科の国語や算数に授業時間を取られ過ぎており、公民教育がなおざりになっていると気が付きました。

マッカーサー財団が公民教育への資金援助を開始するなど、そこを修正する動きがあり、今ではマサチューセッツ州、イリノイ州では公民教育は必修科目になっています。

— 公民教育や社会科の教師がメディアリテラシーを授業で実施する例もありますか？

もちろん、社会科の教師がメディアリテラシーの授業を実施しているケースはあります。私の著書である『Mind Over Media: Propaganda Education for a Digital Age（メディアを乗り越えよう：デジタル時代のプロパガンダ教育）』では、社会科の先生による洗練されたメディアリテラシーの教育アプローチを紹介しています。

社会科におけるメディアリテラシーでは、ニュースの分析が重視されます。新聞の読み方だけでなく、ジャーナリズムがどうやって機能しているのか、ジャーナリズムと政府の関係、選挙キャンペーンなども学びます。

最近では、メディアの所有にも関心が高まっていて、社会科の授業でFacebookやGoogleがなぜ独占的になっているのか、それにどう対応するべきか、といったメディア業界の経済状態と規制の関係を盛り込む教師も増えています。

もう一つ、社会科の授業で最もよく行われている活動が、古い教科書と今の教科書とを見比べる方法です。これはどれだけ財政的に厳しい学校でも実施できますね。例えば、私が小さい頃に読んだ1965年の教科書では「奴隷制度は悪い」とは書かれておらず、むしろ「奴隷は幸せである」と書かれていました。

これを 2020 年の教科書と比べて、1965 年に書かれた歴史と、今の歴史がなぜ違うのか、子どもたちに聞きます。

これを historiography（史学）といいますが、メディアリテラシーですよね。

私たちの理解がどのように時代とともに変化したのか、歴史学者は明らかにしています。社会的文脈により、知識の性質も変わってくる。メディアリテラシーの大変重要な部分だと思います。

―　メディアリテラシーは、どの教科で教えるのがよいでしょうか？

前提として、私はすべてのアメリカの子どもが、初等中等教育、高等教育のどこかで、メディアリテラシー授業を何らかの形で受けられるようにすることが大切だと思っています。

誰が教えるのか？　これについては、大きな屋根をイメージして考えてみましょう。

実は、誰でもメディアリテラシーは教えられるのです。私には 3 歳の孫がいますが、スマートフォンで孫の部屋の写真を撮ると、「僕のテディベアが入ってないよ」というので、「これには枠（フレーム）があるでしょ。全部は入らないのよ。メディアのメッセージは、いつも選ばれていて、すべては入らないのよ」と、教えています。ですから、誰が教えるのか、という議論に陥るのではなく、誰もが教えられると考えるべきです。

大きな屋根の下には医療従事者、映画監督、画家、ジャーナリストなどを幅広く取り込んで、メディアリテラシーを子どもたちに伝えていくことが大切です。

問題解決型学習（PBL）とメディアリテラシー教育

―　哲学者のジョン・デューイの思想がメディアリテラシーに及ぼした影響について伺います。問題解決型学習（Project Based Learning：PBL）は、「学校は小さな社会」だと見ていたジョン・デューイの思想から発展してきたと考

えてよいでしょうか。

　このテーマを基に私は『Create to Learn: Introduction to Digital Literacy（学ぶために創ろう：デジタルリテラシー入門）』を執筆しています。PBL が、メディアリテラシー教育でもっと活用された方がよいと感じたからです。以前よりも PBL が、私たちの文化に広く浸透していることをうれしく思っています。

ルネ・ホップス氏

　今では、科学、経済などさまざまな分野で、多くの先生が学生に知識を伝える手段として、スライドショーやポッドキャスト、ビデオなどを作ってみるように促しています。メディアメッセージを作るには、学生がコンテンツに関心を持ち、メディアの特性を学ぶ必要があります。また、それを他の人と共有することが大切で、その点で、（経験主義に立つ）デューイは正しかったと思います。創作物は学習の証拠でもあり、結果的に、評価対象の一形態ともなります。

　最近の問題としては、プラットフォーム事業者が提供しているテンプレートを使えば、学生が 5 分程度で音楽もアニメーションも入った素晴らしい作品が作れてしまうのですが、そうした手法があることを先生が知らないことですね。ですから私たちは、先生が成果のあるべき姿を強調し過ぎることなく、成果に至る過程をしっかり見るようアドバイスしています。

―　あなた自身は、ジョン・デューイを尊敬していますか？

　もちろんです。ほとんどのアメリカの教育者は、ジョン・デューイのコンストラクティビズム（構成主義）の考え方に影響を受けていると思います。教育

はただ知識を伝達するものではない、生徒たちを単に情報に浸らせればよいわけではない、生徒たちは、自らの経験を基に、自分の考えを構築していなければならない、という考え方です。

プロパガンダは悪いとは限らない

— 　2020年に出版された「Mind Over Media: Propaganda Education for a Digital Age」では、最近よく話題になる「フェイクニュース」ではなく「プロパガンダ（宣伝活動）」に焦点を当てていますね。

2007年、ワシントンDCにあるホロコースト記念博物館から相談を受けました。過去のナチスのプロパガンダが現代にも通ずるということを訪れる観光客に対してどう示したらよいか、という相談でした。以来、20世紀に「プロパガンダ」という用語がどう使われてきたか、今日どのように理解されているかについて考え続けてきました。

政府や公的団体も、例えば、「飲んだら乗るな」「運転するときには、スマホを使うな」というように、人々への啓発メッセージを出していますが、これはプロパガンダですよね。このように良いプロパガンダもありますが、（政府の）プロパガンダが邪悪なことに使われることもあります。

プロパガンダは、社会的権力を使って人々の感情を揺り動かし、価値観に訴え、情報を単純化し、敵を攻撃することで影響を与えるもので、フェイクニュースとは大きく違います。プロパガンダは、使い方によっては、破壊的かつ恐怖を招く方向にいってしまいますが、逆に啓発的で社会に必要なことを伝える手法にもなります。

「フェイクニュース」という言葉は使わない

— 　ところで、トランプ元大統領の不正確なツイートはフェイクニュースだと思いますか？

私たちはフェイクニュースという用語そのものが問題だと思っています。

　1990年代、フェイクニュースとは、「ザ・デイリー・ショー」などのコメディージャーナリズムを称して使われる言葉でした。2016年のアメリカ大統領選挙でトランプ氏がフェイクニュースという言葉を使いだしましたが、彼がフェイクニュースと称しているのは偽情報や誤情報ではなく、彼にとって都合の悪い情報すべてです。

　アメリカでは歴史的経緯もあって、社会的分断はもともとありました。

　しかし、トランプ氏は、彼に批判的な情報を「フェイクニュース」とひとまとめにしてしまったために、社会的分断はこれまでとは全く別次元のレベルまで悪化しました。メディアリテラシーの教育者たちは皆、「フェイクニュース」という言葉を決して用いないと誓っています。トランプ氏が「フェイクニュース」を、役立たずの言葉にしてしまったのです。

— **2016年の選挙でトランプ氏が大統領に当選したことで、メディアリテラシーにどのような影響をもたらしましたか？**

　正直言って、授業はやりにくくなりました。

　今まで教師が授業で（リベラル的な）ニューヨーク・タイムズの記事やCNN、（保守的な）Fox Newsのクリップを使うことに何の問題もなかったのですが、今では、どこの記事やクリップを使ったかによって保護者たちを怒らせる恐れが出てきました。教師の中には、新聞やクリップの使用を諦めてしまっている例もあります。トランプ大統領が、アメリカ国民に、メディアには味方と敵があるという意識を植え付けてしまったのです。

　多様性のある社会が二極化する中で、メディアリテラシーを教えるのは少し難しくなっています。トランプ時代にニュースについて教えるのは難しいです。

— **保守・リベラル両方のメディアの記事を使うというのは解決策になりますか？　他に解決方法は何か考えられますか？**

　ある社会科の教師が、「先生は授業で質の高いコンテンツしか使ってはいけないと思い込んでいるが、それは間違っている。いいコンテンツしか見たことがなければ、どうやって玉石混交の情報が満ちあふれる世界で、情報を見分けられるのでしょうか？」と鋭い指摘をしました。その教師は、授業にさまざまな情報を持ち込むことを試しています。良いものからも学べるけれど、悪いものからも学べると。

　例えば、歴史的事件など、あるテーマを決めて、生徒に良いコンテンツを五つ、悪いコンテンツを五つ、インターネットから探すという課題を出します。それを生徒が一番良いものから悪いものまで順位を付けて発表し、どうしてその順位にしたかを説明します。それに対して、教師は、URL に気が付いた？　どこの情報？　作者は？　日付は？　情報源は？　など、質問するという授業です。

　この授業は、生徒がいかがわしい情報を恐れるのではなく、それに対して批判的に考える力を養います。情報が検閲されない民主的社会では、どんなものからでも人々は学べるという思想に立っています。ジョン・ミルトン（イギリスの詩人）も、悪いアイデアによって思考をかき回されることで学びにつながることがある、と言っています。

　良いコンテンツにこだわらず、さまざまなコンテンツを授業に取り入れることは、社会科の教師のパラダイム転換をもたらすほどの強力な考え方になり得ると思います。授業を実社会とつなげることで、生徒が自分自身で考える力を養っていける機会となるのです。

―　2021年1月の連邦議会襲撃事件は、民主主義の象徴である議会が襲撃されたことで、公民教育の必要性に注目が集まりました。メディアリテラシー教育は、どのような影響を受けたでしょうか。

　1月6日の暴動は、アメリカの政治的分極の深刻度を示す、非常に衝撃的な出来事でしたが、公民教育をさらに進めていくきっかけになりました。一方、この事件によって、教室で論争的な問題を議論することへの機運と懸念が同時

に高まりました。

　歴史というものは、イデオロギーによって解釈が違ってきますし、教科書が歴史的な事件を捉える際には顕著な違いが出てきます。特に、リアルタイムの出来事の解釈は「不確定」な要素が多いですしね。メディアリテラシーを教える教師は、他の教師に比べると、教室で論争的な問題について取り上げるのに前向きだという違いがあると思います。彼らは、物議を醸すようなタイムリーなトピックを探求し、時事メディアを使って、生徒に複数の視点を検討することの価値を認識させます。

―　新型コロナウイルス感染症が世界的に広がる中、科学的に根拠のない「陰謀論」に傾倒する人が見られます。私たちは、何をすべきでしょうか？

　人はどのようにして、信頼できるコンテンツと信頼できないコンテンツを認識するのでしょうか。情報過多な社会では、目にするすべての主張の事実確認をする時間はありません。

　古くから哲学者たちは、正しい人と偽者を見分ける方法を考えてきました。専門知識によって必ず真実を見つけられるわけではありませんが、専門家を信頼することは大切です。

　また、人は幅広い知識を身に付け、多様な情報源から情報を収集する経験を積むことで、専門家の信頼性を判断することができるようになります。とはいえ、信頼性は判断できても、専門家は真実を保証するものではありません。科学は、"人間による活動"であり、限られた証拠や、感情的反応、認知能力によって制限された中で成り立っています。

　陰謀論については、陰謀論の「快楽」を理解する必要があります。

　インターネットの底無し沼に入ると、それまで真実だと思っていたことがすべて間違っているように見える「あべこべ」の世界に踏み込んでしまうことがあります。そこでは、過激な意見が正しく、陰謀論は揺るぎないものに見えるようです。また、不適切や不道徳なことを読んだり書いたりすることは時に楽しいものです。現実世界に幻滅した人々にとって、ネット上で人種差別や性差

別的な発言をすることは、刺激的で爽快に感じられるかもしれません。

　陰謀論をテーマに授業をする教師は、どのような例を取り上げるのか、慎重に選択する必要があります。一歩間違えたら（陰謀論という）危険なメッセージを生徒たちに広げてしまう恐れがあるのですから。しかし教師が、人の心を操るような、悪意と偏見に満ちた情報を放っておくことができないことは理解してもらいたいと思います。

（インタビューは、2020年9月にオンラインで実施。連邦議会襲撃事件の影響などを加えるため、2021年7月にメールで追加取材した。）

第9章 批判的思考とメディアリテラシー

楠見　孝 ● KUSUMI Takashi
京都大学大学院教育学研究科教授

1 ｜ はじめに

　私たちは、放射能や感染症など、メディアを通して伝えられるさまざまなリスク情報について、何を信じて、行動したらよいのか迷うことがある。ここでは、私たちが、批判的思考に基づくメディアリテラシーによって、どのように情報を読み解くことが大切かを、認知心理学の立場から紹介する。

　まず、前半では、批判的思考とは何か、どのようなプロセスで実行されるのか、今なぜ必要とされるのか、批判的思考が古代ギリシャから現在までどのように展開してきたのかについて述べる。後半では、日本社会が直面しているリスクに対処するためには、批判的思考とメディアを読み解く能力であるメディアリテラシーが重要であることについて述べる。そして、批判的思考とリスクに関わる情報の判断、メディアリテラシーと批判的思考との関係、教育現場への批判的思考やメディアリテラシーの展開などについて、述べていく。

2 ｜ 批判的思考の「批判」は「非難」ではない

　批判的思考（クリティカルシンキング）は、「批判」という言葉から「相手を非難する思考」と誤解されて、攻撃的なイメージが持たれている。しかし、批判的思考において大切なことは、第一に、相手の発言に耳を傾け、証拠や論理、感情を的確に解釈すること、第二に、自分の考えに誤りや偏りがないかを振り返ることである。従って、相手の発言に耳を傾けずに攻撃することは批判的な思考と正反対の事柄である。

　これまでの、批判的思考の定義を見てみよう。多くの研究者が依拠するエニ

ス[1]によれば「何を信じ、何をすべきかを決定することに焦点を当てた合理的で内省（省察）的思考」である。さらに、ゼックミスタとジョンソン[2]によれば「適切な規準（criterion）や根拠に基づく論理的で偏りのない思考」である。これらの定義に基づいて、ここでは、批判的思考を、次のように定義する。

第一に、自分の思考過程を意識的に吟味する内省的（リフレクティブ）で熟慮的思考である。

第二に、証拠に基づく論理的で偏りのない思考である。

第三に、より良い思考を行うために、目標や文脈に応じて実行される目標指向的な思考である。

人は、批判的思考を働かせながら、インターネットのサイトやテレビによる情報に接して、事実かどうかを確認しながら読む（情報収集）、その内容に基づいて考えたことを、事実に基づいて人に話す、サイトに書き込みをすること（情報発信）を行っている。このように情報をうのみにせず立ち止まって考える批判的思考は、市民としての生活に必要なコミュニケーション能力を支えている（この市民リテラシーについては 11 節で述べる）。このように批判的思考は、学業、職業など幅広い場面で働く汎用的（ジェネリック）スキルでもある。

こうした点に基づいて、批判的思考に基づく行動と、そうでない行動を特徴付けると次のようになる[3]。

批判的思考に基づく行動とは、
- 相手の発言に耳を傾け、考えや論拠、感情を的確に理解する。
- 立ち止まって考える。賛否両方の立場からじっくり考え、評価する。
- 証拠に基づいて、前提や理由を系統立てて、相手に説明する。

1　Ennis, R. H. A taxonomy of critical thinking dispositions and abilities. In J. B. Baron & R. J. Sternberg（Eds.）, *Teaching thinking skills: Theory and practice.* （W. H. Freeman and Company, 1987） pp.9-26.
2　Zechmeister, E.B., & Johnson, J. E. *Critical Thinking: A functional approach.* （Brooks/Cole, 1992）宮元博章・道田泰司・谷口高士・菊池聡訳『クリティカルシンキング（入門篇・実践篇）』（北大路書房、1996 – 1997年）
3　楠見孝・津波古澄子『看護におけるクリティカルシンキング教育　良質の看護実践を生み出す力』（医学書院、2017年）

・目的、状況、相手の感情、文化、価値観を考慮して実行する。

一方、批判的思考に基づかない行動とは、
・相手の発言に耳を傾けず、議論を退ける。表面的な評価をする。
・揚げ足を取る、人を惑わせる。正当でない要求を出す。
・証拠に基づかない、先入観や偏った解釈によって説明する。
・目的、状況、相手の感情、文化、価値観を考慮しない。

このように、批判的思考は、証拠や論理を的確に理解し、他者の異なる考え方に耳を傾け、その考えを取り入れながら問題解決するような、協働的な営みである。従って、批判的思考の規準は、証拠や論理に基づいて正確に遂行する能力やスキルだけではない。目標や文脈に照らして、適切な場面かどうかを判断して批判的思考を行うことや、議論の場において、発言のバランスを配慮しつつ、相手の意見を取り入れ、お互いが納得できる解決を導くことが重要である。

3 ｜ 批判的思考の四つのプロセスと四つの要素

批判的思考は、人が、行動決定や問題解決のために、メディアからの情報を理解したり、人の話を聞いたりする中で実行される。批判的思考の主な四つのプロセスは、⑴情報の明確化、⑵推論の土台の検討、⑶推論、⑷行動決定、と進む（必要に応じて戻ることもある）。そして、そこに複合的に影響を与える四つの要素が、⑸メタ認知、⑹他者との相互作用、⑺知識・スキル、⑻批判的に考えようとする態度、と整理できる[1,4]。図1は、それを示したものである。

4　楠見孝「市民のための批判的思考力と市民リテラシーの育成」楠見孝・道田泰司編『批判的思考と市民リテラシー：教育、メディア、社会を変える21世紀型スキル』（誠信書房、2016年）2－19頁
5　楠見孝「リテラシーを支える批判的思考：読書科学への示唆」『読書科学』60巻3号（2018年）129－137頁

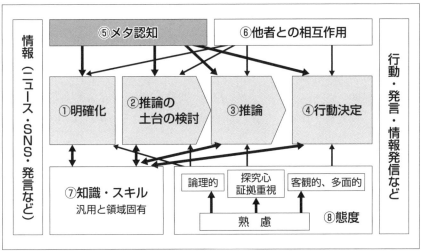

図1　批判的思考のプロセスと構成要素（楠見[5]を改変）

（1）　情報の明確化

　批判的思考の土台となる情報（文章、発言など）を正確に理解するプロセス
である。引き続いて行う推論や行動決定を適切に行うために必要不可欠なプロ
セスである。そこで理解（本やネット情報を読む、話を聞く、テレビを視聴するこ
とを含む）において、次のような明確化が必要である。

　① 問題、主題、仮説に焦点を当てて、それを明確化する。

　どのような問題を解決しようとして議論がされているのか、どのようなテー
マが取り上げられて、意見が述べられているのかを明確に把握することは、理
解と行動を適切に行うための出発点である。

　② 情報の構造（主張・結論、根拠・理由など）と内容を明確化する。ここでは、
書き手（話し手）が何を主張・結論しているのか、何を根拠や理由としている
のかを明らかにする。議論の構造を分析するには、主張・結論がパラグラフの
冒頭や結末にあるという構造や、標識語（主張・結論を示す「従って、……とい
うことである」など、根拠・理由を示す「なぜなら、……だからである」）に関する
知識が有用である。

③ 明確化のための問いを発する。例えば、問題、結論、理由、前提は何か？ なぜか？　曖昧な語はないか、それはどのような意味か？　事例はあるか？ などの問いである。これらの問いは、内省的思考においては、自分に発して、自分で答える形を取る。

④ 用語（キーワード（重要語）、専門用語、間違えやすい同義語や多義語など）がどのように定義されているか、比喩や類推がどのように使われているかを捉え、正確に意味を捉える。

⑤（書き手や話し手の主張を支えている）隠れた前提を特定する。ここでは、書き手や話し手が、主張・結論を導く際に、根拠として明示していないが、その主張を支えている事実前提や価値前提（価値観）があるかを検討する。これらが述べられていない理由には、書き手や話し手が、想定する受け手と共有されている（自明）と考えていること、あえて隠しておきたいことなどが考えられる。通常これらは、読み手や書き手が、無意識的に、議論を成立させる前提を補って読んでいるため、気付かないこともある。しかし、受け手が書き手や話し手と、専門や価値観が異なる場合には、理由・根拠と結論・主張の間の飛躍に気付くことがある（例：少年法を厳罰化すべきであるという主張には、厳罰化は犯罪を抑制するという前提がある）。

（2）　推論をするための土台の検討

推論や議論を行うために、それを支える土台となる情報の根拠の確かさを検討するプロセスである。土台となる情報には、主な三つの情報源（リソース）がある。①他者の意見、②事実や調査・観察の結果、③以前に行った推論によって導出した結論である。

まず、土台となる情報の根拠の確かさについては、意見と事実の判別が必要である。その理由は、個人の主観に基づく意見は、客観的事実よりも根拠が弱いため、さらに以下の2点について根拠としての確かさを判断することが必要になるためである。

① 情報源の信頼性を判断する（例えば、その発言は専門家によるものか？ 異なる情報源の間で一致しているか？　確立した手続きを取っているか？）。

② 意見、事実、調査・観察やその報告の内容自体を評価する。

これらの情報源の信頼性判断は、メディアリテラシー（7節で述べる）の重要な要素であり、科学的な調査や観察の報告内容の評価は、科学リテラシーの重要な要素である。例えば、その情報が信頼できる証拠に基づいているかを検討する際には、証拠であるデータや観察報告が、確立した科学的手続きに基づいて得られているか、サンプルに偏りはないかなどの問いが大切である。

(3)　推論

推論は、次に説明する演繹、帰納、価値判断によって、偏りのない結論を論理的に導くプロセスである。

① 演繹は、複数の前提から結論を導く推論である。ここでは、前提が正しいか、推論過程を簡略化していないか、論理的な矛盾はないかの判断が重要である。例えば、大前提、小前提から結論を導く三段論法では、「すべてのA大学生は頭が良い（大前提）」と「BさんはA大学生である（小前提）」から、「だからBさんは頭が良い（結論）」を導く。しかし、日常生活では、三段論法は省略されていることが多く、例えば「BさんはA大学生である。だからBさんは頭が良い」といった論法である。ここでは、「すべてのA大学生は頭が良い」ことが暗黙の前提であることに注意が必要である（前述の(1)⑤も参照）。演繹の判断においては、前提が正しいか、推論過程を簡略化していないか、論理的な矛盾はないかの判断が重要である。

② 帰納は、複数の証拠に基づいて、結論を導く一般化のプロセスである。帰納における証拠獲得の段階では、証拠を偏りなく、多面的に多数集めることが重要である。あらかじめ立てた仮説や見込みを、確証する情報だけでなく反証情報も探索することが大切である。ここでは、確かな根拠の数が多いほど、それらの根拠が問題・主題を網羅しているほど、全体として導出される結論の確からしさが高まる。ここで、結論が妥当かどうかの判断は、論理的に矛盾していないだけが規準ではなく、図1左下に示す⑦の領域固有の背景知識（例：医療、経済、法律など）を規準として判断することが重要である。

③ 価値判断は、多面的に情報を集め、比較・統合して結論を導くプロセス

である。正しい一つの答えがあるとは限らないので、背景事実、リスクとベネフィット、価値、倫理などを考慮に入れてバランスの取れた判断をすることが大切である。

（4） 行動決定

行動決定は、(1)から(3)のプロセスに基づいて結論を導き、状況を踏まえて、発言、情報発信、選択などを支える決定を行い、問題を解決するプロセスである。ここでは、結果を予測したり、目標に照らして適切な規準を設定したりして選択肢を比較し、優先順位を付けることが必要な場合もある。さらに、問題解決ができたかを評価して、行動決定の修正や次の行動決定をする。こうした批判的思考に基づく結論や自分の主張を他者に伝えるためには、結論や考えを明確に表現し、効果的に伝えるという相手を説得するためのスキルが重要である。

（5） メタ認知

メタ認知のプロセスは、これら四つに加えて、(1)から(4)が正しく行われているかを振り返り（モニター）、コントロールするのが1段階高いレベルにあるプロセスである。メタ認知プロセスは、目標に照らして批判的思考を今、実行するかどうかの判断もしている。

（6） 他者との相互作用

他者との話し合いなどの相互作用によるフィードバックは、内省を促し、判断に関わる自らのバイアスや誤りに気付き、修正することにつながる。

（7） 知識・スキル

図1の左下に示す知識・スキルとは、批判的思考の四つのステップ（明確化、推論の土台の検討、推論、行動決定）を支える汎用的な知識とスキルのことである。これらは、仕事、家庭、学問などさまざまな領域に共通する。

これとは別に、それぞれの仕事や学問領域に固有の知識とスキルがある。例

えば、医療、経済、法律などの問題解決にはその領域の知識やスキルは不可欠なものである。これは、その分野の教育、そして仕事の経験を通して獲得される。従って、専門家は知識の情報源として、多くの情報を持っていることになる。一方で、市民は、生活に根差したローカル知識を持っている。これは必ずしも科学的ではないかもしれないが、その地域や仕事などに関わる経験に基づく詳細な知識である（例：その地域の自然災害についての過去の経験や言い伝えなど）。科学的な専門知識だけでなく、ローカルな知識も生かして、批判的思考を実行することが大切である。

(8)　批判的思考態度

(1)から(4)の批判的思考の各プロセスを支えているのが、批判的に考えようとする態度である。図1右下に示すように、大きく次の五つに分けることができる[3,6]。

① 論理的思考態度は、論理的思考の重要性を認識し、自分自身が論理的な思考を自覚的に活用しようとする態度である。
② 証拠の重視は、信頼できる情報源を利用し、明確な証拠や理由を求め、それらに基づいた判断を行おうとする態度である。
③ 探究心は、行動決定をするために、さまざまな情報や知識、選択肢を探究しようとする態度である。
④ 客観性は、情報を、バランスの取れた態度や柔軟性を持って、偏見や先入観（バイアス）にとらわれず、客観的、公正かつ多面的に考えようとする態度である。
⑤ 熟慮的態度は、情報をうのみにせず、じっくり立ち止まって考えようとする態度であり、上記四つのすべての土台でもある。

6　平山るみ・楠見孝「批判的思考態度が結論導出プロセスに及ぼす影響―証拠評価と結論生成課題を用いての検討―」『教育心理学研究』52巻（2004年）186-198頁

4 ｜ 今なぜ批判的思考が必要とされるのか？

　新型コロナウイルスなどの世界的規模の感染症の流行や東日本大震災のような大規模災害などのリスク状況下において、市民が批判的思考を身に付けることは、次の点から重要である。

　第一に、批判的思考を身に付けることは、市民が、日常生活や仕事上のさまざまな問題を解決するために、自ら考え、判断・行動することが重要なためである。

　第二は、批判的思考によって、自らの自己中心的思考、先入観、バイアスに気付き、異なる立場の人の意見に耳を傾け、協働しやすくなる。例えば、感染に対する恐怖や不安に駆られて、感染した人や医療従事者を忌避することが起こらないように、批判的思考に基づく「メディアリテラシー」（7節で述べる）によって、間違った情報、不安や偏見を助長する情報は、訂正することが大切である。

　第三は、批判的思考によって、証拠（事実）に基づいて、考えを明確に、自信を持って発言することである。これは、相手を説得・動かすようなことが必要なときに、影響力を発揮したり、リーダーシップを取ったりすることにつながる。

　第四は、日常生活において、適切な情報に基づいて、リスクを低減する判断と決定を行うことである。これは、リスクに関する情報を適切に評価、選択、問題解決へ向かう「リスクリテラシー」が重要な役割を果たしている（例：自分や家族が、感染しないようにして休日を楽しむにはどうしたらよいか）。

　第五は、否定的な考え方や不安にとらわれないようにすることである。批判的思考に基づいて、自分の悩みを合理的に分析（自己理解）し、心身のリスクを下げるために、自分そして周囲の人に、心を配ることが重要である。特に、コロナ禍においては、重要な点である。

5 ｜ 批判的思考の歴史

　批判的思考の源流は、古代ギリシャのソクラテスの哲学にさかのぼることができる[7,8,9,10,11]。ソクラテスが用いた問答法は、対話において、相手に問いを出し、知識を生み出すことから産婆術とも呼ばれる。問いを出すこと、知っていると思っていることに懐疑の目を向けることは、批判的思考プロセスにおける明確化のスキルである。ソクラテスの哲学を特徴付ける「無知の知」の考え方は、知らないことを自覚する知性に着目したものである。これは、冒頭で述べた内省の働きを重視した批判的思考の第一の定義に通じる。

　さらに、プラトンやアリストテレスは、批判的思考を支える論理的で体系的な思考を実践するための基礎を築いた。特に、アリストテレスは、誤謬論として、間違った論証の分類を行っている。これは、論証において過ちを起こさないようにするために重要な汎用的な知識やスキル（図1の⑦）として、論理学や批判的思考の教育で教えられている。

　また、アリストテレスは、「人を説得するスキル」であるレトリックを体系化している。大衆を説得する弁論術（レトリケー）を、学問的に論証する弁証術（ディアレクティケー）と共に重視し、説得の方法を、ロゴス（論理）、エートス（語り手の人格）、パトス（聞き手の感情喚起）の三つに分けている。批判的思考において、最後に導いた問題解決や意思決定の結果を、人に伝えて人の心を動かすことは重要な事柄である。

　20世紀に入って、アメリカのプラグマティズム哲学者デューイ[12]は、「省察

7　Fasco, D. Jr. Critical thinking: Origins, historical development, future direction. In D. Fasco, Jr.（Ed.）*Critical thinking and reasoning: Current research, theory and practice*（Hampton Press, 2003）pp.3-18.

8　伊勢田哲治「哲学と批判的思考」楠見孝・道田泰司編『ワードマップ　批判的思考：21世紀を生きぬくリテラシーの基盤』（新曜社、2015年）8－13頁

9　伊勢田哲治『科学哲学の源流をたどる：研究伝統の百年史』（ミネルヴァ書房、2018年）

10　楠見孝「批判的思考への認知科学からのアプローチ」『認知科学』25巻4号（2018年）461－474頁

11　Paul R., Elder L. & Bartell, T.（1997）. A Brief History of the Idea of Critical Thinking.：https://www.criticalthinking.org/pages/a-brief-history-of-the-idea-of-critical-thinking/408（2021年4月27日閲覧）

12　Dewey, J. *How we think*（Heath,1910）　植田清次訳『思考の方法』（春秋社、1950年）

的思考」として「信念や知識を、それを支える根拠とそこから導出される結論に照らして、能動的、持続的、慎重に考慮する思考」と定義している。これは現代の批判的思考の考え方に大きな影響を与えた。

　1950年代後半ごろからは、日常生活における議論を扱う非形式論理学が盛んになってきた。その流れをくむ誤謬（ごびゅう）アプローチに基づく批判的思考教育は、まず、日常生活でよく起こる議論の形式的誤り（後件否定、前件肯定など）や非形式的誤り（過剰一般化、因果関係の逆転など）の分類を行う。そして、日常的な事例に基づく練習によって、論理的思考のスキルを身に付けて、誤りを起こさないようにした。

　その後の日本も含む教育現場における展開については、10節で述べる。

　一方、私が、専門とする心理学においては、1930年代から、人の論理的思考における形式的・非形式的誤謬（ごびゅう）に関するデータが蓄積されていた。しかし、論理的思考の誤りをどのように修正するかという視点での研究は多くはなかった。1980年代ごろからは、人の思考に焦点を当てた認知心理学が盛んになり、直観的ヒューリスティック（発見的探索法）や、信念・ステレオタイプによって系統的な認知のゆがみ（バイアス）が生じることが示されるようになってきた。そうした中で、1990年代中盤に、日本では、批判的思考を認知心理学的に位置付けた解説[13]や、翻訳[2]が出版され、批判的思考が注目され始めた。そして、認知心理学やその影響を受けた行動経済学では、直観的判断に基づくシステム1とそれをチェックして修正するシステム2を仮定する二重システム理論が重視されるようになった[14]。

　図2は、直観的思考（システム1）のバイアスを批判的思考（システム2）が意識的に修正する役割を示したものである。心理学は、人の情報処理能力に限界があり、誤りやバイアスが生じ得ることを実証的に示し、日常生活における認知のエラーやバイアスに自覚的になり、それらを修正する批判的思考の役割

13　楠見孝「帰納的推論と批判的思考」市川伸一編『思考（認知心理学4）』（東京大学出版会、1996年）37－60頁

14　参考として、Kahneman, D. "A perspective on judgment and choice: Mapping bounded rationality", *American Psychologist*, 2003, vol.58, pp.697-720.

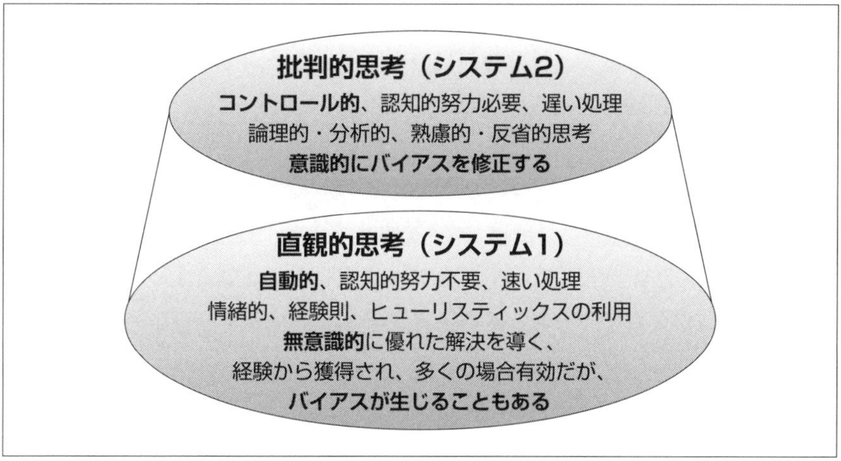

図 2　批判的思考と直観的思考（二重システム理論）[15]

を重視している。

6 ｜ リスクに対処するための批判的思考

　私たちは、テレビや新聞をはじめ、インターネット、家族、友人などを通して、さまざまな情報の中で、信頼できる情報を判断して行動をする必要がある。特に、感染症の流行や大災害の時には、インフォデミックという大量の情報がネット上で、うわさやデマも含めて氾濫し、社会、人に影響を及ぼす現象が生じる。

　ここで、不確定な情報、誤った情報、不安・恐怖を増幅する大量な情報に接した人々は、不安に駆られて過剰な防衛反応や、特定の人々への偏見や攻撃などを行うことがある。例えば、SNS（ソーシャルネットワーキングサービス：Twitter など）の情報の多くは、興味を引く内容であれば、元の記事を読んで真偽をチェックすることなく、拡散される。

　大切なことは、批判的思考に基づいて、情報を吟味し、正確で適切な判断を

15　楠見孝「批判的思考と高次リテラシー」楠見孝編『思考と言語　現代の認知心理学3』（北大路書房、2010年）134 - 160頁

行い、誤情報を拡散させずに訂正することである。感染症の場合には、感染防止に関わる知識によって、科学的根拠のない偏見や差別をなくし、感染リスクを減らす適切な行動をすることが必要である。

7 ｜ メディアリテラシーと批判的思考との関係

「メディアリテラシー」は、リテラシー研究においては、1970年代から研究や教育実践がされてきた[16]。メディアリテラシーは大きく三つの構成要素に分かれる[5,17]。

(a) メディアの表現技法の知識：メディアの表現技法や制作過程、メディアそれぞれの特質やマスメディアなどの企業の目的に関する知識[18]

(b) メディアのバイアスに気付く能力：メディアから発信される情報について、そのバイアスに気付き、批判的に分析・評価・能動的に選択して、読み解く力[19]

(c) 情報を収集・活用する能力：メディアにアクセス・選択し、能動的に活用する能力。さらに、メディアを通じてコミュニケーションする能力[20]

人は、テレビや新聞、雑誌などのマスメディアからの情報に日常的に接している。そのときに、(a)は、マスメディアからの情報は現実世界の写しではなく、

---

16 参考として、Masterman, L. *Teaching the media.* (Comedia,1985) 宮崎寿子訳『メディアを教える クリティカルなアプローチへ』(世界思想社、2010年)

17 田中克己・楠見孝「情報信頼性」田中克己編『情報デザイン』(京都大学デザインスクール・テキストシリーズ)(共立出版、2018年)

18 坂本(第3章)に紹介されているCMLの定義「多様な形態のメッセージへアクセス、分析、評価、創造、参加するための枠組みをもたらす」ものである。坂本の定義「民主主義社会におけるメディアの機能を理解する」に当たる。

19 坂本(第3章)に紹介されているユネスコによる定義「メディア機能の観点からメディアコンテンツを批判的に評価する」、坂本の定義「批判的に分析評価」に対応する。

20 坂本(第3章)に紹介されているCMLの定義「社会におけるメディアの役割の理解を構築するとともに探究に必須のスキル」を支える能力に当たる。坂本の定義「あらゆる形態のメディアメッセージへアクセスし、(中略)、創造的に自己表現し、それによって市民社会に参加し、異文化を超えて対話し、行動する能力」に対応する。

ある規則（価値観や視点も含む）に基づいて、編集・構成されたものであること、情報発信を行う企業は利潤を上げることを目的とするなどの知識を持つことは、(b)の批判的に情報を読み解く上でも重要である。ここで、(b)(c)は、3節で述べた批判的思考のスキルと態度が土台となっている。

　メディアリテラシーは、市民がテレビを視聴したり、新聞や雑誌を読んだりする際に重要な役割を果たしている。その理由は、学校を卒業した市民にとっては、知識獲得の多くの部分は、テレビや新聞、雑誌などのマスメディアによることが多いためである。科学・技術の進歩や社会・政治などの情報を得るためには、マスメディアからの情報を利活用することが重要である。

　情報の媒体（メディア）に関わるテクノロジーの進歩によって、市民はマスメディア以外の情報を利用するための新しいリテラシーを身に付けることが必要になる[21]。例えば、コンピューターリテラシー、（インター）ネットリテラシー、ICTの利活用を支えるICTリテラシーであり、これらを総称してテクノロジーリテラシーともいう。これらのリテラシーには、テクノロジーによってツールを利用する操作的リテラシー（能力）が強調されがちである。しかし、操作できるだけでなく、情報を分析・評価し、行動する批判的思考が重要である。

　特に、インターネットリテラシーというときは、インターネットメディアによる情報の利活用や評価する能力を指す。それは、前述のメディアリテラシーを、インターネットの情報に特化したものであり、その構成要素は大きく三つに分かれる。

(a)　インターネットの特性に関する知識：インターネットは、誰でも発信・拡散できるため、情報は玉石混交であり、発信者の専門性（研究歴）や所属機関が情報評価の外的手掛かりとなることなど

(b)　インターネットの情報のバイアスに気付く能力：インターネットにおける情報について、そのバイアスに気付き、批判的に分析・評価・能動的に

21　参考として、Palincsar, A. S. and Ladewski, B. Literacy and the learning sciences. In K. Sawyer (Ed.), *The Cambridge Handbook of the Learning Sciences* (Cambridge University Press, 2006) pp.299-317.　森敏昭・秋田喜代美監訳『学習科学ハンドブック』(培風館、2009年)

選択して読み解く力

(c) インターネット上の情報を収集・活用する能力：インターネットを主体的に活用して、複数の情報源から情報収集し、発信者の立場や背景にある動機に考慮して、その信頼性と専門性を評価した上で、情報を活用し、情報発信、問題解決や行動決定を導く能力

　近年、人は、マスメディアだけでなく、インターネットメディア、ソーシャルメディアからの情報に接することが多い。従って、(a)のインターネットの特性に関する知識として、マスメディアのように多段階の内容のチェックが入らないため、根拠のないネット上の情報（フェイクニュースなど）が、掲示板、ブログ、Twitterなどに転載され、表現が改変されて拡散される場合があること、情報発信は、個人、研究機関、行政、企業などがさまざまな目的を持って行っていることを知っておくことは重要である。これらの知識は、(c)における情報の信頼性と専門性を評価する際に、誰（発信者）が、どのような相手を対象に、どのような目的（動機）で情報を発信しているかを読み解く際に働いている。そして、情報の内容の正確さや証拠の確かさ、新しさなどを評価する。さらに、これらを土台として、(c)で示した、インターネットを主体的に活用する能力を発揮して行動することが大切である。特に、(c)は、情報の送り手―受け手の役割が変化したことに関わる。テレビ番組は、送り手の構成した順序に従って、受け手が最初から直線的に読解・視聴する送り手主導の受動的な情報媒体である。メディアリテラシーは、こうした情報を読み解くためのものであった。それに対して、インターネットは、受け手が情報を検索し、読み進め方（ナビゲート）の順序を能動的に決定する受け手主導のメディアであり、インターネット固有のリテラシーの必要性はより高まっている。

　また、マスメディアは、発信される情報が専門家によって多段階で編集やチェックがされているため、情報の質や信頼性は一般に高いと考えられる。一方、インターネットは誰でも発信者になれるために、発信者によってその質や信頼度はさまざまである。インターネットの情報は、受け手が情報を利活用するために情報の信頼性を評価するインターネットリテラシーの役割が重要である。

8 | 原発事故におけるリスク情報の研究

　ここでは、情報の信頼性評価について、東日本大震災による福島第一原発事故におけるリスク情報に関して、私たちが行った二つの研究について紹介する。

　第一の研究は、福島第一原発事故に関わる情報源の信頼性評価が、著しく低下したことを示したものである。表1左は、東日本大震災1カ月前に輸入農産物の残留農薬などの食品安全性に関する情報源の信頼性について、全国の男女1000人にオンライン調査をした結果である。その結果、新聞、大学教授、大学のホームページ、行政の広報、テレビのニュースの評定値は中点の3（どちらともいえない）よりも高いことが示されている。一方、震災半年後と8年後に、被災県、首都圏、関西圏の男女合計1752人（2011年）と441人（2019年）に、原発災害、放射線量、放射能の健康影響に関する情報源について信頼性評価を求めたところ、危険があることを説明する専門家、新聞の評定値は中点3を上回るが、行政のHP、広報、記者会見は、「2：どちらかというと信頼

2011.2（震災1カ月前）		原発災害、放射線量、放射能の健康影響に関する情報源	2011.9（震災半年後）			2019.3（震災8年後）		
食品安全性の情報源	全国		被災県	首都圏	関西圏	被災県	首都圏	関西圏
		危険があることを説明する専門家	3.1	3.1	3.0	2.8	3.0	3.0
新聞	3.4	新聞	3.0	3.0	3.0	3.0	3.0	3.0
大学教授	3.4	テレビのニュース	2.9	2.9	3.0	3.0	3.2	3.1
大学のHP	3.4	市民のHP	2.6	2.6	2.7	2.3	2.6	2.6
行政の広報	3.4	知り合いからの口コミ	2.6	2.6	2.6	2.7	2.6	2.7
テレビのニュース	3.2	安心させるように説明する専門家	2.5	2.5	2.5	2.8	2.8	2.7
家族や友人	2.9	行政のHP	2.2	2.3	2.3	2.7	2.6	2.7
市民のHP	2.7	行政の広報	2.1	2.3	2.3	2.6	2.6	2.7
広告のあるHP	2.6	行政による記者会見	2.1	2.2	2.3	2.5	2.5	2.7

表1　情報源に関する信頼性平均評定値（1：信頼できない〜5：信頼できる）

注：左表は全国の男女1000人にオンライン調査をした楠見の未発表データ。右表は3地域の男女1752人（2011年）と441人（2019年）のオンライン調査のパネルデータで、楠見・三浦・小倉・西川[22]に基づいて作成。

22　楠見孝・三浦麻子・小倉加奈代・西川一二「福島第一原発事故による食品の放射線リスクへの態度（2）：9波パネル調査データによる3地域差と8年間の推移の検討」『日本心理学会第83回大会発表論文集』（2019年）1B−016頁

できない」レベルであった。このことは、市民は、福島第一原発事故による放射能のリスクについては、市民は信頼できる情報源を持てなかったこと、特に、政府の情報源としての信頼度が事故前に比べて低下し、8年間で、回復はしたが、まだ中点に達していない。また、マスメディア（新聞やテレビのニュース）は中点レベル、市民のホームページは、中点よりも低いが、行政よりは高いことが分かった。

　第二の研究は、福島第一原発事故に関わる食品中の低線量放射能の健康影響について、危険と安全の両面情報提示の効果を検討したものである[23]。ここでは「お店で買う食品の危険は小さい。しかし、野生のキノコ類やゼンマイやワラビなどは注意が必要」といった影響なしと影響ありという両面提示情報より

提示情報
食品中の低線量の放射能の健康「影響あり」と「影響なし」の議論について2名の大学教授が議論のサイトに投稿した記事を読んでもらうという設定

片面	両面
提示	提示
条件	条件
900人	900人

片面提示
（影響あり＋影響あり　メッセージ例）

K教授の発言1
　低い線量の放射線は、小さくてもリスクはあると私は考えています。
　…「低線量であっても被ばくしただけ、がんなどの病気のリスクが増える」のであり、「100ミリシーベルト以下であれば安全である」というものとは異なっています。…

K教授の発言2
　低い線量の放射線が子どもに及ぼす影響には気をつけたほうがいいと私は思います。…

両面提示
（影響なし＋影響あり　メッセージ例）

T教授の発言1
　低い線量の放射線による危険は比較的小さいと思います。
　…100ミリシーベルト以下の低い線量の放射線の影響については、…がんなどの病気をもたらすタバコや食事などの様々な原因のなかに埋もれてしまい、放射線による明確な影響は見いだされていません。…

T教授の発言2
　しかし、低い線量の放射線が子どもに及ぼす影響には気をつけたほうがいいと私は思います。…

図3　食品中低線量放射能の健康影響についての2通りの両面提示の例[23]

23　楠見孝・平山るみ・嘉志摩佳久「リスクコミュニケーションにおける対立情報回避　放射能・食品リスクに関する情報源信頼性とリスク認知」『日本心理学会第78回大会発表論文集』(2014年)1EV-1頁

	片面提示		両面提示	
	影響なし ＋なし（安全）	影響あり ＋あり（危険）	影響なし ＋あり	影響あり ＋なし
信頼できる	3.1	3.4	3.3	3.2
わかりやすさ	3.2	3.4	3.3	3.3
伝えたい	3.1	3.3	3.2	3.2

表2　情報提示法による情報（源）の評価の平均評定値（SD）（5件法）

注：2地域（被災県、首都圏）の男女1800人（2014年）を片面提示群、両面提示群各900人に分けて、オンライン実験を行った[23]。

も、影響ありというだけの片面提示情報だけの方が、情報の信頼性評価が高いという結果が得られた。実験は、食品中の低線量放射能の健康影響ありとなしのメッセージについて、議論のサイトにおける大学教授2人の投稿記事を読むという設定であった（図3）。事故3年後の2014年3月に、男女1800人を片面提示群（前半後半も一貫して、影響ありまたは影響なしのメッセージ）、両面提示群（前半と後半で、影響ありと影響なしのメッセージ）に分けて、オンラインで実験を行った。その結果、表2が示す通り、「信頼できる」「わかりやすさ」「この情報を家族などに伝えたい」についての5段階（1から5）の評価は、いずれも片面危険提示「影響あり＋あり」が最も高く、片面安全提示「影響なし＋なし」が最も低かった。このことは、食品中の低線量の放射能の健康影響については、一貫して危険があるという考えを伝える片面メッセージの方が、危険があるとないの両方の考え方を伝えるメッセージや、一貫して安全であるという考えを伝える片面メッセージよりも、信頼でき、分かりやすいと評価されることを示している。

9 ｜ 情報の評価をめぐる三つのバイアス

　情報の信頼性評価において、評価に影響を及ぼす認知の一般的傾向としては、三つのバイアスが考えられる。これらは、多くの人が共通して持つ情報処理の特徴であり、自覚的になることは難しい。

　第一の信念バイアスは、情報の内容的あるいは論理的な正しさよりも、自分の信念に当てはまるかどうかで、情報の妥当性や信頼性を判断してしまうこと

である。すなわち、人やその属する集団が持っている信念は、変わりにくいため、信念に反する意見の信頼度を低く評価することがある。表1において、放射能汚染について、危険だと説明する専門家の信頼度が高く、安心だと説明する専門家や行政の信頼度が低かったのは、市民が危険だという信念を持っていたためと考えられる。また、そのことは、表2において、片面提示で危険だけを伝えるメッセージの信頼度が、両面提示や片面の安全メッセージよりも信頼度が高いことに結び付くと考える（なお、ここで、信念が正しいかどうかは別の問題とする）。

第二の確証バイアスは、自分の信念に対して合致する情報を重視したり、集めたりする傾向である。情報収集の段階で、信念に反する情報を無視してしまい、また推論の段階で、情報の信頼度評価よりも、信念との合致度を重視するため、誤った結論を導いてしまうことがある。

第三のベテランバイアスは、経験が豊富であるベテランが、情報を解釈する上で、過去経験が大きな影響を及ぼすことによる判断の偏りである。ここで、ベテランの持つ過去経験と現在の状況が大きく異なる場合、過去の経験は判断を誤らせることがある。ここには、ベテランによる経験に基づく仮説生成とその確証バイアスのプロセスも含まれる。経験豊富な専門家の情報が信頼できるかの判断には、専門家の行う過去の類似経験に基づく類推が適切かどうかの判断が必要である。

以上とは異なるバイアスを引き起こす原因として、ウェブページにおける情報の信頼性判断における流 暢 性の効果がある。流 暢 性とは、「人が情報処理過程において、スムーズに処理できた」という知覚、言語、概念レベルの情報処理のしやすさに関するメタ認知的・主観的判断である。この判断が、より複雑な領域固有の判断（情報の信頼性や真実性）や価値などの判断（好き、頻度など）に置き換えが起きる現象が流 暢 性の効果である。例えば、フォントの大きさ、デザイン、図表などによって読みやすく洗練されたウェブページは、そうでないウェブページに比べて、信頼度や真実性が高く評価されることがある。これは外見に基づく信頼性の評価である。特に、インフォグラフィックスを用いて、情報、データ、知識が視覚的に分かりやすくインパクトがある形で表現される

と、情報への信頼度が高まることがある。

　ここで、人が思考や判断を行うプロセスは、図2で述べたように、大きく二つのシステムに分けて考えることができる。流 暢 性の判断は、直観（システム1）の働きである。直観は、日常生活において自動的、無意識的に絶えず行われている判断である。素早く実行されるが、バイアスによるエラーを引き起こすことがある。一方、推論（システム2）は、熟慮的で論理的な判断である。批判的思考はその代表である。システム1の判断規準は、分かりやすさ、快などで、証拠の質や量はあまり影響しない。従って、知覚的レベルで読みやすく、概念レベルで経験や信念に合致して、理解しやすいときは、心地よく感じ、信頼性が高いと錯覚し、信頼性への疑いをなくすことがある。

　これまで述べてきたバイアスを修正するためには、これらのバイアスがあることについて自覚的になること、バイアスを引き起こす、自動的な処理による直観（システム1）を、熟慮的で論理的な批判的思考（システム2）によって、コントロールして、バイアスを修正することが必要である。例えば、インフォグラフィックスによるデータの表示では、システム1による直観的な把握だけではなく、システム2によって、元の数値データを吟味して、誇張やゆがみがないかをチェックし、信頼できるかどうかを確認することが重要である。

10 ｜ 批判的思考の教育現場への展開

　最後に、批判的思考とメディアリテラシーが、大学教育、小学校、中学校、高校などでどのように展開してきたのかについて述べる。

（1）　批判的思考教育運動

　批判的思考は、アメリカなどでは、第1次、第2次世界大戦の時代に、プロパガンダ（扇動、宣伝）に左右されない手段を身に付けるために、メディアリテラシー教育として教えられていた。また、1930年代ごろからは、市民性（公

民）教育、社会科教育において、批判的思考の育成がされていた[24]。

　そして、1980年代ごろからは、アメリカの哲学者ポールと心理学者エルダーが中心となって、批判的思考教育運動のための組織（Foundation for Critical Thinking）が作られた。そして、幼稚園から大学までの教員などを対象として、毎年年次集会が開かれ、批判的思考教育を促進するための活動が進められている。彼らの活動はウェブサイト[25]で知ることができ、書籍は2冊邦訳されている[26]。

（2）　欧米における大学教育への導入

　欧米の大学においては、20世紀の中ごろから批判的思考教育が行われてきた。特にアメリカでは、1970年代後半からの大学の大衆化に伴う入学者の学力低下と大学教育改革の流れの中で、批判的思考能力の育成は、大学導入教育において、哲学、論理学などの入門科目、そしてライティングなどの学問（academic）リテラシー科目の中で取り上げられるようになった。さらに、批判的思考のスキルは、専門教育、専門的職業人の育成においても看護学、経営学、心理学、教育学、メディア研究、異文化間研究、ジェンダーやマイノリティー研究など多くの分野の学習や研究を支える汎用的（ジェネリック）スキルとして重視されてきた。特に、心理学教育は、批判的思考の導入が盛んな領域の一つである。その理由の一つには、通俗心理学を批判的に検討して、アカデミックな心理学を説明するためである[27]。

24　参考として、樋口直宏『批判的思考指導の理論と実践　アメリカにおける思考技能指導の方法と日本の総合学習への適用』（学文社、2013年）

25　The Foundation for Critical Thinking：https://www.criticalthinking.org//（2021年5月3日閲覧）

26　Paul R, & Elder L. *Critical thinking: Tools for taking charge of your learning and your life* (Prentice Hall, 2001) 村田美子・巽由佳子訳『クリティカル・シンキング　「思考」と「行動」を高める基礎講座』（東洋経済新報社、2003年）
　　Paul R, & Elder L. *Critical thinking: Tools for taking charge of your professional and personal life.* Upper Saddle River, NJ：(Prentice Hall, 2002) 村田美子監訳、巽由佳子訳『クリティカル・シンキング【実践編】　「仕事」と「人生」を豊かにする技術』（東洋経済新報社、2003年）

27　例えば、Stanovich, K. E. *How to think straight about psychology* (Foresman & Co., 1989). 金坂弥起監訳『心理学をまじめに考える方法　真実を見抜く批判的思考』（誠信書房、2016年）

(3)　日本における大学教育への導入

　日本の大学教育においても、批判的思考教育は、1990年代後半から、初年次教育や専門教育に導入されるようになってきた。特に、初年次教育については、哲学者や心理学者、言語学者などが、初年次の導入科目として、学問リテラシー、学習スキルを育成するために、レポートライティングや討論、プレゼンテーションなどの指導と併せて、批判的思考を教えることが多い[28]。

　2000年代後半からは、特に、汎用的スキルの育成が重視されるようになった。汎用的スキルは、市民生活、職業においても適用できる転移可能な技能である。これは、1990年代からさまざまな形で提唱されてきた能力概念、例えばコアスキル、キー・コンピテンシー、21世紀型スキル、就業能力（employable skills）、学士力等と、目的による差異があるものの共通の内容を持っている。

　例えば、OECDの「能力の定義と選択」（DeSeCo）プロジェクト（1997〜2002）が提起した「キー・コンピテンシー」においては、個人が思慮深く（reflectiveness）考え、行動することの必要性が重視されている。これには、変化に対応する力、経験から学ぶ力、批判的な立場で考え、行動する力が含まれている。さらに、ATC21s（Assessment & Teaching of 21st Century Skills）が提唱した「21世紀型スキル」の4カテゴリーのスキルの一つである「思考の方法」においては、批判的思考が、問題解決・意思決定、創造性、学習方略・メタ認知と共に挙げられている[29]。

　特に、学士力は、大学学部教育において、専攻分野にかかわらず、習得すべき内容として提唱された汎用的能力である。(a)知識・理解、(b)汎用的スキル（批判的思考力、論理的思考力、コミュニケーションスキル、情報リテラシーなど）、(c)態度・志向性、(d)統合的な学習経験と創造的思考力——の四つが挙げられている[30]。批判的思考は、汎用的スキルの中核となり、(a)(c)(d)にも関わる。批判的

28　参考として、鈴木健・大井恭子・竹前文夫編『クリティカル・シンキングと教育　日本の教育を再構築する』（世界思想社、2006年）

29　楠見孝「学力と汎用的能力の育成」楠見孝編『教育心理学（教職教養講座第8巻）』（協同出版、2018年）

30　中央教育審議会「学士課程教育の構築に向けて（答申）」：https://www.mext.go.jp/b_menu/shingi/chukyo/chukyo0/toushin/1217067.htm（2021年4月24日閲覧）

思考は、論理的思考力、問題解決力などと共に重視されている。さらに、経済産業省は「職場や地域社会で多様な人々と仕事をしていくために必要な基礎的な力」である社会人基礎力として、三つの能力（考え抜く力、前に踏み出す力、チームで働く力）を挙げている[31]。さらに、人生100年時代の社会人基礎力として、自己を振り返りながら、目的、学び、統合のバランスを図ることの重要性を指摘している。この中で考え抜く力には、課題発見力、計画力、創造力を挙げている。これらは、学士力と重なる部分があるが、より実践的な課題解決に重点が置かれている。働く人が批判的思考態度を持つことは、仕事の経験を振り返って、経験から学ぶことを促進する。それは、熟達者になるための土台になっている（楠見、2020）[32]。

（4）　日本の小学校から高校への導入

　批判的思考に関する国内の研究は、1970年代に井上（1977）[33]による言語技術教育の実践と、井上が教育心理学者の久原、波多野と共同で進めた批判的思考能力尺度の日本版の開発（井上・久原・波多野、1983）[34]に始まる。その後、批判的思考教育は、論理的思考、メディアリテラシー、ディベートを活用した授業などで取り上げられてきた。

　さらに、2000年以降は、先に述べたOECDの「キー・コンピテンシー」や「21世紀型スキル」など汎用的能力育成を重視する世界的な教育改革の動向の中で、日本においても、2020年度より小学校から順次実施されている新学習指導要領においても、思考力、表現力、判断力などの汎用的能力育成が重視されている[29]。

31　経済産業省「社会人基礎力」：https://www.meti.go.jp/policy/kisoryoku/index.html　（2021年4月24日閲覧）

32　楠見孝「熟達したホワイトカラーの実践的スキルとその継承における課題」『日本労働研究雑誌』62巻11月号（2020年）85–98頁

33　井上尚美『言語論理教育への道―国語科における思考―』（文化開発社、1977年）

34　井上尚美・久原恵子・波多野誼余夫「批判的思考力とその測定」『読書科学』27号（1983年）131–142頁

35　実践例として、愛知教育大学附属名古屋中学校「意識的に吟味した考えを表現することができる子どもの育成：批判的思考を用いた授業の創造（第3年次）」『愛知教育大学附属名古屋中学校紀要』37号（2017年）

　こうした流れの中で、批判的思考は、教科を超えて、日常生活に活用できる汎用的スキルの中核となる。例えば、各教科の学習活動において、情報収集と読解、分析と評価、問題解決と発表といった一連の活動には、3節で述べた批判的思考の重要な構成要素が関わる。こうした批判的思考のスキルを、全教科で取り入れて全校的に実践する試みもある[35]。

　また、教科を横断する探究的な学習は、「総合的な学習の時間」（2022年度より高校では「総合的な探究の時間」に変更）の中で盛んに行われるようになってきている。スーパーサイエンスハイスクールなどの指定を受けた高等学校では、3年間のカリキュラムにおいて、批判的思考や探究のスキルを指導した上で、個人あるいはグループで、探究的な学習を進める実践が行われている。そこでは、探究的な学習スキルと共に批判的思考の態度とスキルが向上することが見いだされている[36]。

11 ｜ まとめに代えて：市民リテラシーからグローバルリテラシーへ

　市民リテラシー（civic literacy）とは、市民生活に必要な情報を読み取り、適切な行動をしたり、発信するためのコミュニケーション能力である。市民リテラシーは、市民生活に関わる多くの分野の知識に基づくコミュニケーション能力である。これは、メディアリテラシーによる情報獲得や発信に支えられており、科学、法律、リスク、健康、金融などの、市民が関わるさまざまな領域のリテラシーの総体であり、批判的思考が土台にある。

　市民リテラシーを持つ市民とは、批判的思考能力と態度を持ち、メディアリテラシーによって、生活に必要な情報を正しく読み取り、人に正確に伝え、考えの違う人の意見に耳を傾けつつ適切に行動する人である。そして、責任感を持って、自律的に社会に関わり、倫理的・道徳的判断を行い、社会的問題を解決する。これは、市民性（citizenship）の基盤である[4,5]。市民リテラシーは、

36　Kusumi, T. "Cultivation of a critical thinking disposition and inquiry skills among high school students." In E. Manalo (ed.) *Deeper Learning, Dialogic Learning, and Critical Thinking: Research-based Strategies for the Classroom* (Routledge, 2019) pp.299-320.

高校までの教育や大学教養教育、読書をはじめ、さまざまなメディアを通して学習するとともに、生活や職業において積み重ねた経験や学習によって獲得される。

こうした市民リテラシーに加えて、2030年の市民に必要とされる能力として、OECD[37]が提唱しているのが、世界市民として生きるためのグローバルコンピテンスである。

グローバルコンピテンスとは、(a)グローバルで文化横断的な問題について、批判的、複眼的に分析し、(b)さまざまな差異が、人の知覚、判断、自他の概念にいかに影響するのかを理解し、(c)他者への尊重を土台として、異なる背景を持つ他者との間に、オープンで適切で効果的な相互作用を持ち、(d)人々の幸福と持続的発展のために行動する能力である。グローバルコンピテンスを支える構成要素は、第一に、世界や他の文化についての知識であり、間違った情報やステレオタイプに左右されないためのものである。第二は、世界を理解し行動するための、批判的分析、異なる視点を理解するなどの認知的スキルである。そして、適切で柔軟で効果的なコミュニケーションをするためのスキルである。これらは、批判的思考やメディアリテラシーが基盤にあると考えられる。

37　The OECD PISA global competence framework（OECD, 2018）：http://www.oecd.org/pisa/Handbook-PISA-2018-Global-Competence.pdf（2021年5月3日閲覧）

第 2 部

ジャーナリストの視点と実践

第10章

【Interview】

すべての情報は再構成 されている

虚偽の情報やデマがインターネット上で広がるにつれ、メディアリテラシー教育の必要性が指摘されるようになっている。日本とアメリカでキャリアを積み、いち早くメディアリテラシーに注目したジャーナリストが考えるメディアリテラシー教育とは。

菅谷明子 ● SUGAYA Akiko

在米ジャーナリスト　ハーバード大学ニーマン・ジャーナリズム財団理事
コロンビア大学大学院修士課程修了、東京大学大学院博士課程単位取得満期退学。『Newsweek』
日本版スタッフ、経済産業研究所（RIETI）研究員などを経て独立。2011-12年ハーバード大学
フェロー（特別研究員）、2014年から現職。著書に『メディア・リテラシー　世界の現場から』『未
来をつくる図書館　ニューヨークからの報告』（共に岩波新書）など。

「クリティカルシンキング」が不可欠

―　2000年に出版された『メディア・リテラシー』が増刷（20刷）を重ね、ロングセラーになっています。この本で一番伝えたかったことはなんですか。

「今自分が知っていることを、どうやって知ったのか」と考えると、その大半はメディアに媒介された情報が基になっています。生きる上で不可欠な存在になっているのに、メディアの特性を知る機会はほとんどありません。情報社会で生きるわれわれは、「すべての情報は、取捨選択され、再構成されたものである」と認識することが大事です。特に若い世代を育てる教育現場においては、情報を批判的・複眼的な目で見る「クリティカルシンキング（建設的な批評能力）」を教えていくことが不可欠だと思います。

―　この20年、メディアリテラシーについて、どんな変化を感じますか？

特に 1980〜90 年代の北米のメディアリテラシーは、「市民対マスメディア」といったシンプルな構造の中で捉えられるケースが多かったと思います。私はそうした図式には、個人的には違和感を持っていました。

インターネットが普及した 1990 年半ば以降からは、メディアを取り巻く状況は大きく変化していきました。市民自身の情報発信が可能となり、好きなことを何でも気軽に発信できるようになる一方で、根拠がないものや、無責任な発言や中傷も増えていきます。つまり「市民は良い」「メディアは良くない」といった単純な図式では捉え切れなくなったのです。それに伴って、従来のメディアリテラシーは少し停滞していったように思います。

2000 年半ば以降からは、スマートフォンや、ソーシャルメディアが普及し、さらに最近は、フェイクニュースが広がるなど、情報社会の構造はより複雑化しています。そんな状況下で、情報を批判的に読み解くことの重要性が再認識され、メディアリテラシーにまたスポットライトが当たっています。

とはいえ、私はいつの時代でも、メディアリテラシーは大事だと思っています。100 年前でも今でも、基本となる考え方である「すべての情報は、取捨選択され、再構成されたもの」と認識することが肝心です。民話や瓦版の時代であっても、同じことだったと言えます。

― アメリカの最近のメディアリテラシー教育はどうなっていますか。

アメリカは州や地域、学校によってカリキュラムが大きく変わるので一概には言えませんが、メディアリテラシー的な考え方はかなり浸透しています。独立した授業というよりも、英語（日本でいう「国語」の科目）をはじめ、さまざまな教科の一部として取り入れられています。

歴史を例に挙げると、日本では年代や人名の暗記が重視されますが、アメリカでは、なぜその出来事が起こったのかという背景にある社会情勢や権力構造など、別の時代や他の国でも応用可能な思考の基盤を積み上げていきます。

例えば、高校生の娘の最近の授業は、現代アメリカ政治のメディア戦略を分析した後に、ナチスのプロパガンダでメディアがどう使われたかを検証するものでした。

菅谷明子氏（写真／valuepress）

また、事実と意見の違いはもとより、「前提を疑ってみる」「別の視点からも考えてみる」といったクリティカルシンキングも、小学校低学年から教え込まれます。

メディアリテラシーは、第2次世界大戦時におけるプロパガンダへの反省から広まった経緯もあり、決して新しいものではありません。テレビが出てくる以前からも実践され、メディアの変遷を経て、現在のメディアリテラシー教育の形に発展してきました。

権力を持つ人が自分に有利な情報を発信することは昔からあることです。だからこそ、そうした力の不均衡を是正し、健全な民主主義を実現するには、市民が情報をうのみにするのではなく、それがどんな論拠に基づいたものなのか、もっと別の見方ができないか、何が隠されているのかなど、いったん立ち止まって情報を捉える訓練が大事になってきます。

アメリカのメディアリテラシー教育も多様ですが、中には情報の真偽を問う形式だったり、物事に白黒をつけようとする単純化された授業も見受けられます。私自身は、真実というものは非常に複雑で、明確に白黒つけられないケースも多いと思っているので、こうしたアプローチに対しては、ややシンプル過ぎるのではないか、と思うこともあります。

― アメリカと、日本のメディアリテラシーの違いを大きく感じる部分はありますか。

メディアリテラシーに率先して取り組んでいるのは、基本的には民主主義国家で、かつ、市民が批判的能力を身に付けることを重んじる国です。全体主義体制下では「情報を疑いましょう」という教育はやりにくいですから。

　民主主義の価値を重んじる教育には、批判的、複眼的にものを捉えるという教育はフィットします。力がある者が自らをより有利にするための情報を、市民の側がチェックできてこそ民主主義という概念が、本質的に含まれているからです。

　メディアリテラシーでは、立場や視点が変われば異なる見方が出てくると認識するのも重要なポイントですが、こうした見方が、結果的に物事をより深く理解することや、新しい発想、クリエーティブな考え方につながり、社会をより良い方向に導くと考えます。

　一方で、日本の教育はクリティカルシンキングよりも、先生をはじめ「偉い人」が言うことが「正しい」として、それに対向的な見方をするよりも、そのまま受け止めて現状を肯定することが大事にされがちです。そのため、現実的には、日本の教育現場でメディアリテラシーを本格的に教えるハードルはかなり高いと思います。

　OECD の国際教員指導環境調査（2018 年）で、「児童生徒の批判的思考を促す」と答えた教員は、参加国平均で 80 パーセントを超えていたのに対し日本は 20 パーセント台となっており、日本はこの点の取り組みが非常に弱いことが分かります。

　アメリカのメディアリテラシーは、「公民教育」の一部として実施されることもあります。地域にもよりますが、最近では、政治の仕組み、貧困や格差、人種問題、社会の多様性などを考えさせる授業や、社会を良くするために行動を起こすことも奨励されます。そして、そうした学習では、メディアの在り方が、セットで教えられることも多いです。市民が社会問題をいかに理解するかは、メディアがそうした事象をどう伝えるかに大きく影響を受けるからです。

　日本でも必要な学習だと思いますが、日本の教育現場の現状を理解した上で、継続して実行可能な授業の工夫も必要です。

　私が授業をさせていただくときには、メディアリテラシーの最も根底にあるコンセプトの「情報がいかに再構成されているか」に焦点を当てた体験型のものにしています。学校外でも、楽しみながら学べるオンライン学習素材、夏休みなどを利用して図書館やミュージアムなどで幼少期からできる学びの場なども、積極的に作っていく必要があると考えています。

「命の順位付け」から分かること

― **日本で教えるとき、具体的にはどのような内容になるのですか？**

　私が大事に思っているのは、ひとごとのようなメディア批判ではなく、自分自身にも実は無自覚の偏向があることを、わが事として自覚してもらうことです。それも楽しい方法で。よく使っていて、クラスで盛り上がり即効力があるのは『ウサギとカメ』のワークショップ（体験型授業）です。

　「ウサギが寝ている間にカメが追い越してゴールする」あの誰でも知っているストーリーですが、その物語を書いたものと、それを9コマに分けた絵を渡し、それぞれのグループに、物語に忠実に並べ替えをしてもらいます。

　作業前には「そんなのみんな同じになるに決まってる！」とよく文句を言われるのですが（笑）、大体、7グループくらいでやっても、全く同じ並びになることはほとんどありません。

　各グループが作った縦長のものを、次々と横に並べて張り出すと、順番の違いがさらに際立って、その大きな違いに皆さんとても驚きます。私はこの瞬間、いつも「やったね！」とニンマリします。自分は全くニュートラルにやっているつもりでも、無意識の解釈が入り込んでくることを体感できる、お気に入りのワークショップですが、大人を対象にしても同じ結果になります。

　また、「命の順位付け」という授業をすることもあります。これは元TBSのジャーナリストの方から教えていただいた方法を発展させたものです。

　人の命に関わるニュースの見出しを、あらかじめ10ほど用意して、細長く切った紙に書いたもの

『ウサギとカメ』のコマの並び替えもさまざま

をセットで用意しておきます。

　例えば、こんな感じです。

　　パリに行っていた日本人タレント1人が、事故で亡くなった

　　東京で川が氾濫して10人が亡くなった

　　チリの飛行機事故で300人が亡くなった

　　ソマリアの飢餓で500人が亡くなった

　これらのニュースについて、読者に知らせるべきだと考える順に1から10まで縦に並べてもらい、各グループのものを横にずらりと張り出していきます。並べた順番を比べながら「どうしてこれが一番上なの？」「なぜ下なの？」と考えていきます。

　すると、人間の命は同じ価値のはずなのに、ソマリアで500人亡くなった記事よりも、亡くなった人の数が少ない記事が上位に来る場合があることなどを、生徒たちが気付いていきます。有名人だから上位なのか、遠い国のことだから下位なのか。そもそもそうなるのは、どうしてなのか、と考えることになります。「自分としては、Aのニュースが大事だと思うけど、視聴率を考えるとBになる」といった意見が出ることもあります。

　応用編としては、最初の作業が終わった後に、ニュース番組を作るようなイメージで「今日のニュース枠では時間が足りないので、三つだけ選びましょう」というやり方もできます。そうすると三つ以外の七つは伝えられない。つまり、起こったことでも伝えられないと、あたかも、その事実がなかったかのようになってしまうことに、みんなハッと気付きます。こうしたメディアの選択の積み重ねが、実際に起きていることと、社会認識のズレの原因になっていることも理解できるはずです。

　他にも、ニュース記事でインタビューしたコメントのどの部分を使うか、最初にどんなエピソードを持ってくるか、どういう話で終わらせるのかによって、その出来事の印象が全く変わってきますが、それが際立つようなワークショップもします。

　何かを伝えるということは、何かを伝えないことでもあり、構成や編集も不可欠になります。これはメディアに限らず、個人が誰かに何かを伝えるときでも、無意識に同じようなことをしています。メディアが伝える情報も、取捨選択の連続で現

実を再構成した恣意的なものです。たとえ、特別に歪曲するような意図がなくても、制作者の思惑や価値判断が入り込まざるを得ません。実際に作業してみることで、メディアリテラシーの根本的な考えが体感できます。

—— アメリカの若者に比べ、日本の若者はソーシャルメディアで自分の意見を発信する人が少ないように感じますが、なぜだと思われますか。

　日本とアメリカの違いは、社会文化的背景が大きいと思います。

　アメリカでは、幼少の頃から自分の意見をはっきりと伝えるように奨励されます。「移民の国」でもあり、人口や面積も日本より格段に大きく、バックグラウンドが異なる多様な人に囲まれているわけで、日本の環境とは大きく異なります。ですから、相手に分かってもらうには、自分の意見を明確に伝えることが不可欠になり、さらに小学校低学年ごろから、自分の主張に説得力を持たせるためには、客観的なエビデンスで裏付けして伝えることが大切であることを習い始めます。

　世の中の大半のことには一つの「正解」はありませんし、あくまで個人の意見ですから、その考えに至るまでのロジックが通っていれば、それぞれの生徒の意見がどんなに異なっていても尊重されます。そうした日々の習慣の積み重ねがあるので、人前に出ても、友達と話していても、ソーシャルメディアでも、自分の意見を発信できる人が多くなっていると思います。ただ、どんなふうに考えてもよい社会でもあるので、「これは極端では？」と思うような意見にも、たくさん出くわします。

　一方で、日本では「一つの正解」や「空気を読む」カルチャーの存在で、周りの人が自分の意見をどう捉えるかを予測してから何を言うべきかを判断する人が多いと感じます。言いたいことをそのまま話すより、言わない方が合理的な場合は、控えた方が得策です。確かに日本社会の文脈では自然なことですが、こうした文化背景が、自分の意見をロジカルに語る機会を幼少期から奪ってきている気がします。

　日米両国に住んでみて、文化や環境の違いが、いかに人間の思考や行動に影響を与えるかも実感します。時折、在米の日本の方を対象にした講演にお招きいただくこともあるのですが、アメリカ育ちの子どもたちは言うまでもなく、日本で生まれ育って、大人になってからアメリカに移住してきた大人でも、在米年数が長くなると、

アメリカ的に自分の意見を物おじせずにおっしゃいます。「日本人だから」ではなく、教育や文化の力の大きさを考えさせられます。

メディアリテラシーの役割は不変

― 今後のメディアリテラシーについては、どうなるとお考えですか？

　最近、メディアリテラシーの必要性としてよく挙げられるのは、「マスメディアの質が低下したのに加え、インターネットやソーシャルメディアで多様な情報が錯綜し、何が正しいのかが、ますます分かりにくい時代になった。だから、メディアリテラシーが重要だ」といった議論です。私は、それを否定するつもりはありません。ただ、たとえ、どんなにメディアの質や信頼性が高まり、市民の情報発信能力が向上し、意図的な虚偽情報がなくなったとしても、メディアリテラシーの重要性は不変だと考えています。

　メディアリテラシーの基本は、「すべての情報は、取捨選択され、再構成されたものである」ことを理解することです。言い換えれば、「実際に社会で起こっていること」と、われわれが「メディアを通して認識する社会」とのギャップ、そして、それらをもたらす諸要因に対して自覚的になることです。今後も情報テクノロジーは進化し続けていくでしょうが、われわれがメディアを媒介した情報を基に、世の中のありようを理解していくことも、また不変なはずです。たとえ今後もメディアの形態が変わり、情報がさらに増え続けていったとしても、しょせん、それらは社会事象のほんの一部をなぞり、その断片を伝えているだけにすぎません。だからこそ、メディアリテラシーは、どんな時代や状況下にあっても、誰もが身に付けるべき力だと考えています。

　インタビューは2020年7月にオンラインで行い、その後メールのやりとりなどで補足した。
（聞き手・スマートニュース メディア研究所　山脇岳志、宮崎洋子、中井祥子）

第11章

【Interview】

「Should（べき論）」ではなく
「How（方法論）」を教えよう

子ども時代の数々の事件で芽生えた、情報の《伝え手》への疑問。TBS報道アナ時代に直面した、《受け手》への危機感。首相官邸側の立場で思い知らされた、《出し手》の難しさ。——100パーセント実体験を体系化した、"野生"のメディアリテラシープログラムとは。

下村健一 ● SHIMOMURA Kenichi

令和メディア研究所主宰　白鷗大学特任教授
東京大学法学部卒。TBS報道局アナウンサー、フリーキャスター計25年を経て、官邸にて内閣審議官等を2年半。慶應義塾大学特別招聘教授など経て、現職。光村図書の小学校5年の国語教科書に「想像力のスイッチを入れよう」を執筆。2000年以降、小学校から大学、企業まで数百回のメディアリテラシー授業を行ってきた。インターネットメディア協会（JIMA）のメディアリテラシー担当。主著『10代からの情報キャッチボール入門』（岩波書店）。

メディアを意識した数々の原体験

— メディアリテラシーを意識するようになったきっかけは何ですか。

幼少時からの僕自身のさまざまな経験がきっかけになっています。

まずは5歳の時です。お向かいに住んでいた同級生の男の子と、今でいうミニコミ紙を創刊しました。その子の弟の名前を借りて「としちゃんタイムズ」。町内のどこのどぶ板が外れたとか電柱が傾いているとか、新聞の折り込み広告の裏の白紙に書いて、ご近所のお母さんたちに回覧していたんです。その都度、「どうだった？」と感想を聞いて、みんなが読んでくれる記事の書き方を何となく覚えていきました。

小学校3年生の時、東大安田講堂の籠城事件が起こります。僕の父親は、東大の駒場キャンパスで教官をやっていました。あの時期、駒場でも教室に先生を軟禁して一晩中吊し上げたりしていて、ある晩、大学当局からわが家に電話がかかってきました。母が取って真っ青になって、「お父ちゃんが缶詰めになっちゃって、今日は

帰って来られないかもしれない」と言いました。その瞬間、僕は飛び上がって「やったー、『としちゃんタイムズ』特ダネ！」とはしゃぎました。すると、僕に声を荒らげることなど1回もなかった優しい母が、「何言ってるの！」と本気で叱ったのです。そこで二重に衝撃を受けました。ネタができたとまず喜んだ自分に驚いたこと。母親の反応を見て、何だか知らないけど新聞は人を怒らせることがあるのかもしれないなと感じたこと。メディアの怖さを知った原体験です。

　中学生の時には、わが家に近い同級生の女の子の家で、先進国最後の天然痘が発生しました。当然大騒ぎになってメディアが殺到しました。僕たちはその家を遠巻きにしながら、なんとなく浮き足立っていました。ところが新聞記者のカメラがこっちを向いた瞬間、僕も含めてその場の人たちは「不安げに見守る近所の住民」の模範的な顔をするのです。頼まれてもいないのに。少なくとも僕は、その方が新聞に載れるだろうという計算がパッと働いてました。「世の中の出来事って、こうやって作られていくのかな」と、瞬間的に演じた自分の表情から、後日考えました。それ以降、事件のニュースを新聞やテレビで見るたび、その時の自分を思い出して、「今、映っているこの人たちも少し演じてるのかも」と思うようになったんです。わが家で取っていた大手の新聞に、「隣の主婦」の言ってもいないコメントが載ったことも衝撃でした。

　大学生の時は、学習塾で中学3年生を教えていました。そこに来る生徒たちの多くが通う町田市立忠生中学校で、先生が生徒をナイフで刺してしまうという事件が起こりました。校内暴力が荒れ狂っていた時代だったこともあって、大きなニュースになりました。僕は生徒たちから相談を受けたり、ぼやきを聞かされました。彼らが口々に言ったのは、「テレビや新聞は、学校へ来て校舎の割れたガラスだけ撮っていく。ほとんど割れてないのに、割れているガラスだけを映して『これが忠生中です』と言っている。『これ、どこの荒れた学校？』と思うくらい、そこだけが強調されている。何なんですか、ニュースって？」。僕は答えに窮してしまいました。

冷静な「伝え手」「受け手」たれ

── テレビ局（TBS）に入局されてから、印象に残っていることは何でしたか。

　そんな体験があったので、1985 年に TBS に入局してから、自分は「気を付ける」伝え手になろうと思っていました。1994 年、松本サリン事件が発生します。ご存じのように、現場近くに住んでいた会社員の河野義行さんが当初、犯人扱いされました。長野県警の捜査一課長が記者会見で「第一通報者宅を家宅捜索。令状の容疑は殺人」と発言したのですが、容疑を"殺人"とする確たる根拠を言わないのです。しかしメディアはお祭り騒ぎになって、「河野容疑者は」と言っているリポーターまでいました。

　僕もその会見場を出てすぐに河野さん宅に直行したのですが、河野さんの名前はリポートで出さず、信頼関係を築いてから河野さんの単独インタビューを放送しました。すると、視聴者から抗議の電話が殺到しました。「なぜ人殺しの肩を持つのか。亡くなった人や遺族の気持ちも考えろ」。自分でそんな電話を受けた時は、「遺族の無念を考えるから、ちゃんと犯人を捜しましょう、決め付けないで考えようと言っているんじゃないですか」と答えるのですが、相手は全く聞く耳を持ってくれません。抗議してくる人たちは、正義感に火が付いてしまっているからです。「正義の暴走」ほど怖いものはありません。嘆き悲しむ遺族に代わって、われわれが殺人鬼・河野義行およびその言い分を伝える TBS と下村を成敗してやる。そんな「義憤」に駆られているのです。これは怖いなと思いました。

　主流と違う意見を言ったら「非国民」という扱いを受ける状況は、戦争当時と変わっていないと強烈に感じましたし、情報の受け止め方をしっかり皆が鍛えていかないと、この国の未来は大変なことになると考えました。

── それでメディアリテラシーに関わる活動を始めたのでしょうか。

　社員である間は忙しくて、なかなか活動できませんでした。TBS に辞表を出した

のは 1999 年 3 月で、当時、ニューヨーク支局にいました。退職する日、筑紫哲也さんの『NEWS23』に出した 12 分余のリポートが、「カナダの学校にはメディアリテラシーというカリキュラムがあります」という内容です。メディアの人間が「メディアをうのみにしてはい

けません」と言うのは駄目だろうと思ったので、自分も視聴者側に回る境目の日を狙ったのです。

　リポートの一番最後に、格言を意訳した「その国の政治のレベルは、その国の有権者が決める」[1] というフリップを出しておき、それをめくって「その国のテレビのレベルは、その国の視聴者が決める」と書いた私のリポート総括を示しました。それをラストメッセージとして TBS を辞めました。その後は、市民メディアアドバイザーという肩書きを自称して、メディアリテラシーの取り組みを始めました。

―　東日本大震災による福島第一原発の事故の時はすでにメディアの仕事を離れて官邸勤務で、情報発信のご担当でした。

　2010 年 10 月に民間登用で内閣審議官に就任しました。内閣広報室で首相官邸の情報発信のお手伝いをするのが仕事です。1 号機で最初の水素爆発の映像が流れた瞬間は総理執務室にいました。そこには原子力安全・保安院や東京電力の幹部がいたのですが、誰にとっても想定外の出来事でした。事前に彼らがそろって断言していた唯一のことが、「五重の防護があるから、爆発は絶対に起きません」だったのです。

　ドーンと建屋が吹っ飛ぶ光景をテレビで見て、その場の専門家は文字通り頭を抱えてしまいました。それを見た私は、彼らが地元住民の不安を鎮めるために「安全

1　原文は "The Government of a nation itself is usually found to be but the reflex of the individuals composing it."（サミュエル・スマイルズ『自助論』より）

神話」を唱えていたのではなく、彼ら自身が本気で「安全神話」を信仰していたのだということが分かりました。

　ところが頭を抱えていたその人は 30 秒くらいするとムクリと起き上がり、何が起こったのかという仮説をとうとうと語り始めます。僕はそれをノートが 1 ページ埋まるくらいの分量で書き留めながら、彼らは 30 秒程度考えれば分かることを、その時まで 50 年以上真剣に考えずに対策を怠ってきたのだと悟りました。

　想定しなかったのは、情報を吟味せず決め付けていたからです。「他の可能性はないかな」と視野を広げてみるというメディアリテラシーの基本が、この超一流の方々には欠如していたのです。

　その他にも、東電から全く情報が届かないという構造的な問題の他、政府部内にもいろいろなコミュニケーション不全がありました。官邸は状況をすべて正確に把握しているはずだと牧歌的に信じている人々からは、当時、本当に官邸が分からないことまでも「隠している」と批判されました。何が分かって何が分かってないかを的確に発信する政府のすべも国民側の受信力も、共に乏しかったためにあの大混乱が起こってしまったのです。内閣広報室の審議官としての己の非力を猛省すると同時に、もっと情報の識別力や解釈力を国民皆が付けないと、この先何か危機に直面したとき、日本は他国から大きく後れを取ってしまうと感じました。メディアリテラシーは「あるといい」ではなく、「ないと危険」だという確信をさらに強めました。

授業の留意点 ── 具体的に・横顔で・幅広く・柔軟に

──　下村さんは、小学生向けの授業から経営者向けの講座まで、メディアリテラシーを幅広く教えています。年齢にかかわらず共通して気を付けて伝えていることはありますか。

　「情報に振り回されないように気を付けましょう」とか「真偽を見極めましょう」と言われても、「今日からそうしよう」と実行できるものではありません。お題目やスローガンは、何の役にも立ちません。

　1番目にして最大の留意点は、「Should（すべき）」に流れず「How（どのように）」に徹することです。どうやって気を付けるのか、どうやって見極めるのか、具体的方法を覚えてもらう。いったん習得してしまえば、意識せずにできるようになるからです。

　例えば私たちが道を渡る前、いちいち意識しないでも自然に右と左を確認しますよね。小さい頃に教え込まれたことが、習慣として身に付いているからです。だから「情報に接する時も同じで、最初は『右や左（＝周囲の情報）も見よう』といちいち言われるけれども、練習すれば自然にできるようになるから大丈夫だよ」と僕はいつも励ましています。

　メディアリテラシーの授業は、教育の基盤であるべきなのに、いまだ場末に置かれたままだと感じます。その一因は、HowではなくShouldで終わっているコンテンツが多いからではないでしょうか（もちろん、優れた教材も存在するのですが）。もっともらしい「べき論」だけ唱えても、「そんなこと分かり切ってるよ」と軽んじられるだけですから。実際、メディアリテラシー教育に不熱心な先生に消極的な理由を尋ねて、そういう答えが返ってくることがよくあります。

　2番目の留意点は、他の教科のように先生と生徒が向かい合って「教える―教わる」形ではなく、横に並ぶ関係を作ることです。メディアリテラシーは他の教科と異なり、先生たち自身にも僕自身にも、体系的に教わった経験がありません。自分が教わっていないものを、子どもたちに教えようというのは無理があります。ですから僕自身も含め、生徒たちと一緒に目の前に新しく現れる情報の方を向いて、共に考えていく姿勢が大切です。

　そんな先生の姿を生徒が横から見れば、「ああ、初対面の情報にはこういうふうに向き合えばいいのか」と気付きます。「向き合って教える」のではなく「横顔で教える」授業の形がメディアリテラシー教育の特徴になると思います。今、文部科学省が「主体的・対話的で深い学び」の旗を振る方向にあるのは、これと合致していると思っています。

　3番目は、メディアリテラシーは古来の狭義の「メディア」（報道機関など）に対抗する方法だと思われがちな誤解を解くことです。「メディアという厄介者がいて、情報操作や印象誘導をしてくるから気を付けましょう」という防衛的な構えになり

がちなのです。もちろん、メディアの特性や構造を学ぶリテラシーも大事ですが、今、必要性が切迫しているのは、もっと幅広い意味の、土台としてのリテラシーです。実際にユネスコなども、最近は「メディア・インフォメーション・リテラシー」だと言っています。「間違った発信をするメディアが悪いのだから、メディアが自らを正せばいい」「こちらは言われたことをそのまま信じるから、メディア側が責任を持って完璧な情報を出せ」という楽チンな考え方に立つと、受信者としての自分の責任を免除してしまうことになります。

　情報の送り手と受け手の間にキャッチボールが成立するためには、投げる人だけでなく取る人も相応の責任を負う必要があります。ボールを受け取る側には「受信者責任」があることを、自覚しなければならないのです（もちろん、一義的には、情報を発信する側の責任の方が重大です。しかし、受信者側の責任がゼロだと考えることは、「安全運転の義務は運転者側にあるのだから」と言って左右も見ずに横断歩道に出て行くのと同じ危うさがあります。双方が注意せねば、事故は防げません）。

　授業で気を付けている点の最後は、一つの考え方に決め付けない態度こそメディアリテラシーで身に付けるべき核心なのに、肝心の授業の進め方が決め付けになっていないか、ということです。何かの問い掛けに対して、教える側が「期待した答え」を待ち構えてはいけません。それをやってしまうと生徒は先生の顔色をうかがって、模範解答を探してしまいます。

　僕が各地の学校へ行って授業をする時も、子どもたちは「下村先生の求めている正解は何だろう」と余計な忖度をして、授業の流れを乱して恥をかかないように、と考えがちです。だから、最初に宣言します。「先に約束する。みんなが何を答えても、僕は必ず『なるほど』と言うから、思ったことを何でも言ってみて」と。実際に彼らが何か答えたら、「なるほど、そういう見方ってあるよね」とうなずくのです。広い視野を持とうという授業で、狭い一つの答えを求めてしまったら、それはメディ

アリテラシーの授業ではなくなります。生徒が何を答えても「そうだね」と柔軟に受け止めて、そこから授業を展開していくのです。

受信時の「ソ・ウ・カ・ナ」、発信時の「思いやり」

―　世代によって、教える重点を変えている部分もありますか。

　小学生から大学生までの年代は、今述べた「正解は一つしかない」という思い込みとの闘いです。○×式テストへの解答習慣が染み込んでいて、これを壊すのは本当に大変です。メディアリテラシーでは「決め付けない、思い込まない、いろいろな見方があると気付こう」と教えるわけですが、どうしても「正しい見方は一つでしょう。それを教えて」とか、「絶対に信じていいメディアはどれですか」になってしまう。正解は一つしかないという呪縛を解くのは本当に難しいです。

　そこで、どうするか。初耳の情報を受信したら、「①即断するな／②うのみにするな／③偏るな／④（スポットライトの）中だけ見るな」、この四つの頭文字をつないで「ソ・ウ・カ・ナ」を実践すること！です。それぞれの具体的な方法として、①は情報の"3密"（密閉・密集・密接）チェック、②は意見・印象部分の識別練習、③はいろいろなカエル（立場をカエル／重心をカエル、など）の当てはめ訓練、④は周囲の暗がりの想像トレーニング、などを体験し視野を広げていくことに取り組んでいます。

　社会人相手では、新入社員研修を頼まれることが多いのですが、力を入れているのは先ほどの「発信者責任」です。若い人たちはつい軽い気持ちでTwitterを使ったりしがちですが、「君たち、今まではTwitterなどで愚かなことをして発信しても学生の立場なら『バカッター』と言われて自分が怒られるだけだったけど、今日からは『君はどこの会社の人間だ？』って言われるからね」と言うと効き目があります。学生から立場が変わって気持ちがリフレッシュされる新入社員の時は、メディアリテラシーを身に付ける大きなチャンスです。

―　中高年向けには、どのように教えますか。

中高年の皆さんは、とにかく手ごわいです。自分はこうやって情報を受け取るんだという流儀を決めているし、一度信じたことを修正するのはプライドが許さないことがある。中には、この情報は正解だ、あるいはでたらめだと瞬間的に決めてしまい、てこでも動かない人がいます。

　たどり着いた形式は模擬授業スタイルです。「今の子どもたちは、メディアリテラシーという教育を受けています。これは、皆さんの世代が経験していない新しい教育です。ここで授業を再現してご覧に入れますので、皆さんは恐縮ですが中学2年生になり切って、僕が何か言ったら中2の時の気持ちで答える役を演じてください」そういう設定にすると、すんなり聞いていただけて、だんだん真剣にメモを取り始めてくださるという感じです。

　授業後に寄せられる感想文では小学5年生も、経営層向けのセミナーが対象とする60、70歳代の方も似たようなことを書かれます。「面白かった。自分も今日からやってみたい」——どの年齢の誰もがメディアリテラシー教育を体系的に受けてこなかったことが、感想が同じだという一点からもよく分かります。

——　SNSが発達している現在、すべての人が「メディア」になっていると言えます。発信者責任については、どう教えていますか。

　はい、確かに現代社会では、誰もが情報の発信者でもあります。SNSなどで受け取った情報をそのまま転送して拡散させたり、「いいね！」を押すだけの行為にも、「発信者責任」が伴います。そこで、四つのチェックポイントを示しています。①明確さ、②正確さ、③優しさ、④易しさ、です。

　まず1番目に明確さ。自分は何を伝えたいのかを、対面の会話以上にはっきりと意識しようということです。SNSは普段の会話と違って、相手がこちらの意を酌んでくれません。それぞれ自己流で解釈するので、曖昧な発信をすると後で「そんなつもりで言ったんじゃありません」という釈明に大きなエネルギーを使うことになるよと自覚を促します。

　2番目の正確さは、「決め付けていないか」です。自分の言葉足らずのせいで決め付けた表現になってしまい、伝え方でミスリードを招く場合があるからです。発信

に際しての表現のチェック事項を伝授します。

３番目は優しさ。誰かを傷つけていないか配慮すること。「きめつけ」と「きずつけ」は、１文字違いでどちらもすごく要注意です。誹謗中傷は、今、ネットで最も深刻な問題の一つとして先鋭化している部分です。軽い気持ちで加害者になっていないか、山ほどある実例から教訓を学びます。

４番目は易しさです。「伝える」とは発することで、「伝わる」とは届くこと。難しくて伝わりにくい専門用語や内輪の話が入っていないか、情報の受け手にとって必要な前提情報が整っているか……すなわち、受け手への《思いやり》が何より大切、ということです。この四つの発信者責任を具体的に押さえないと、混乱が起きてしまうことを理解してもらいます。

受信と発信は、コインの裏表の関係です。今は「全員メディア時代」だから、誰にでも発信者責任があります。発信は「メディアの人たち」が考えるべき問題だ、という旧来の発想は通用しません。

例えば、僕はこんな例を出して説明します。「テレビのニュースが、渋谷の街で『コロナなんか怖くねえ』と騒いでいる若者を映す時、外出を自粛してステイホームしている学生の姿は、そのカメラには映らないでしょう」、それだけ言うと学生たちは、メディアには印象誘導があると考えがちです。そこで、すぐさまもう一つの例を付け加えます。「君たちが『あの角で家が燃えてる！』とLINEで友達に知らせる時、『なお、他の角では燃えてません』と付け加えますか？」、こう言った瞬間にみんな、「あっ、そうか。報道人だけでなく、自分も普段から情報を選択してるんだ」と気付きます。特異点だけを伝えていることが分かるのです。

──　メディアには、異例な事態や非日常な出来事を取り上げる習性がそもそもあります。

それがプロのメディア機関だけでなく個人であっても同じかも……と思い至って
もらうことが重要なんです。もしニュースを教材に用いるなら、SNSや日常会話に
おける情報交換の例もセットにして出すことで、「これは旧来のメディア固有の性質
ではなくて、情報全般の性質なんだ。情報を伝えるとは、もともとスポットライト
を当てる行為なんだ」と気付かせ、それを踏まえた受発信の心構えを持ってもらう。
これはメディアリテラシー教育においてとても重要で、授業を行う人たちに気を付
けてもらいたい部分です。

　もちろん、時にはプロのメディア人が誤報や捏造を犯す事件はありますし、誇張
や忖度が過ぎる報道があるのも確かです。けれど、それをもって一律に「メディア
には気を付けろ」だけが強調された教育をしてしまうことは、情報キャッチボール
の本質を見誤らせます。

学校教育の中でのメディアリテラシーの位置

**―　先ほど「メディアリテラシーは、日本の学校教育で場末に置かれている」
とおっしゃいましたが、光村図書の小学5年生の国語の教科書には、下村さん
が執筆した「想像力のスイッチを入れよう」というエッセーが採用されていま
すね。**

　光村図書の教科書での僕の文章は、「説明文」という単元に載っているんです。だ
からメディアリテラシー自体に関心のない先生たちは、僕の文章を機械的に段落に
分けて解剖して、「説明文というのは、こういう組み立てでできています」と教えて
終わりです。そういうふうに扱われている授業例を知ると、自分の体を「これが心
臓です。これが腎臓です」と解剖されているだけで、僕の人格はどこへ行ってしま
ったのかという悲しい思いがします。メディアリテラシーについては、まだまだ、
問題意識や関心のある先生だけが実践しているという感じがします。

　ただ、熱心な先生が徐々に増えてきていることは明るい兆しです。子どもたちの
感想文を先生が送ってくれることがあるのですが、今までに受け取った反応で一番

うれしかったのは、「想像力のスイッチは、人生のスイッチだと思います」というものです。情報の受け取り方にとどまらず、人生が広がるというのです。すごいなと感心しました。もう一つうれしかったのは、「まず、下村さんがここに書いていることが本当かどうか考えたい」というものでした。「文章を読んで、その通りだと思いました」という感想が多い中で、「これは本当なのか」と立ち止まるのは「ソ・ウ・カ・ナ」のメソッドを早速使ってくれているということですから。

　先生からの反応で印象に残ったのは、「これを教えたら、われわれはその後、覚悟が要りますね」というものです。これまで長年、先生の言うことを素直に聞くのが良い子だという教育を日本は続けてきた。しかし私の文章はうのみにしないことを勧めていて「良い子」の定義を変えてしまう教材ではないかということですね。

　ただし一方で、「メディアはうそつきだとよく分かりました。今日から信じないように気を付けます」という反応もあります。これは、一部の先生方がそういうニュアンスで教えてしまう結果だと思います。教科書の最大の弱点は、それを使って先生がどう教えるかによって、効果がどうにでも変わることです。「メディアはうそつきだ。もう信じない」と決め付けた子どもたちを大量生産することに、自分の文章が使われるとしたら悲しいことです。

　このこともあって、自治体ごとに行われる先生たちの自主研修会に出向いて、教え方の一例を披露しています。学校を回って授業をすると先生方から「また来てください」と言われることがあるのですが、「次からは先生がやってください」というのが本音です。僕は種をまいて回っているので、後は各先生が水をやって育ててくださらないと、花畑は広がりませんから。

──　国が教科の目標や大まかな教育内容を定めている「学習指導要領」の中で、メディアリテラシー教育は今後どのように位置付けるべきだと思いますか？

　国語という教科に収まるものではないと僕は思っています。国語、算数、理科、社会など、並列するすべての教科を貫く横串が、メディアリテラシーです。情報の受け取り方と発し方は、全教科共通の基盤なのですから。

　文部科学省内にもメディアリテラシー教育に熱心な人がいることは知っていますが、

もし同省だけで進めるのが難しいのであれば入り口はどこからでも構いません。例えば経済産業省「未来の教室」や、新設のデジタル庁などにも取り組んでもらいたいです。デジタル教育の一環という入り方もあるでしょう。多彩な部門で動いてほしいと思っています。

若年層に忌避される「批判的」という言葉

― メディアリテラシーの基本とされる「批判的思考力（クリティカルシンキング）」は、学校においてどうすれば身に付くでしょうか。

まず「批判的」という言葉をやめた方が身に付くかもしれません。これは学校現場で子どもたちの反応を見ていて思うことです。「批判的」という日本語の語感は、英語の「クリティカル」と違ってネガティブなところがあります。子どもたちは、他人を批判したくないんです。仲の良い友達の言ったことを「批判的に受け取ろう」と教えても難しいものがあります。

数年前に行った大学での講義でも、そのことを痛感しました。僕が「情報に付和雷同して何でも信じてしまうと、『そうだそうだ』と言いながら、みんなで崖から飛び降りることになっちゃうかもしれないよ。だからちゃんと立ち止まって、『ソ・ウ・カ・ナ』のチェックをしていかなきゃいけない」という話をしました。すると、ある学生が講義後に書くリアクションペーパーで「自分は、『ソ・ウ・カ・ナ』なんて批判して仲間から孤立するぐらいだったら、『そうだそうだ』と叫びながら崖から落ちる方を絶対に選びます」と書いてきました。これは僕には衝撃的なことで、翌週の講義で「こういうリアクションがあったんだけど」と紹介しました。すると、さらにその週のリアクションペーパーに「私も同感です」「孤立するくらいだったら、みんなと一緒に落ちる方がいい」という意見が相次いだのです。

同質性を求める空気の中にいる若者に向かって、「批判的に」なんていう勇ましい正論を吹っ掛けても通用しないのだと痛感しました。なので今は、仲間の違和感ある情報をいったんは「そうだね」と受容しても、それから少しずつ他の見方や意見

を横に並べていこう、と説いています。

　つまり「No, but」ではなくて「Yes, and」です。窓を閉ざすのではなく逆に窓枠を広げて、他の景色も見えるようにしていくやり方です。

――　「クリティカル」には「吟味する」という意味もありますから、確かに「批判的」という訳語には問題がありますね。ただ、相手の意見を批判したり反論したりすることは、相手の人格を否定することではないと教えてもよいのではないでしょうか。

　ええ。活発な学校、自立心の強い学生や児童生徒たちなら、そのように根本から教えていく方法こそ採るべきでしょう。ただ、これまで多くの学生や児童生徒を教えてきた僕の皮膚感覚で言うと、そういうタフな方法は怖くて実践できない若者の方がずっと多いです。「批判し合うことは大事だ」という正論で通じる人たちが相手ならいいのですが、正論の一本やりで授業していると、先ほどの学生のような反応にブロックされてしまいます。例えば、虚偽ニュースやＱアノンを無批判に受け入れてしまう人たちにはそれでは効かないと感じるのです。ならば穏やかに「窓枠を広げる」練習をする方が、結果的にクリティカルな思考訓練になると思っています。

　山を登るには幾つものルートがありますが、「批判」という言葉を使わずして山頂にたどり着ける道を僕はガイドしたいということです。

現実のニュースの教材化にチャレンジしよう

――　今後、メディアリテラシー教育は、どう展開されるべきとお考えでしょうか。

　一定期間に集中したカリキュラムで教えて終わりにするのではなく、日常化する必要があります。何年生で教えると決めるのではなく、常にやっていくことです。先生が朝の会などを利用して、「今ネットで流れてるあのうわさ、どう思う？　『ソ・

ウ・カ・ナ』で考えてみようか」
と問い掛ける習慣が大事です。

2021年1月にワシントンで
連邦議会議事堂襲撃事件が起こった際、アメリカの学校の先生たちは翌日から「私はこんなふうに教えた」とネット上で報告を始め、「こういうふうに生徒たちに問い掛けましょう」という情報交換がすぐに始まりました。日本では時事問題を教室へ持ち込むのを避けることがあると思いますが、それはおそらく先生たち自身がどのように扱ってよいか分からないから、無難にしようと避けてしまっているわけです。こうやれば導入できるという方向性の提案をしていくことが必要です。

　個々の時事問題について、偏らずに教材化する方法は必ずあるはずです。生き生きした現実の情報の方がメディアリテラシーを判断する眼力は格段に付くでしょう。まだ新しい内容ですから「こうやったらうまくいった」というノウハウをもっと交換していくことも大切です。

　もう一つ、授業の内容としては、制作体験も有効です。映像制作でもブログでもいいのですが、自分で発信する体験を強化していくことが必要です。GIGAスクール構想でクラス全員にタブレット端末が行き渡るようになったので、動画制作授業の大チャンス到来です。昔からNIE（Newspaper in Education）といった形のメディア教育はありましたが、映像系は道具が高価なために実現できませんでした。そのネックがいよいよ解消されるわけです。

　先進的な先生方が試行している動画制作の授業を視察すると、いつも感じることがあります。文章を書かせようとすると、鉛筆を持ったまま「書けない」と言ってじっとしてしまう子がいるものですが、ビデオカメラを持って「録画ボタンが押せない」と言っている子はいないのです。着手する敷居の低さがまるで違います。しかもスマホやタブレットの中だけで編集まで完結してしまうので、編集ソフトを入れたパソコンすら不要です。今の子どもたちはびっくりするぐらい、たやすく使い

こなします。YouTuberが小学生の憧れの職業ですから、苦手意識がないのです。とにかく撮ってみて、「あ、こういうふうに撮ると誤解されるんだね」とか「実際と違った印象になっちゃうんだね」と作り手の経験を重ねることによって、受け手としての眼力も付いていきます。

　道具がそろったら、必要なのは指導者です。先生たちは映像を扱う体験を持っていないわけですが、今は全国各地にケーブルテレビや映像制作会社があるし、テレビ局のOB、OGもいます。そういったスキルを持つ人たちに、まず「教え方」を教えます。つまり「子どもたちがどんな撮り方をしても『そうじゃない』と言わず、まず撮らせてみて、気付くまで待ってください」といったように、メディアリテラシー教育の基本を学んでもらうのです。その指導者養成の枠組みづくりや予算などは、各地方議員や教育委員会、国会議員や文部科学省に政策として求めていきたいところです。

　2020年から新型コロナウイルスがまん延して、そのデマに振り回される人が増えました。「トイレットペーパーがなくなるらしい」とか「ぬるま湯を飲むと感染しないらしい」といったうわさがSNSで拡散されて、デマ情報に感染しにくい抗体を身に付けることは誰にとっても切実な問題になりました。“デマウイルス”のインフォデミックを防ぐワクチンとしてのメディアリテラシー教育のニーズは、ぐんと高まったのです。由々しき事態によってニーズが高まったのは皮肉ですが、リテラシー教育にとっては、このピンチは最大のチャンスと捉えるべきでしょう。情報の混乱による世界の分断を、これ以上進めないためにも。

　2022年、ロシアによるウクライナ侵攻の渦中で、虚実入り乱れた情報戦が過熱しました。これが「真実」だと主張する正反対の情報を「国家」同士が激しく流し合う狭間で、《真実》を見極めよう・《確かな情報源》か確認しよう、といううわべだけの呼び掛け方は大きく揺らぎました。戦時下にこそ、どの陣営からの情報も必ず『ソ・ウ・カ・ナ』で一旦距離を置いて受け止め、熱狂を自制すること。子どもたちには、さらに力を込めて今このことを教えていきたいと思います。

　　　インタビューは2021年5月にオンラインで行い、2022年5月に最終段落が加筆された。
　　　　　　（聞き手・スマートニュース メディア研究所　山脇岳志、長澤江美）

NHKはなぜ現場での実践を始めたのか

日本放送協会（NHK）が、全国各地の小学生を対象に「メディアリテラシー教室」を開く取り組みを始めた。これまでもNHKは、学校教育向けにEテレでメディアリテラシー番組を放送してきたが、新たに現場での取り組みを始めた背景や狙いとは。

海野由紀子 ● UNNO Yukiko

日本放送協会広報局制作部チーフ・プロデューサー
上智大学比較文化学部卒。日本放送協会（NHK）入局後、報道番組ディレクターとして番組制作に携わる。その後、アジア太平洋放送連合（ABU）、ヨーロッパ放送連合（EBU）のリエゾンなど海外渉外業務の他、経営関連の業務に携わった。2021年から現職。「つながる！NHKメディア・リテラシー教室」を立ち上げから担当。

全国各地の4校をオンラインでつなぐ

―― NHKは2021年6月から、全国の小学5・6年生を対象に、メディアリテラシーの新しい取り組みを始めました。この取り組みの目的は何でしょうか。

　一つは、放送やインターネットサービスを展開する公共メディアとして、メディアリテラシー向上に対するニーズの高まり、社会的課題に対し、社会貢献として当然取り組むべきものではないかということから始まりました。多様なメディアからの情報があふれる社会で、その情報がファクトなのか、オピニオンなのか、あるいはフェイクなのか、極端に偏り過ぎていないかなど、一つ一つ見極めることは、個人の力に委ねられているのが現状です。

　メディアリテラシーの力を身に付けることが、個人を助ける力となることが分かっていて、そのための教育の重要性が増しているのであれば、公共メディアとしてその課題に取り組む責任があるのではないか、これまでの経験や知見を生かし、私

たちが役に立てることがあるのではないかということで取り組み始めました。

　今回の「つながる！NHK メディア・リテラシー教室」[1] は小学生向けですが、他にも年齢別にメディアの在り方について理解を深めていただく取り組みとして、中高生向けにはNHKのニューススタジオやドラマスタジオなどをオンラインで紹介する「バーチャル訪問学習」、大学生向けには、NHK の番組の舞台裏などを制作者が登壇して学生の皆さんとお話しする「オンライントークイベント」など、放送ではなく双方向型の体験型プログラムを少しずつ始めています。SNS や動画配信の普及で、テレビや新聞などの既存のメディアが見られなくなっている中で、若い方々とこれからのメディアの在り方について一緒に考えていくこれらの機会は、私たちメディアにとっても非常に重要であると感じています。

―　小学校向けの「つながる！NHK メディア・リテラシー教室」は、全国各地の学校を結んでいるんですね。

　オンライン形式で、全国四つの小学校を同時に結んで実施しています。各クラスにカメラを設置して、モニター画面には 4 校の様子が同時に映るようにしています。休憩時間も含めて 2 コマ 100 分で行う体験型の教室で、東京の NHK 放送博物館のスタジオにいるアナウンサーが進行役を務め、子どもたちが自分の意見を発表したり、他校の生徒の意見を聞いて感想を述べたりします。

授業の様子（画像提供／NHK）

　学校の選定は、地域が重ならないように北海道、東北、中部などのブロックに分けた中で、お申し込みの先着順を基本にしています。1 月にはトライアルを実施しており、その時の参加校は、仙

1　https://www.nhk.or.jp/info/about/ml/school.html

台、浜松、金沢、川崎という組み合わせでした。

　今回、2021年6月に行った際は、佐賀市の小学校は5、6年生6名の参加でしたが、こうした小規模校からの申し込みもあり、ニーズも感じています。ある小規模校の先生からは、「小規模校で学区が広く、下校後、友人と遊べないためにメディア時間が非常に長い傾向にあります。また、職員数が非常に限られている上に、複数学年の教材研究をしなければならないため手が回らず、教科書以外の学習、授業への広がりが非常に難しい。そうした状況であるので、ぜひ子どもたちに参加させたいと応募した」と聞きました。

　具体的なコンテンツのテーマは「画像や映像のねらいを読み解こう！」というもので、「受け手として、画像や映像には送り手のねらいや思いが込められている」ことを知り、「送り手として撮影や制作をするときに『誰に・何を・どう伝えたらよいのか』」について意識させるものです。また、画像の加工は、どのような場面で、どのような加工なら許されるのかを考えることで、画像や映像を読み解くリテラシーを高めることを目指しています。

　課題の一つは、参加してくれる小学校に事前に取り組んでもらいます。「町のケーキ屋さんの魅力を伝えよう」という課題で、ケーキ屋さんを説明する16枚の画像の中からセリフに合わせて4枚を、クラスで話し合って選んでもらいます。そして当日は、なぜその4枚に決めたのか、学校別に発表してもらいます。

―　第1回の教室では、「（広い範囲を写した）ルーズの画像で、ケーキの種類がたくさんあることを見せた方がいい」という意見の学校があれば、「一つのケーキをアップで写した画像の方が、おいしそうに見える」という学校もありました。

　この課題から学んでほしいのは、「画像のアップやルーズには意味がある」ということです。そして、シンプルな課題に見えますが、伝える言葉は同じでも、表現の選び方や伝え方は人によって異なること、またその違う意見を聞くということも大切な要素です。

　2番目の課題は、あるテーマについて賛否を問う街頭インタビューを題材に考えま

す。賛成の声を多く集めた動画と、反対の声を多く集めたものとでは、見た印象が
ガラッと変わることから、「動画は作った人の意図を反映する形で編集されている」
ことを学びます。3番目は、証明写真とSNSのアイコンに使う顔写真の違いや、観
光パンフレット用に撮影した写真に写り込んだ工事車両を加工で消してもいいかど
うかという議論から、「画像加工にはふさわしい場合とふさわしくない場合がある」
ことを勉強します。

　最後に「画像や動画の受け手として気を付けること、送り手として気を付けること」
について、みんなで意見を述べ合います。

**―　メディアリテラシーでは、「クリティカルシンキング」を育むことも重要
だと思いますが、そこは意識していますか。また、今後、時事的な問題や論争
的な問題を取り扱うお考えはありますか？**

　まず、多様なメディアに接することで複眼的に物事を捉えて、自分なりに考える
大切さについて、子どもたちが感じてくれたらと考えました。ポジティブな意味で「メ
ディアを疑え」というか、俯瞰で見ることを覚えてくれるだけでも意味があったと
は思っています。それが高度なクリティカルシンキングにはならないとしても、そ
の基礎となるのならうれしいと思います。

　時事的な問題については、NHKの取り組みとして、さまざまな年齢層に向け、メ
ディアリテラシーについて発信したり、体験型のイベントを展開したりしています。

　NHKでは小学5、6年生を対象に「NHKジュニアブック」[2]を制作、全国の希望す
る小学校に配布しており、「つながる！NHKメディア・リテラシー教室」に参加す
る小学生にもお渡ししています。現在のNHKジュニアブックの中には、「2020年2月、
なぜ、トイレットペーパーの買いだめは起きたのか？」（9〜10頁）という記事もあり、
時事的な問題についても取り上げています。また、大学生向けのオンライントーク
イベントでは、環境問題など時事的なテーマも取り上げ、議論しています。

2　https://www.nhk.or.jp/info/digitalbook/junior/

コロナ禍ならではの意義

― メディアリテラシー教室内の題材や進行について、どうやって決めたのですか。

「メディアタイムズ」というメディアリテラシーに関する番組制作に携わったチームが、監修の日本大学文理学部教育学科の中橋雄教授や、放送教育に携わっている現役の小学校の先生たちと一緒に内容を考えました。

体験教室は教え込む場ではないので、進行役のアナウンサーは、子どもが考える時間の「伴走者」という役回りです。そのまま放送するものでもないので、答えに時間のかかる子がいてもせかさずに待とうという方針は決めておきました。正解があるものではなく、他の人の意見を聞いて考えが変わったり、自分で考えているうちに初めとは違う意見になったりと、子どもたちがメディアリテラシーについて考えるプロセスを大事にしています。

今回実施して、一番良かったと感じたのは、コロナで移動が制限されている中で、他の学校とつながることに対する子どもたちの喜びようです。冒頭の学校の自己紹介で、山形県飯豊町の子どもが「僕の家では、米沢牛を100頭以上飼っています」と言った時の横浜の子どもたちの驚きぶりなど、とても面白かったです。

また、10分間の休憩時間は、当初は画面にふたをして見えないようにしておく想定だったのですが、たまたまそのままにしておいたところ、4校の子どもたちがそれぞれにカメラに寄ってきて、画面上の隣の小学校の子どもたちとじゃんけんを始めたり、クラスで飼っている動物を見せ合ったり、子どもたちはやはりどんな状況下でも遊びの天才で、"オンライン休み時間"がとても面白い交流にもなっていました。目的はメディアリテラシーを学ぶことですが、国内でも文化の違う離れた地域の子と触れ合い、同じ問いについて一緒に考えて交流できたことにも、意義があったと感じています。特に5、6年生は林間学校や修学旅行といった大きな学校行事が中止になったり延期になったりしていることもあり、実施後、先生方から、「子どもたちがこんなに楽しそうに笑っていた学校行事は今年初めてです」などの言葉を頂き、

こちらもとてもうれしく、やりがいを感じ
ました。

　また、オンラインということで、学校に
来られないお子さんにも参加いただけるよ
うにしています。これは最初にトライアル
として実施した際の参加校での出来事がき
っかけでした。ある先生から「学校に来ら
れていない子も参加できないか」と相談を
受け、学校に来られないお子さんも別系統
で見られるような環境を急きょ準備しまし
た。そのうち一人は、コロナが不安で学校
に来られなくなったというお子さんでし
た。学校に来られても来られなくても学ぶ
権利は守られるべきものです。ちなみに、
学校に来られなかったお子さんの一人は、

当日登校し、発表もしてくれました。Ｅテレが大好きで、どうしても参加したかった
とのことです。この経験があり、今年度からの本格実施では、学校に来られないお
子さんもオンライン参加できるようにして、学校の先生に「もしも学校に来られな
い（不登校の）お子さんがいたら」というご案内ができるようになりました。

人と違っていいという「多様性」を大切に

**―　オンライン授業によって、さまざまな子どもたちが参加しやすくなったわ
けですね。**

　メディアリテラシー体験教室の中に、子どもたちがどんな意見も安心して言える
多様性の空気をつくりたいと思っています。まだ始まったばかりで個人的な印象に
すぎませんが、学校によって子どもの姿勢が違うことにも発見があります。みんな

同じ意見になりがちなクラスや、半々に割れるクラス、他の子と違う意見をあえて取ろうとする子どもがいるクラスもありました。

　私は高校時代、アメリカのミシガン州に留学していたのですが、そこではディベートのクラスがありました。例えば死刑制度の是非について、自分自身の考えとは関係なく、一つの立場に立って、主張の裏付けとなる正しい情報を探し、それを基に議論しました。私には、とても興味深い経験でした。

　今回の体験教室でも、異なる地域の個性あふれる子どもたち同士が意見を交わすことで、自分の意見をまとめてきちんと言えたり、他人の意見を聞いて「ああ、そうだな」と感じた点を自分の意見に取り入れながら発表したりする力が付けば、と思います。さらに、他人と違っていて構わないということ。他人の意見を攻撃と見なさず、異なる意見も聞きながら自分も発信し、共に新たな未来を構成していく仲間が増えていくという実感を持っていただくきっかけになれば、これほどうれしいことはありません。

「生き抜く力」の一助となりたい

――　事前と事後の2回、生徒と先生から、メディアリテラシーについてのアンケートを取られたと聞きました。どういった結果となりましたか。

　アンケートを分析すると、メディアリテラシーの理解度を測る問いに対しては、教室の前に比べて、いずれの問いに対しても理解度が上がっていました。事前と事後で差が大きかったものとしては、例えば、「証明写真は長く使うものなので、美しい顔に画像加工してもよい」という問いでは、子どもへの事前のアンケートでは「そう思わない」が事前81.6パーセント→事後95.6パーセント、「観光パンフレットに掲載されている写真は、実際は加工されていることがある」という問いでは、事前は「そう思わない」という答えが半数以上で「そう思う」は44.3パーセントでしたが、事後は「そう思う」が83.8パーセントとかなり増えました。

　また、「他の学校と取り組むことで、いろいろな考えに触れることができたと考え

ますか」と事後に感想を聞いた問いでは、9割以上が「そう思う・ややそう思う」と答え、他の学校と取り組む有効性を確認できました。

　子どもたちからの自由記述欄にも、「他の学校と一緒に意見を発表し合っていると、反対の意見も納得できたりするからよかった」「他の学校の人と参加して考えが広がった」「今までは自分の意見を言う、発信することばかり考えていたけれども、他人の意見をきちんと聞いて、その考え方も参考にして判断したいと思った」「休みの時間に他の学校の子と話し合ったり質問したりできて楽しかった」などの感想が多く見られました。子どもたちの生の声からも、違う地域や環境の人と多様な考えを発表し、認め合う場をつくることの重要性を感じています。そうした機会の積み重ねこそが、エコーチェンバーのように、私たちが陥りやすい閉鎖的なネットでのコミュニケーションの問題にも対処していける力を付けることにつながるのではと考えています。

　先生の事後のアンケートで「（教室の）最後にちゃんと答えが欲しかった」という回答も見られました。これについては、世の中には、はっきり白黒つけられないことが存在すること、今回の教室ではそれを考える「プロセス」を大事にしたいのだと、改めて丁寧にご説明しました。

　今後の展開としては、学校の通信環境に左右されず、どんな学校でもご応募いただけることを重要視していきます。オンラインの良さも残しつつ、コロナ後には、出前授業のようなリアルな形もできないかと考えています。公共メディアであるNHKは、子どもたち一人ひとりのものでもあり、子どもたちは公共メディアの未来を一緒につくっていく仲間でもあります。もっと使っていただいて、多様なメディアがあることを知った上で、厳しい批判も頂きたいと思います。「つながる！NHKメディア・リテラシー教室」は、まだ生まれたばかりの小さな取り組みですが、全国の子どもたちとの出会いの一歩であると考えています。

　　　　　　　　　　インタビューは2021年6月にNHK放送センター内で行った。
　　　　　　　　（聞き手・スマートニュース メディア研究所　山脇岳志、長澤江美）

第13章
私が「テレビを疑え」と
教えてきた理由

私たちは多くの情報を、メディアを通じて受け取っている。ただ、そこで得られる情報は、本当の「現実」なのだろうか。「事実」をそのまま報じていても、「切り取られ方」によっては大きく異なったイメージとして頭に入るのではないか。テレビジャーナリストから見た体験的メディアリテラシー論。

鈴木　款 ● SUZUKI Makoto

教育アナリスト　フジテレビ解説委員
早稲田大学大学院スポーツ科学研究科修了。農林中央金庫を経てフジテレビ入社。「報道2001」ディレクター、ニューヨーク支局長、経済部長を経て2015年から現職。著書に『小泉進次郎 日本の未来をつくる言葉』(扶桑社新書)、『日経電子版の読みかた』(プレジデント社)、『日本のパラリンピックを創った男　中村裕』(講談社)など。映倫次世代への映画推薦委員。

フセイン像きっかけに、映像の怖さを知る

　私は1992年、7年間勤めた農林中央金庫を辞めフジテレビに転職した。テレビ局への転職を考えたきっかけは、農林中央金庫のニューヨーク支店駐在時に起こった湾岸戦争だった。この戦争では当時三大ネットワークにまだ遠く及ばなかった新進気鋭のニュース専門局CNNが、戦時下のバグダッドから刻々と変わる情勢を生中継していた。その映像を見ながら私はテレビジャーナリズム時代の到来を予感し、テレビ報道の世界にいつか身を置きたいと思ったのだった。

　報道記者を志望して入社したものの、当初は営業配属となり報道現場に異動したのは9年後の2001年だった。

　異動直後アメリカで同時多発テロがあり、かつてオフィスがあった世界貿易センタービルが崩壊する様子を、私は報道センターで呆然と見つめた。一方でこの世紀の大事件に報道局の一員として関われてよかったと思う気持ちがどこ

かあったのを覚えている。

　その後、日曜朝の政治討論番組「報道2001」のディレクターとなり、ニューヨーク支局長、経済部長を経て、現在は解説委員となっている。

　メディアリテラシーについて考え始めたのは2003年、ディレクターとして番組制作に携わっていた頃だった。当時アメリカはテロとの戦いを宣言してアフガニスタン、イラクを軍事攻撃し、報道センターには毎日のように戦場と化した現地から映像が送られてきた。そしてバグダッドが陥落した数日後、私は番組で「フセイン政権崩壊」を取り上げるため映像を編集することになった。

　読者の皆さんはフセイン政権崩壊というとどんな映像を思い浮かべるだろうか？

　当時その象徴的な映像としてニュースで繰り返し流されていたのは、バグダッドの広場にあるフセイン像が倒され、歓喜に沸く市民によって像が引きずり回されるというショッキングなものだった（参考写真1）。私はこの映像を編集しようとアーカイブの中から探していた際、ある映像に気付いてふと作業の手を止めた。その映像はこれまで見たことがなった俯瞰（ふかん）で撮影された映像で、フセイン像の周りにいる市民の他に、それを遠巻きに見ているだけの市民が映し出されていた（次頁参考写真2）。つまりバグダッドにいたのは"歓喜に沸く市民"だけではなかったのが映像に残っていたのだ。

　私には当時この映像をニュース番組で見た記憶がなかった。

　では、なぜこの映像はニュースで放送されていなかったのか？その答えは簡単で、番組制作者が思い描く「フセイン政権崩壊」のニュースに、"歓喜に沸く市民"以外の映像は必要なかったからだ。

　編集作業を続けながら私は「映

参考写真1　米軍の装甲車両によって引き倒された、バグダッド中心部の広場に建つフセイン大統領の銅像の顔をたたいたり踏みつけたりする市民／イラク・バグダッド（写真／AFP＝時事）

参考写真2　米軍によって引き倒されるフセイン大統領の銅像と、それを見守る市民／イラク・バグダッド（写真／AFP＝時事）

像はありのままの現実を映し出す」という言葉が、自分の中でだんだんと疑わしくなってきたのを感じた。当時は今のように映像を手軽に加工できる技術はなかったので、多くの人は「映像＝現実」であることを疑わなかった。今思い返せば"映像を疑う必要がない"良い時代だったのかもしれない。

　また当時人気が高かったA大臣にスキャンダルが起きたことがあった。私は番組で「スキャンダルで窮地に追い込まれるA大臣」を取り上げるため映像の編集作業をした。衆議院予算委員会で野党に追及される大臣の映像を編集する際、私は大臣が相手をにらみ付ける映像を選んで編集した。すると人気者だった大臣が、見る見るうちに憎々しい人物に変わっていった。

　その時、私はディレクターの編集次第であらゆる被写体の印象が大きく変わることを実感した。同時にこうした"印象操作"とも言えるような作業が、番組制作の世界で日常茶飯事に行われていることにある種の恐怖すら感じた。

　ある若手政治家が「自分たちを生かすのも殺すのもメディアだ」と語ったことがあった。私も誤解を恐れずに言えば、政治家の生殺与奪の権利をたった一人のディレクターが握ることも不可能ではないと感じていた。果たして視聴者はこうした事実に無知のままでいいのかと疑問に思いながら、当時私は番組制作の日々を送っていた。

映像はありのままの現実か?

　このころ取材で知り合ったのが、当時都内の公立中学校で初の民間出身校長だった藤原和博さんだった。藤原さんは「よのなか科」と称して社会人講師を授業に招いていたのだが、ある日私に「テレビ業界のことを生徒に話してもらえますか」と声を掛けてくださった。そこで私はテレビ報道の仕事の話に加えて、日ごろ考えていた「映像はありのままの現実を映し出しているのか」というテーマで授業をした。今思えばその授業はこれ以降私が実践してきたメディアリテラシー教育の原点となったと言える。

　その後こうした授業を主に小学校や中学校で行う機会が増えた。

　当時の授業で私はまず「皆さんは自分が1日何時間テレビを見ていると思いますか?」という質問から始めた。今でこそ若者のテレビ離れがいわれるが、20年前の日本人のテレビの平均視聴時間は約3時間半で、しかもティーンエージャーの娯楽と言えばまだまだ主役はテレビだった。

　「答えは3時間半だよ」と伝え教室がざわつくと、さらに子どもたちに対して「1日3時間以上も顔を合わせている友達がいたら、もっとその友達のことを知りたくなるよね。じゃあテレビのこともももっと知りたくない?」と言って授業を始めた。

　授業で私は「テレビ報道の仕事とは?」という話のほかに、イラクなどの映像を教材として用いながら「みんながテレビで見ている映像は現実のものだけど誰かが選んだもので、現実のすべてを伝えているわけじゃない。だからテレビを見るときは『これはすべてじゃないよね』と疑わないといけない」と話した。

　ただ当時の子どもたちはメディアリテラシーの話より、「テレビの仕事ってどんなもの?」「ディレクターって何をやっている人?」という話を聞きたかったと思う。

　私を学校に呼んでくれた先生たちもそういう授業を望んでいたし、授業を参観に来た保護者たちもそうだった。当時テレビ業界と言えば憧れの職業で、デ

ィレクターやプロデューサーは普段なかなか会えない存在だった。だから「テレビを疑え」と授業で言っても、先生や子どもたちにきちんと伝わったのか、今から思うと少し疑わしい。

そもそも当時、メディアリテラシーという言葉は一般的に知られていなかった。私も授業を始めた当初は、言葉こそ知っていたものの授業の中でメディアリテラシーという言葉を使うことはほとんどなかった。自分の授業がメディアリテラシー教育だと気付いたのは、たまたま書店で菅谷明子さんの著書『メディア・リテラシー　世界の現場から』（岩波新書）を見つけてからだった。

最近はメディア情報リテラシーの中で、ジャーナリズムに焦点を当てた「ニュースリテラシー」という言葉もあり、私が行ってきた授業は「ニュースリテラシー」と定義してよいのかもしれない。

薄れるテレビへの関心

その後、私はニューヨーク支局長として2005年アメリカに赴任し、2010年に帰国後は経済部で記者やデスクとして福島第一原発事故などの取材に忙殺され、しばらくこうした授業から遠ざかっていた。しかし2015年に解説委員となったのを機に、大学から時事問題について授業を依頼されることが増え、再びテレビ報道について学校で語ることになった。

当初の大学の授業では、時事問題を授業の入り口としてテレビ報道の仕組みについて語ることが多かった。しかし授業をしていて気付いたのは、学生のテレビへの関心がかつてに比べてかなり薄くなっていることだった。この10年の間に子どもや若者が接触するメディアの中で、主役はテレビからネットに大きくシフトしていたのだから当然だろう。

私はどの授業でも開始時に学生に対して「どのメディアでニュースを知るのか？」と聞いた。そうすると大体7～8割の学生がネットと答え、2～3割がテレビで、紙の新聞やラジオはほぼいないことが多かった。学生にとってテレビでニュースを見る行為は、すでに日常生活から消えつつあるのだ。

そのころプレジデント社から「日経新聞の読み方について本を書きませんか」というお話を頂いた。そこで私は「経済記事の読み方はすでに多くの本があるので、"ニュースがどうやって作られるのか"などメディアリテラシーの本なら引き受けたい」と伝え、出版社も了承してくれた。こうしてこの本は日経新聞の読み方をタイトルにしながら、裏テーマは"新聞やテレビがどうやってニュースを作っているか"というものになった。

しかし脱稿近い頃、編集担当者から「折り入って相談したいことがある」と連絡が入った。いぶかしく思いながら聞いてみると「書店を回っていると紙の日経新聞の読み方を解説した本は多いが日経電子版の読み方は出版されていない。書店からは電子版の読み方ならぜひという声が多いので、ここはひとつ書き直してもらえませんか」ということだった。

確かにターゲットとしていた就活生や新社会人は、紙の新聞をほとんど読まず、ニュースを知るのはネットが中心だ。

そこで「電子版ではニュースをどう読むのか」、そもそも「ネットニュースの作り方はテレビや紙の新聞とどう違うのか」などの解説を加筆した。この本はその後、私の授業のベースとなり、テレビ主体からネットニュースも取り入れた授業に変えるきっかけとなった。

学生が知っていること、知らないこと

では、今どのように授業を行っているのか紹介したい。

授業はまず学生が「1日のうちどのメディアをどのくらいの時間利用しているのか」について聞くところから始める。

テレビ業界にいれば若者のテレビ離れは痛いほど感じている。しかし「全く見ない」と回答する学生が教室内に半分もいると、さすがに「少しは気を使ってほしい」と思いたくもなる（笑）。

一方、学生に聞くまでもなく、ネットの利用時間（SNS、動画配信サイトなど）はテレビを大きく上回っている。デジタルネーティブである今の学生にと

って、映像はスマホさえあればいつでもどこでも視聴できるのが当たり前であり、視聴する日時や場所が限定されるテレビはもはや彼らの生活スタイルに合わないのだ。

　先にお伝えしたように、学生のニュースを知る先は7割ネット、3割程度がテレビだ。そして学生がネットの中でニュースを見るのは新聞やテレビのニュースサイトではなく、LINEニュースやスマートニュースなどのニュースアプリだ。そこで私が「皆さんは今、新聞やテレビではなくネットからニュースを知ると言いました。しかし実は皆さんは新聞やテレビからニュースを知っているのです」と言うと多くの学生はけげんな顔になる。

　なぜならこうした学生は、ニュースアプリの記事の多くが新聞やテレビ、通信社などから"仕入れ"ていることを知らないのだ。彼らはそもそもニュースの発信者が誰なのか意識しない。発信者が大手メディアか、ブロガーなど個人なのか知らないまま読んでいる学生が多い。

　ここで授業のテーマは「ネットにはさまざまな情報が混在している」になる。

　授業ではフェイクニュースと誤報をそれぞれ定義付けして使い分けしており、その理由を私はこう説明している。

　「フェイクニュースという言葉はトランプ前大統領の登場とともに、日本でも日常的に使われるようになりました。トランプ前大統領は自身に対して批判的な記事があると"フェイクニュースだ"と攻撃しましたが、直訳すれば"うそだ"ということですね。でもうそだという根拠を彼が示すことはほとんどありませんでした」

　そして「誤報とフェイクニュースはどう違うのか」についてこう続ける。

　「誤報は情報の発信者が意図せず誤った情報を送ることです。誤報が起こる原因はケアレスミス、取材不足や思い込みによる事実誤認がほとんどで、誤報した場合情報の発信者は必ず訂正し、視聴者や読者、そして誤報により被害や不利益を被った個人・団体に対して謝罪を行います。一方、フェイクニュースは情報の発信者が意図して事実と異なる情報を送るもので、たとえ情報が誤っていても訂正をしないことが特徴です」

ニュースの「生産工程」を学ぶ

　授業ではこうした誤報を防ぐためメディアはどのようなことをやっているかをテレビや新聞を教材にして学生に説明する。

　私は学生に「情報の信頼性を考える場合、大切なのは発信者がどのくらいファクトチェックを行っているかだ」と説明する。メディア関係者には釈迦に説法だが、学生をはじめ一般の人たちはニュースの"生産工程"がどのようなものなのかを知らない。記者やデスクといったドラマや映画などで聞き慣れた言葉であっても、実は何をやっているのか分かっていないのが普通なのだ。

　下図は授業で教材として使う資料からの抜粋だが、ニュースが視聴者や読者に届くまでテレビや新聞でどのようなファクトチェックの体制があるのか、ざっくりと示している。記者・カメラマンからデスク、整理部／番組スタッフ（この段階でテレビであればディレクター、プロデューサーなど複数人がチェック）、校閲／タイトルなど、少なくとも複数のチェックが入る。

　学生にとって特に分かりづらいのがデスクという存在だ。私は「最も重要なポジションです」と説明する。

　「記者は文章を書くプロとはいえ、常に締め切りに追われながら原稿を書いています。特に過酷な取材現場の場合には、精神的にも大きなストレスを抱えることがあります。こうした環境で書いた原稿は、時に誤字脱字、事実誤認があったり、論理構成が支離滅裂だったりすることがあります」

　そしてこう続ける。

　「その原稿をまずチェックするのがデスクです。デスク

ニュースの「生産工程～ファクトチェック」

- 記者・カメラマン　取材し、記事の原稿を書く
- デスク　原稿を受け取り、事実の誤りなどチェック。
- 整理部／番組スタッフ　紙面を組む（番組を構成する）
- 校閲／タイトル　記事に誤字脱字などないかチェック。
- 配達／配信／放送　新聞を配る・記事をネット配信・放送

ニュースの「生産工程～ファクトチェック」（筆者作成）

はたいてい記者経験があり、原稿を受け取ると事実誤認や誤字脱字がないか、論理構成がしっかりしているか、そして視聴者や読者にとって分かりやすいかを確認し、修正をしてから次の段階に原稿を渡します。つまりデスクは誤報を防ぐ "ディフェンス" 的な役割と、読者に分かりやすいニュースを出すという "オフェンス" の役割を担っているのです」

　そして大手メディアと個人メディアや SNS の情報の信頼性についてこう説明する。

　「大手メディアでは誤報を防ぐため、複数のチェックが入る体制を整備していますが、それでもさまざまなヒューマンエラーで誤報が生まれることがあります。一方で個人メディアや SNS の場合には、ファクトチェックをするのは発信者である個人のみのケースがほとんどで、当然ファクトチェックが甘くなってしまいます。さらに発信者が悪意を持って情報を流すケースもあります」

　ここで私は「ネットの海の中で泳ぐためには、情報を疑い選ぶ力、メディアリテラシーが必要です。メディアリテラシーをもって、ニュースが常に事実かどうか疑ってかからないといけません」と結ぶ。そうすると学生が疑問に思うのは「ではどうやってニュースの情報の信頼性を見極めたらいいのか?」だ。

オンレコとオフレコの違い

　ここから私は「まずはメディアの "ニュースの作り方" を知ること」だとして、報道現場にある取材手法やルール、放送や記事にある "決まり事" について説明していく。

　例えば、私は学生に「記事にはよく『関係者によると』とありますが、なぜ情報ソースが匿名なのか分かりますか?」と聞く。学生は情報が実名か匿名かを意識してニュースに触れることは普段ないので、多くの場合「そういえば」という顔をする。

　ここで私は「記者の取材にはオンレコとオフレコという二つの方法がある」と説明を始める。「オンレコとは "on the record" の略で、取材で得た情報すべ

てを記録・公表できます。会見など公式な場での取材なので、記者は取材相手の話を聞きながらメモを取ったり録音したりできますし、写真や映像を撮ったり、生中継することも可能です」

　「一方オフレコ（off the record）は、取材相手の語った情報を記録や公表しないことが前提になっています。ですから記者はその場でメモを取ったり録音することができません。オフレコには取材内容をすべて非公開とする『完オフ』と、匿名ならばニュースにできる場合があります。匿名の場合、情報源は『関係者』『周辺』『○○筋』『幹部』などと記されています。この使い分けは社によってルールが違います」

　ここで学生には、なぜオンレコとオフレコがあるのか？　実名と匿名では情報の信頼性がどう違うのか？　について考えてもらう。「オフレコの取材の中には伝聞、つまり記者が直接確認した１次情報ではないケースもあります。記者は確実だと思われる情報は断定で書きます。皆さんは『〜によると』といった伝聞の情報に接したときは『このニュースは断定できない理由や背景があるな』と思うことが必要です」

　また学生に「ニュースでは文末の表現に注意をすることが大切だ」と伝える。「実はニュースでは、文末をよく見るとそのニュースの信頼性が分かります。例えば衆議院選挙でＡさんが出馬するかどうかに注目が集まっているとします。そのニュースで『立候補することを正式発表した』とあれば、まず間違いなくＡさんは出馬するでしょう。また『立候補する』と断定的に報じられている場合も、公式発表こそされていないものの出馬すると見ていいです。これはメディア側も確たる情報を得た上で報じているからです」

　「しかし『立候補する方向で調整している』だったらどうでしょう。また『立候補する方針を固めた』も同様で、出馬が決まったように聞こえますが、実はまだ断定的に言えるほど可能性は高くありません。そして『立候補する方向で検討している』という表現がありますが、これは検討はしていますがまだ白紙になる可能性も大きいことを示します。つまり皆さんには同じように聞こえる表現であっても、ニュースを伝える側は情報の角度によって微妙に文末を変えているのです」

さらに文末の表現についてこんな説明もする。「文末によく『〜と見られる』『〜と思われる』という表現があります。この二つの文末は受け身の形になっているので、一見すると第三者がいるような印象を受けます。しかし実際は記者の個人的な見解を示すことがあります。報道は建前として客観的で公正中立であるべきであり、記者が『私は〜と見ている』『私は〜と思う』とは書くことはほとんどありません。そこで受け身の形にして、第三者がいて客観性が担保されているように書くことがあるのです」

「また『〜と見られる』『〜と思われる』については、記者が事実関係の確認に自信がない時、断定を避けて"ぼかす"ために使う表現でもあります。例えば『Aは出馬する』と『Aは出馬すると見られる』は、明らかにニュースの信頼度が変わってきます。『〜と見られる』と書けば断定ではないので、たとえAが出馬しなくても誤報にはならないというのが伝える側の決まり事なのです」

こうした具体例を出すと学生は一様に「なるほど」という顔になる。情報を伝える側には決まり事やルールがあり、これに沿ってニュースは作られている。それを理解しているかどうかで、ニュースの受け止め方は変わるのだ。

日々何気なく接しているニュースを前に立ち止まって考える。こうした時間が少しでも生まれたとしたら、授業の成果があったと言えるだろう。

どのメディアを選ぶのか

最後の質疑応答で学生からよくある質問に「具体的にどのメディアを選ぶのがいいですか？」がある。こうしたとき学生には「自分でいろいろ見たり読んだりしてみて、まずは相性がいいと感じるメディアを探してみてはどうですか？ただその際には、自分が読んで心地いい情報を発信するメディアだけではなく、その対極にあるような論調を展開しているようなメディアも探してみてください」と答えることにしている。学生にはフィルターバブルについても説明して授業を終える。

こうした授業を各大学で本格的に行い始めて6年となる。2003年に小中学

校でメディアリテラシー授業を始めた時から 20 年近くだ。この 20 年の間に
ネット、スマホや SNS の普及で、テレビを取り巻く環境は激変し「誰でもメ
ディア」の時代となった。例えばここ数年、テレビニュースには視聴者提供の
映像が頻繁に映し出されている。スマホで映像が手軽に撮れ SNS やテレビ局
の動画投稿サイトにすぐ投稿できるようになったからだ。

　一方で真偽の疑わしい情報や映像もあふれていて、情報のプロであるべきメ
ディアでさえもリアルかフェイクか見分けがつかなくなっている。学生にメデ
ィアリテラシーの授業をしている私でさえ、いつフェイクニュースのわなに陥
るか分からないリスクを抱えている。まさにメディアリテラシーは今を生きる
われわれすべてにとって必要なのだ。

第14章

アメリカのニュース・リテラシー・プロジェクト（NLP）を解剖する

「フェイクニュース」を見分ける力を付ける教材が世界の教室に広がっている。開発したのは、アメリカ・ワシントンDCに本部を置く「ニュース・リテラシー・プロジェクト（NLP）」。2008年、ロサンゼルス・タイムズの記者だったアラン・ミラー氏（インタビューは第15章）が立ち上げたNLPの多彩な活動を紹介する。

宮地ゆう ● MIYAJI Yu

朝日新聞GLOBE 副編集長
慶應義塾大学総合政策学部、同大法学研究科政治学修士課程修了後、フルブライト奨学金を得てコロンビア大学院（国際関係論）で修士課程修了。朝日新聞東京社会部、GLOBE編集部、サンフランシスコ支局長、経済部記者などを経て、2022年から現職。著書に『シリコンバレーで起きている本当のこと』（朝日新聞出版）など。朝日新聞書評委員。

中学校の授業から始まった

「フェイクニュース」という言葉は、今や日本でもすっかり定着してしまった感がある。もともとは言葉通り「偽のニュース」「デマ」といった意味で使われていたが、最近では「フェイクニュース」という言葉自体が政治化し、正確な情報でも「フェイクニュース」と呼ぶことで情報の信憑性をなくすという問題まで起きている。最近ではこうした理由から、フェイクニュースより「ミスインフォメーション（misinformation、誤情報）」という言葉の方が一般的になっているが、日本ではフェイクニュースの方が一般的に使われているため、ここではフェイクニュースと呼ぶことにする。

歴史をひもとけば、人は自分が信じたいことだけを信じる、という現象は古くから指摘されてきた。では、今の現象は何が新しいのか。こうした「偽の情報」が、インターネットとSNSというテクノロジーと結び付くことで、一瞬にして世界中に広がるようになったことだろう。

　古くて新しい「フェイクニュース」だが、中でも 2016 年の大統領選以来、「フェイクニュース震源地」となったアメリカで、こうした時代の到来をずっと前から見据えてきたかのように活動してきた団体がある。ワシントン DC に拠点を置く「ニュース・リテラシー・プロジェクト（News Literacy Project、以下 NLP: https://newslit.org/)」だ。

　毎日ネット上で大量に流れてくる情報の信憑性を見分けるため、学校や教育関係者だけでなく、一般の人にも情報の見分け方を包括的に学ぶ膨大な量のオンライン教材を無料で提供している。たった一人の記者が始めた地道な活動だったが、今ではオンライン教材の登録者は世界約 100 カ国に広がる。

　2019 年の財務報告によると、財団の予算規模は収益が約 480 万ドル（約 5 億円）で、そのうち助成金と寄付が約 470 万ドルと、ほとんどを占める（他には有料で行う研修などの収益がある）。お金を出している財団や個人の中でも、アメリカでジャーナリズムや芸術などの分野に多額の寄付をしているナイト財団（Knight Foundation）は NLP の創設から財政面を支え、今では年間 25 万ドル以上を拠出している。2016 年の財務報告では、収益は年間約 140 万ドルだったので、この数年で NLP の規模は 3 倍以上に成長していることが分かる。本部はワシントン DC にあり、職員数は 2020 年 12 月現在で 25 人いる。

　この団体はいかにして生まれ、どんな活動をしてきたのか。そして、何を目指しているのか。紹介していきたい。

　NLP は、ピュリツァー賞も受賞したロサンゼルス・タイムズの記者アラン・ミラー氏が設立した非営利団体だ。創立は「フェイクニュース」という言葉が登場するよりずっと前の 2008 年にさかのぼる。2017 年 4 月にミラー氏を電話取材する機会があり、その成り立ちや活動の歴史を聞いた。

　余談だが、ミラー氏は日本で 3 回暮らした経験があるという。初めての時は大学時代で、京都で短期間日本語を学び、日本メディアについての研究をしたという。その後、大学院時代に 3 カ月日本でフィールドワークをし、ワシントン・ポストの東京支局でインターンもした。さらに、記者になっていた 1998 年、アメリカの NPO「ジャパン・ソサエティー」の招きで日本の政治

資金と、人間国宝に関する調査も行った。「日本は私にとって第二の故郷みたいなものです」と語っていた。

　さて、そんなミラー氏がNLPを設立したきっかけは、2006年、当時12歳だったミラー氏の子どもが通っていた中学校で講演を頼まれたことだったという。当時ワシントン支局で調査報道の記者をしていたミラー氏は、学校から依頼を受けて、175人の中学1年生を前に、記者や報道機関の仕事の重要性について話をすることになった。一回きりの講演だったが、話す上で二つのことを考えていたという。

　一つは、情報には「質の差」があるということを中学生に知ってもらうこと。もう一つが、ネットの情報が津波のように押し寄せる中で、それを見分ける力の育成が、学校教育では追い付いていないことだった。ミラー氏は自分の娘がネットから情報を得る様子を見ていて、こうした教育がなければ大変なことになるだろうと危惧していた、と話す。

　「大量に流れてくる情報の中で、何が信憑性のあるものかを判断する力は、子どもだけでなく、一市民として非常に重要なものです。テクノロジーの進展で、情報の爆発的な増加がさらに進むに従って、この力の必要性はさらに増すだろうと感じていました」。

　ミラー氏は2008年にロサンゼルス・タイムズを辞め、教育に専念する道を選んだ。こうして立ち上がったNLPは、まずは記者を教室に送るところから始まった。報道の現場で記者たちが日々どうやって情報を集め、取捨選択し、読者や視聴者に届けているのか。それを教えることで、「ネットの世界で何を信じればいいのかを知るための批判的な思考力（critical thinking）を身に付けられると思った」とミラー氏は話す。この基本理念は、NLPのプログラムが多様化した今も変わっていない。

　ニューヨーク、ワシントンDC、シカゴの中学・高校で授業を始めたが、学校側からの要望は多く、協力する記者や報道機関が次々に加わった。2017年の時点で全米の主要テレビ・新聞・ラジオ・ネットメディアなど35報道機関400人以上の記者が協力リストに名前を連ねていた。ミラー氏のようにピュリツァー賞など数々の賞を受けた著名記者も多く入っている。

　ぜいたくな授業だが、問題は、一度に20〜30人程度の生徒しか教えられないことだった。そこで、2012年から、NLPは新たな取り組みを始めた。オンライン教材の開発を始めたのだ。2015年から2016年にかけて、新たなオンライン教材の開発に取り組んだ。これが現在のNLPの柱であり、世界100カ国以上に広がる教材「チェッコロジー（Checkology）」（https://get.checkology.org/）だ。

　日本では、読売新聞が2019年10月、NLPと提携し、日本の教育現場で活用できる教材の開発をするとしている。

　チェッコロジーは、記者の仕事や報道を知るといった内容を超えた、いわば「情報とは何か」を学ぶ包括的な内容だ。

　当初は一部が有料だったが、新型コロナウイルス感染症の拡大でネット上に不正確な情報が大量に出回り始めたことを憂慮し、2020年3月、チェッコロジー全体を無料化した。これによって、学校関係者や生徒だけでなく、一般の人でも、メールアドレスなどを登録さえすれば、パソコンやタブレットなどから無料で使えるようになった。

教材の14の柱と、「情報を区分する」ゲーム

　チェッコロジーには、14の柱がある（2021年1月現在）。

1.「ニュースとは何か」
2.「合衆国憲法修正第1条」
3.「アルゴリズム入門」
4.「質の高い報道とは」
5.「編集者になってみよう」
6.「市民の監視」
7.「ブランド化された内容（広告の見分け方）」
8.「情報の区分」

9.「世界の報道の自由度」

10.「民主主義の番人」

11.「議論と論拠」

12.「ミスインフォメーション（誤った情報）」

13.「偏見について学ぶ」

14.「陰謀論の考え方」

これで情報についての基礎を学ぶ。

一つの柱は、約30の解説やクイズ（設問）に分かれており、こなすのに1時間くらいかかる。ただ、途中でやめて後日続きを見たり、一部だけ学ぶ、といった使い方も可能だ。

多くが、報道機関の編集局内に立った記者や専門家本人が、ビデオで登場。映像やアニメーションを取り入れながらその回に学ぶ柱について説明をした上で、設問を解いていくスタイルだ。設問は幾つかの選択肢から回答をクリックし、「正解です」「もう一度やってみよう」といった言葉と共に短い解説が現れる。こうした説明と問いを繰り返していく。

一例として、「情報の区分（InfoZones）」という回を見てみよう（下の画像）。

アメリカのTVネットワークNBCのワシントン支局で国内外の報道担当をしているトレーシー・ポッツ記者が画面に現れ、テレビ局の中から語り掛ける

「情報の区分」の回（チェッコロジーのサイトより）

（次頁画像）。背後で同僚が働いている姿も見え、あまり見ることのないテレビ局の裏の様子は臨場感たっぷりだ。

「この回では、情報を六つの区分に分ける練習をします。情報の中身を区分するのはニ

ュースリテラシーの基本です。情報の信憑性を測る一歩目でもあります」とポッツ記者。情報の発信者の意図を見分ける力が、フェイクニュースかどうかを判断するのに役立つからだ。

現役の記者が語り掛ける（チェッコロジーのサイトより）

分類は、A「To Persuade（説得する）」、B「To Provoke（挑発・刺激する）」、C「To Document（記録する）」、D「To Inform（知らせる）」、E「To Entertain（楽しませる）」、F「To Sell（売る）」の六つ。

これに分類する動画や画像は以下のようなものだ。

1. ガーディアン紙の「夏にも長ズボンと決められている学校の男子生徒たちが、抗議の意味を込めてスカートで登校した」という写真付きの記事。
2. 高校生くらいの女の子がガムをかみながらスケッチブックに文字を書いている様子の動画。音楽は付いているが字幕や言葉はない。最後に「VIDEOS EVERY WEDNESDAY AND SUNDAY」「# SCHOOLISHA」という文字が現れる。
3. ODYSSEY というサイトの記事。見出しは「高校の服装規定が性差別である六つの理由」。
4. 「違いはどこにある？」と題した表。左側に学校、右側に刑務所とあり、それぞれに特徴を書いたまったく同じ項目が並ぶ。「権威主義的な構造」「服装規定」「静寂と命令に重点」「列になって歩く」「個人の自主性の欠如」など。
5. ポスターのような写真。子どもの写真と共に「子どもの制服イベント」「ポロシャツ 5 ドル、カーキ 10 ドル、バックパック 9 ドル」などの文字。

6. スマートフォンで撮影したらしき揺れる動画。中学生たちが学校の外に次々
   と出て来て、一人が「テイラー中学校での抗議集会だ！」などと叫んで
   いる。

実際にやってみると意外に難しい。報道の仕事に関わっている大人の私でも、
しばらく考えてしまうものもあった。

まさに、ネットにあふれている情報と同じで、どこで誰が何の目的で投稿し
ているのか分からないものばかりなのだ。問題を解く側は、読み取れる情報を
総動員して発信者の意図を探さなければならない。

ちなみに、この設問の正解は以下の通りである。

1 → D「To Inform（知らせる）」
2 → E「To Entertain（楽しませる）」
3 → A「To Persuade（説得する）」
4 → B「To Provoke（挑発・刺激する）」
5 → F「To Sell（売る）」
6 → C「To Document（記録する）」

この分類ができるようになれば、情報の発信者の意図を読み解きやすくなり、
発信者が、情報の受け手にどのような影響を与えようとしているのか、どんな
目的で発信しているのかを、批判的に思考する力（クリティカルシンキング）
が身に付けられる。

アルゴリズムを否定しない

14の柱のうち「偏見について学ぶ」の回では、「ナショナルジオグラフィッ
ク」の編集長が登場。「報道の偏見とは何か」「偏見があると誰が決めるのか」「偏
見の種類」といった内容に入っていく。

　偏見というと、否定的なイメージだが、「ネット上の多くの内容は、最初から偏見を取り去ろうとは思っていないものがほとんどです」という指摘から始まる。そして、書評をしたり、ものを売ろうとしたり、スポーツのニュースを報道する際に、そもそも、まったくの偏見がないということはない、と指摘する。そして、「オピニオンジャーナリズム」と「ニュースジャーナリズム」の差などを、設問を通じて同じように繰り返し実例を見ながら学んでいく。

　「アルゴリズム入門」の回には、ハーバード大学ケネディスクールでテクノロジーと社会や政治の関係を教えている教授が登場。ネットに現れる情報が、アルゴリズムによって利用者の興味や関心次第で、変えられていることを学んでいく。

　ここでは、例としてスマートフォンで「ジャガー」と検索した時に現れる、二つのまったく違う結果の画像を見せる。利用者の関心次第で表示が変わるわけだが、一つにはフットボールのチーム「ジャガーズ」の試合結果が表示され、もう一つには動物のジャガー、車のジャガーなどあらゆる「ジャガー」の結果が表示される。

　そして、アルゴリズムによって、自分の見たい情報だけが表示されるようになり、同じような考え方を持つ人ばかりとつながっていく現象が起きる、という解説が加わる。

　教授は、情報のバランスを意識し、普段どんなサイトや報道機関から情報を得ているかを、自分で時々考えてみるように勧める。時折、普段とは違う報道機関から情報を得てみればよい、といった提案もしている。

　印象的なのは、アルゴリズムによる情報の偏りを最初から否定的に教えるのではなく、「アルゴリズムによる個別化なしには、大量の情報から見つけたいものがほとんど見つからないかもしれない」という話から始まるところだ。

　こうした機能をすべてオフにして使う人はまずいないだろう、という現実的な出発点に立っていることが分かる。その上で、こうした技術が背後で使われていることを意識させ、時々立ち止まって考えることを促す内容だ。

ただの投稿？ それとも広告？ 「売り物」を見分ける力

　NLP が力を入れる柱の一つが、広告の見分け方だ。広告かどうか見分けの
つかないものがあふれていることの証しでもある。広告には、レベル 1～3 ま
での練習問題がある。SNS に投稿された動画や投稿など見ながら、これが広
告なのかそうでないのかを見分けていくが、これも、レベルが上がると、大人
でも難しくなってくる。

　日本でも「ステマ（ステルスマーケティング）」として問題になっているよ
うに、SNS 上の広告は一見してそれとは分からないものも多い。子どもたち
だけでなく、これもまさに大人にこそ求められる力でもある。

　生徒たちには、人気のセレブや著名人が特定の製品を使っているところを見
せるといったやり方は影響力も大きい。だが、NLP が指摘するのは、それより
見分けにくい「インフルエンサー」の存在だ。必ずしも誰もが知る著名人でもな
く、SNS のフォロワーが多い人たちが、商品を使っているところや、日常の投稿
の中にさりげなく商品を見せていることもある。

　インフルエンサーが、企業から何らかの形で謝礼をもらっている場合は、それ
は広告と見なすべき行為となってくる。

　例題を見てみよう。ある女性が、Instagram に宅配のミールキット（料理
をするための食材やレシピなどが入って届くもの）が届いた写真を投稿し、いか
にこのミールキットの使い勝手が良いかという話を書いている（左の画像）。ハ

ocmomlifestyle
Rancho Santa Margarita, California

1/6

993 likes
ocmomlifestyle Motherhood is busy and crazy constantly
running after your toddler. BUT dinner time doesn't have to
be. With @hellofresh you don't have to go grocery

チェッコロジーのサイトより

ッシュタグで会社がタグ付けされており、安くなるクーポンのリンクの場所も
書かれている。ただ、投稿しているのは著名人ではなく、一般の女性のように
見える。だが、これはインフルエンサーを使った形だ。この練習問題の答えは、
「広告」。

　説明では「ブロガーを使った広告であり、ハッシュタグ（#）に会社名を入
れることで、（広告であることを示す規制の）免責になる。リンクにあるクー
ポンは、これをクリックすることで、この広告の効果を計測している」と解説
してくれる。

　次に、著名ミュージシャンが、エベレスト登山をしたと写真と共に書いた投
稿。

　これもただの登山写真のようだが、説明では「世界的な登山ブランドのエデ
ィー・バウアーと登った」とさらりと触れている。これもインフルエンサーを
使った広告だ。

　FTC（米連邦取引委員会）が推奨する、広告であることを明示するハッシュ
タグを入れていないが、文章の中でエディー・バウアーと触れてはいる、と説
明している。これらはいずれも、注意深く見ないと大人でもすぐに判断できない。

ネットを怖がらせない

　NLPの教材には、日本の教材で時々見るような「ネットの世界は怖い」「ネ
ット依存は恐ろしい」といった、ただ怖がらせることで、なるべくネットを使
わせないという方向へ誘導するような手法は出てこない。子どもたちだけでな
く大人も、ネットから日々大量の情報を得ていること、そしてその中には有益
な情報も多くあり、ネットなしにはもはやわれわれは生きていけないという現
実を、まずは受け入れるところから始まっている。

　アルゴリズムのところでも触れたように、テクノロジーには便利さと危うさ
という二つの側面がある。それをまず認識させた上で、玉石混交の情報の海の
中を泳ぎ切るための「サバイバル技術」を教えよう、という姿勢だ。

さらに、人には誰でも間違いや偏見があり、それは報道機関も例外ではないということを、最初から認めようという前提から出発している。こうした間違いや偏見を見抜く力を養うだけでなく、ネットを使って発信する人たちすべてにそれを意識させる狙いがある。

　もはやニュースを流しているのは報道機関だけではない。個人がSNSなどでいくらでも発信できる時代である。間違いや偏見をただ批判するのではなく、人間の意識の中でなぜ偏見が生まれるのか、それをどう自分で認識するかといった根本の部分に目を向けさせようとしている。

教師向け研修の新たな試み

　2017年、NLPはさらに新たな試みを始めた。全米各地の地元テレビ、新聞、ラジオ局などと提携し、教員向けの研修を始めたのだ。この研修もナイト財団の助成金や寄付などで賄われており、地元メディアがボランティアで協力している。

　2016年のアメリカ大統領選以後、学校から授業をしてほしいという要望が急増し、もっと多くの生徒に早くリーチする必要性が出てきた。「これまでは、生徒に直接教えることをメインにしてきたが、教員を研修することで、大人も教育されるだけでなく、より多くの生徒に内容を広げることができると考えた」と、NLPの研修担当ミリアム・ロメイズさんは語る。

　2020年1月下旬、アメリカ中西部のオハイオ州アクロンで開かれた20回目の研修を取材した（写真1、2）。

　地元紙「アクロン・ビーコン・ジャーナル（ABJ）」が入る建物に、中学・高校の教員や図書館司書など約40人が集まった。ABJはかつて4度のピュリツァー賞を受賞したという、オハイオ州の中でも歴史ある新聞社だ。しかし、編集部門はどんどん縮小され、今、記者は25人。マイケル・シェーラー編集長は、「少ない人数でどれだけ地元の政治経済や教育などをきちんと報道できるかが最大の課題だ」と話す。

　研修ではまず、ロイター通信などで20年以上の記者歴があるNLPの教育担当スザンナ・ゴンザレスさんが、直前に起きたばかりだった著名バスケットボール選手コービー・ブライアントさんの死亡事故のニュースを見せた。

　「このニュースを最初にどこで知りましたか？」

　教員の多くが、ゴシップ

写真1　オハイオ州アクロンで開かれたNLPの研修に集まった教員たちに話をする「アクロン・ビーコン・ジャーナル」の記者ら＝筆者撮影

記事の多いネットメディアの名を挙げた。実際、この事故を最初に報じたメディアだ。

　「ゴシップメディアの記事が最初だったので、当初は半信半疑だった」「他のメディアが引用し始めたのでようやく信じた」といった声が上がる。

　次に、ゴンザレスさんが大量に出回った偽の事故現場のツイートなどを見せながら、いつの時点でどのメディアや誰がどのようなツイートをしていたのか、検証していく。中には「事故の報道はありますが、今、われわれは確認中です」とツイートしているメディアもあった。

　ゴンザレスさんは、メディア内部でどのような判断がされていたかを、長年の記者経験から推測しながら説明し、編集部での確認作業の過程や、報道の判断を解説していく。

　教員からは「ゴシップメディアでも正しいときがあり、判断が難しい」「どの時点だったらリツイートして良かっただろうか」などと、感想や質問が飛ぶ。ゴンザレスさんも必ずしも答えを知っているわけではない。皆で議論し、意見を聞き合うことが主眼だ。

　実践的な内容もある。写真の真偽が分からないときに調べられるGoogleの写真検索の機能や、加工された画像を色の変化などから見分ける手法、写真に

写った店の電話番号から撮影場所を特定するといったこつなども教える。

　研修から見えてくるのは、フェイクニュースにだまされたり、真偽の判断に迷ったりしているのは、子どもたちだけではないということだ。教える側のはずの大人も同じくらい困惑し、方策を見いだせないでいる。教員たちからは「今までこのフェイク写真は本物だと思っていた」「生徒にSNSの投稿などを見せられて、判断に困ることがある」といった本音が次々に漏れ、「自分だけではない」という安堵感も感じられた。

　この研修は、地元のメディアと組んで、小さな町でも多く開かれている。人口20万人足らずのアクロンでは、記者が取材している地元の社会問題は、教員にとっても身近な話題だ。この日、新聞社は教員らにその日の編集会議の様子も公開し、ニュースの価値判断や、意見が二分される問題の報じ方、日々の取材で迷うことなども率直に話し合った。

　2016年のアメリカ大統領選報道を担当した記者は、トランプ前大統領の発言について、「うそだと分かっている内容をあえて報じるべきなのか迷った。とはいえ、自分たちが書かなくてもSNSで流れてしまう現実がある」などと、報道の判断の難しさを吐露した。

　中学教師のローレン・ウィツァマンさんは「報道されるまでの過程や、記者がどれだけ考えて報じているかが見えて有意義だった」と話す。

写真2　研修では、教員たちが集まって授業への応用やアイデアを語り合う＝筆者撮影

　アメリカでは地方紙が次々と姿を消しており、地元をカバーしている報道機関がない、という場所も増えている。それぞれの町で報道機関がどういう役割を担っているのかを知ってもらうこともNLPの重要な目的の一つだ。

　NLPは研修に参加した人たちがその後もネット上

でつながり、情報交換できる仕組みも提供している。ゴンザレスさんは「同じ課題を抱える教員同士をつなげ、コミュニティーをつくっていくのも重要な目的だ」と話す。2020年度だけで、473人の教員が研修に参加しており、それぞれの地域にコミュニティーができつつある。

テクノロジーは急激に進み、大人たちは、次々と生まれる新しいSNSやスマートフォンの機能などについていくのがやっとだ。

「この間まではFacebookだったのに、いつの間にかInstagramになり、今や生徒たちはみなTikTokですよ」と、オハイオ州の高校教師ロン・デグレゴリオさんは苦笑していた。

まさに、皆で手探りでやっていくしかない。そんなことを感じさせられる研修だった。子どもだけでなく、私たち大人こそ、学ばなければならないのかもしれない。

NLPは他にも、「Informable（インフォーマブル）」というスマートフォン向けのアプリも作っている。フェイクニュースを見破る力をゲーム感覚で手軽に楽しめるものだ。また、主に教員向けに「The Sift」というニュースレターも毎週配信。まさにその時に広がっている最新のフェイクニュースを具体的に紹介している。これによって、学校で生徒が話題にしていた時に、教員はすぐに真偽を教えることができるようになる。また、新型コロナウイルス感染症に関する特設サイトも開設し、ウイルスに関する間違った情報やデマを見抜くように教えている。

これまでNLPは、過去に出回ったフェイクニュースを検証することで情報を読み解く力を付けることに注力してきた。だが、最近では、今まさに広がっているフェイクニュースにすぐに対処することで、実際に広げないための方策にも手を広げ始めている。

こうした教員向けの研修や取り組みから分かるのは、教員の側が生徒よりも知識を持っているという前提には立っていないことだ。学校で教えている通常の科目は、たいてい教員の方が知識を持ち、生徒に伝えるというやり方になっている。だが、ニュースリテラシーの世界では、教員の方が生徒より圧倒的に知識があるかといえば、必ずしもそうとは限らない。教員もネット上のフェイ

クニュースにだまされることもあるだろうし、SNSを（一切使わないという以外に）皆が適切に使いこなせるかと言われたら、心もとないところもあるだろう。

　ましてや、次々と登場する新しいネットやSNSのサービスに至っては、生徒の方が先に使い始め、教員より使いこなしているというケースの方が多いかもしれない。教員はむしろ、何をどのように使うのか、生徒に教えてもらうこともあるだろう。オハイオの教員も語っていたように、新しいアプリは次々と登場し、教員が知らない間に生徒はもう次のものに夢中になっている。新しいテクノロジーは、利便性と同時に、新たな問題も生むことになる。

　このため、教員がある程度の解を用意して教えるという通常の学校の授業は、ニュースリテラシーの世界では必ずしも通用しないと思った方がいい。教員や大人たちは、新しい領域について生徒と一緒に学びながら対処ができるよう目指す、といった気持ちでないといけないだろう。

　授業では、NLPのように、報道機関などがパートナーとなって、実際に記者などが話をしながら授業を行うことも有益だろうし、IT企業が、何が広告なのか、どうやって検索結果に差が生まれるのかといった仕組みを分かりやすく説明することなども考えられる。教室の中で授業用に作られた（現実には存在しない）サイトやアプリなどの話をしても、生徒はぴんとこない。現実に起きたフェイクニュースの拡散の例や、危ういサイトなど、実際のものを見せる方が実践的だ。だまされた人を非難したりばかにしたりするのではなく、誰にでも起き得る他山の石として例示することに意味がある。

　報道機関も、こうした教育現場への支援を増やし、無償で記者を派遣するなど、貢献する体制をつくるべきではないだろうか。ネットの情報の取捨選択がきちんとできる次の世代を育てることは、ひいては、良い情報の受け手を育てることにもつながっている。これは報道機関にとっても社会にとってもプラスの循環になるはずだ。

第15章

【Interview】

NLPを創設した理由と「陰謀論」の脅威

第14章で紹介した「ニュース・リテラシー・プロジェクト（News Literacy Project: NLP）」の創設者である元ロサンゼルス・タイムズ記者のアラン・ミラー氏。ピュリツァー賞も受賞した敏腕記者はなぜ、NLPを創設したのか。陰謀論の広がりなどをどう見ているのか、今後のニュースリテラシー教育とは。

アラン・ミラー ●Alan Miller

ニュース・リテラシー・プロジェクト（NLP）創設者・CEO
ウェズリアン大学卒業後、ハワイ大学で修士号取得。ユニオン・タイムズなどの記者を経て、ロサンゼルス・タイムズに入社。同紙のワシントン支局の調査報道チームの創設メンバーでもある。ピュリツァー賞はじめジョージ・ポーク賞など多くのジャーナリズムの賞を受賞。日本で暮らした経験があり、ジャパン・ソサエティーのフェローを務めたこともある。

12歳の娘が通う学校から講演に招かれて、気付いたこと

―― NLPの設立を考え始めたのは、娘さんが通う学校で講演をされたのがきっかけだそうですね。

2006年のことです。私はロサンゼルス・タイムズのワシントン支局で、調査報道記者をしていました。175人の中学1年生（6年生）を対象に、ジャーナリストの仕事などについて話をするために招かれたのです。

12歳だった私の娘ジュリアは、私がクラスメートたちに話をすると（ジュリアが）恥ずかしい思いをするに違いないと確信していました。しかし講演を終えた後、彼女は近づいてきて、私をハグしてくれました。私は合格したわけです。

帰り際、学校の駐車場を横切りながら「もっと多くのジャーナリストが自分の専門知識や経験を全国の教室で話すことができたら、それは有意義なことなのではな

いか」と考えていました。

　その夜、ジュリアは 175 枚の手書きのお礼の手紙を持って帰ってきました。ジュリアと一緒に、一つ一つ声に出して読みましたよ。何が子どもたちに響いたか、私の話のどんな部分で子どもたちとジャーナリズムをつなげることができたのかが分かりました。この日の経験が、NLP のアイデアの芽生えとなったのです。

─　NLPの設立は、2年後の2008年でしたね。

　私はその当時、二つのことを懸念していました。まず、第一に新聞のビジネスモデルが崩壊しつつある中で、質の高いジャーナリズムに対する理解と評価がまだあるのかどうか。第二は娘のジュリアが、信頼性や透明性などの点で大きく差があるニュースや情報にあふれた生活の中で、ニュースにどう接して、どう評価するのかという点です。

　今の時代は、誰もが自身の編集者であり、発信者になれます。ですから私たちは、生徒たちが信頼できる情報を見分け、責任感を持って信頼できるやり方で自らの役割を果たし、自信を持って発言できるような力を与えたかったのです。

　そこでまず、記者たちを教室へ派遣することから始めました。ジャーナリストたちが、日々どうやって情報を集め、取捨選択し、読者や視聴者に届けているかを生徒に教えることで、生徒たちがネットの世界で何を信じればいいのかを知るための「批判的思考力（critical thinking）」を身に付けられると、われわれは考えたのです。

　最初の 8 年間で、30 以上の報道機関がパートナーとなり、新聞、テレビ、インターネットメディアなどから、400 人以上のジャーナリストが参加してくれました。ニューヨーク・タイムズ、ウォール・ストリート・ジャーナル、ワシントン・ポストといった新聞、CNN、ABC、NBC、CBS といったテレビ、BuzzFeed、VOX、VICE といったデジタルメディアです。彼らは、ニューヨーク、シカゴ、ワシントン DC やその周辺の地域の学校で、750 回以上の授業を行い、2 万 5000 人以上の生徒に教えることができました。私も多くの授業を見学し、生徒たちが何に共鳴し、何が効果的で、何がそうではないのかなどについて知ることができました。先生方のニーズは何か、生徒とどうやったら気持ちが通じるのかについても、多くの学びを得ました。

事実と虚構を判断する能力が身に付いていない

― 教室の後方から見学して、何が見えましたか。

　授業の見学は、私にとって、目からうろこが落ちるような経験でした。印象的だったことの一つは、生徒たちが、デジタルネーティブといわれる世代だとしても、彼らは事実と虚構を区別したり、何が信頼できるかを判断する能力が身に付いていないということです。ネットに掲載されているのであれば、それは真実であり、誰かがすでに真実だと確かめてあるに違いないと信じている生徒たちがいました。読んだことを全く疑おうとしない生徒たちもいました。そのような生徒たちは、ソーシャルメディアを通して友達から送られてきた情報はどんな情報でも信じ、疑いを持たずにすぐに共有していました。

　もっと年上になってくると、シニカル（冷笑的）な見方をする生徒もいました。「すべての情報は、営利的、政治的な目的を持って創られていたり、個人的な偏見や隠された狙いがあったりする」などと言うのです。

　マスメディアのニュースよりも、ブログの投稿記事やYouTubeのビデオの方が、メディアが介入していないから、信憑性が高いと主張する声もありました。もちろん、誰が、何の目的で、どのような基準で作成したのか、放映されている映像のフレームの前面や背後に何があるのかなどまで知ることができれば、この意見が正しい可能性もあります。

　私は、ニュースリテラシー教育の内容が、生徒や教育者の大多数にとって未知の分野だったことに気付きました。そして、私はこう考えるようになったのです。「教育者や生徒たちは、どのようにジャーナリズムが機能しているのかや、（メディア人にとっては常識的なことである）ニュースとオピニオン、広告の違いについてどうやって知ることができるのか（教えない限り、分からなくて当たり前ではないか）」

　この最初の教室でのプログラムで努力したことが、その後の私たちのすべての活動の基盤となりました。どのニュースや情報を信頼すべきかを知ることは、広く応用できる批判的思考のスキルであり、私たちが生きている時代に不可欠なライフス

キルであることを確認できました。テクノロジーの進歩は速いのに、教育の進歩は遅い。生徒がほとんどの情報を（スマートフォンなどの）デバイスから得ているという事実に、学校が全く追い付いていないのは明らかでした。

授業を見学して学校を後にする時、私は「ああ、私たちが丘の上に押し上げようとしているのは、なんて大きな岩なんだ」と感じて、くじけそうになることもありました。しかし同時に、この仕事の重要性や、新たな機会が広がっていることに、より確信を持つことにもなりました。

また、素晴らしいジャーナリストに会ったり話を聞いたりすることは、生徒たちにとってエキサイティングな体験なのだということにも気付きました。生徒の反応から、私たちが変化を引き起こしていることを実感できたからです。

「チェッコロジー」でフェイクニュースを見極める

━━ あなたはピュリツァー賞も受賞されるなど、調査報道の分野で大きな業績を挙げました。ジャーナリズムから離れることをどう決断されたのでしょうか。

ロサンゼルス・タイムズを辞めたのは、53歳の時です。29年間、新聞記者として働きました。私にとって、ジャーナリズムは常に単なる「キャリア」というより「天職」でしたが、私のキャリアには第二幕があるかもしれないと思ったのです。

NLPのアイデアを思い付いた時に、それは二つ目のジャーナリスティックな「天職」だと感じました。

質の高いジャーナリズムに対しての感謝を保つ助けになるだけでなく、次世代の教育に貢献でき、また人々が市民社会において十分に情報を持った参加者となる道具（ツール）を与えられることになります。つまり、健全な民主主義に寄与するチャンスだと思ったのです。

私のキャリアの頂点に達したところでジャーナリズムから去り、新しいことを始めるのは、まさに「冒険」という言葉がぴったりでした。でも私にとって、それは自然な変化であり、素晴らしく価値のある挑戦でした。

2016 年、私たちはそれまでの経験のすべてを基に構築したチェッコロジーを立ち上げました。全米規模での展開は目指していましたが、世界的な規模にまで広げることになるとは、当時は想像していませんでした。

―　チェッコロジーは、偽情報を見分け、クリティカルシンキングを学ぶ手段としても、世界的に関心を集めていますね。

チェッコロジーを始めたのは、2016 年 5 月です。この年は大統領選挙があって、ドナルド・トランプ氏が大統領に当選しました。ソーシャルメディアのプラットフォームが有害な情報を拡散するフォーラムの役割を果たし、ロシアがそうしたプラットフォームを利用してアメリカの民主主義をひそかに傷つけようと試みるといった要因が重なり、NLP は、教育関係者やジャーナリストなどから、さらに注目されるようになりました。

米公共ラジオ局（National Public Radio: NRP）が、チェッコロジーを使っている、ある先生の授業を取材し、"The Classroom Where Fake News Fails（フェイクニュースがだませない教室）" との見出しで報じました。私たちにはマーケティング予算もなかったのですが、まず教育者たちが個人レベルで興味を持ってくれて、口コミで広がっていきました。

資金提供先も、ニューヨークやシカゴ、ワシントン DC の財団や個人支援者から、シリコンバレーなどのハイテク企業やソーシャルメディア企業へと拡大しました。

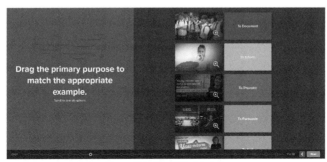

チェッコロジーのサイトより

おかげでスタッフを増やしたり、より野心的な目標を持つことができるようになりました。

　チェッコロジーは、英語の教育素材ですし、アメリカ合衆国憲法修正第１条の授業を盛り込むなど、基本的にアメリカ人を対象として開発しましたが、偽情報の拡散は世界的な課題であり、多くの国が対応に迫られています。偽情報は、憎しみや暴力、ひどいケースでは大量虐殺をあおるために利用されており、偽情報と戦うことは、多くの場所で「生死に関わる重要な問題」になっています。

陰謀論は「ネットのコミュニティー」から街頭へ出てきた

―　トランプ大統領の時代になって、メディアリテラシーを教えることを通じて民主主義を強化することの重要性が認識されるようになりました。このことは、NLPの事業に大きな影響を与えましたか。

　明らかに、トランプ政権の間、国の最高権力者から報道機関への攻撃が増え、膨大な量の誤情報、人種間の緊張、過度の分極化を目撃することになりました。しかしこの現象をけん引したのは、トランプ大統領一人だったわけではありません。

　私たちはこの４年間で、オルタナティブファクト（代替的事実）からオルタナティブリアリティー（代替的現実）へと移行し、アメリカは、深刻な分断・分裂状態にあります。

　多くの人々は、もっと情報を得たり、自分の信念について疑ってみたりするためにニュースを求めることはせず、もともとの自分の考えを確認できるような場所（プラットフォームなど）に行くようになっています。この国の民主主義は、実存的危機（existential crisis）に直面しています。

　アルゴリズムがこの確証バイアスをさらに強固なものにしています。人々はしばしば、（ソーシャルメディアの）フィードやオンラインで目にする情報が、自分の検索履歴や消費傾向に基づいて選択され、表示されているものであることに気付いていません。

──　2020年はパンデミックに加え、「ブラック・ライブズ・マター」の抗議活動、11月の大統領選挙と選挙後の混乱があり、2021年1月の連邦議会議事堂乱入事件へと続きました。大量の誤情報や偽情報の拡散が促進された重大な出来事の連続でした。

アメリカの民主主義は、2020年末（大統領選）と2021年の初め（連邦議会議事堂襲撃事件）のストレステストの中、辛うじて生き延びることができました。しかし、誤情報の脅威に対してきちんと取り組まなければ、次回はそううまくいくとは限らないと思います。

「陰謀論的な思考（Conspiratorial Thinking）」はネットの暗い奥底から、街頭、そして首都、議会の議事堂にまで、広がってしまいました。何千万人ものアメリカ人が「陰謀論」に陥り、Qアノンのような妄想まで信じる人たちがいます。信じるだけでなく、それに基づいて行動し、暴力を生み出し、他の人々や自分たちの命を危険にさらすこともいとわなくなったのです。

強調しておきたいのは、NLPは徹底して党派に属さない存在であるということです。党派性がないということは、私たちの組織のDNAです。私たちは、人々に対して、何を信じるべきか、信じてはいけないかを教えるのではなく、どのように考えるかや、どのように自分で判断するかというスキルを身に付けてもらいたいのです。

ですから、トランプ氏の虚偽の発言や誤解を招くような発言を指摘することもありますし、逆にトランプ氏について語られたことの中で、虚偽だったり誤解を招いたりするような情報を、例として取り上げる場合もあります。これは、私たちが党派性を帯びない団体であり続けるための方法の一つです。

ジャーナリズムは不完全なものだと理解する

──　メディアリテラシーとニュースリテラシーの違いについては、どのようにお考えですか。メディアリテラシーの専門家であるルネ・ホッブス氏は、ニュースリテラシーの取り組みの中には、商業的バイアスの影響にあまり触れず、

ジャーナリズムを実態以上に賛美しているものもあると言っています。この批判に、どう応えますか。

　私たちは、質の高いジャーナリズムが用いているハイレベルな基準を示しつつ、どのようなニュースや情報を信頼すべきかについての見分け方を教えることに重点を置いています。われわれはまた、表現の自由や報道の自由を規定している合衆国憲法修正第1条が、アメリカの民主主義にどのような役割を果たしているかについて、一般の方々の理解を助ける活動もしています。

　メディアリテラシーは（ニュースリテラシーに比べ）、より確立された分野です。テレビや映画などの大衆文化に広く焦点を当てたり、メディアで女性や有色人種がどう描写されているかといったことにも重点を置いたりしています。ニュースリテラシーは対象がより狭く、新しい分野で、メディアリテラシーの分家（offshoot）のようなものです。

　私たちはジャーナリズムを実態以上に賛美はしていません。実際、ジャーナリズムは、本質的に不完全なものだと教えています。偏見が入り込んだり、ミスが起こったりすることもあり得ると強調しています。しかし、質の高い報道機関では、ミスは意図的なものではなく、ミスがあったら迅速に「訂正」を出すべきです。

　私たちは、生徒や一般市民に対して、報道機関がそう行動する（ミスがあったら迅速に訂正を出す）ように求め、報道機関にそれぞれの基準を満たす説明責任を果たすよう促しています。

教育者のネットワークづくりが不可欠

――　NLPの活動をさらに広げるために、何が必要ですか。

　アメリカには全国的な教育カリキュラムがなく、50の州がそれぞれ学習基準を設けています。私たちは、ニュースリテラシーが、メディアリテラシーの一部でも公民科の一部でもいいので、高校を卒業するための必修科目として生徒が学ばなけれ

ばならないスキルであるべきだと考えています。

　NLP は、人々が、消費するニュースや情報、とりわけ他の人と共有する情報について、より注意深く、責任感を持って扱うようになるよう支援することを心掛けています。「偽りのコンテンツ（の拡散）は私のところで止める」「誤情報から生じる問題に加担せず、情報ソリューション（information solution）の一端を担いたい」と言ってもらいたいと思っています。ニュースリテラシーは、21 世紀における重要なライフスキルだと信じています。

　教育者の中には、ニュースリテラシーを教えることに保護者が反対するのではないかという懸念を抱いている人もいます。そこで私たちは、何を、どのように、なぜ教えているのかについて、保護者とのコミュニケーションに役立つ教育者向けの資料を用意し始めました。

　2016 年のアメリカ大統領選挙の後、世界各国における報道の自由についての教材をチェッコロジーに盛り込みました。ロシア、パキスタン、メキシコ、ナイジェリアなど、報道の自由が制限されている国のジャーナリストたちが、勇気を持って、その国で働くことがどのようなものかを語ってくれました。私は、ニュースリテラシー教育の必要性は、今後も高まり続けていくと考えています。

　　　　　　　　　インタビューは2021年6月、オンラインで行った。
（聞き手・スマートニュース メディア研究所　山脇岳志、宮崎洋子、長澤江美）

第16章
虚実のあいまいさとメディアリテラシー
日米、新聞とニュースアプリの視点から

トランプ氏がアメリカ大統領に当選した選挙を取材し、社会の分断の深さやフェイクニュースの広がりを実感した後、日本に帰国──。その後、新聞という伝統メディアから、創業10年に満たないニュースアプリのシンクタンクに転職した筆者は、なぜメディアリテラシー教育に取り組むのか。

山脇岳志 ● YAMAWAKI Takeshi

スマートニュース メディア研究所 所長
1986年、朝日新聞社に入社。東京本社経済部で、金融や情報通信分野の当局・業界を担当、調査報道にも従事。ワシントン特派員、論説委員、別刷り『GLOBE』編集長などを経て、2013年〜17年までアメリカ総局長。帰国して編集委員となった後、2020年にスマートニュース メディア研究所に転職。京都大学経営管理大学院特命教授、帝京大学経済学部客員教授を兼務。他に、オックスフォード大学客員研究員（Reuter Fellow）、ベルリン自由大学上席研究員を経験。

今も忘れられない風景がある。

アメリカの首都ワシントン郊外のバージニア州リーズバーグ。うっそうとした森の中の一本道。道を照らす街灯などない暗闇である。

車の助手席にいた筆者の視線の先には、前の車列のオレンジ色に光るテールランプだけが延々と続いている。午前1時を過ぎているのに、渋滞で車はなかなか動かない。

2016年11月6日深夜。ドナルド・トランプ氏とヒラリー・クリントン氏が激しく争った大統領選の投票日は2日後に迫っていた。田舎の会場で開かれたトランプ陣営の集会には、1万人近くが押し寄せた。当時、朝日新聞アメリカ総局長だった筆者は、その取材で現場にいた。

前座の政治家たちの演説が続き、時計の針が午前0時を回った頃、司会者は「われらのブルーカラー・ビリオネア！（労働者階級の富豪）」と叫んだ。トランプ氏は、地鳴りのような拍手と歓声に迎えられた。自家用ジェットで東部の州を飛び回り、この日の最後の七つ目の集会だったにもかかわらず、全く疲れは見せない。会場からあふれ出た観衆にも興奮を巻き起こし、そして舞台俳優のように去っていった。

帰り道、進まない車を運転していた同僚と、トランプ氏の当選確率の話になった。同僚に聞かれた筆者は「40パーセントぐらいだと思っていたけど、（今日を見て）45パーセントにするよ」と答えた。少しの間、沈黙が流れた。

世論調査では、クリントン氏が有利と出ている。だが、選挙の当落は、有権者がどれだけ熱気を持つかという要素も大きい。

バージニア州は、最近は民主党が強い。さらに、クリントン陣営の副大統領候補は、バージニア州の上院議員だ。わざわざそのバージニアに選挙直前に来るということは、トランプ陣営の独自調査で、ここでも勝算があると見ているからに違いない。

本当はトランプ氏の勝利確率は50パーセントを超えているのかもしれないとは思ったが、それを口に出すのは怖い気がした。

選挙はトランプ氏の勝利ではあったが、クリントン氏とトランプ氏の差は、いわゆるラストベルト地帯の州の8万票弱にすぎなかった。クリントン氏がそれらの州でもう少しだけ票を上積みできていたら、彼女が大統領だったのである。米連邦捜査局（FBI）が、投票日直前になって、クリントン氏の国務長官時代の私用メール問題で捜査を再開していなければ（9日間で再捜査は終了したが）、クリントン氏が勝利していた可能性は十分あっただろう。それほど僅差の戦いであった。

2016年大統領選、虚偽ニュースの広がり

なぜ、トランプ勝利と予想するのが怖かったのか。

一つは、感情が不安定で、自己愛（ナルシシズム）が非常に強い人物が超大国のトップになることへの安全保障や外交面での不安があった。もう一つは、差別発言を繰り返し、虚偽ニュースを大量にばらまいたトランプ氏が勝利してしまうと、それらの行為が正当化されてしまうことへの危惧だったと思う。

事実や真実の追求が軽視される状況を「ポストトゥルース（post-truth）」という。2016年のオックスフォード英語辞典の「今年の単語」にも選ばれた言

葉だが、その状況が恒常化してしまうのがおそろしかった。

　大統領選中から、「ローマ法王がトランプ支持を表明」などといった事実に基づかないフェイク（虚偽）ニュースが氾濫した。トランプ氏自身、選挙中も、大統領就任後も、虚偽発言を繰り返した。それをニューヨーク・タイムズ、ワシントン・ポスト、CNNといった伝統（主流）メディアが批判的に取り上げると、伝統メディアこそが「フェイク（虚偽）ニュースだ」と攻撃した。

　伝統メディアの多くが民主党寄りだと考える国民も多く、トランプのメディア攻撃は支持の広がりに結び付いた。共和党支持者の間で、メディアを信頼する人は急落し、社会の分断は広がっていった。

　ただ、そうした筆者の個人的な思いが、新聞紙面に反映しないように気を付けていた。東京の編集局とは頻繁に連絡を取り、トランプ氏の当選の可能性が十分あり得ることを伝えていた。クリントン氏とトランプ氏の戦いが接戦であり、どちらが勝つか予断を許さない状況であることは、選挙戦の終盤にかけて、複数回、大きな見出しで伝えている。

　注目される選挙の前では、新聞社は「予定稿」を少なくとも2種類作る。結果が決まってから書き出していては、締め切りに間に合わないからだ。デジタル発信で速報性も求められるからなおさらである。2種類の場合、可能性が大きい方を予定稿A、可能性が小さい方を予定稿Bとしてあらかじめ送るが、朝日新聞アメリカ総局の予定稿は、トランプ氏勝利が「A」、クリントン氏勝利が「B」だった。どちらか分からない以上、当選のインパクトが大きいトランプ氏を「A」にした。

　1面に掲載するコラム（社内用語では

2016年アメリカ大統領選挙の集会で演説するドナルド・トランプ氏（写真／AFP＝時事）

「総局長論文」）も、トランプ氏当選のケースを「A」として出したが、東京本社はクリントン氏勝利の予定稿を熱心に見ていた。アメリカのみならず、日本でもクリントン氏当選が当然のように思われる「空気」があった。社内に限らず、日本からの来客や、日本の知人との電話などでの会話で、幾度となく感じた。

　トランプ氏当選は、上記のように個人的には十分あり得ると思っていたものの、恐れていたことが現実になったという意味では、やはり筆者にとっても「ショック」ではあった。

　2期目を目指した2020年の大統領選挙ではトランプ氏は敗北を認めず、「選挙は盗まれた」と主張し続けた。トランプ氏が自ら支持者たちをあおる形で、連邦議会の占拠事件が起き、死傷者が出た。その頃、米軍幹部がトランプ氏の精神状態が悪化して核兵器の使用を命じることを真剣に危惧していたことも報道された。

　大統領が、選挙結果すらフェイクと断ずる「民主主義の危機」、核兵器が使われるかもしれないという軍幹部の恐怖。世界の安定という意味では、私たちはずいぶん危ない橋を渡っていたのである。「今がもう安心」とはもちろん言えないけれども。

何がフェイクで何が真実なのか

　一方、トランプ氏の当選を恐れた思いと矛盾するように見えるかもしれないが、選挙戦を取材しながら、複雑な気持ちになることがあった。

　まず、両者の政治集会を比べると、クリントン氏よりもトランプ氏の方が、イベントとしては面白いのである。もちろん、眉をひそめる差別発言もある。トランプ氏に思想的に共感したわけではない。それでも、聴衆にとっては、遠くまで時間をかけて行き、主役の登場まで長く待つという意味で、集会はどうしても「エンターテインメント性」を帯びるし、トランプ氏の演説は飽きさせない。2人を比べた場合、クリントン氏の方が明らかに大統領としての資質を

備えていると思ったが、トランプ氏は聴衆をつかむこつを心得ていた。

　時に行き過ぎと批判されることもある「political correctness（政治的妥当性。差別偏見を含まないような用語を使うこと）」の縛りをぶち破り、建前と本音が異なるエリートの矛盾を突くことにかけては天才的であった。トランプ氏は、不動産業を営む裕福な家庭で育ち、労働者階級ではない。しかし、集会で「ブルーカラー・ビリオネア」と紹介されても不思議はない「インテリ嫌いの本音の男」であった。そんなトランプ氏の演説のどこかで、つい笑ってしまったら、自分も「差別主義者」になってしまうのだろうか。そんなことを自問した。

　2016年秋には、政治家の発言の真偽を検証しているウェブサイト「ポリティファクト」編集長のアンジー・ホラン氏にインタビューした。ホラン氏は、トランプ氏の重要な発言の7割が、虚偽もしくは虚偽に近い、と話した。それは調査開始以来、最も高い数字だった。一方、クリントン氏の場合は、その確率が26パーセントで、政治家の平均的な数字だという。

　確かに7割はひどい。一方で、26パーセントだったら「合格」なのだろうか。どこまでが容認できるレベルなのだろうか。26パーセントと70パーセントというのは、本質的な違いなのだろうか。

　そもそも、人を傷つけないための嘘も含め、嘘を全くつかずに人生を過ごせる人など、ほぼいないだろう。さらに言えば、アメリカの宗教右派の人たちは、聖書で起きたさまざまな奇跡、科学的には考えにくいことをそのまま信じていることも多い。無神論者の人から見れば、「フェイクニュース」を信じているように見えてしまうかもしれない。これをどう考えたらいいのだろう。

　さらに言えば、トランプ支持者は、トランプ氏の差別発言や思想を全部信じているわけではない。取材すると、トランプ支持にも、さまざまな動機のあることが見えてくる。エリートが支配する現実に対する反発、弱者救済を掲げる民主党指導者層の欺瞞、グローバリゼーションの中で自らの生活が脅かされる不安——。

　トランプ支持の政治集会で、トランプ氏が日本批判を繰り広げたことがあった。集会が始まる前から筆者の身分を明かして話をしたアメリカ人の中年男性は、演説後、筆者に「トランプの言うことを全部信じているわけではないから

ね」と申し訳なさそうな表情で語った。

　支持者たちは、必ずしもトランプ氏が示す言葉や価値観のすべてに同意していたわけではない。ただ、現状に何らかの強い不満がある人々にとっては、トランプ氏の発する言葉や行動の一部だけでも訴求力を持つ。多くの人は、そうした「トランプの断片」に共鳴し、トランプ支持に傾いていったのである。

　トランプ大統領を生み出した一因は、「不公正・不公平」のまん延や、それに伴う「絶望」だ。現実の方に問題がある以上、現実から抜け出たいためにトランプ氏を支持する人を責めることはできない。クリントン氏がトランプ支持者たちのことを「嘆かわしい人々の集まりだ（basket of deplorables）」と表現したのは、すぐに撤回したとはいえ、取り返しのつかない発言だったと言える。

　トランプ氏が大統領に就任して4カ月後の2017年5月、Tシャツ1枚でも蒸し暑いフロリダ州フォートローダーデール。トランプ氏の別荘「マール・ア・ラーゴ」からほど近いホテルで落ち合ったのは、「Real True News」のサイトを持つマルコ・チャコン氏である。

　本業は、大手銀行の幹部。その傍ら、ランチタイムや早朝などの時間を使って、ほぼ毎日、そのサイトでフェイクニュースを発信していた。

　チャコン氏は、人々をだましたいわけではなかった。むしろその逆である。

　トランプ氏を支持する友人たちが、Facebookを通じて、さまざまなフェイクニュースを信じているのが残念で、もっと極端で笑えるようなフェイクニュースを作れば、友人たちが「自分がフェイクを信じている」と気が付くのではと思ったのだという。

　文体は、保守派のフェイクニュースが使うようなものをまねた。右派的なニュースを流した上で、誰が見てもおかしいという材料を入れれば、フェイクニュースのばかばかしさを自覚しやすいと考えた。ところが、チャコン氏の思惑とは裏腹に、友人たちの多くはそのニュースを信じてしまう。

　そればかりか、ケーブルテレビ大手、Fox Newsの有名アンカーがチャコン氏のフェイクニュースから引用する事件まで起きた。人々がフェイクニュースをこんなにも信じやすいというのは、チャコン氏にとって想定外だった。

　そのチャコン氏に、「宗教右派の人たちは、無神論者からすると、フェイク

ニュースを信じているということになるのではないか」と聞いてみた。チャコン氏は明確な答えを避けた。この話題はやはりセンシティブなのだろうと感じた。

虚偽ニュースの方が、真実のニュースよりも早く広く伝播することは、その後の実証研究でも明らかになっている（第1章参照）。

インタビュー記事の作成とメディアリテラシー

2017年夏に帰国して、コラムを担当する編集委員となった。

その年の秋から、東京大学公共政策大学院で、久保文明教授（現・防衛大学校校長）と共に、「アメリカ政治におけるメディアの役割」という講義を担当することになった。この講義は2020年度まで4年間続いた。

その中で、上記のようなトランプ選挙をカバーした体験、チャコン氏とのやりとり、虚偽ニュースがいかに広がりやすいかという話を伝えた。チャコン氏のエピソードは、院生の間でも、関心を持たれていた印象がある。

また、院生にインタビューの手法、記事の書き方のポイントなども、毎年講義した。インタビューを行うのは、何も記者だけではない。学者や研究者も行うし、ビジネスパーソンにもインタビューがある。商談は、インタビューの要素を含んでいることも多い。インタビューの「基本」を伝えることは、院生たちが社会に出る上で役立つのでは、と思った。

といっても、自分自身は、インタビューの手法を誰かに教わったことはなかった。30年のオン・ザ・ジョブの体験があっただけである。インタビューの中で100パーセントうまくいったと思うことはほぼなかったが、それでもかなり手応えがあるケースと、うまくいかなかったなと思うケースがあった。

そもそもどういうやり方が一般的に良いとされているのだろう。講義に当たり、幾つかの内外のノウハウ本や資料を読んでみた。事前の準備が大切ということも含めて、自分が心掛けてきたことと重なる部分は多く、日本でも海外でもさほど変わらないのだなという印象を持った。インタビューが成功するかど

うかは、相手への誠意や、聞き手の熱量といったものの方がノウハウより大切な気がしているものの、ノウハウはないよりあった方がいい。

東大大学院での講義は、全部で3回を基本とした（1回の講義時間は105分）。

初回はインタビューのやり方について、コロンビア大学ジャーナリズムスクールで教えているポイントも含めて、「定石」について解説する。

2回目に、実際にインタビューを行う。3回目は、それぞれの記事を全員に見せつつ、学生同士で感想を述べ合ったり、私が講評するような形である。

事前に、インタビューの新聞記事の幾つかのモデルを示した。インタビュー記事には、Q&A方式のもの、モノローグ方式のもの、そして人物像をさまざまな取材や資料を基に、複合的に描く「フィーチャー型（プロフィール型）」のものがあることを説明した。

どの形で書くかについては、各院生に任せた。「フィーチャー型」が一番手間がかかり、大変だとは説明したが、毎年、何人かは「フィーチャー型」に挑戦していた。

実際の「インタビュー体験」では、アメリカの特派員経験のある新聞社の後輩にお願いして、インタビュイーになってもらった。毎年10人前後のクラスだったので、3、4人のグループに分け、少人数の中でインタビューができるようにした。

コロナ禍の前、対面でできた場合は、グループワークができる形に机を並べ直して、インタビューされる側が、その机を回るようにした。

最初に全体的な経験を元特派員に話してもらう。その後、1グループ当たりのインタビュー時間は、20分余りになることが多かったと思う。

提出してもらうインタビュー記事は、A4の用紙1枚が基本。どんな字体（フォント）を使い、どんな見出しをどのような大きさにするかも自由、自分のスマホでインタビュー相手を撮影した写真を入れるが、それをどのように使うかも自由、という設定である。

実際の記事は、10人いたら、まさに全く違った10通りのものが出てくる。同じグループでは、インタビュー内容（素材）は、全く同じである。にもかかわらず、「紙面」の見出しや内容、デザインはかなり異なる。

他の院生の作品と比較して、「これほど違う印象の紙面になるのか」と新鮮な気持ちで驚く院生たちが多かった。

　インタビューの手法について日本語で書かれている本に、永江朗著『インタビュー術！』（講談社現代新書、2002 年）がある。その中に、このような文章がある。

　「インタビューとは虚構である。現実をありのままに伝えているかのように見えるテレビやラジオのインタビューでも、収録された会話のなかから取捨選択して放送するのだから、やっぱり虚構だ」（25 頁）

　永江氏は、話し言葉から書き言葉への変換、文章そのものの順番を入れ替えることも含めた編集や構成について、インタビューする側が恣意的に行っていることから、「インタビューは虚構だ」と主張しているのである。

　「虚構」という言葉はやや強過ぎると思うが、本質を突いている面がある。

　筆者の講義では、永江氏の表現を引用しつつ、「インタビュー記事を書くということは、レゴで作品を作るのと同じにように考えればよい」と説明した。

　インタビューで相手が実際に語った言葉の一つ一つは、レゴのブロックのようなものだ。

　それは確実に発言されたものであり、捏造されたものでないという意味では、「真実」である。「虚偽ニュース」ではない。

　しかしながら、レゴのブロックを積み重ねていくやり方が違えば、作品の形はさまざまになる。飛行機を作ることもできれば、怪獣を作ることだってできるのである。同じ数と種類のレゴブロックで作業したとしても、作品（インタビュー記事）は全く違ったものになり得る。

　インタビューされた側が、インタビュアーに伝えたいと願った姿とも、全く違ったものになってしまうかもしれない。その場合は、インタビューされた側は、「虚偽ニュース」に近いほどの強い不満を持つかもしれない。

　自分でインタビューをする。記事を書き、見出しを付け、レイアウトをする。それを人と比べてみる。メディアリテラシー授業としてはシンプルである。だが、それが意外に学生の興味を引き、気付きが多いとは講義を着想した時には想定していなかった。前述のように、きっと社会に出た時に役立つだろうとい

う単純な動機で始めたからである。

　ただ、この講義を繰り返すうちに、あらゆる情報が「切り取られた」「再構成されたもの」というメディアリテラシーの基本が体感できることが分かってきた。

　対象は、何も大学生や大学院生でなくてもよい。中学生、高校生でも十分にやれる授業だと考えている。出来上がったものの違いさえ実感できれば、作品の出来不出来を競わなくていい。

　インタビューに協力していただく方は、学校の周辺地域に貢献しているさまざまな職業の方々、例えば警察官、消防士、地元の企業や NPO の方などに、お願いしたらどうだろうか。

　生徒たちの作品を、インタビューに協力してくれた方にプレゼントすると喜ばれるだろう。学校と社会をつなぎ、生徒が身近なコミュニティーにも目を広げるきっかけになれば理想的だと思う。

リテラシー授業の「実践例」を広める

　筆者は、2020 年、日本発のベンチャー企業であるスマートニュースに転職した。そのシンクタンクであるスマートニュース メディア研究所に在籍している。

　スマートニュースは、日本とアメリカ合わせて 2000 万人以上が使っている大手ニュースアプリである。

　転職の動機としては、2016 年の大統領選で経験したアメリカでの虚偽ニュースの広がり、社会の分断などを見て、日本でも似たような現象が広がりつつあると懸念したことが大きい。そのためには、メディアと世論についてさらに研究を深めつつ、メディアリテラシー教育に携わりたい、学校現場で役立つような教材を作っていきたい、という気持ちがあった。

　日本新聞協会は全国の新聞社と協力し、学校で新聞を活用する NIE（Newspaper in Education）という有意義な事業を行っている。NIE の実践指

定校は全国に 541 校（2021 年度）あり、NIE 活動に協力する先生方は創意工夫を凝らした多くの授業を創造してこられた。今後とも NIE 活動はメディアリテラシー教育で大きな役割を果たしていくだろう。

　ただ、若い世代では、紙の新聞を読む人は少なくなってしまった。多くの人は、スマホで情報を取り、検索サービスや SNS などアルゴリズムの中で情報を摂取している。これからのメディアリテラシー教育は、そのようなデジタル環境に対応する形も考えていかないといけないと感じていた。

　メディア研究所は、筆者が転職する前から、学校への「出前授業」の形で、メディアリテラシー教育を始めていた。筆者は、それを発展させて多くの学校現場でメディアリテラシー授業を広げたいと考えた。

　数人しかいない研究所のメンバーでは「出前授業」をやるにも、実施できる回数が限られる。なので、研究所のホームページを作り、そこからメディアリテラシー授業の実践例を、無料でダウンロードする方式を導入した。

　授業の目的、授業の風景、生徒の感想、ワークシートなども、デザイン会社に依頼して分かりやすく PDF でまとめ、先生方に使ってもらいやすいようにした（画像 1、2）。

授業実践例

スマートニュース メディア研究所は、学校の授業の場において、良質のメディアリテラシー教育が広がってほしいと願っています。中学、高校、大学の先生やメディアの方々と協力しながら、物事を多角的にみたり、さまざまな情報が「再構成」されていることを自覚できたりするような授業の実践や研究をしています。このページでは、メディアリテラシーの授業実践例をご紹介していきます。詳細ページから、授業の様子を伝えるレポートや、実際に授業で使ったワークシートも、無料でダウンロードが可能です。全国の先生方の授業作りの参考となれば幸いです。

画像 1　スマートニュース メディア研究所のホームページ（授業実践例）

メディアリテラシーに興味を持つ全国の学校の先生方が、それぞれ気に入った実践例をダウンロードして参考にしていただく。その通りにやっていただく必要はない。自由にアレンジして、それぞれのクラスで実施していただければ、私たちが「出前」するよ

りも、はるかに大きな広がりになっていく。

　実践例については、中学や高校の先生などと、研究所メンバーが話し合いながら、二人三脚で作ったケースが多いが、もともと先生方が実践されていたものを、研究所とデザイン会社で、分かりやすく整理してPDFにしたケースもある。

　2021年春から公開を始め、半年間で6本の実践例をホームページに掲載した。すでに小学校から大学まで、150校以上の先生方にダウンロードしていただいた。本書の第3部には、21年末までに公開予定のものも含め、

画像2　無料でダウンロードできる授業実践例のPDF

10の実践例の概要を掲載している。いずれも、研究所のホームページからダウンロードできる。

　メディアリテラシーの授業実践例を作る際に気を付けているのは、「党派性」がないようにすることである。日本でも、アメリカほどではないものの、社会的な分断が広がっているように見える。特定の政党や政治家を支持したり、逆に批判したりするような教材にはしていない。あくまで物事を深く、多角的に考えるクリティカルシンキングの力を育むことを、実践例作りの目的としている。

　筆者は、スマートニュース社で研究職にあり、ビジネスに関わっているわけではない。アプリに表示されるニュースの編成・表示にも関わっていない。

ただ、社内にいると、雑談の中で興味深いエピソードを聞くことがある。

　例えば、あるスマートニュースの幹部は、知り合いの企業幹部に、このように感謝されたという。「わが社のことを、トップニュース（トップのタブ）に取り上げていただいてありがとうございます」

　この企業幹部は、新聞の1面に取り上げてもらったというような印象を持ったのだろう。その方は、普段から、その業界のニュースをよくクリックしていたのかもしれない。なので、その方のアプリではトップニュースに出てきたのかもしれない。ただ、別の人のスマホ画面にも、同じニュースがトップニュースのタブの中に出てくるとは限らないのが、新聞との違いである。

　スマートニュースのアルゴリズムが、ユーザーの過去の閲覧履歴などから見て、その人が関心を持ちそうなニュースを「パーソナライズ」すれば、そういうことが起き得るわけだ。

　ただ、「パーソナライズ」が行き過ぎると、その人の関心に添ったニュースばかりが表示され、いわゆる「フィルターバブル」に陥ってしまう。

　スマートニュースは、そうならないようにユーザーの関心に必ずしもマッチしていないニュースも同時に表示して、関心を広げてもらうようなアルゴリズムを工夫し、「パーソナライズド・ディスカバリー」という概念を打ち出している。

　これは、新聞を読む体験に近いかもしれない。新聞では、関心のある記事の隣に、関心のない記事があっても、つい読んでしまうことがある。そのことによって自分の知識や視野が広がるメリットがある。

　「パーソナライズド・ディスカバリー」は、まだ発展途中ではあるが、アルゴリズムの力を使って新聞を読むことの「発見」の楽しさをスマートフォンの世界で実現しようとしているのだと感じている。3000以上の媒体からニュースの提供を受けることで、個人が触れられるニュースの幅を広げようともしている。

　「パーソナライズ」については、今後、学校の授業の中でも、積極的に取り入れていく必要があるものだと思う。アルゴリズムリテラシー、デジタルリテ

ラシーなどともいわれるが、広義のメディアリテラシーの中に含めてよい。

　例えば、笹原和俊・東京工業大学准教授は、著書『フェイクニュースを科学する　拡散するデマ、陰謀論、プロパガンダのしくみ』（DOJIN 文庫、2021 年）の中で、パーソナライゼーションについての実験を勧めている。

　笹原氏が学生２人と行った実験では、パソコンの同じブラウザーを使い、英語の「life」という単語を Google で同時に検索した。

　すると、３人の検索結果は微妙に違っていた。これは検索のアルゴリズムがユーザーの検索履歴、位置、言語などの個人情報に基づいて、ユーザーの好みや意図を学習し、より関連するであろう情報を取捨選択して順位付けをしているためだ。

　こうした実験は、大学でなくても、小中学校や高校でもやってみる価値は十分ある。

　なぜ、このように便利な道具である検索や、SNS が無料なのか。それは自分のプライバシーを企業側に渡している側面もあるから、ということも含めて学ぶことが、デジタル時代のメディアリテラシーの基本であろう。

ユヴァル・ノア・ハラリ氏との対話

　個人的な「2016 年ショック」が転職のきっかけとなった話は前述した通りだが、虚偽ニュースについては、その後も考え続けてきた。

　その中で、2019 年９月、イスラエルで会った歴史学者、ユヴァル・ノア・ハラリ氏の言葉は印象に残っている。

　ハラリ氏は、ベストセラーになった著書『サピエンス全史　文明の構造と人類の幸福（上・下）』（河出書房新社、2016 年）で、人類が文明を築けたのは「虚構」を信じるようになったからだと記した。約７万年前に「認知革命」が起き、人類は神話などの虚構を信じるようになった。膨大な数の見知らぬ人同士が、共通の神話を信じることで協力できるようになったという。

　また近著、『21 Lessons　21 世紀の人類のための 21 の思考』（河出書房新社、

ユヴァル・ノア・ハラリ氏（写真／AFP＝時事）

2019年）ではこう書いた。「私たち人間は、虚構の物語を創作してそれを信じる能力のおかげで世界を征服した。したがって私たちは、虚構と現実を見分けるのが大の苦手だ」（394頁）。同書には、こうも書かれている。「でっち上げの話を一〇〇〇人が一か月信じたら、それはフェイクニュースだ。だが、その話を一〇億人が一〇〇〇年間信じたら、それは宗教で、信者の感情を害さない（あるいは、怒りを買わない）ために、それを『フェイクニュース』と呼ばないように諭される」（303頁）。

　インタビューではハラリ氏に「あなたは無神論者ですか」と聞いた。

　答えは「伝統的な神は信じていません。一方で、宇宙や人間の意識などについて、われわれが知らないことがたくさんある、ということは信じています」。宗教的な信条には有益なものも有害なものもあり、女性や同性愛者を抑圧するように仕向ける信条は有害だと話した。

　宗教によって救われる人は多いし、国や民族の成り立ちと宗教とは密接な関わりがある。筆者自身は宗教の美しさや意義を認める立場だが、「虚構を創作して信じる能力のおかげで世界を征服した」という見方は刺激的である。

　同じような議論は、認知科学者の間からも出ている。

　カリフォルニア大学アーバイン校のドナルド・ホフマン教授は『世界はありのままに見ることができない　なぜ進化は私たちを真実から遠ざけたのか』（青土社、2020年）の中で、「人間が見て感じている現実は、本当の現実ではない」ということを主張している。

　例えば、自分が編集しているファイルが、パソコンのデスクトップ画面に青

い長方形のアイコンで示されていたとする。しかし、実際のファイルは、青色で長方形ではもちろんない。デスクトップ画面の目的は、利用者にコンピューターの真実（電子回路や電圧や一連のソフトウエア）を示すものではなく、画像を編集するといった有用な作業がしやすくなるように単純なグラフィックを提示することにある。

これが「進化」なのだという。アイコンが有用である理由の一つは、実在が持つ複雑さを隠蔽してくれるからだ。「あなたは真実を知りたいと思っているのかもしれないが、真実を知る必要はない。それどころか、真実の知覚は人類を絶滅に追いやるだろう」（9頁）とまで記している。ホフマン教授によれば、現実をありのまま認識している生物より、現実を見ずに適応度を高めるよう進化した生物の方が生き残るのだという。

そうだとすると、インターネット上で自分の見たいものしか見えなくなる「フィルターバブル」も問題とばかりはいえないのかもしれない。「バブル」の大きさや質の違いはあったとしても、そもそも誰もが、ある種のフィルターバブル的な状況の中で生きていると考えた方が、自然なのかもしれない。

このように考えていくと、虚偽ニュースの広がり＝悪、といった単純な構造ではないことが分かってくる。

筆者自身の考えも、2016年の大統領選カバー当時の単純な「ショック」から、次第に修正され、問題の根底にある複雑さを前提に、どうすればよいかについて考えるようになってきた。

シニシズムに陥らないために

つまるところ、「虚偽」と「事実」の間は、あいまいである。あるいは人間はそもそも「虚偽」を必要としているのかもしれない。「フィルターバブル」に全く陥っていない人など、そもそもいないのかもしれない。

「事実」も光の当て方で、全く見え方は違ってくる。歴史だって、取り上げる事象によって全く違った姿に見えるのだから、人によって作り上げられた「物

語」とも言える。

　そうした難しさをすべて肯定しつつも、だからといって「事実かどうか」がどうでもよいわけではない。

　全くでっち上げの情報が広く流通し、それによって選挙結果が左右されたりする世界が好ましいわけがない。

　2016年アメリカ大統領選挙で、ロシアがFacebookなどを使って虚偽ニュースやデマを拡散したことが明らかになっている。それが、実際の投票にどれほど影響を与えたかについては諸説あるが、民主主義のプロセスがねじ曲げられたかもしれないことは深刻に受け止める必要があるだろう。

　2020年大統領選で、トランプ大統領が、明確な証拠がないにもかかわらず選挙に不正があったと言い続けて敗北を認めず、支持者をあおる形で連邦議会議事堂の占拠事件にまで至ったのも、民主主義にとって重大な挑戦であった。

　民主主義社会において、マスメディア、ジャーナリズムが重要な機能の一つであり、その大事な役割は「権力のチェック」だという考えは、広く西洋社会（おそらくは日本でも）に受け入れられてきた。

　イギリスの歴史家・政治家であったアクトン卿の言葉「すべての権力は腐敗する。絶対的な権力は絶対的に腐敗する」を引くまでもなく、誰かがチェックをし続けない限り、権力を持つ者、指導者や政府は腐敗するものだからである。アメリカでは、地方紙が倒産するケースが増えているが、そうした「ニュース砂漠」の地域で、地方政府の腐敗が増えているというリポートもある。

　メディアは、一般市民を代表する形で、調査報道を行い、権力の腐敗を見つければ、圧力にひるむことなく報道する。その機能は今も支持する人が多い一方、メディア自体が「党派性」を帯びているとして、メディアを信頼しない人も増えている。

　メディアの基本は「信頼」であり、その信頼が揺らぐことは、メディアにとって致命傷になる。

　ただ、それを嘆くだけでは始まらない。どのように信頼を回復すべきなのか。メディアの鉄則でもあった、ファクトとオピニオンを区別して報道することを心掛けるのは重要であろう。

　逆に、記者自身の認知の限界をはっきりと示すという意味で、記事の中で、個人的な考えであることを示しつつ、自分を出す書き方もあるだろう。

　「自分は賢い」と思い込み、教え論すような論調、書き方では、世の中の共感や信頼を得られない。そもそも人間は強く美しい面がある一方で、弱いものであり、いつだって愚かになり得るもの、という自覚が必要だと考える。

　また、健全なニュースが流通していくためには、メディアやSNSなどのプラットフォーム事業者の努力は不可欠であるが、メディアの努力だけでは完結しない。

　ニュースの消費者側も、ニュースが切り取られたものであることを自覚する、クリティカルシンキングを身に付けることは重要である。

　前述のように「虚実の境目はあいまいである」ことや「人間は虚偽を見分けることが苦手であることを自覚する」ことも大切だろう。

　「はじめに」にも書いたように、もはやすべての人が情報を発信できるメディアであり、「1億総メディア」といえる時代である。

　マスメディアへの批判は、自分の行動への批判としても、すぐ跳ね返ってくる。自分が人に情報を流す時に、知らず知らず、情報を「切り取っている」ことを自覚することが、マスメディアが流すニュースの健全な受け取り方にも役立つ。

　ただし、クリティカルシンキングを「すべての情報を疑え」「あらゆるメディアを疑え」というふうに捉えるのは極端な見方である。

　すべての情報を疑っていたら、情報の洪水のような世の中で、何も信じられなくなり、シニシズムに陥る危険がある。

　私たちが接する情報を一つ一つ、ファクトチェックし、クリティカルシンキングを行っていたら、いくら時間があっても足りない。また、疑いが芽生えた時に、検索システムやSNSを使うと、そこにアルゴリズムが働いて「自分好みの結果」が次々と表示されることから、もともとの不安や疑念が増幅される形となり、むしろ、虚偽情報や陰謀論にはまり込んでしまうこともある。

　大阪大学の三浦麻子教授（社会心理学）は「あらゆる情報をクリティカルシンキングしていたら疲れてしまう。しかし、肝心なときにクリティカルシンキ

ングを機能させるためには、トレーニングが必要。フルマラソンを走るには、普段からの走り込みが必要なのと同じ」と学生たちに伝えているという。

　ファクトチェックを人手やコストを掛けてきちんと行うメディアや、きっちりした専門家の意見を見分け、信頼していくことが、自らの時間の節約や精神の安定につながる。

　しかし難しいのは、どの専門家の意見を信じるか、どのメディアを信じるかに明白な線はないことだ。信頼度が高いメディアであっても誤報はあるし、記者にバイアスがかかっているケースもある。専門家だって間違うことがある。一見客観的に見える科学の世界も、時代によって大きくパラダイムが変化し、少し前の正解が不正解になることがある。

　すべてがあいまいな中で、私たちは判断をしていかなければならない。

　京都大学の佐藤卓己教授は著書『流言のメディア史』（岩波新書、2019 年）を、こう締めくくっている。「マスメディアの責任をただ追及していればよかった安楽な『読み』の時代はすでに終わり、一人ひとりが情報発信の責任を引き受ける『読み書き』の時代となっている。こうした現代のメディア・リテラシーの本質とは、あいまい情報に耐える力である。この情報は間違っているかもしれないというあいまいな状況で思考を停止せず、それに耐えて最善を尽くすことは人間にしかできないことだからである」（286 頁）。

　「あいまい情報に耐える力」というのは言い得て妙である。

　あえて付け加えるとしたら、「耐える」といっても、健全な形の懐疑主義を目指すべきであって、あらゆるものを疑ったり、過度に自己を否定したりすることなく、自己肯定感を保っていく姿勢がよいということではないだろうか。

　要は、人間は固定観念にとらわれず、一生学び続けるものである、という態度を身に付けることが肝要なのではないか。「あいまい情報に耐えつつ、自らの成長や発見を楽しむ」ようになれれば理想的だと思う。

　メディアリテラシー、クリティカルシンキングといったスキルは、かなり微妙な均衡の上に成り立っている。懐疑主義に陥らず、人生が豊かなものになるように、教え方にも工夫が必要だといえるだろう。

「刺激競争」における「熟慮思考」の必要性

　最後に、なぜ今、メディアリテラシーが重要かという点を、インターネットの普及による「情報飽和」という視点から考えてみたい。

　憲法が専門で、朝日新聞のパブリックエディターも務める山本龍彦・慶應義塾大学教授は、朝日新聞に以下のようなコラムを寄稿している（2020年12月15日付朝刊）。

　　パブリックエディターに就任して驚いたこと。その一つは、朝日新聞紙上に、政権などを挑発・揶揄（や ゆ）するような言葉を含むコラムが時折掲載され、これを「スカッとした」などという表現で熱烈に支持する読者の声が少なくないことだ。コラムの筆者には戦略的な意図があるのだろうが、その書きぶりに「待ってました！」と言わんばかりの喝采を送る一部の読者の反応を見て、ある種の戸惑いを覚えた。新聞とは、「お客様」をスカッとさせるメディアだったのか。

　　実は、米国大統領選挙の際の米主要テレビの報道にも同じ疑問を抱いた。例えば、有名なリベラル系テレビ局の司会者が、不正投票があったとするトランプ陣営の主張に対し、顔を真っ赤にして「恥を知れ！」などと糾弾していた。また、トランプ支持の陰謀論者を嘲笑するような司会者の姿も何度か目にした。こうした感情的で「相手」を挑発・揶揄（や ゆ）するような態度は、前回の大統領選挙時よりも激しくなったと感じている。

　　　　　　　　　　　　　＊

　　こうした報道の変化には複数の原因が指摘されているが、その一つはSNSやネットニュースを含む新メディアとの相互作用であると言われている。大きな傾向として、SNSの中では、「言論」として蒸留される前の「感情」が吐き出され、報道機関などの社会的・専門的な媒体を経ずに公共空間に垂れ流される。また、この感情のネットワークは、閲覧数（ページビュー）などが経済的価値を生むビジネスモデル（「関心」が売買されるアテンション・エコノミー）によって、ネット空間に深く根を張る。そのため新メディアでは、どれだけ質の高

309

い情報を提供できるかの競争ではなく、情報の真偽にかかわらず、どれだけ読者や視聴者を刺激させられるかの競争になりがちだ。テレビや新聞といった旧メディアも、今やネットでの反応を無視できない。また、旧メディアは経営に苦しんでいるところも多く、収入確保のために特定の「お客様」の関心を引きつけておかなければならないことなどもあり、新メディアの「感情文化」の影響から逃れられなくなっている。

　もちろん、その何が悪いのかという批判もあろう。「相手」をたたく報道姿勢を見て、確かに「お客様」は歓喜し、スカッとする。それはよいサービスのように思える。しかし、他方でそれは「相手」の憎悪や怒りを増幅し、国民を友・敵に二分して深い感情的分断をもたらすことにもなる。理想論かもしれないが、そもそもメディアとは、私的空間を支配する裸の感情が公共空間にそのまま流れ込むことを防ぎ、熟議のための理性的コミュニケーションを作出するものだったはずである。本来メディアには、埋もれていたファクト（事実）を提示して社会における支配的物語を解体し、「お客様」の固定的な信念を動揺させること、「スカッとさせないこと」が求められてきたように思われる。事実報道と隣り合う社内評者の「オピニオン」も、この精神から完全に自由ではいられないだろう。

　大統領選における米国の一部テレビ報道は、この点で批判的に検討される必要がある。例えば、陰謀論を信じるトランプ支持者の立場にも寄り添いつつ、陰謀論を信じてしまう心理や生活・情報環境を解明する努力がより求められたと思う。もともとリベラルは少数派の権利を重視する。だとすると、白人＝多数派＝強者という支配的物語を疑い、白人のなかの「忘れられた人々」の境遇に光を当てるのもリベラル系メディアの重要な仕事だ。

　多数派の中の少数派は、時に少数派の中の多数派より声が届きにくい。努力はなされたものの、多数派・少数派の固定化されたイメージの下でかき消された真の「少数派」の声に一層耳を傾け、世界にもっと発信すべきだった。また、トランプ側による不正選挙との主張についても、郵便投票の実態をさらに丁寧に取材し、課題を整理しておくことも必要だったのではないか。リベラル系メディアに求められたのは、刺激競争に乗り出すことではなく、トランプ支持者

の「多様性」を可視化し、友・敵の境界を流動化させること、それによりトランプの分断戦略に対抗することだった。

＊

　分極化を増幅させる米国メディアの状況は、朝日新聞を含む日本の新聞メディアにとっても他人事ではない。新聞もネットの世界へと進出していくなかで、感情文化にのみ込まれてしまう危険があるからだ。朝日新聞は「刺激競争」から距離をとり、民主政の維持のため、分断の増幅ではなく解消に努めるべきだろう。厳しい権力批判は必要だが、それは特定の「お客様」をスカッとさせるためではない。また、プラットフォーム事業者らと積極的に対話・連携して、アテンション・エコノミーに代わるビジネスモデルを模索しつつ、新時代にふさわしい報道文化を急ぎ構築すべきだ。感情と刺激で公共空間全体が覆いつくされる前に。

　ここで山本教授が指摘しているのは、インターネットの普及によって、情報の送り手と受け手の「需要と供給」をめぐる劇的な変化が起きたことの影響である。

　インターネットが普及する前、言論空間は、「特権的なサークル」といってもよい状況だった。新聞や雑誌、テレビなどを通じて、一般の国民に流れてくるコンテンツは、まず量的に限られていた。情報の出し手は、権力者や（時に反体制的な）知識人などで、メディアが媒介していたものの、メディアの数も限られ、そもそも関係者が少数だったといえる。

　ところが、インターネット、SNS の普及によって、誰でも情報を発信できるようになった。玉石混交ではあるものの、情報は無尽蔵に供給されるようになった。われわれの1日の時間は24時間と決まっているのに、膨大な情報を受け取れることになった。

　つまり、供給される情報量は非常に多いのに対し、私たちが払う「アテンション」や消費時間は限られている。ニュースの出し手や、検索サービス、SNSなどのプラットフォーム事業者は、この貴重な「アテンション」を何とか確保するために、奮闘することになる。

そのために、プロのメディアから個人に至るまで、情報の出し手は、「強い刺激」を与える戦略に傾きがちで、そこに虚偽ニュースや陰謀史観といった不健全な情報まで入り交じる形で「刺激競争」が起きてしまう。

　2021年には、Facebookの元従業員が、Facebookのアルゴリズムの変更によって怒りや分断をあおる内容が拡散されやすくなっていると内部告発、米議会上院の公聴会で証言した。これも「刺激競争」の在り方をめぐる議論の一つである。

　心理学の世界で「二重過程理論」と呼ばれる理論がある。ノーベル経済学賞を受賞したダニエル・カーネマン氏の『ファスト&スロー　あなたの意思はどのように決まるか？（上・下）』（ハヤカワ・ノンフィクション文庫、2014年）で広く知られるようになったが、人間の脳には、情報処理や認識をつかさどる二つのシステムがあるという考え方である。

　このうち、「システム1」は直観的で速い思考であり、無意識で素早く動く。潜在的な記憶に基づいて判断しており、自分でコントロールしている感覚もない。本質的な質問を簡単に置き換えて考えてしまうため、間違いも起きる。

　これに対して、「システム2」は論理的で遅い「熟慮思考」である。「システム1」の判断をモニターし、必要ならば修正する働きも担う。ただ、「怠け者」であり、意識的に努力しないと起動しない。

　「アテンション・エコノミー」では、人間の脳内の「システム1」が刺激されがちになる。情報の送り手からすると、「刺激」を送ることによって得られる受け手の消費時間が、経済的価値を生むからである。この新たな経済構造は、民主主義の根幹ともいえる対話や熟議といった「システム2」と相性が良くない。

　山本教授は、新聞などの既存メディアも、「アテンション・エコノミー」の論理の中で競争せざるを得ない状況に警告を発し、プラットフォーム事業者とも連携する形で「新時代にふさわしい報道文化」の構築を呼び掛けたわけである。

　この問題に関連して、Twitterの分析などでも知られ、計算社会科学が専門の東京大学大学院の鳥海不二夫教授は、「デジタル・ダイエット」や「インフ

ォメーション（インフォ）・ダイエット」の必要性を訴え掛けている。

　「面白い情報とつまらない情報を見せられたら、直観的に、面白い情報に飛びつくのは当然。ここにはシステム 1 が働いている。これを、食事にたとえれば、好きなものをいくらでも食べられるので、太りすぎになり、健康を害する状態。そこで、システム 2 を働かせて、自らの意思で『デジタル（インフォ）・ダイエット』を行うべきです」と鳥海教授は話す。

　「システム 1」にだけ従っていれば、「刺激の強い食べ物」にどんどんはまり、量も切りがない。そこで、健康な生活を実現するために必要な栄養素を自分で考え、自分の欲望をあえて抑制するような、熟慮思考「システム 2」が必要になるというわけだ。

　食べ物における「飽食の時代」と違い、情報の「飽食の時代」の歴史は、インターネット普及後のことなので、まだ浅い。

　「インフォメーション・ダイエット」が実現しやすい世界にするためにはどうすればよいのか。情報の供給側、つまりプラットフォーム事業者やメディアの研究や工夫も緒についたばかり、というのが現状だ。

　個人が情報を受け取り、それを発信する時代において、メディアリテラシー教育が重視すべきなのは、本書で繰り返し述べているように「クリティカルシンキング＝熟慮・吟味思考の育成」であると考える。

　これを「システム 1」「システム 2」の枠組みで整理すると、メディアリテラシー教育は「システム 2」を活性化させるスキルを身に付ける訓練だといえるだろう。

　与えられる情報について立ち止まって考え、「刺激競争」に過度に巻き込まれないようにすること。そして「情報の飽食」の時代の中で、人間の認知・心理の「癖」を理解して、自らを抑制し、健康を保つこと。

　それがメディアリテラシー教育の現代的な意義である、と筆者は考える。

第 **3** 部

教育現場での実践

想像力を働かせよう 「朝の会」やホームルーム、授業で使える《ソ・ウ・カ・ナ》チェック

下村健一 ● SHIMOMURA Kenichi（令和メディア研究所）

授業の概要

情報をうのみにせず、クリティカルに受け止めるスキルは、一朝一夕では身に付きません。日常的に題材を拾って、反復練習を繰り返すことが大切です。この教材では、「朝の会」やホームルーム、授業、もしくは家や職場で、「今みんなの関心を集めている情報」について話し合うためのポイントを示しています。

1 | 授業の目標

　情報をうのみにせずクリティカルに受け止める眼力は、日常的に題材を拾って短時間の反復訓練を繰り返すことで身に付きやすくなります。まとまった授業時間を取るまでもなく、朝の会や帰りの会など、ちょっとした時間に「今日みんなの関心を集めている情報」について、教師と児童生徒が一緒に受け止め方を議論する——そんなさりげない数分の積み重ねが、メディアリテラシーの習得には最も有効な方法です。そのために、朝や帰りの会、ホームルーム（学級活動）などでの短時間で継続的に取り組むのが効果的です。

　また、授業内でも取り組めるよう、国語、社会（情報）、道徳、総合的な学習（探究）の時間などで利用できるパワーポイント資料をダウンロードして使えるようになっています（本項目末尾の QR コードからダウンロード）。ここには最初に筆者が用意した題材が入っており、次にあなた自身が題材を当てはめられるように作成されています。オリジナルな題材を入れて、あなただけのメディアリテラシー授業を実施してもらえたら幸いです。

2 | 授業の準備

　朝の会や帰りの会などを利用して、子どもたちが関心を持てるホットな情報について教師と生徒が一緒に主体的・能動的に議論します。その際、一つの「正しい見方」に導くのではなく、過度な思い込みや決め付けから解き放ち、視界を広げる楽しさを知ることができるよう心掛けましょう。事前にパワーポイント資料の吹き出し部分に題材として扱いたい情報（生徒の予備知識量に差がない耳新しい話）を書き込んでおきます。

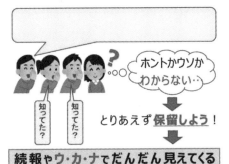

3 | 授業の展開

【第1ラウンド】

　最初の4〜6日をかけて、次の短い動画を1日1本ずつ生徒と視聴します。短いものもあるので、組み合わせての視聴も可。

・光村図書の国語教科書を採択している小学5・6年（全4本・1本6分程度）

　⇒ https://www.mitsumura-tosho.co.jp/kyokasho/s_kokugo/
　　interview/shimomura/video.html

・他社教科書を採択している小学校、およびすべての中学校以上

　⇒ https://www.steam-library.go.jp/lecture/344

　　画面右上に並ぶ「動画1」〜「動画6」（全6本・1本1分半〜4分程度）

【第2ラウンド】

　動画視聴が終わった次の回から、いよいよ本番。あらかじめ必要事項を記入したパワーポイント資料を子どもたちに見せつつ、各ページ下欄外のノートを参考に討論を展開します。朝や帰りの会で扱うさまざまな話題の中の一つとし

て、「そう言えば、今話題になってるこの話だけど…」と、雑談風にサラッと始めることがポイント。「今からメディアリテラシーの話をする」といった、身構えさせる前振りは一切しません。

　また、その際に基本姿勢として、教師は生徒と［教える―教わる］関係で《正対》せず、一緒に情報の方を向きながら《横顔》で四つのキーワード《ソ・ウ・カ・ナ》をつぶやき［共に考えます］。

> ソ：即断しない
> ウ：うのみにしない
> カ：偏らない
> ナ：中だけ見ない

　禁じ手は、唯一の正解のごとく「正しい見方」を一つ教えること。それをやってしまっては、《多様な見方に想像を広げる》思考態度を摘んでしまいます。新しい見方や考え方を子どもたちが発言するたびに、「なるほど！」とみんなで感心することも大事です。もし、悪ふざけで荒唐無稽な発言をする子どもがいたら、どうしてそう思うの？　といったように《そう思う根拠》などを明るく質問し、発言した子ども自身が「もう少し考えてみる」と言うまで向き合いましょう。児童・生徒・学生たちが模範回答忖度モードに入らぬよう、教師側から強い問い詰めや発言の却下をしないことが肝心です。

【パワーポイント資料の解説の一例】
「まだ分からないよね？」は、何を教材にする回でも必ず導入として使えるので、

イラスト：森絵実子
（下村健一著・艸場よしみ企画構成『窓をひろげて考えよう』かもがわ出版）

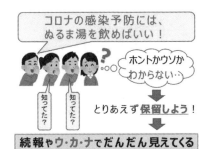

〔例題1〕のスライド　　　　　　〔例題2〕のスライド

子どもたちの口癖になるまで繰り返しましょう。実際、筆者が教えている大学では、この言葉を仲間同士でジョークのように使って遊んでいる学生たちも散見されます。

〔例題1〕2020年春に、実際に広く流布したデマ。前述の通り事前準備として一番上の吹き出しの中に、その日、話題にしたい不確実情報を書き込んでおく。

〔例題2〕

①「よくあるよね、こういうリポート。じゃ、この中で《リポーターの意見・印象っぽい》言葉と、《事実を言ってるっぽい》言葉を、分けてみよう」
　キーワードは「ぽい」。初耳情報は、○か×か・白か黒か・0パーセントか100パーセントかと早々に決め付けず、1〜99パーセントの間で音量ツマミを調節するように、判断を《徐々に固めていく》態度を養おう。

②生徒から、《意見・印象っぽい》言葉を次々に挙げてもらう。

③出そろったところで、「じゃあ、今みんなが挙げてくれた言葉をここで薄くしてみると…」と、次へ。
　詳しくは、スマートニュース　メディア研究所のホームページをご覧ください。

★この授業の詳細は ⇒ https://smartnews-smri.com/literacy/soukanacheck/

大人と本に興味を持たせる「図書館 出前講座」

穐田　剛 ● AKITA Takeshi（東京都大田区立羽田中学校／前・足立区立第一中学校）

授業の概要

学校の図書館に、さまざまな分野で活躍している社会人を招き、講演とともに、お薦めの本を紹介していただきます。図書館で実施したことによって、生徒たちが本や多様なメディアに触れる機会も増え、結果的に、本の貸し出し数も目に見えて増えました。学校と社会をつなぐ実践です。

1 ｜ 授業の前に

　たった一人の大人との出会いから、子どもたちの人生は変わることがあります。民間企業、俳優養成所を経て2000年に教師になって以来、私は新しい学校に着任するたびに、出前授業の実践を行ってきました。外部から講師を招き、さまざまな生き方や価値観に触れることを通して、多様性や寛容さを学ぶことができると考えてきたからです。

　前の学校に赴任後も、教育課程の中に出前授業を組み込むことを考えましたが、現場には必須の教育活動が多く、新たな取り組みの時間を捻出するのは難しいものがありました。途方に暮れていた時に、たまたま放課後も開館している学校図書館を見て、「放課後にこの場所で、かつ図書委員会主催の出前授業なら実施できる」と気付きました。校内のコンセンサスを得られ、2017年より「図書委員会出前講座」を始めることができました。決め手は、図書委員会主催にした点。委員会活動の一環ということで、教育活動としての位置付けや実施主体が明確になるからです。

2 ｜ 授業の準備

　開催に当たり、まず何よりも重要なことは講師の選定および招 聘です。実践者は、「生徒たちの考え方や価値観を広げてくれる」ことを選定の判断基準にしています。著作を読んだり講演会に行ったり、直接会って話をするなど、可能な限り講師候補の方について調査します。

　生徒にとってプラスになると確信が持てた段階で、依頼の手紙を書きます。もちろん断られたり、返答がなかったりする場合もありますが、快諾していただけるケースも少なくありません。新聞記者の方や大学の先生に依頼した場合はスケジュールさえ合えば、これまでほぼ間違いなく授業をしていただけました。特に新聞社の場合は、記者派遣事業を実施している社が多いので、記事を読んで、ぜひ授業をしてほしいと思った記者に依頼すれば、無償で来校してくれることが多くありました。もちろん、条件面で折り合わないこともありますし、有名人の場合はそもそも返答がない場合もあります。しかし、めげる必要はありません。生徒たちが目を輝かせてくれる授業が創れるのであれば、たとえ幾つかは実現しなかったとしても、手紙を書く時間は惜しくはありません。

3 ｜ 授業の展開

　2018年の出前講座の授業では「図書館司書の本の話〜本当はこんな本が好き」として図書館司書の大須賀千加子さんにお話をしていただきました。大須賀さんが冒頭に紹介してくださったのは、上橋菜穂子さんの『精霊の守り人』です。あらすじを説明する途中で、「バルサという主人公を想像してみてください」という質問に生徒たちは、最初、戸惑った様子でした。大須賀さんがスライドでドラマやアニメでのバルサを見せ、「自分の頭の中で描いたバルサと随分違うと思います。でも、それでいいのです。読むということは、自分でイメージをつくることなのです」と話すと、生徒たちは、彼女の言葉に大きくうなずいていました。その後、角野栄子さん、まどみちおさんの本を紹介してくれました。いずれも、国際アンデルセン賞の受賞者をあえて選んだとのこと。最後に、

「本を読むことで自分の世界をつくり上げることができる。それはとても面白いことです。これからもたくさん本を読んでください」という言葉で、講演はお開きになりました。

本の紹介をする大須賀千加子さん

　出前講座の授業後、3年生の委員が新聞を作成。紙面には、お話から感銘を受けた生徒たちの感想が並びました。「読んだ本を人に紹介できることは本当にステキだと思った」「『本当に本が好きなんだ』という熱量が伝わってきました」などの感想がありました。完成した新聞を大須賀さんにお送りすると、「当日参加していなかった人にも伝えてもらえることがうれしいです。これから私も図書館司書としてもっと頑張ろうという気持ちにさせてもらいました」というお返事と「世の中にはいろいろな本がたくさんあります。誰にでも面白かった本が必ずあります。いろいろな本と出会ってください」というメッセージが書かれた色紙を頂いたので、図書館内に掲示。その後、彼女が紹介してくれた本の貸し出しが急増するという効果が現れたのです。

　全体的にも本の貸し出しが増えました。出前講座前には、1人当たりの貸し出し冊数は10冊未満でしたが、2019年には約14冊になりました。

4 ｜ 図書館支援員と図書委員の役割

　この出前講座の授業で重要な役割を果たしているのは、図書館支援員と図書

委員（生徒）です。私は幸運にも、出前講座の意義や重要性を理解してくれる支援員の方に恵まれ、さまざまな面で支援していただきました。講演終了後1週間以内に、講演者のオススメ本コーナーを作っていただいたり、生徒が作成した図書新聞を館内に掲示していただいたりと、出前講座の成功になくてはならない存在です。図書委員は告知用のポスターを作成したり、講演後に図書新聞を発行したりと、全校生徒に向けての仕事が中心になります。当日の司会進行や質疑応答の対応ももちろん委員が行います。自分の役割をきちんと実行することで、成長を実感した生徒も多く、卒業時に「図書委員をやって本当に良かった」と伝えに来てくれた生徒もいました。

5 ｜ 授業を振り返って

　図書委員委員会出前講座の授業を実践して気付いたことは、生徒がさまざまな人と直接触れ合い、その人の考え方や情報収集の方法を学ぶことが、生徒のメディアリテラシーを育成する上での糧になるという点です。さらに、それを図書館で行うことによって、生徒たちが自然に本と接する機会が増え、生徒たちの成長を促すことにつながると考えます。

専門家から一言

学校図書館は情報リテラシーやメディアリテラシーを培う学習の場です。授業だけではなく、子どもたちの関心に即して多様な情報やメディアに出会う場でもあります。2011年、国際図書館連盟は「メディア情報リテラシーに関する勧告」を公表し、ユネスコはこの勧告を採択しました。メディア情報リテラシーとはメディアリテラシーと情報リテラシーを組み合わせた用語です。情報は本の中だけにあるのではなく、さまざまな人から話を聞くことも情報収集です。出前授業の実践はその大事な一歩です。学校図書館は学習情報センターであり、メディアセンターでもあります。学校司書や司書教諭は、メディア情報リテラシーの専門家として21世紀の新たな学校教育を担っていくことが期待されます。
（法政大学教授　坂本旬）

●この授業の詳細は ⇒ https://smartnews-smri.com/literacy/literacy-681/

見出しを作って、ネットで発信してみよう

宮崎洋子 ● MIYAZAKI Yoko（元スマートニュース メディア研究所）
中井祥子 ● NAKAI Shoko（元スマートニュース メディア研究所）
（法政大学第二中・高等学校　中学2年で実施）

授業の概要

生徒たちはオンライン校内新聞記者になるという想定で、身近なテーマについて事前に知人・友人にインタビューを実施します。それを基に記事の見出しを作り、オンラインツール・パドレットで発信するという実践です。実際に「見出し」を作ってみることで発信者側の視点を体験できます。また、他のグループの作った「見出し」と比較することで、ニュースにはさまざまな受け止め方があることを感じてもらいます。

1 | 授業の準備

- グループ（2、3人）ごとに端末（スマホ、パソコン、タブレット等）を準備します。

- パドレット（オンライン上にある掲示板サービスで、付箋を貼ってアイデア出しなどができます）で、生徒たちがアクセスできるボードを作成します。

- テーマを一つ決めておきます（例：ワクチン義務化の是非／選択的夫婦別姓など世間的に賛否が分かれているものの中から、特に生徒の関心が高いものを選択します）。

- （事前の宿題として）あらかじめ設定したテーマについて、家族や友人に聞いたり、報道を調べるなど3カ所以上から意見を集めておきます。

　事前の検討で、本授業のテーマは「スマホを授業で活用することへの賛否」となりました。神奈川県がすべての県立高校で私物のスマホを授業で活用できる環境を整備した、との報道（神奈川新聞2020年1月20日付）があったことや、生徒にとってスマホが身近なテーマであることが理由です。生徒たちは事前に

家族や友達、先生などの意見を聞き、メディアなどでニュースも調べた上で、授業に臨みました。

2 ｜ 授業の展開

　保護者や学校の先生が読んでいるオンライン校内新聞に、賛成か反対かの意見の記事を載せるという想定で、「見出し」をグループで考えました。

　各グループが入力した見出しは、他のグループが使っているパソコンや、教室の中央に設置されているスクリーンにも表示されます。

　本授業のテーマ「スマホを授業で活用することへの賛否」については、賛成が反対を上回りました。賛成の理由としては「授業の質が良くなる」「自分の考えが伝えやすくなる」、反対の理由としては「授業中にゲームやチャットをしたくなり、集中しなくなる」「スマホを持っているかどうかや機種によって不平等になる」などの意見が出されました。

　この結果を受けて、オンライン校内新聞の記事の見出しを付ける作業に移りました。スマホ使用賛成の立場のグループは、「ノートを取る手間をなくすことで授業の質をより高めていく　新しい授業スタイルとは？」「法政二中授業改革！　今の授業は時代遅れ？」など、わざと「スマホ」という単語を使わず、

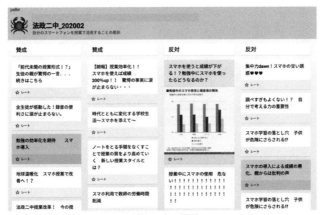

パドレットの画面

記事に誘導しようという例も見られました。スマホ使用反対のグループからは「依存症、なって退学　自己責任」「お母さん、ごめんね」といった感情に訴えるものもありました。

　グループでの討議後、全体討議に移り、どういう見出しだと読みたくなるのかについて皆で話し合いました。

　最後に、授業を担当した研究所員から、「発信する人には、その人なりの視点や、誰かに何かを伝えたいという思いがある。あらゆるメディアの情報には、メッセージ性があることに気付いた上で情報に接した方がよい」とアドバイスしました。検索エンジンやソーシャルメディアではコンピューターのアルゴリズムによって、見たいものしか見えなくなる「フィルターバブル現象」が起きがちなことや、友人からシェアされる情報は虚偽でも信じやすいこと、虚偽ニュースの方が拡散スピードが速いといった研究結果も、生徒たちに伝えました。

3 ｜ 生徒の感想から

- 自分の意見とは違う意見で見出しを作ったけれど、その意見を持っている人の話などを聞いて、そんな意見もあったと気付いた。
- 同じことへの賛成と反対が違うだけで、こんなに書き込むことが違うのを見て、とても面白かった。
- 自分と反対の意見の人とも交流を持っていきたいと思った。

- 普段の友達とのやりとりでも、伝え方や相手の関心のある言い方を考えたい。
- 情報を拡散する立場になろうと思わないので生かしたいと思わなかった。

4 │ 授業を振り返って

　「同じ事象でも発信する側の意図によって見出しの印象が変わることに驚いた」との感想が多く見られ、多様な視点や価値観を実感してもらえたのではないかと思います。この授業が、ニュースの捉え方や、友達との会話の際の言葉の使い方など今後の日常生活にも影響をもたらすことを期待します。

　ワークショップへの関心を得るためにはテーマ設定が重要です。今回、スマホの授業利用をテーマにしたのは、生徒にとって身近で関心を持ちやすいだけでなく、賛否が分かれやすく議論しやすいと判断したからです。実際に活発な議論となってほっとしました。

専門家から一言

インターネット上には玉石混交の情報があふれています。いわゆる「プラットフォーマー」といわれるようなサービス事業者が、必要な情報を取捨選択し、個人に最適化（パーソナライズ）した形で情報を送り届けられるよう、ユーザーインターフェース（UI）やアルゴリズムを日々改善し続けています。そのおかげで私たちは、瞬時に欲しい情報や、自分好みの情報にアクセスすることができるようになりました。一方で、パーソナライズが行き過ぎると自分が興味があることしか目に入りにくくなる「フィルターバブル現象」が起きやすいという弊害も指摘されています。1コマという時間でできることは限られていますが、本授業で「発信」と「受け止め」両方を経験することで、多角的な視点を持つ重要性に気付くきっかけになればと考えます。

（スマートニュース メディア研究所　研究主幹　山脇岳志）

●この授業の詳細は ⇒ https://smartnews-smri.com/literacy/literacy-274/

リツイートしてみよう

津田　真耶 ● TSUDA Maya（横浜創英中学・高等学校）
坂本建一郎 ● SAKAMOTO Kenichiro（時事通信出版局）
山脇　岳志 ● YAMAWAKI Takeshi（スマートニュース メディア研究所）

授業の概要

あるツイッターの投稿が書かれた紙に、生徒たちがコメントを書いて、グループ内で回していくことで、情報を「リツイート（転送）」することを体験します。「面白いから」という理由で情報がどんどん拡散され、虚偽ニュースが広がることが社会問題となっている中で、SNSでの発信者となることの責任を考えます。また、関連した授業で、アメリカで議論を巻き起こしたツイート（投稿）の背景を解説し、生徒たちが思考を深めるきっかけとしました。

1 ｜ 授業の準備

　本授業を行う前に、生徒たちは英語の授業でキング牧師の "I have a dream" の演説を扱った単元を、また社会科でもアメリカで起きた「Black Lives Matter（黒人の命も大切だ）」運動や、アメリカ大統領選の争点などについて学び、本授業に関連する事柄や知識について理解した上で取り組みました。

　「リツイートしてみよう」は、SNSで流れてきた情報を適切に判断し、友達や家族に知らせる経験を通して自らの判断や振る舞いを考えることが目的です。スマホやパソコンやタブレット等のデバイスを使わず、あえて紙のワークシートを使用したのは、誰かに伝える「自分の意見」を考えさせて、手書きで書き込んだ紙で手渡しすることを実感してほしいと考えたためです。

リツイート・ワークシート

2 ｜ 授業の展開

　生徒を、5、6人程度のグループに分けて、三つのツイート（架空のものではなく、実際にツイートされたもの）を順次、提示しました。これらのニュースが題材です。

[提示したツイート]

① モーリシャス沖の日本の貨物船座礁による原油流出について配信されたニュースのツイート

② ノーベル賞受賞者である本庶佑京都大学特別教授がコロナウイルスの発生源について自然由来のものではないと語った、と報じたツイート

③ トランプ米大統領（当時）の「略奪が始まれば、発砲が始まる」というツイート

　実際のツイート画面をスライドで示しつつ、（そのツイートの背景にある事件などの）事実関係をまず説明しました。その上で、リツイート・ワークシート（図）に自分の意見を書き込んでもらい、同じグループ内で伝えていきます。教員が各グループを回り、ワークシートへの書き込みの意図を質問したり、意見を取り上げて紹介したりしました。

　最後に、各グループから気付いたことや感じたことを発表してもらいました。「友達が、こんなことを考えているとは思わなかった」といった驚きや、一つのニュースに対する評価や意見が多様であることに気付いたという意見がありました。

3 ｜ 授業を深める

　1コマ目のワークを受けて、さらにテーマの理解を深めるため、2コマ目ではアメリカの公民権運動の歴史や、アメリカ大統領選の概要と争点、選挙戦におけるソーシャルメディアの特性などを、講義で解説しました。

　1コマ目で扱ったトランプ氏のツイートに含まれていた「略奪が始まれば、発砲が始まる」。この言葉は1967年にフロリダ州マイアミ市警のウォルター・

ヘッドリー本部長が発した、アフリカ系コミュニティーへの脅しの言葉である
と解説。併せて 1967 年のフロリダ州の状況、1950 年代のローザ・パークス
事件など公民権運動の歴史も説明しました。そして、本授業（2020 年 10 月実施）
の翌月に迫っていたアメリカ大統領選についても併せて解説しました。州ごと
に選挙の勝者を決め、選挙人を「総取り」する仕組みや、2016 年の大統領選
では、一般投票（総得票数）では、トランプ氏より民主党のヒラリー・クリン
トン候補の方が得票数が多かったことなどを話すと、生徒からは驚きの声が上
がりました。

4 ｜ 授業を振り返って

　本授業は 2 コマ連続の時間を確保して、ワークショップ型の学習と、テー
マの背景を含めて深く解説する講義を組み合わせて学習効果を高める構成とし
ました。それでも、十分に掘り下げるには時間が不足していたようにも思われ
ます。トランプ氏のツイートは、差別の問題と同時に、「表現の自由」をどう
考えるかといった、難しい論点が含まれており、2 コマの中では、そこまで深
く掘り下げていくことができませんでした。さらにコマ数を増やすことができ
れば、学習を教科横断的に深めていけるようにも感じます。講義方式で背景説
明をするのではなく、ワークショップ形式で討議を重ねることもできるかもし
れません。

　1 コマ目で、生徒
たちは積極的に「リ
ツイート」していま
したが、事前に期待
していたほどには
「過激な」リツイー
トは見られませんで
した（過激なリツイ
ートがあれば、その

是非について、生徒たちと一緒に考えることができました）。匿名性の中で1人で情報を拡散するのではなく、教える側がその場にいることで、ブレーキがかかった可能性があります。

　事前に、グループによって、あえて方向性を付けた「リツイート」をしてみる手法もあるかもしれません。例えば、一つのグループでは、トランプ氏の意見には一理あるとして肯定でリツイートを繰り返す、もう一つは、批判的なリツイートを繰り返すといったやり方です。このように、さまざまな実践が可能であるように思います。

担当教諭から一言

2020年度は新型コロナウイルス感染症拡大防止の関係で、Zoomなどで遠くの人ともつながれることに気付いたり、本来なら海外で活躍されている方も日本に帰国していたことで直接来校され、お話しできたりと、学校の外とつながるという点で前進した1年でした。今回の授業においても、外部から坂本さん、山脇さんをお招きして、インターネットや教科書の中で取り扱ってもなかなかぴんとこなかった環境問題、アメリカ大統領選の話題など、実際に活動されている方のお話を聞いたり写真を見せていただいたりして、ハッとさせられることが多くありました。生徒も教員も、世界で起こっていることと自分たちの生活がつながっていることが、ようやく現実のものとして捉えられるようになってきたという変化がありました。今回の授業ではメディアの最前線で働く方々からのお話で、生徒たちにも良い緊張感と現実感がもたらされ、今後、私たちが長く付き合い続けなければならない多くの情報との関わり方を、考えさせられました。

(横浜創英中学・高等学校教諭　津田真耶)

●この授業の詳細は ⇒ https://smartnews-smri.com/literacy/literacy-289/

| 対象 | 中学校・高校／社会・総合的学習（探究）など |

実践 ❺

それ虚偽ニュースかも。さて、どうする？

横山省一 ● YOKOYAMA Shoichi （本郷中学校・高等学校）

授業の概要

新型コロナ禍で実際に広がった虚偽情報を題材に取り上げ、それが虚偽のニュースかどうかを見分ける方法について学びます。また、そうした情報を受け取った時にどう行動すべきかについて、生徒が一緒に考えていきます。

1 ｜ 授業の目標

　実際に流れた情報の真偽を考えること・そうした情報を受け取った時の行動を考えることを通して情報リテラシーを養います。また、生徒たちは適切なSNSの利用法や、どう情報と関わるかについて考えます。情報の真偽について見極める際には、「だいじかな」リストを活用しました。

だ　誰？　　　この情報は誰が発信したか？
い　いつ？　　いつ発信されたのか？
じ　事実？　　情報は事実か？　参照できる他の情報はあるか？
か　関係？　　自分とどのように関係するか？
な　なぜ？　　情報発信の目的は何か？

2 ｜ 授業の準備

　生徒に見せるためのスライドと生徒が記入するワークシートを準備しておきます。ワークシートには、怪しい情報に接したときに、自分ならどうするか、を生徒たちに書き込んでもらいます。

※実際のスライドやワークシートは本項目末尾に掲載している QR コードでアクセスすることができるスマートニュース メディア研究所のサイトからダウンロードすることができます。

（注）下段には「だいじかな」リストに当てはめて情報を確認するための欄を設けています。➡

授業で用いたワークシート

3 ｜ 授業の展開

授業では、実際に拡散された三つのケースを扱いました。

> Case1：ぬるま湯と新型コロナ
> Case2：納豆と新型コロナ
> Case3：トイレットペーパーの買い占め騒動

　Case1 は、ぬるま湯で新型コロナウイルスが死滅するという情報が、友達から伝わってきた場合にどうするかを考えるものです。

　情報の真偽について、ほとんどの生徒はデマと気が付いていました。デマである根拠として教師が用意した答えは、「体温より低い温度で死滅するはずがない」でしたが、ある生徒が「もしぬるま湯で死滅するなら、おみそ汁を飲んでいれば死ぬはずだ」という解答をしていて感心させられました。

　また、デマと気が付いていても、情報への対応の仕方については意見が分かれました。ある生徒は「静観する」と言い、ある生徒は「デマを信じている友

達がかわいそうだから説得する」と答えました。

生徒には自由に考えさせて、数名の生徒に発表させた後、情報を分析する手法の一つである「だいじかな」（本項目冒頭「授業の目標」を参照）を紹介しました。前頁に掲載した

ワークシートの選択肢のうち、約50パーセントの生徒が③「自分だけに情報をとどめておく」を、残りの生徒の多くは④「デマだと友達に伝え、説得する」、⑤「その他」を選びました。

（Case2、Case3はスマートニュースメディア研究所HPをご参照ください。）

4 ｜ 生徒の感想から

- SNSの情報の信憑性について考える機会になってよかった。
- 周りの友達と自分の考えで違いがあり、いろいろなニュースを多面的に見ることができた。
- 善意で発した情報がさまざまな人を混乱させ悪影響を及ぼす危険性があるので気を付けたい。
- 自分の考えでなく他の人の意見も聞くことで、自分の世界が広がる良いきっかけになったので、良い経験になった。

5 ｜ 授業を振り返って

　授業全体を通してみると、同じ情報であってもさまざまな捉え方や対応があることを実感させられました。

　近年、虚偽ニュースや対立をあおる動きが世界各地で増えています。このような状況においては、自分の意見や価値観に固執せず、それらを相対化してみる慎重な態度を持つことの重要性が年々高まっています。

　この授業のような情報リテラシー教育は、「一度立ち止まって自己や周囲の環境を冷静に捉え直す」姿勢を身に付けるための一助になると感じます。なお、生徒の意見はあくまで男子校である本校中学3年生のものであって、おそらく校風が異なる学校では、違う反応があると思われます。

　コロナ禍がもたらした影響は、地域・学校でさまざまだと思います。だからこそ問題は同じでもそこから全く違う授業が生まれるかもしれません。

専門家から一言

アメリカ図書館協会は、インターネット時代に対応し、情報の真偽を評価するための5項目のチェックリストを作りました。頭文字を取って、CRAAP（クラップ）テストといわれるものです。それを翻訳し、私が日本の子どもたちに分かりやすいようにアレンジしたのが、「だいじかな」リストです（詳しくは第3章を参照）。また、ウェブサイトの信頼性を評価する際には、「横読み」という手法も有効です。一つのサイトの中で、制作者やURLのドメインなどを調べていくのは、ブラウザを上下に動かすので「縦読み」といいます。時間や労力がかかる作業です。この方法ではなく、そのサイトの「社会的な評価」を調べることが有効です。ブラウザのタブを横に開いて調べていくため、この調べ方を「横読み」といいます。詳しくは、以下のnoteに記しました。https://note.com/junsakamoto/n/nbd47bce7646d（法政大学教授　坂本旬）

●この授業の詳細は ⇒ https://smartnews-smri.com/literacy/literacy-509/

実践
❻

国語科教科書を国際バカロレアの観点からクリティカルに読む

井上志音 ● INOUE Shion（灘中学校・灘高等学校）

授業の概要

> 国語科教科書に掲載されている評論文と、同じ著者の別の評論文を取り上げ、書かれている内容の比較を行いつつ、著者の主張の妥当性について考えます。また、イデオロギーについて、議論の前提も含めて問い直すことで、クリティカルシンキング（批判的思考）の力を身に付けていきます。メディアリテラシー教育で重視されている点と共通する部分が多い国際バカロレア(IB)の手法を取り入れた授業です。

1 ｜ 授業の背景―IB 教育の考え方

　国際バカロレア（IB）教育は、「平和な世界」を構築するために、自身の考えや他者の考えを分かつものは何なのか、あるいは物事の正当性とはどのように規定できるのかといった問題を多角的・多面的に捉えられる学習者の育成を目指しています。IB 教育において、実社会のさまざまな知識をうのみにせずクリティカルに捉える訓練は、「問いを元に思考する」という活動を通じて、すべての教科に取り入れられています。本授業の構想に当たっても、「問い」を基盤にした IB 流の学習は、国内の新課程が示す学力観（「知識・技能」「思考・判断・表現」「主体的に学習に取り組む態度」）の実現に十分有効であると考えて採用しました。IB とは、IB 機構（本部・ジュネーブ）が提供する国際的な教育プログラムです。2021 年 9 月 30 日現在、IB の認定を受けている学校は、世界 159 以上の国・地域において約 5500 校に及びます。また、日本では「成長戦略 2021」（2021 年 6 月閣議決定）において、国内における IB 認定校等を 2022 年度までに 200 校以上にすることを目標としています。

2 ｜ 授業の展開

　授業では、本教材として、筑摩書房『精選 国語総合 現代文編』所収の渡辺裕「トロンボーンを吹く女子学生」を、補足教材として同著者の「音楽と集団的記憶」を用いました。

> **【「トロンボーンを吹く女子学生」（要旨）】**
> 　トランペットやトロンボーンは男性の楽器であり、ピアノやハープは女性の楽器であるというような、性差に結び付いた楽器にまつわるイメージは、19 世紀の良妻賢母イデオロギーを背景に形成されたものである。このように、自然に思われるわれわれの感覚も歴史的・社会的影響を受けながら内面化されたものである。（教科書の本文は全 4 頁、要旨は井上による）

> **【「音楽と集団的記憶」（要旨）】**
> 　ピエール・ノラの『記憶の場』は、フランスの近代的「国民」意識の根底にあるフランス革命のイデオロギーが、革命祭典等といった場を通じて「集団的記憶」として国民の間で身体化し、深く刻み込まれていく過程を明らかにした論文である。音楽もしばしばこうした「記憶の場」として国民意識の形成に大きな役割を果たしてきた。（書籍中の本文は全 5 頁、要旨は井上による）

　事前に QFT（Question Formulation Technique）の手法を用いて初発の問い作りをし、クラスで共有しておきます。

　導入では、QFT を用いて立てた、教材「トロンボーンを吹く女子学生」に関する問いや質問をグループ間で共有しました。テクスト内容についての不明な点、疑問点などは教員が適宜補足します。

　次に展開部では、IB のコア「知の理論（TOK：Theory of Knowledge）」を踏まえたワークシートを元に、以下のⅠ～Ⅳの手順で「根源的な問い」を構築します。

Ⅰ：「事実」と「主張」の識別：テクストで扱われている実社会の状況を元に、何が「事実」で、何が「主張」なのかを考えます。

Ⅱ：テクストで述べられた「主張」の選定：テクストの中に書かれている「主張」の中で、その後の知識の探究活動に耐え得るものを任意で一つ抽出します。また、選んだ「主張」に関して、学習者が持っている知識・意見・疑問点なども確認します。

Ⅲ：選んだ「主張」の分析：取り上げた「主張」について、以下の観点で分析します。
- その主張は、どのような知識の領域に属し、主体はどのような方法で認知しているか。
- その主張は、社会や人々に対して、どのような影響力を持つか。
- その主張は、どのような歴史的変遷を経て、成立しているか。
- その主張が知識として認知される根拠はどのようなものか。
- その主張は、社会でどの程度共有されているか。

Ⅳ：「根源的な問い」の構築：分析活動を元に、他作品・他領域にも影響を及ぽすような「根源的な問い」を立てます。

3 ｜ 授業を振り返って

　灘は中学校・高等学校併設型の学校ですが、本授業は高校から入学してきた生徒を対象に実施しました。入学して間もない高校入学生は、果たしてどのような「根源的な問い」を作ることができたのか。以下、授業者が授業前に想定していた「問い」と、生徒が実際に立てた「問い」の例を挙げます。

〈想定していた「根源的な問い」〉
- イデオロギーとして認識されるには、どの程度の年月・人数が必要か？
- イデオロギーと宗教・信仰との境界線はどのようなものか？
- ある特定のイデオロギーは、他の異なるイデオロギーとどこまで共存できるのか？

〈生徒が立てた「根源的な問い」〉

- イデオロギーは、民族的感情にどの程度影響を与えるのか？
- イデオロギーと宗教は、どの程度関係しているのか？
- 歴史もイデオロギーにより歪曲されるので、イデオロギーが歴史に基づくとは言い切れないのではないか？

　本授業は、「全国高等学校国語教育研究連合会」の公開授業の1時間前の準備として実施しました。この授業で作った「根源的な問い」が、100人以上の高校教員の目に触れることになるということで、生徒たちも当初緊張しながら取り組んでいました。しかし、授業が始まると積極的に意見交換が行われ、こちらが想定していた以上に多様な問いが作り出され、深い議論も行われました。

　「高校入試」という答えのある世界を個人で勝ち抜いた生徒にとって、答えのない世界について仲間とオープンエンドで議論し合う授業は、自らの学校観・教科観・授業観を捉え直す意味で刺激的だったようです。また、生徒たちにとっては、教科書は解答を導き出すための「前提」であり、クリティカルに向き合う対象ではなかったため、より新鮮な授業に感じられたようでした。学習者が教科書を絶対的な存在として捉えず、一つの見方を示す「メディア」として向き合いながら、新たな知識を協働的に創造していくような国語科の授業づくりを今後も模索していきたいと考えます。

専門家から一言

　IB教育のディプロマプログラム（高校2、3年レベル）では、「知の理論（Theory of Knowledge, TOK）」を学ぶことが根幹に据えられています。TOKは、「クリティカルシンキング（批判的思考）」が重要です。メディアリテラシーにおいても、「クリティカルシンキング」は非常に重要な概念で、米ロードアイランド大学のルネ・ホッブス教授は、メディアリテラシーを「アクセス（access）、分析（analyze）、創造（create）、振り返り（reflect）、行動（act）」の五つの要素に分解しており、TOKの方向性と驚くほど一致しています。メディアリテラシー教育は、IB教育の理念とも一致しています。教科書を一つのメディアとして捉え、教科書ですらクリティカルに読むという井上教諭の実践は、両方の教育理念にまたがる意義深い試みです。（東京学芸大学准教授　中村純子）

●この授業の詳細は ⇒ https://smartnews-smri.com/literacy/literacy-802/

ICTで高校をつないで「対話」する

二田貴広 ● FUTADA Takahiro（奈良女子大学附属中等教育学校）

畝岡睦実 ● UNEOKA Mutsumi（岡山県立岡山南高等学校）

岡本　歩 ● OKAMOTO Ayumi（近畿大学附属広島高等学校・中学校　福山校）

授業の概要

「教師の教え方」そのものを素材とする、新しい形の交流授業です。地域の違う3校の生徒たちが、藤原浩史の論考「『枕草子』は文学か?」の論点を考える、というテーマで、自分の担当教員から授業を受けるとともに、他の学校の先生による授業の様子を動画で見ます。その後、お互いを知らない3校の生徒同士で、授業についての意見をSNSでやりとりします。

1 ｜ 授業の目標

　別の学校で行われている授業の様子を見ることで、授業の在り方は一つだけではないこと、さまざまな教え方があり、それによって生徒の受け取り方や議論の発展に違いがあることを体感します。また、見ず知らずの生徒との SNS でのやりとりを通して、インターネット時代のリテラシーの訓練をします。

　上記二つを通して、生徒たちには自身の学びのメタ認知（自分自身を客観的に認知すること）を促し、学びについて理解を進め、論理的思考力の向上を図ることを目指します。

2 ｜ 授業の準備─合同で授業をする先生方との出会い方─

　2013 年から他校の先生方と「ICT（情報通信技術）を利用した学校を超えた学び」に取り組んできました。今回は、「新学習指導要領の新科目『論理国語』の先取り授業を一緒にやってみませんか?」と研究会などで知り合った先生方に声を掛けました。授業を始めるに当たっては、岡山南高校、近大附属福山、

奈良女子大附属のそれぞれの ICT 環境の確認を行い、教育用の SNS を使って生徒同士がやりとりできることを確認しました。Slack や Teams、Google クラスルームなどを利用しても同様の活動は可能です。

　学校という枠組みを取り払う方法として、三つの高校の授業をビデオ撮影して共有することにしました。各学校で生徒あるいは他の教員に撮影してもらったり、授業者自身で三脚を立てたりするなど工夫しました。

3 ｜ 授業の展開

　第 1 回の授業を奈良女子大附属で行いました。授業では、3 校で連携して行っていく授業実践のコンセプトとねらいの説明、そして奈良女子大附属の生徒が取り組む学習課題について説明しました。

　この授業の様子を 5 分程度の動画に編集し、他の 2 校で視聴してもらいます。そうすることで、この取り組みのコンセプトとねらいを共有でき、かつ、それぞれの学校での学びの特徴やオリジナリティーがはっきりします。

　その後、他の 2 校で第 1 回の授業を開始。授業を撮影し、5 分程度の動画に編集して各校と共有しました。第 2 回以降の授業で、「『枕草子』は文学か？[1]」についての生徒の意見を SNS に投稿して共有しました。

1　2016年6月2日、藤原浩史「ChuoOnline」オピニオン掲載

SNSでの意見交流の様子（実際のやりとりの主要部分のみ抜粋）

生徒Ａ：源氏物語は人間関係の密な様子が描かれています。しかし枕草子では
　　　　特定の人物たちの関係性よりは、清少納言が抽象的・一般的な物事に関して
　　　　ぼやくような部分も多いです。これは確かに一般的な公式を読者に思い描か
　　　　せる側面が強いと思われるので、この部分を取り出すと「解を導くもの」と
　　　　見えます。しかし、それは現代人が過去の文章を「分析」しようとする姿勢
　　　　で読むから発見される特徴ではないかと思います。

生徒Ｂ：はじめまして。Ａさんが「現代人が過去の文章を『分析』しようとす
　　　　る姿勢で読むから発見される」とおっしゃっていることになるほど！　と思
　　　　いました。清少納言が書いたものは、現代のTwitterやInstagramに投稿し
　　　　たような内容だと思ったので、それを抽象的に捉えようとした筆者は枕草子
　　　　は哲学的・科学的文章だと判断したのだと思いました。新しい発見でした！

生徒Ｃ：現代人が過去の文章を「分析」しようとする姿勢で読むから発見され
　　　　る特徴という意見に納得しました。言葉という非常に抽象的な概念の産物か
　　　　ら生じている文章には、万人の解釈の仕方があり得ると思います。

生徒Ａ：コメントありがとうございますー！　そうですね、分析する以上は「分
　　　　析的姿勢」から離れることはできないと思います。でも、そのような客観性
　　　　と、当時の人々に寄り添う主観的な観点を組み合わせれば、よりリアルに当
　　　　時の様子をくみ取ることは可能なんだろうなと個人的には考えます。

4 ｜ 対話的な学びと「論理的・批判的思考力」や「メタ認知」

　「対話」の教育的意義は大きいものがあります。三つの高校の生徒たちは、『枕
草子』の本文に向き合い、向き合って得られた自身の「読み」から「『枕草子』
は文学か？」というテキストを評価しました。ここまでは従来の国語の教室で
も行われていることです。他校の生徒の意見を読みコメントする、そのコメン
トに応える、といった「対話」によって、「自分自身の思考を意識的に吟味す
ること」「他者の思考を意識的に吟味すること」が可能になりました。論理的・

批判的思考力やメタ認知の力を向上させる機会を得たのです。

　こうした対話なら他校の生徒と行わなくても自校内でできるのでは、という疑問も浮かぶかもしれません。しかし、生徒の振り返りでは「知らない相手との文字だけでのやりとりだからこそ、自分の論理を見直し、何時間も推敲した」「相手のことも教室での立ち位置も知らないからフラットな目線で意見に返信できた」と、コミュニケーションをメタ認知できたことがうかがえました。

5 ｜ 授業を振り返って

　どの学校の生徒たちも自分の意見に対するコメントが批判的であったり別の観点を示されたりした場合に、最初はムッとしたり悲しんだりしました。ところが他の学校の生徒との意見のやりとりのために、相手の意図を把握し自己の意見を伝えようと論理的に格闘し、自分自身を客観視しました。そうした態度は、現代の「ポスト真実（post-truth）」と呼ばれる時代、SNSなどで相手の感情に訴え掛けて共感や支持を集め、相手の行動に影響を及ぼすことが大々的に行われる時代にあって、自己を見つめ他者を尊重し対話するために必要不可欠なメディアリテラシーです。SNSをより良く活用するためのリテラシーは、SNSを利用した学びでこそ身に付くし、向上すると実感しています。

専門家から一言

同じ題材を使っても、それを扱う授業科目や指導者によって、教材へのアプローチや授業の進め方、着目するポイントが異なります。異なる授業を受けた3校の生徒が、ICTを使って、同じテーマについて自分の意見を言い、議論をすることで、自分の考えを正確に伝えることの難しさを感じ取ったり、自分とは異なる考え方、思いもつかなかった視点などを得ることができます。三つの授業そのものが生徒の「教材」となることで、生徒も先生も一緒に、お互いの考えを吟味しつつ多面的に考える場ができることになります。双方向型の学習では、先生が一方的に教えるのではなく「ファシリテーター」になることが求められており、この授業の形は示唆に富んでいると考えます。

（スマートニュース メディア研究所　研究主幹　山脇岳志）

●この授業の詳細は ⇒ https://smartnews-smri.com/literacy/literacy-277/

右縦書き：実践❼ ｜ ICTで高校をつないで「対話」する 【対象】高校1〜3年／国語

「教科書」もメディア？
理想の教科書を考える

鵜飼力也 ● UKAI Rikiya（国際基督教大学高等学校）

授業の概要

理論物理学者のアインシュタインが、アメリカの教科書と日本の教科書でどういう取り上げられ方をしているかをきっかけに「教科書は、国によって内容が違う」ことを意識してもらいます。そこから、日本の教科書がどう作られているか、理想の教科書とはどういうものなのかを考えていきます。生徒たちが暗記に使うことも多い教科書は、国や時代によって大きく変わり得る、一つの「メディア」であることを意識してもらう授業です。

1 ｜ 授業の展開（1時限目）

　本授業では、ドイツ生まれの理論物理学者、アインシュタイン（1955年没）をきっかけに「メディアとしての教科書」に焦点を当てます。

[導入]アインシュタインの顔写真を提示し、生徒に知っているかを確認します。中高生なら「相対性理論」などの業績を指摘したり、「平和主義者」として「ラッセル・アインシュタイン宣言」などを挙げたりするかもしれません。アメリカの高校で使用される歴史教科書（"SAT Subject Test U.S. History with Online Tests（Barron's Sat Subject Test U.S. History)"）では「アインシュタイン」が"HIROSHIMA AND NAGASAKI"の章で登場します。ちなみに山川出版社の『政治・経済用語集　第2版』によれば、日本では9冊の教科書のうち5冊で、『倫理用語集　第2版』では7冊の教科書のうち1冊で、アインシュタインについて言及があります。前者は、パグウォッシュ会議の中で登場し、戦後の反核運動の文脈での紹介です。後者は、生い立ちと平和主義者としての側面に主

な焦点が当てられています。導入終了時点で、①教科書の内容が国によって違うこと、②「学ぶ必要がある内容」は、何らかの仕組みによって形成・選定されていることについて確認します。

[**展開1**] 日本には「教科書検定制度」があることを説明します。教科書検定制度のポイントは、❶教科書会社が教科書を作成する（実際は大学教員や小中高の教員が執筆）、❷国（文部科学省）が審査をして検定意見を述べる、❸検定意見に対して教科書会社が修正を行う、❹国の再審査を経て教科書としての合否が判断される、という４点を確認します。併せて、諸外国の事例を紹介し、検定を行っている国がある一方で、検定がない国があることにも言及します。

[**展開2**] 教科書検定制度について考えます。日本の教科書検定制度のメリット・デメリットについて、生徒の理解を確認しつつ、意見を出させます。発言を板書にまとめる形でも、ワークシート等にまとめる形でも可能です。１人１台のICTが使用可能なら４人１組等のグループを作り、Google Jamboard（オンライン・ホワイトボード）などのツールを用いてメリットとデメリットを付箋に書いて対置させます。メリット・デメリットについて意見のバランスを意識させます。

　各グループで出た興味深い意見に言及するなど声掛けを行い、１時限目を終了します。

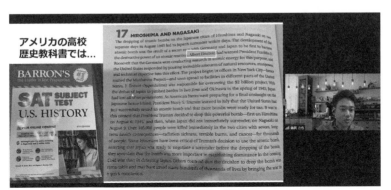

オンライン授業の様子

2 ｜ 授業の展開（2時限目）

[展開3] 理想の教科書作りに必要な要素を考えます。教科書検定制度自体への賛否を問うてしまうと、是か非かの二項対立に陥りやすいため注意します。あくまで、日本や海外の教科書検定制度を例に、理想の教科書に求められる具体的な要素を考えさせ、言語化させることに焦点を置きます。

[展開4] 理想の「教科書（作り）」を言語化します。具体的には、[展開3] で挙げられた理想の教科書に必要な「要素」となるキーワードをつないでみる等の指示をします。各グループで出たものを皆が一覧できる状態にし、全体で共有、紹介します。出された意見の中で、学問的真理の構成や、見解の多様性確保に言及しているものを各グループから発表させてもよいでしょう。

[まとめ]「教科書も再構成された一つのメディアである」ことを確認し授業を終えます。社会認識を形成することに特徴を持つ社会科としてのメディアリテラシー育成であることに照らし、認識の変容（の契機）が2時限目の目標の一つであることに注意します。「今日の授業の感想」や「思ったこと、考えたこと、気になること」などを Google Classroom 等の、オンライン上で一覧表示できるツールを用いて提出させることができれば、生徒同士が回答を閲覧し合うことで、さらなる学習につながります。

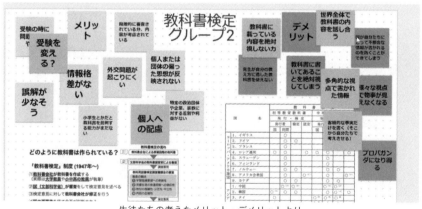

生徒たちの考えたメリット・デメリットより

3 | 生徒の感想から

- アインシュタインが原爆に関わっていたことは知らなかったし、そういった情報を決めている検定があることも知らなかった。けれど、国によってなぜ教えることが違うのかはずっと疑問に思っていたから、知ることができてよかったと思う。そしてそのことのメリットやデメリットをグループで話しながら考えるのも楽しかったし、他のグループの意見を Jamboard で見られるところがよかった。教科書が「正解」でないということを、より多くの生徒や学校が知るべきで、そうすればきっと critical thinking skills が上がると思うし、今後の教育制度の改善にもつながると思う。

- 授業の中で、自分たちが教科書の内容を書く体験をしてみても面白そう。学年と教科、内容を設定（統一）して、1人ずつ（かグループで）書いていく。その後シェアしたら、どのような表現とか、どう分かりやすくなるように工夫したか、どこを具体的に書くのか、それとも全く書かないのかがみんな違って、そこから気が付くことも多いと思う。

専門家から一言

学校で使う教科書も一つのメディアであり、筆者（検定制度がある場合は国家も含む）の価値観が埋め込まれています。教科書は一定の質が保たれ、教える上で便利なツールですが、教員自身が教科書に書かれていることを絶対視しないことが、生徒たちが自分の頭で考えるきっかけとなります。アメリカのメディアリテラシーの専門家であるルネ・ホッブス教授によれば、アメリカの社会科の授業では古い教科書と今の教科書との読み比べが行われており、ホッブス教授が小さい頃に読んだ教科書には「奴隷制度は悪い」とは書かれておらず、むしろ「奴隷は幸せである」という記述があったとのことです。新旧の教科書を比べれば、メディアリテラシーの学びとなります。社会的文脈により、学ぶ知識が変化することが意識されるからです。科学における「正解」も、時代によって、どんどん変わっていきます。教科書をメディアとして意識し、理想の姿を生徒と一緒に考えてみることは、本質的で深い学びになり得ると考えます。

（スマートニュース メディア研究所　プログラムマネジャー　宮崎洋子）

●この授業の詳細は ⇒ https://smartnews-smri.com/literacy/literacy-794/

「白雪姫暗殺未遂事件」
報道における情報元の評価

鍛治本正人 ● KAJIMOTO Masato（香港大学ジャーナリズム・メディア研究センター）

授業の概要

グリム童話の中に入っていることでも知られる「白雪姫」。彼女の継母である女王（魔女）は、魔法の鏡に「一番美しい女性は？」と聞き、女王ではなく白雪姫と鏡が答えるたびに、白雪姫を何度も殺そうとします。この童話を題材に、「白雪姫暗殺未遂事件」がニュースとして報道されるという設定にします。白雪姫や鏡といった童話に出てくるキャラクターだけでなく、捜査関係者や専門家などの情報の出所を作り、生徒・学生がロールプレーを行いながら、情報元によってニュースの印象がどのように変わるかなどを体感する授業です。

1 ｜ 授業の準備

「情報元の評価」単元はさまざまな授業で活用できます。例えば香港大学とニューヨーク州立大学ストーニーブルック校が合同で制作したオンラインコースでは、報道の公正性や偏向を評価する方法を学ぶ週の第2項目に当たります（授業全体は6週間、約18〜20時間が必要）。単独で授業に使用する場合、「意見」と「事実」について、一定の理解があると考えられる高校生以上が対象となります。実習例の「白雪姫暗殺未遂事件」は60分から90分程度が目安です。この実習のみであれば、中学生以下にも応用可能です。ただし、表層的な経験や理解で終わらないように留意する必要があります。

授業では、情報の出所を評価する手段として、以下の指標を伝えます。

【A NICE source analysis：情報元を評価する】

・専門家、あるいは関係者？（この人物は問題となっている情報に対して、実際

どの程度知識があるのか）［**A**uthoritative（or informed）?］
- その人の名前は？（実名など人物に関する背景がどこまで明らかであるか）
  ［**N**amed?］
- 利害関係はどの程度？（情報に対して独立した第三者的な立場の人間であるか。
  関係者であれば、どのような利益が考えられるか）［**I**ndependent?］
- 裏付けは？（他の専門家の話やデータ、公的書類など、情報を裏付けする内容が
  同じ報道に含まれているか）［**C**orroborated?］
- 検証可能な情報？（話の中身は証拠に基づく事実であるのか。あるいは意見、予
  想など検証できない情報なのか）［**E**vidence provided?］

　　それぞれの英語の頭文字を取って［A NICE source analysis］となります。

2 ｜ 授業の展開

　以下の要点を体感的に理解させるためのロールプレー（「白雪姫暗殺未遂事件」）
を行います。

　①インタビュー時の質問内容や仕方によって報道の中身は大きく変わるが、
　　ニュースの受け手側は普段、情報の出所を逐一考えることはあまりない。
　②ニュースの送り手と受け手が、情報元の信頼性について同じ評価をすると
　　は限らない。報道の受け手は疑問があれば、すべてのソースを評価し（A
　　NICE source analysis）、各情報の種類と信憑性を考える必要がある。
　③ニュース報道では、仮に各社すべての記事が全く同じ情報を内包しても、
　　誰の話を中心に記事を構成するかで、受け手の印象は大きく変わる。

「白雪姫暗殺未遂事件」

　冒頭で、童話・白雪姫の話を使ってロールプレーを行うことを伝え、学生か
ら7人の有志を募ります。7人はクラスの前でジャーナリスト（教師、あるい
は他の学生たち）から、演じる役に沿ってインタビューを受けます。クラスを
グループに分け、グループごとに「A NICE source analysis：情報元を評価する」
に沿った点数とニュースの見出しが書き込める表を用意します。この間、7人
にインタビューに答える際、以下の情報を含めるよう指示します。

警部：捜査責任者。殺害目的で用意されたリンゴを調べた結果、毒物は全く検出されなかったと公式に発表する。事件に関する質問（例えば「白雪姫はうそをついているか」）には、すべて「捜査中なのでコメントできない」と答える。

魔法の鏡：すべての関わりを否定する。事件の発端といわれている「誰が国一番の美女か」という質問は、聞かれたこともなければ答えたこともないと言い張る。自分は魔女に仕える鏡としての仕事を全うしているだけと主張。

白雪姫：一般的に知られている童話のストーリーを話す。自分は女王から不当に国外追放された被害者であり、リンゴを食べた後の記憶はなく、その後の経緯は小人、王子から聞いたとする。

王子：自らの関わりを誇張し続け、何か聞かれるたびに話を大きくする。自分が優れた騎士で女王（魔女）が卑劣だと強調する。最初の質問では竜を1頭倒したと発言するが、次には竜を3頭とライオン5頭を魔女が放ったとする。

小人（匿名）：白雪姫と同じく童話の内容を繰り返す。白雪姫の無実を世間に訴えるために、匿名を条件にインタビューに同意。「魔女の報復を恐れている」と何度も発言し、何か聞かれるたびに名前が出ないことを記者に確認する。

女王（魔女）：「すべては白雪姫と王子が政権転覆を狙ってでっち上げた話である」と主張する。この2人は過去にクーデターの計画も立てており、自分はその証拠も握っていると強調。「自分が逮捕されたのは不当だが、捜査担当の警部は優秀と聞いており、警察は真実を明らかにすることを信じている」と述べる。

シンデレラ：幼稚園の頃から白雪姫の親友だった。事件について特に何か情報を持っているわけではないが、彼女と女王の軋轢については家族のようによく知っていると主張。ひたすら白雪姫を無垢（むく）で純粋な王女として擁護する。

　こうした各アクターの発言から得られる情報を個人でメモするよう指示し、教師（もしくは学生たち）が記者役として7人にインタビューします。その上で、グループごとに各アクターの証言とその情報源の評価（1〜5点）をまとめて記載できる表を作り、すべてのグループの作業後、ネット用記事の見出しと最初の数行を表に記入するよう指示します。その際、各点数を合計して、どの人物から得られたどの情報がニュースの主眼となるべきかを決めるよう伝えます。

　記入が終わったグループは、指定された教室の壁に表を貼ります。その後、クラス全体で討論させ、実習の要点を引き出します。ディスカッション後、事件を担当した警部本人の過去のツイートがネット上で話題になっていると伝えます。

　「昇進決定。やっと夢がかなって警部になることができた。従姉妹の女王の支援に感謝！」——この新しい情報により警部に対する評価や警察情報の信頼性が変わるかを、特に利害関係の有無の観点から討論させます。議論が出尽くした後、あるファクトチェック団体が調査した結果、警部の従姉妹は自国の女王ではなく、遠く離れた別の国の女王であることが分かったことを伝えます。仕事がうまくいっていなかった頃、従姉妹の別の国の女王がよく相談相手になってくれたので、ツイートはそのことを指しているとします。そのことでまた、学生たちの印象は変化します。

　最後にまとめとして、今回の実習を通して何を学んだか、グループごと、あるいはクラス全体で感想などを話し合います。

専門家から一言

この「実習」において、重要なのは「誰が犯人か」ではなく、「どのような人の証言か」という、証言者のバックグラウンドにあります。学習者が「答え（＝誰が犯人か）」にこだわり過ぎないように、教師がファシリテートすることが求められます。謎解きゲームのように学習者が没入しながら、「自分が証言者に対する勝手な思い込みに踊らされていた」という状況になっていることを、他の学習者との議論からも気付かされることもあるでしょう。工夫次第でどの学校段階でも導入できる教育実践です。(弘前大学准教授　森本洋介)

●この授業の詳細は ⇒ https://smartnews-smri.com/literacy/literacy-796/

実践❾　「白雪姫暗殺未遂事件」　報道における情報元の評価　【対象】高校1〜3年・大学／国語・公民

SNSで、どう情報を受信・発信するのか
体験型オンラインゲームで学ぶ

宮崎洋子 ● MIYAZAKI Yoko（元スマートニュース メディア研究所）

長澤江美 ● NAGASAWA Emi（スマートニュース メディア研究所）

（青翔開智中学校・高等学校　高校1年で実施）

授業の概要

スマートニュース メディア研究所が開発した「疑似SNS」シミュレーションゲームを利用します。生徒たちは、ゲームの中で流れてくる個々の投稿について、フェイクニュースかどうかを見分けながら、投稿をシェアするか否かを判断し、フォロワーを増やすことを目指します。日ごろの情報の受け取り方や発信の仕方について振り返りながら、情報の判断基準やデジタルメディアの特性について考えてもらいます。

1 | ゲームの概要と授業の準備

　ゲームは、参加者（プレーヤー）が「新しいSNSで、フォロワー数を増やす」ことを目指す設計にしています。

　プレーヤーとなる生徒たちは、SNSで流れてくる「投稿」をシェアするかしないかを、その投稿の信頼度を判断しつつ決めていきます。表示される投稿はどれも、実際のSNSで流れたリアルな投稿です。

　ゲーム開始時、プレーヤーには100人のフォロワーがいるという設定になっています。表示される投稿をシェアすることで拡散するとフォロワー数は増えますが、フェイクニュース（＊）をシェアすると、フォロワー数が減ります。

＊ここでのフェイクニュースは、第三者機関によって検証され「誤情報・虚偽情報」とされたもの。

「フォロワー数を増やそう」としているのは、日ごろあまり SNS でシェアしない生徒にもゲーム感覚で取り組んでもらうためです。実際の世界では、虚偽情報の方が早く拡散しがちであることが知られています。また、フォロワー数が多いことが良いこととは限りません。そのことはゲーム終了後、先生から説明していただいてもよいかもしれません。

　ゲームを利用するには、まずスマートニュース メディア研究所が作成したホームページにアクセスし、教師アカウントを申請してください。学校の先生など教育関係者は無料で利用できます（https://app.media-literacy.jp/）。

　承認が完了すると、先生のもとにお知らせが届き、そこからゲームへのログインが可能になります。ログインすると、「教師用管理画面」があり、そこから「クラスルーム」を作成することができます。

　「クラスルーム」では、生徒の回答状況などを、リアルタイムで知ることができます。また、生徒が参加（プレー）するための、URL が発行されるので、その URL を、参加する生徒たちに周知します。生徒たちは、特別なアプリなどをダウンロードする必要はありません。ブラウザーから URL を開くことでプレーできます。

　授業当日には、生徒には 1 人 1 台、タブレットを用意してもらいます（パソコン、スマホでも可）。また、教師がゲームの結果をクラスで共有するために、プロジェクターを用意できれば便利です。

2 ｜ 授業の展開

　生徒たちに、先生があらかじめ取得していたクラスルームの URL を配布します。生徒たちは、それぞれの端末から URL にアクセスしプレーを開始できます。普段 SNS を利用している雰囲気で進めてもらいたいので、近くにいる生徒たちと話をしながらリラックスした雰囲気で取り組んでもらっても構いません。

　プレー時間は 15 分程度確保します。生徒のペースには差があるため、残り5 分などのタイミングで生徒たちに知らせ、持ち時間が少なくなっていること

を意識してもらいます。

　ゲームが終了した生徒の画面（タブレットやスマホ）には、自動的に、獲得したフォロワー数の総数と、質問ごとの増減が分かる「振り返り画面」が表示されます。時間内に終わった生徒たちには、振り返り画面を見ながら待ってもらいます。

　15分がたち、生徒がプレー完了したことを確認したら、プロジェクターを使って教師の画面を投影します。生徒たち全員が見る中で、それぞれの投稿を、生徒たちがシェアしたかどうかの行動について振り返っていきます。教師の画面からは、生徒たちが書き込んだ「投稿をシェアした／しなかった　理由」の一覧や、「した／しなかった」割合グラフを見ることができます。

　今回の授業では、生徒たちと一緒に投稿を見ながら、公式マークや発信者の名前などを確認しつつ、それだけでは判断せずに内容をよく読むことの重要性などを説明していきました。

　そして、生徒たちの間で「シェアするか／しないか」の意見が割れた投稿を三つ選んで、それについて小グループでディスカッションしてもらいました。

　普段、同じ教室で授業を受けているクラスメートでも、同じ投稿から受ける印象や、シェアの判断基準が多様であることに、生徒たちは目を丸くしていました。

　「明らかにうそって分かるけど、面白いから公開シェアした」「えーっ、私は一つも公開シェアしてないよ！」など、それぞれの行動とその理由について共有を進めました。

　フェイクニュースや「これって、本当？　うそ？」と迷うような情報は現実に氾濫していますし、ゲームにも登場します。

　研究所員から、まとめとして、「ネットでの行動には唯一の正解はないが、パッと見て判断しない（立ち止まって考える）ことは大切」、「SNSにはアルゴリズムが使われているので、自分が関心がある情報が表示されがち」といったことを伝えると、生徒たちは真剣な顔でうなずいていました。

3 ｜ 生徒の感想から

- 自分の選択一つで間違った情報を発信してしまう危険性もあることが知ることができてよかったです。
- すべて本当のことに見えて、本当かどうか判断するのが難しかったけれど、こうしたらどうなると考えるのが面白かったです。
- Twitterで「いいね」を押す前に、ちゃんと確認して、この人が何を言っているんだろうかと考えるようにしようと思いました。

担当教諭から一言

　SNSとの付き合い方は、これが正解といえるような単純なものではないと思います。そもそも、若い世代がよく使うSNSも次々と移り変わっていくため、講義形式で「教える」ことに適さないと思います。

　また、SNSを使うことで分かるこつや問題点は、そのサービスを実際に使い慣れていないと、共有することが難しいものです。今回のゲームは、共通の疑似SNSという設定なので、体験を言語化したり共有しやすいというメリットを感じました。

　本校は、「探究スキル」の育成を掲げています。スキルの一つである「情報リテラシー」を身に付けてもらうため、このゲームを国語の授業の中で実施しました。ディスカッションでは、SNSをよく使う生徒とあまり使わない生徒が対話することで、お互いにとっての「当たり前」がほぐされていく様子が見られました。

　特に、情報の信頼性を判断する際の視点の共有を通じて、生徒が自分だけでは持ち得なかった見方に触れられたことは、生徒それぞれがどんな種類のSNSを使っているかにかかわらず、今後生かしていける大きな学びになったと思います。

（青翔開智中学校・高等学校教諭　中澤歩）

●この授業の詳細は ⇒ https://smartnews-smri.com/literacy/literacy-797/

第**4**部

【座談会】メディアリテラシー教育の
現在地と未来
〜中央官庁、教育委員会、学校の現場から

メディアリテラシー教育の現在地と未来

～中央官庁、教育委員会、学校の現場から

> 多くの子どもがスマートフォンを持ち、情報の洪水の中に生きている。その中で、身に付けるべき力は何か。メディアリテラシーやクリティカルシンキングは、日本の学校教育の中で、どう位置付けられるべきものなのか。
>
> 中央官庁、県教育委員会、高校の現場で活躍されている方々をお迎えして、座談会を企画した。学校教育の現実の中でのメディアリテラシー教育の課題と未来について、幅広く議論した。(2021年10月13日、スマートニュース本社で実施)

■参加者（五十音順・敬称略）

上田祥子 埼玉県立川越初雁高校教諭（実施当時）

合田哲雄 内閣府 科学技術・イノベーション推進事務局審議官（実施当時）

平川理恵 広島県教育委員会教育長（オンライン参加）

■モデレーター

山脇岳志 スマートニュース メディア研究所 研究主幹（実施当時）

┃ I メディアリテラシー教育は「場末」に置かれている?

山脇：下村健一さんは、本書の中で「メディアリテラシーはいまだ（教育現場の）場末に置かれたまま」と指摘されています。民間企業から横浜市の公立中学校長に転じ、今、広島県教育委員会教育長をされている平川さん、いかがでしょうか。

平川：私がメディアリテラシーの定義をきちんと理解しているかどうか不安な部分もありますが、学校現場でなじみのある「クリティカルシンキング」に置き換えてお話しします。海外では、「クリティカルシンキングを子どもたちに体得させるため

に教育があるんだ」とはっきり言い切る国もあります。一方、日本では国民性もあるのか、先生は、物議を醸すようなことを教室でなかなか話題にできない。そこが日本の教育の中で悩ましい部分だと思っています。

　でもクリティカルシンキングが必要な授業をやっていかないと、実際、児童や生徒にとって面白くないんですよ。正解がない議論をさせない限り、子どもは燃えません。トピックスのつかみ方、探究の仕方、言いたいことの伝え方、プレゼンの仕方、すべてにおいて日本の教育は、改善すべきところがあります。クリティカルシンキングを「批判的思考」と訳す人が多いのですが、「批判」と言うと日本人は嫌がるところがあるので、私は「多様・多面的思考」と呼んで、浸透を図りたいと思っています。

山脇：確かに、日本の教育はクリティカルシンキングを重視していませんね。2018年のOECD（経済協力開発機構）の国際教員指導環境調査（TALIS）によれば、「生徒の批判的思考を促す」と答えた中学校の先生の割合は、参加国の平均では約8割ですが、日本は2割台と参加国中最低でした。一方で、合田さんが主導されて作られた新しい学習指導要領の理念「主体的・対話的で深い学び」と、クリティカルシンキングとは、どう関係するのでしょうか？

「吟味の必要性」が意識されてこなかった

合田：そもそも日本の教育では、与えられた情報が正しいかどうかを吟味することが必要だ、という点が意識されてこなかったと思います。

　例えば小学校4年生の国語で『ごんぎつね』（新美南吉作）を扱いますね。

　その際に、『ごんぎつね』をテキストとして突き放し、子どもたちに分析的・論理的に思考させているわけではありません。子どもたちに「登場人物や作者の心情に寄り添う」ことを求め、それが国語教育だと、多くの先生は思ってきたわけです。

　ことさら小学校の国語教育を取り上げて、それが悪いと言いたいのではありません。日本にはもともと、教科書などのテキストを「ありがたく押し頂く」ものという感覚があります。批判するとか、ロジックが正しいかとか、あるいは事実（ファクト）として正しいかどうかを吟味することが必要だという意識が社会において必ずしも横溢していなかったということがあると思います。

　2000年のOECDの学習到達度調査（PISA）で、有名な「落書きに関する問題」

が出題されました。「落書きはいけないことだ」という意見と、「落書きしか表現手段がない人もいるのだから落書きを一方的に禁止するのは問題だ」という二つの意見について、「あなたはどちらの意見に賛成しますか」という問題では、日本の多くの子どもたちはきちんと答えています。

ところが、「あなたの意見とは別に、どちらのロジックの方がロジックとしてより効果的に組み立てられていますか」と問われた瞬間に、日本の子どもはそもそも何を問われているかが分からず、白紙の回答が非常に多かったわけです。

つまり、自分の考えとは別に、ロジックの正しさとか妥当性があるとは大人も子どもも思っていなかった。そういう背景があったので、2008年の学習指導要領の改訂では、知識の習得・活用・探究の学習プロセスの中で、記述・論述・討論といった「言語活動」を重視しました。それを発展させたのが、まさに2017年改訂で打ち出された「主体的・対話的で深い学び」です。その議論のプロセスでは、「クリティカルシンキング」とか「批判的思考」という言葉ではなく、例えば「論理の吟味・構築」などと表現していますが、そのような思考法を重視していることは間違いありません。

2018年のPISAはさらに進化していて、与えられた情報が正しいかどうか、つまり情報の信憑性を自分で判断して評価するという問題が出ました。インターネットにあふれるフェイクニュースにいかに対応するかを意識したこの問題も、やはり日本の子どもたちは弱かった。学習指導要領という「器」はできていますが、それだけでは十分ではありません。まずわれわれ大人や社会が、世の中にあふれるいろいろな情報について、自分の頭で吟味して考えることが大事だということを行動で示し、共有することが必要だと思います。そして大人や社会が悩んでいる、正解がない問いを、子どもたちと共有し、一緒に考えることが、これから重要だと思っています。

▌II「主体的・対話的で深い学び」の本質は、クリティカルシンキングの育成

山脇：「主体的・対話的で深い学び」とは、まさにクリティカルシンキングを鍛えたいという思いがあったということですか？

座談会は対面とオンラインで行われた

合田：おっしゃる通りです。

　2008年改訂の際、国語教育の中核を担っておられる先生方と相当議論しましたが、これらの先生方からすれば、授業で『ごんぎつね』を扱う際には、クラスで何人の子どもたちが泣いたかが教師の腕の見せどころであって、言語は論理的思考の基盤だと強調されても違和感があるという受け止めが強かったと思います。

　私はこう考えます。言語は、感性・情緒、コミュニケーション、そして論理的思考の基盤です。従って、国語教育において日本的な心情に触れることは素晴らしいことです。これまではその段階までで良かったのだと思いますが、これからの日本の子どもたちは、『ごんぎつね』を読んでどうして日本の子どもたちが泣くのかということを、文化や言語の違う人たちに説明することが求められています。つまり、世界に対して必ずしもオープンではなかった日本では、『ごんぎつね』を読んで「いい話だね」とみんなで泣いていればよかったけれど、外国から見ると、なぜ泣くのかが分からないから日本が特殊な世界であるかのように映ってしまう。さらに言えば、子ども自身も多様化していて、日本の中にだって『ごんぎつね』を読んでしん

モデレーターの山脇岳志

みりと泣かない子もいるわけです。『ごんぎつね』をテキストとして突き放して分析的に読むことが必要なゆえんで、それはまさにロジカルシンキング（論理的思考）やクリティカルシンキングそのものです。

2017年の学習指導要領改訂で明記された「主体的・対話的で深い学び」について申しますと、「主体的」というのは、自分の学びを自分自身の問題、自分事として捉えることです。「対話的」というのは、社会的背景や意見の異なる他者との対話や読書による自己内対話を通じて自らの考えを深めていくこと。「深い学び」とは、ただ単に「よかった」「楽しかった」「うれしかった」といった感情ではなく、それぞれの教科には固有の見方・考え方（歴史的な事象を因果関係で捉える、相互作用や比較の視点で捉えるといった、その教科ならではの物事を捉える視点や考え方）がありますから、これらの見方・考え方を働かせて、その教科にとって重要な概念などを軸に理解を深め思考することです。このように子どもたちがロジカルシンキングやクリティカルシンキングといった思考法を協働的な学びの中で経験することは、社会において自立し、「持続可能な社会の担い手」になるに当たって不可欠であり、この二つはまさに社会制度としての学校の目的です。

われわれ大人は、子どもたちが今こんな学びをしていることを深く認識して、自ら「主体的・対話的で深い学び」を続けなければならないと、自省を込めて思っています。

学校の管理職は、多様でなければならない

山脇：現場の国語の先生のお立場から見て、上田さんは、今までの議論をどう受け止められますか？

上田：私は、学校というのは子どもたちを生きやすくするための機関であり、子どもたちが社会に貢献できるようになるためにサポートしていく機関だと思っています。

　私は 2011 年の東日本大震災直後に採用されました。震災時には、SNS でデマなどが流れ、それに右往左往する人々の混乱を目の当たりにしました。有事を生き抜くには、「読む・書く・聞く・話す」という言葉の力が不可欠だと考えるようになりました。

　他者とつながり、協働できる「言葉」を持っている人は、人生の選択肢が豊かになります。誰かに「助けて」と伝えるのも「言葉」です。例えば、生活保護の申請にしても国語力がなければ、理解すらできません。私は子どもたちが生きていくためには「生存率を上げるための国語力」が必要だ、と考えています。そのためには、やはりクリティカルシンキングが必要です。島国で同質性の高い日本でも、価値観が多様化してきています。「自分と他人は違う」と自覚する子どもを育てていくことが必須になっていると思います。

　しかし、学校、特に高校はどうしても「（黒板に先生が板書して一方的に教える）チョーク＆トーク」になりがちです。それはやはり大学受験があるからです。子どもたちが生きていくために必要な力と、大学入試をクリアするための力が乖離（かいり）しているというのは、前任の進学校の教師の時に、強く感じました。

　それが良いとか悪いとかではないですが、教師は閉じられた学校という社会で育ち、そのまま閉じられた学校に就職するケースが多いと思います。だから、子どもたちが、多様なものに触れるべきとか、社会に開かれていくべきだという発想を持ちづらい構造があるように思います。

　そういう意味では、クリティカルシンキングであるとかメディアリテラシーであるとか、社会で生きていく上で必要な力を育てていこうとするならば、もう少し学校自体が多様化する必要があるのではないかと思います。

山脇：平川さんは民間企業出身で、女性で初めて公立中学校での民間人校長も経験されました。上田さんのご意見をどう思われますか。

平川：よく先生たちは閉じられた世界で生きているといわれますが、私は先生だけが閉じられているとはあまり思っていません。県庁の人もそうだし、会社の人もそうだろうし、私もそうです。人間は、自分のいるところでしかものを考えられないものです。でも学校の管理職は、多様化した方がいいのは間違いないです。まず、女

性の管理職が圧倒的に少ない。女性やLGBTQ（性的少数者）の方々を含め、多様な人が管理職にならなければいけないと思っています。

▌Ⅲ　学校の「水平分業」化で、先生の役割は大きく変わる

合田：教員や管理職の多様性が求められている背景には、子どもたちに１人１台の情報端末が整備され教育DX（デジタルトランスフォーメーション）が進む中、一人ひとりの子どもたちの認知の特性や関心に応じた個別性の高い学びと協働的な学びの両立のために、教室と学校の風景を変えることが必要になっていることがあると思います。

　これまでの一斉授業で重視していたのは、試験問題が配られたら、その文字情報を理解して、自分を「空」にして標準人として迅速に反応できる能力で、それ以外は切り捨ててきたと言えるでしょう。工業化社会には適合的な仕組みだったのですが、DXの時代の今は、上田先生がおっしゃる通り、みんなと違う、他者と異なることに意味や価値がある時代になってきたので、そのことを根底に据えて学校を変えていかなければなりません。

　2019年度からGIGAスクール構想ということで子どもたちに１人１台の情報端末を配りましたが、これは別に「百マス計算」や漢字の書き取りといった反復学習を効率的に行うことのみのために配布したのではありません。一人ひとりの子どもの認知の特性に応じて、自分のペースで自分の学びを自分でコントロールするためのツールとして整備したのです。

　情報端末が整備されたことにより、これからは子どもたちの学びは時間的にも空間的にも多様化することが可能になりますし、必ず多様化します。そうすると、先生の役割も変わってきます。

　今までは、いわば「垂直分業」で、子どもに関することは教科指導から生活指導、部活動、そして福祉的な機能も全部学校の中で完結して担ってきました。教材なども一から作るのが教師としての修行と自前主義で貫かれていましたし、学校縦割り、教科縦割り、学級縦割りという縦割り構造の中で授業や学級経営ができて一人前の教師といわれていました。

　しかし、学校がこれらの幅広い機能を全部自前で担うことは不可能です。社会全体のDXの中でレイヤー構造の「水平分業」へ転換しなければならないと思います。

　例えば、日々の授業の教材は全部自分で作る必要はなく、YouTubeにアップされた動画などを効果的に使えばいい。算数・数学のAI教材をフル活用することもあるでしょう。そうやって、他人の褌で相撲を取りつつ、目の前の子どもたちにとって今最も必要な指導に集中することの方が子どもたちの力を引き出すことにつながります。部活動は学校とは別の主体が担うといった仕組

合田哲雄氏。過去2回の学習指導要領改訂に関わる

みの構築にも、スポーツ庁と経済産業省が今、真剣に取り組んでいます。

　他方、子どもたちにはさまざまな認知の特性があります。一つのクラスの中で、発達障がいの困難さに向き合っている子、特定の分野に特異な才能を持つギフテッドと呼ばれる子、両親が外国人で日本語指導が必要な子、どうしても教室に行くことができない子……。これからは、情報端末のスタディログを生かしながら、教育支援センターや不登校児童生徒特例校、校内フリースクール、大学や研究機関などさまざまな場で学びを重ねることができる教育システムが必要で、その実現に向けた具体的な検討も霞が関において府省横断で行われています。教室の風景も学校の構造も大きく変わることになります。

　そうなると、平川さんがおっしゃるように、校長や教頭は、「管理職」というよりは、「人・モノ・カネ・情報・時間・教育内容」という教育のリソースを再配分、再配置して、子どもたちの力を引き出すという学びの成果を最大化するためのマネジメントの責任者、「マネジャー」になります。校長像、教頭像も大きく変わり、教え方が上手な人とはまた別の能力が求められますね。

教師という専門職集団もそのポートフォリオの多様化が必要でしょう。今の教育学部や教職課程で広く浅く学んで教員免許を取るシステムは、先生みんなが同じことができることを意識したカリキュラムです。しかし、これからは一人ひとりの先生が自分の得意分野を持ち、エッジが立っていることが必要で、例えば、発達障がい、理数系分野、ICT、外国語、ジャーナリズムなどさまざまな分野の専門家が、教育学部や教職課程に一から入り直すことなく教員免許を取得して学校の先生になることが不可欠です。それぞれ多様な専門性を持つ教師で教員集団が構成されることで、全体として学校の機能が強化されることになる。今の教員免許制度や教員養成課程を構造的に見直さなければならず、中央教育審議会（中教審）でも今、根本的な議論をしているところです。

国語の授業は「道徳」ではない

平川：合田さんが提起した「国語授業」の問題に関して、ひとこと言わせていただきたいと思います。説明文と小説があるとしたら、説明文はロジカルなことをもっと学ばせなければいけないと思います。小説は、はっきり言って心情の読み取りに偏り過ぎています。先ほど出た『ごんぎつね』はその象徴です。日本の生徒に「読解力」がないとかいろいろ言われていますけれども、「泣く」のがいいとかいうような情緒的な国語の授業だと、そうなってしまいます。

論理性は、すごく重要だと思います。説明文の学習で与えられた情報が正しいかどうかをきちんと吟味することが重要です。しかし、現状は「ネットに書いてあることはみんな正しい」というふうに思っている児童生徒も多い。

このように「探究学習」が日本で深まらない原因は、ロジカルシンキングの欠如にあると思っています。小学校も中学校も高校も、例えば、「総合的な学習（探究）の時間」で何かのテーマに取り組むのですが、そのテーマの表層的な部分の単純なところにしか切り込めないで、薄っぺらな「自己主張」で終わっていることが多い。

高校生でしっかりものを考えることができるようになるには、第1次情報や第2次情報の扱いについては小学校も中学校できちんと教えておくことが必要です。国語が情緒的な授業になっていることが、探究学習が深まらない要因になっていると私は思っています。

評論文が「正しい知識」だという誤認

上田：私が一つ課題だと思っているのが、国語の教科書で使われている「評論文」に書かれていることがすべて正しいと、生徒たちが受け取ってしまっていることです。

高校1年次ですと、評論文を読んだ後、感想を書かせると、ほぼ全員が「こういったこ

民間人校長を経て広島県教育委員会教育長となった平川理恵氏

とが分かりました」という感想なんです。これは、かなり衝撃的でした。

ですから「この評論は一つの意見であって、それを理解した上であなたはどう考えるの？　というのが高校からの学びだよ」と言っています。評論に書かれていることが「正しい知識」だという教育を受けてきていることを強く感じています。

高校に来る前の段階から、できれば小学校教育からこの点を改めていかなければならないと思います。

合田：国語の試験では、先ほども申しましたように、自分を「空」にして、標準的な人ならどんな反応をするだろうかという観点から解答しないと正解にはなりません。

なぜ、作者や登場人物の心情に寄り添うことを求める国語教育になっているのか。これは必ずしも教育界だけを責めるべきではなく、社会全体の構造の問題だと思っています。

日本にも、戦後のいわゆる「新教育」のように探究を重視した個性的な教育が、全国で花開いたことがありました。しかし、さまざまな立場や考え方の方々から一斉に「這い回る経験主義」になっていて、戦前の教育に比べ1～2学年分の学力低下が生じているとの批判がなされましたし、工業化一直線の産業構造は基礎学力の徹底による、みんなと同じことができる人材の育成を求めました。（当時の）文部

省はこのような社会的背景を踏まえ、教科の系統性を重視した教育へとかじを切ったわけですが、他者との違いに意味や価値がある現在、登場人物や作者の心情に寄り添うのではなく、自分の考えをロジカルに表現したり、他者と対話したりする力を育むために、探究的な学びを重視した教育が求められています。

　もう二度と世論のうねりの中で探究的な学びのはしごが外されないように、文部科学省は世論としっかり対話、説得して、教育の質的な転換について社会の安定した理解を得ることが欠かせないと思っています。

導入の工夫で『人新世』の議論はできる

山脇：合田さんが指摘した「水平分業」の一例だと思いますが、上田さんが、『人新世の「資本論」』（斎藤幸平著・集英社新書）を教材にしたと聞きました。授業で取り上げるのは難しそうですが、生徒たちの受け止めはいかがでしたか？

上田：『人新世の「資本論」』を、中田敦彦氏のYouTube大学で解説を見せて、こんなことが書いてあると、生徒たちと共有したらある程度理解してくれました。

　「資本論って何？」「共産主義って何？」「資本主義って何？」といったところを補足しながら、概略を理解させる。

　ただ、本の内容自体は非常に難しいので、著者の斎藤幸平さんが書かれた「ポストコロナにやってくるのは気候危機」という中高生向けのエッセイも教材にしました。まず導入で『人新世の「資本論」』を中田敦彦氏に解説してもらう、その後、比較的容易な評論文を読解し、自身の見解を表現するという授業です。

　私自身も、ICPP（気候変動に関する政府間パネル）の話であるとか、グレタ・トゥーンベリさんの話であるとか映像も総動員して、生徒に投げ掛けました。そして、私が「大人としてこんな世界を作って本当にごめんね」ということを伝える授業をしたところ、「SDGs」とか「地球に優しく」というのを小さい頃から耳にたこができるくらい聞いてきた生徒たちも、「大人が真剣になってるんだ」「大人も困ってるんだ」というところで心に響いたところがあったように感じました。生徒たちには「先生も分からないところがあるんだよ」とも率直に伝えています。

　ただ同時に、（斎藤さんの考えは）一つの意見であって、これに対して反対する人たちも多数いるとも教えています。「ひょっとしたら温暖化なんてうそかもしれない」という意見など、さまざまな立場の意見を知った上で、自分たちが決めてい

くということが大事なんだよ」という授業を行いました。生徒たちの感想をSNSでシェアしたら、合田さんが、生徒たちのレベルが高いと感心してくださいました。

山脇：興味深いですね。私も大学などで教えることがあり、いろいろな質問が出ますが、「僕も分からない」「二つの考え方があるけど、どちらが正しいか微妙」などと答えることもあります。別に分からないことは恥ずかしいことではない。正直、世の中、分からないことだらけじゃないですか。それをちゃんと生徒に伝えて、一緒に考えようと。「人生は一生勉強だ」と伝えた方がよっぽど生徒のためになるんじゃないかと思います。

社会を意識した学びを高校で実践する上田祥子氏

上田：その通りだと思います。「先生も分からない」というと、一気に生徒が乗ってくる感じがあります。今の学校には書くのが苦手、考えるのが苦手、話すのが苦手という子たちもいますが、「人新世」の実践を行ってみて、ここまで考えてくれるんだと感動しました。今の学校は、まだ着任2年目ですが、国語教育の実践の道筋が少し見えたというところです。教材をシェアしたところ、全学年がやってくれているんです。全校生徒が『人新世の「資本論」』を知っているという状態になるというのは、一つの大きなアンテナを立てられた気がします。

大学受験を変える必要性

山脇：上田さんから、大学受験への対策があるから、なかなか「一方向の授業スタイル」から変えられないという問題提起がありました。ここをどうやって変えればいいのか、合田さん、いかがですか？

合田：二次試験に骨太な論述や記述式の問題を出す東京大学などには、すでに実施している推薦入試などをより前広に展開して、これまで東大が取り逃がしてきた国内

「未来の学びフェスin札幌」でパネル討議に参加する合田哲雄氏＝2021年3月

外の異才をしっかりと受け止めてもらいたいと思います。他方、大きな問題なのは、首都圏や大都市圏の伝統ある規模の大きな私立大学の入試だと思っています。英・国・社の3科目限定で、しかも、例えば歴史の問題などを見ると、いまだに歴史教科書の脚注をどれだけ覚えたかで合否が決まるような入試をやっています。

　なぜそれをやっているかというと、採点が楽だからです。コストが掛からないからです。日本は「人を選ぶ」ということについて本当にコストを掛けない国だと感じていますが、変化もあります。私はロジカルシンキングを学ぶ上でも、見通しの立たない時代を切り拓く上でも大事な科目の一つは数学だと思いますが、例えば早稲田大学の政治経済学部は入学試験で数学を全員に課すことにしましたし、青山学院大学も全学で入試改善に取り組んでいますよね。その成果は今後、出てくると思います。

　今年生まれた赤ちゃんは80万人程度ですから、将来の18歳人口は今より3割減るわけです。大学はその規模を縮小せざるを得ない中で、文理分断、低コスト入試、パッシブラーニングの「ホワイトカラー養成所」のような大学は生き残れない

だろうと思っています。歴史教科書の脚注を覚える学びでは、AIに絶対勝てません。例えば、まさにメディアリテラシーを育み、社会や民主政の構造を把握したり、物理や化学、微分・積分の考え方といったサイエンスの基礎を理解したりして、社会構造、テクノロジーやサイエンスの世界において、今の時点では想像もつかない非連続的な変化やうねりが次から次へと生じる中、自分の頭で考え、対話を重ねて、「納得解」を形成することにより次代を切り拓く力が必要です。実際、今、文理分断型の大学の文系学部を出てもデジタル化で職自体が減少している事務職になれなくて、ICT（情報通信技術）関係の仕事に就く学生さんも多いですが、これは完全にミスマッチです。大学教育における文理分断からの脱却は、大学政策のラストフロンティアだと思っています。

平川：そもそも私は日本の大学の在り方がおかしいと思っています。まず、数が多過ぎますね。イギリスと比較すると、日本の大学の数は約5倍もあるにもかかわらず、公財政支出は同程度です。だから、日本の大学でお金を掛けるべきところに十分に掛けられていない。アカデミックな成果を挙げている大学だけに、補助金は支出してもらいたい。

　例えば広島には自動車メーカーのマツダがありますが、高卒時であれば採用されたであろう生徒が、大学に進学することで、採用される可能性が下がるということが起こるということです。

　それでいうと、ボケーショナルスクール（職業訓練学校）に、もっと本当は力を入れるべきだと思っています。いずれにしても、大学入試の在り方というのは文科省だけでどうにかできるような問題ではないですね。今の大学の在り方そのもの、研究機関の在り方そのものを問い直していくべきだと思います。

山脇：過去2、30年、日本は確実に貧しくなってしまいました。2020年の統計で、1人当たりGDPは購買力平価で見て世界30位。戦後の日本を支えてきた産業が衰退し、イノベーションの力も弱まっています。多様性を認めることや、クリティカルシンキングの力を付けることは、まず、人権や民主主義を守るという観点から重要です。同時に、イノベーションを起こすという点からも必要だと思います。

なぜ文部科学省はクリティカルシンキングという言葉を使わないか

山脇：ところで、私はクリティカルシンキングが日本で意識されにくい理由の一つが、「批判的思考」という訳語の問題もあると考えています。「批判」という訳語を「非難」に近い意味で捉えて、「クリティカルシンキング」を「批判」する人もいます。でも、それは誤解ですよね。なので、本書のタイトルでは、あえて「吟味思考」と訳しました。なぜ文部科学省は、「クリティカルシンキング」とか「批判的思考」という言葉をあまり使わないのでしょうか？

合田：クリティカルシンキングという言葉が中教審の教育課程部会などで議論されるようになったのは、2008年の学習指導要領改訂の議論をしていた頃だったと思います。クリティカルというのは、先ほど申し上げたように「事実やロジックを検証し、その妥当性を正確に見極めていく」ということだと私は理解していますが、「批判的思考」という訳語では、それが正しく伝わりません。日本では「批判」は、ロジックの問題ではなくて心情とか人格に関わることになってしまいがちです。このために、われわれは「クリティカルシンキング」とか「批判的思考」という言葉が誤解なく伝わるようにすることには苦心しました。

　中教審の議論では、「論理の吟味・構築」という言葉が出てきます。情報と情報の関係性、例えば、共通しているのか相違しているのか、原因なのか結果なのか、具体なのか抽象なのかということの把握を通して、論理を吟味することが大切だという発想です。まさに「吟味思考」ということとかなり重なってくると思います。それは今回の学習指導要領の改訂において、国語の小学校から高校に至る基本的な学びとして一本筋を通しましたから、「吟味思考」は次第に定着していくと思います。教育行政においては、言葉としては、「クリティカルシンキング」よりも、「ロジカルシンキング」の方が使いやすかったですね。

▌IV　広島県の「学びの変革」の実践

山脇：広島県は2014年ごろから探究学習、2020年度からはデジタルシティズンシ

ップにも取り組んでい
ます。そういう意味で
は、クリティカルシン
キングについて教育長
自ら旗を振っているわ
けですが、具体的にど
ういう形で実施されて
いるのでしょうか。

平川：広島県は「学びの
　変革」を掲げていま
　す。私が教育長になる
　前から、画一的な一斉

平川理恵

2021-10-13 15:17:44

オンラインで座談会に参加する平川理恵氏

授業から「主体的・対話的で深い学び」への変革を、国に先駆けて取り組んできま
した。

　例えば国際バカロレア（IB）教育を実践している県立の中高一貫校である広島
叡智学園を開校し、2021年で3年目になります。バカロレアは、ほとんどの授業
がクリティカルシンキングで成り立っています。小学校であれば、対話、遊び、仕
事（学習）、催しの四つの活動を循環させながら学びを進めていく「イエナプラン」
もクリティカルシンキングにつながります。これについては、福山市教育委員会が
福山市の常石小学校で2022年4月に開校する準備を進めています。

　それ以外にも、広島県では、「商業アップデート」という取り組みを2020年か
らやっています。県内の四つの商業高校で1週間に1回、4時間連続の「ビジネス
探究プログラム」というPBL（問題解決型学習）を行っています。これも、クリテ
ィカルシンキングの実践といえます。

　このプログラムでは、「人はなぜ生きるのか」という大命題を1年生に問い掛け
ました。これを、1学期40時間かけてやりました。

　このプログラムをつくるために、商業高校の先生たちをアメリカ・ロサンゼルス
のビジネスハイスクールの視察に連れて行きました。

　その中には、タトゥーが入っていたり、オレンジ色の髪の毛であったりとかいろ
いろな生徒がいた学校もあったのですが、ロスのビジネスハイスクールで彼らがエ

高校の先生たちとロサンゼルス視察。毎晩ミーティングを行った

ネルギッシュな授業を面白そうに受けているのを見て、先生たちは「これは広島県も負けちゃおれん。やらにゃいけん」となりました。

何をPBLの主軸に持っていくかと先生たちと一緒に考えて掲げたのが、「人はなぜ生きるのか」という大命題だったんです。

先生たちは、「難し過ぎないか？」「ちょっと無理なんじゃないか？」と心配もしていたのですが、実際にやってみると青臭いかもしれないけれど、生徒たちはすごく燃えてくれています。

ロスのビジネスハイスクールでも使っているテキスト（故に英語）を日本語にしたのですが、少し英語を残してもらって、半分英語の勉強にもなるようにしています。だけど、まず日本語の読解力が足りず厳しいものがありました。そうしたら生徒たちが「国語の授業を頑張ります」と言うのです。それで国語の先生が「テキストを読めなかったら探究できないから、授業でこれをやらにゃいけん」といって参加する。数学の先生も加わる。こういう連鎖が起こるわけです。先生たちに本当に火が付いた。先生たちは私に「ジェットコースターに乗せられた」と言ってますけど、一緒にジェットコースターに乗ってやっていけば、必ず良くなると思っています。

山脇：平川さんは横浜市の中学校長時代から不登校への取り組みをされていますよね。それも教育における多様性を重視されているからですか。

平川：不登校というのは子どもができる「唯一のボイコット」の方法だと思っています。不登校の生徒から、今の学校教育に対して「ノー」を突き付けられていると言っても過言ではありません。

　広島県でも、不登校の児童が毎年増加しています。広島県では小・中学校をメインにスペシャルサポートルーム（SSR）というものを設けて、県教委の指導主事に週１回、現場に行ってもらっています。県教委と市町教委と学校とみんなで、一緒に取り組んでほしい、ということです。週に１回、その学校に行って、先生たちと一緒に悩み、一緒に子どもたちに関わっていく。これが指導主事だと思うんです。

　でも、やっぱりそこにも向かない子がいるんです。そこで今やっているのは、誰でも入れる「オンライン部活」です。広島県ではZoomとか、Google Workspace for Educationを全員に配付しているので、子どもたちがどんどん入ってくるんですね。

　参加している子どもたちに「企画部」というのを立ち上げてもらって、トピックスも子どもたちに自分で考えてもらっています。自分の作りたい部活をやったらと言ったら、最初に「イラストクラブ」とか「生き物クラブ」を立ち上げました。「写真部」ができ、「図書部」の案も出ています。生き物クラブでは県庁職員のヘビ好きな方をスペシャルゲストにして、彼がヘビを首に巻きながら登場すると、みんな「キャ〜」「かわいい」って大好評でした。学校の中では分かり合えない子たちも、オンラインだったら分かり合えたりもする。子どもたちは初めは名前も出さずにニックネームでやったり、指導主事も『鬼滅の刃』のキャラクターのマスクとかをかぶってやったりしてるんですよ。それくらい寄り添っていくと、そのうち子どもは顔を出してくるし、声も出してくる。そうすると、リアルな場面で会いましょうとなります。

　いろいろ手を変え、品を変え、形を変えて、今までの学校の在り方を変容させていかないといけません。やっぱり面と向かって「大丈夫？」とか「頑張ろうね」と声を掛けながらやっていくというのが学びだと思うので。そういう意味で、不登校に対しても、いろいろな学びの選択肢を作りながら、学校の在り方を変えていかなければならないと思います。

Ⅴ　オンラインは学校の「壁」を打ち破れる

山脇：上田さん、現場の先生としてどう思われますか。

上田祥子氏の授業風景

上田：先ほど私は「学校の教員は同質的」と、少し批判的に言いましたが、「自分の一生の仕事を子どもたちの未来にささげる」と決めたというところでは、良い意味で、変わった人たちなんです。そこに一生を懸けようと思った人たちである先生方を私は心から尊敬し信頼しています。

アメリカのビジネスハイスクールにポンと連れて行ったら、広島の先生たちは「やらにゃいけん」となるわけじゃないですか。そのパワーが先生たち一人ひとりに絶対あるんです。そこは大きな希望だと思っています。子どもたちの学びを担保するためだけのオンラインではなくて、先生方の学びを担保するためにもオンラインを使うべきです。

ガチガチに保守的な上司がいたら、下の先生方もそうなってしまう。その壁を打ち破ることができる可能性を持っているのがオンラインだと私は思っています。今度、今勤めている高校で、合田さんを講師に招いてオンラインで研修をやるんです。つながりのある先生たちに声を掛けて、他校の先生方にも聞いてもらいます。現場の先生たちがつながり合うということが大事です。先生方が学べる時間、先生方が自分のコンフォートゾーン（居心地のいい場所）を広げられるような時間を担保することが非常に重要だと思います。

そして社会が、先生方をもっと信じ、期待してほしいです。まず子どもたちにいい教育をするに当たって、先生方が学べるような時間や機会を持てたら、先生方の伸びしろというのはものすごい。

私は不動産デベロッパーの社員から高校教員になったんですが、「この人たちの優秀さは何なんだ」と感動しました。特に女性が優秀です。自分の力と子育てのバランスや、収入などを考え、うまくタイムマネジメントしながら先生を続ける。そ

ういう人たちをもっと生かすには、働き方改革だったり、先生方の業務を減らして
いくということを社会全体として取り組んでほしいと思います。

山脇：合田さん、学校の現場の先生にとってもオンラインがある種のブレークスルー
になるのでは、という点についてどう思われますか。

合田：私は教師の方々を心からリスペクトしています。なぜかというと、さっき上田
さんがおっしゃったことと近いのですけれども、教師とは伸びよう、学ぼうとする
子どもたちの変容を最大の報酬として仕事に向かい合っている専門職集団で、それ
は本当に素晴らしいことだと思うからです。だからこそ、何が重要かと言えば、子
どもたちの変容を引き出すために、これまでの経緯とかしきたりを越えて、子ども
たちにどんなアプローチをしようかというワクワク感に満ちた教師の挑戦のスイッ
チを誰が入れるかです。

　しかし、逆に、学校の管理職、特に校長が校長職を「上がり」のポストと心得て
いて、若手の挑戦の足を引っ張っていることもあると残念ながら耳にします。定年
まで大過なく過ごしたいという発想になると、完全に守りに入ってしまうわけです。

　一つ希望を持っているのは、いろいろ課題はありますが、やはりSNSで、すご
いと思います。例えば、今までだったら新しい取り組みをやろうという若い先生方
は、それぞれの学校で孤立していて、大過なく済ませようという管理職に押し込ま
れて新しい取り組みができなくなることもありました。

　ところが、今、こういったイノベーティブな先生方が、Google Educator Group
（Googleが運営する、地域の教育者のためのコミュニティー）などでお互いが情報
交換したり学んだりしているという現象が起こっています。

　私自身も、これまでお目にかかったことがなかった先生からFacebookで連絡が
あり、「今度こういうオンラインセミナーを行うのでぜひ対話してほしい」と言わ
れることもあります。

　もともと私が上田さんと出会ったのもそうでした。Facebookで突然連絡が来て、
「夜、原宿で、有志の教師が集まって勉強会をやります。合田さんは学習指導要領
改訂の担当者だったのだから来てください」と言われ、原宿に行きましたよ（笑）。
SNSを含め、そういう先生方のやる気を後押しできるような仕掛けを作ったり、
個人としてもできる限り支えたりできたらと思っています。

学校は生徒の「社会的な自立」を育むためのもの

山脇：今後の学習指導要領の中で、メディアリテラシーはどういうふうに位置付けられるべきでしょうか。

合田：幼稚園から中学校までの学習指導要領は2017年、高校は2018年に改訂されました。それから4年たった今は折り返しで、5年後には多分次の改訂が行われるでしょう。

　今、改めて痛感しているのは、学習指導要領にどんなきれいな言葉を書いても、それを実現するための基盤が必要だということです。

　働き方改革、教員養成課程や教員免許制度の改革なども行われるでしょうから、これまでよりも多様な人材が教育界に入ってくる。時間になったら子どもたちが40人集まって先生の授業をずっと聞いているという教室の風景も、教科指導から部活動まで何から何まで全部自前でやるという学校の仕組みも、どんどん相対化していって、子どもたちの学びは時間軸も空間軸も多様化するでしょうし、教師は水平分業の中で他人の 褌 <ruby>（ふんどし）</ruby>で相撲を取りながら目の前の子どもたちに最も必要なことに教員集団の多様な専門性を組み合わせて全力投球する——そんな学校に向けて5年といった時間軸を見据えて一歩一歩前へ進めていきたいと思っています。

　なぜなら、先ほど申し上げた通り、学校とは子どもたちの社会的な自立を支え、持続可能な社会の担い手として育んでいくための社会制度だからです。そこで育むべきことの中核に、メディアリテラシーなのかクリティカルシンキングなのか、吟味思考なのか、言い方はともかくとして、情報を自ら吟味して自立して思考する力があることはもちろんで、そのこと自体が学習指導要領の表現ぶりよりもずっと重要です。

山脇：そうしますと、「メディアリテラシー」という言葉が学習指導要領に必ずしも入らないかもしれないというか、そこはあまり重視すべきではないということなのでしょうか。

Ⅵ 学校全体に「メディアリテラシー教育」を

合田：私は「学校教育全体がメディアリテラシー教育だ」と言った方がいいと思います。というのは、日本の教育界で「メディアリテラシー教育」という言葉を位置付けようとすると、この言葉が独り歩きしたり、ものすごく狭く捉えられたりすることが起きがちだからです。例えばメディアの役割だとか、「メディアの一形態に新聞があります」とか「ニュースアプリという新しいメディアの形態があります」とかいったことを教えることがメディアリテラシー教育だ、みたいな話にもなりかねない。そうではなくて、われわれが受け取っているさまざまな情報とかテキストをうのみにしないで、吟味して自分で考えた上で表現する。だけど、自分とは全く違う価値観や考え方の人もいるので、一方的に主張するだけではなく対話を重ねることが大事だという意識を育むこと全体がメディアリテラシー教育であり、そのために学校という社会制度があるのだと言い切った方が、私はいいと思うのです。

山脇：上田さんは、今後ご自身の授業の中で、メディアリテラシー的なものをやっていきたいですか。

上田：私の中で、生存率を上げるための、子どもたちの自立というところを考えた上で、そういった思考ができるようになることは必須条件だと思っています。ですが一方で、「メディアリテラシー教育」というふうに位置付けられた時に、それよりもっと先にやらなければいけないことが学校現場には本当に多くて。例えば私は今、進路指導主事なので、「キャリア教育」というのも絶対にやらなければならない、「主権者教育」をやらなければいけない。何々教育、何々教育というのが出て来ると、本当に「またか」という感じになる。それでいうと、冒頭でメディアリテラシー教育は学校現場の場末に置かれているのかという問いがありましたが、その通りだと思います。そこまでの余裕がない。

　先ほど、合田さんがおっしゃった「学校教育全体がメディアリテラシーそのものだ」という見方が、私の中では、一番腑に落ちます。学校というのはそもそもそのためにあるんだということを、もう少し教育者の中で意識合わせをすることが非常に重要になってくると思います。

合田：上田さんがおっしゃる通り、現場の先生に「メディアリテラシー教育の推進」

を要請するという戦略は、先生方に刺さらないと思います。18歳になったら投票権があるのだから「主権者教育」だ、18歳から成年になったから「成年教育」と「消費者教育」だと言われていて、先生方にしたら、もう〇〇教育はうんざりだと思っておられるのではないでしょうか。でも実際には、それぞれが全部「メディアリテラシー教育」でもあります。「主権者教育」は政治分野のメディアリテラシー教育だし、「成年教育」は市民としてのメディアリテラシー教育、「消費者教育」は消費社会におけるメディアリテラシー教育です。

　だから新たに「メディアリテラシー教育をやってほしい」と言うのではなく、「すでに先生方がなさっているのはメディアリテラシー教育ですよ。だったら各教科に分散している学びをつなげて指導したり、総合的な学習（探究）の時間でテーマにしたりして、もう少し深く学ぶ工夫をしませんか」と伝える方がいいと私は思います。また、国語や社会などそれぞれのカリキュラムの中で、メディアリテラシーの授業実践を、どの学年のどの教科のどの単元の文脈で扱うことが効果的かについて、教材なり実践例を提供する側が具体的に示せば、先生方が授業で使いやすくなると思います。

上田：私もまさに同じことを思いました。改めて「メディアリテラシー教育」と言われると、これまでも取り組みが求められてきた、さまざまな「何とか教育」がまた増えたと重く感じてしまうんです。あと、学習指導要領の改訂で、2019年度から始まり、22年度から本格的に始動しますが、高校の「総合的な学習の時間」の名称が「総合的な探究の時間」に変わります。略称で「総探（そうたん）」と言われています。教科や科目の枠組みを超えた課題に取り組む点はこれまで通りですが、自ら探究するテーマ（課題）を設定する点に重きを置くので、実態は大きく変わりそうです。高校の先生方は、今、この「総探」のプログラムを一生懸命開発しています。メディアリテラシーの授業は、そこにうまくはまるような気がします。

これからの学校は「寺子屋」でいい

平川：私は最近、日本の学校はもしかしたら江戸時代の「寺子屋」に戻っていいのではと思っているんです。寺子屋では異なる年齢の子が一緒になって学ぶ。上の子が下の子を教える。しかも議論をかなりしていますよね。議論する、問答する。次はそういう段階なのかなと思います。民主的に話し合うことを学校で練習していく。

現状は、大人の世界だって本当の意味で民主主義というか、話し合いになっていないですよね。対話になっていないですよ。そこをフラットで、フランクなコミュニケーション、オープンなコミュニケーションにしてくれるのがインターネットの役割であり、DX（デジタルトランスフォーメーション）なのかなと思っています。

最近、『ケーキの切れない非行少年たち』（新潮新

座談会後、スマートニュース本社内で

書）というベストセラーを書かれた宮口幸治先生を講師にお招きして、ネット上で小中高の先生が誰でも入れるようにしたら、500人もの参加がありました。「チャットで好きな質問を書いてください」と言ったら、参加した先生たちがどんどん書き始めました。だから、コミュニケーションの取り方、組織の在り方含めて、変えていく時だと思って、少しずつ私もトライしています。

あと、生徒が数学や国語を学んでいく時も、DXというのは誰がどこをやっているのか分からないというところがいいんですよ。教科書だったら、ある子は3年生の教科書をやって、ある子は5年生をやっていると「おまえ、3年生のをまだやってるのか」ってばかにされちゃう。そんな目に遭わせずに、それぞれのレベルでやっていくことが、生徒の力を伸ばすことになる。そうすると、教科書をどうするかですよね。教科書も抜本的に変わっていくべきでしょうね。

私自身も全然分からないことだらけで、どうしたらいいのかと悩ましいことばかりです。もう「悩んでいます」と正直に言った上で、みんなで考えて、実行していくしかないと思っています。メディアリテラシー教育も、うまく位置付けることができたらと思っていますが、まだ手探りですね。

ただ、どのような改革をしていくにしても、学校とは、子どもたちが自立を学び、社会に出るための準備をする場所であるという基本を大事にすべきだと思うのです。子どもたちには、将来いろいろなコミュニティーに出入りしながら楽しく豊かな人生を歩んでもらいたい。学校は、子どもたちにとって、その準備をするための「小さな宇宙」であってほしいと願っています。私はそのために、自らの力のすべてを傾けたいと思っています。

山脇：戦後の日本の教育改革に影響を与えたアメリカの教育哲学者、ジョン・デューイも「学校は小社会でなければならない」と記していますね。実社会と切り離された「死んだ知識」を学ぶのではなく、社会的に意味のある活動を中心に据えた教育を追求しました。

　先生方は、子どもたちが、この難しい社会に出ていくために、生徒と一緒に悩み、考えていくような姿を見せてほしいなと思います。政治・経済・社会から科学に至るまで、専門家でも意見が割れ、問題解決の処方箋が大きく異なっている課題が増えています。そうした難しくて複雑な現実の課題を学校で取り上げることを避けるのではなく、先生方がそこに向き合ってほしい。そして、「簡単に教えられないことがある」ということを子どもたちに伝えることこそ、子どもたちの大きな学びになると思うのです。

　「学校教育全体がメディアリテラシー教育だ」という考えにも、ハッとしました。なるほど、現代社会は、マスメディアに加え、SNSなどの個人のメディアでも大きく動いています。子どもたちは、もう小中学生の頃から、自ら発信者となり、社会に対して責任も負います。その意味では、メディアリテラシー教育だけを特別に切り出して教えるのではなく、学校での学びの全体の中に融合していくべきだと思い至りました。本日は、ありがとうございました。

おわりに

　本書が執筆された 2021 年は新型コロナウイルス感染症ワクチンをめぐる陰謀論が大きな問題になった年である。例えば、ワクチンと一緒にマイクロチップが埋め込まれる、ワクチンを打つと不妊になる、ワクチンは毒が含まれているといった偽情報が出回った。また、ワクチンを打って多くの人が亡くなっているのに、政府は隠しており、メディアも報じていないという偽情報まで流れた。

　問題は、情報が間違っているというだけではない。WHOは増え過ぎた人口を削減しようとしているとか、ロックフェラー財団やビル・ゲイツの仕業であるといった根拠のない陰謀論が拡散したことである。

　その結果、友人関係や夫婦関係が壊れてしまったり、ワクチンを打たなかったため、新型コロナウイルスに感染してしまったり、さらには亡くなってしまった人もいる。ユネスコはこうした状況を「ディスインフォデミック」と呼んでいるが、その理由は新型コロナウイルス感染症やワクチンをめぐる偽情報や陰謀論が人間の生命を脅かすからである。

　このような陰謀論は日本だけではない。世界中に広がっているのである。さらに、トランプ支持者のような保守派だけではなく、いわゆるリベラルだと思われている自然環境派にまで広がっており、偽情報・陰謀論による政治的分断をさらに複雑なものにしている。コミュニケーション技術が発展すればするほど、偽情報や陰謀論がまん延し、人間の信頼関係は希薄になり、断片化していき、絆までが侵食されているのが現代なのである。

　急激に変貌しつつあるインターネット社会はもはやユートピアではなく、新たな変態を遂げた資本主義であり、それはショシャナ・ズボフが名付けた「監視資本主義」と呼ぶことも可能かもしれない。本書は、このような現代社会を生きるために不可欠なクリティカルシンキングを核としたメディアリテラシーを構想することを目指して編纂された。新たな監視資本主義に対抗するためには、メディアリテラシーもまた時代に対応した新しいメディアリテラシーへと進化しなければならない。

日本のメディアリテラシー教育は、多くの先人たちが努力を重ね、教育現場においても成果を挙げてきた。ただ、今日的な課題への対応は、必ずしも十分ではないように思う。

　要因の一つに、2000年前後に盛り上がりを見せた当時のメディアリテラシー運動が、テレビを中心としたものであったということがある。

　当時、インターネットはまだ初期段階にすぎず、今日のように誰もがスマートフォンを所有するような時代ではなかった。その後、2007年にアメリカでiPhoneが発売されると同時に世界はソーシャルメディア時代へと急速に移行し、メディアリテラシー研究もソーシャルメディアを視野に進展したが、日本ではそこがまだ十分ではない。

　「はじめに」で、スマートニュース メディア研究所 研究主幹の山脇岳志氏も触れているように、メディアリテラシー研究という学問の世界とメディア界が、長らく「分断」されたままであったことも、発展を妨げた要因だったように思える。

　「分断」の背景には、日本のアカデミアの一部において、メディアリテラシーが「メディア批判」を目的としていると誤解されたことにあったのかもしれない。「メディア批判」が生産的ではないとして、「メディア創造」や「コミュニケーションを中心としたメディアリテラシー」を追求するような流れも生まれてきた。

　確かに、メディアリテラシーの概念の中には「メディアメッセージを批判的に（クリティカルに）読み解く能力」が含まれている。

　クリティカルという言葉が「批判的」と訳されたことによる混乱もあるのだが、本来、英語の「critical」という用語は多義的である。この言葉は「批判的」以外にも、「重要であること」「分析されること」「転換的にあること」「危機に瀬していること」などの意味がある。ブラジルの教育者、パウロ・フレイレが理論の基礎を作ったことで有名な「クリティカルリテラシー」という用語もあるが、こちらは「時代の転換」（つまり人間解放）という意味が含まれている。

　メディアリテラシー教育の目的は、決してメディア批判ではない。英語の「critical」にぴったり当てはまる日本語はないが、あえて日本語にするならば、

深く考え、そして詳しく調べて真実を明らかにするという意味を持つ「吟味」であろう。

　日本と世界の研究や実践をつなぐためには、まずこの誤解を解く必要があるだろう。重要なことは、メディアリテラシーにおいてクリティカルシンキングの重要性を議論の基盤に置くことだと私は思う。

　そのことは、「メディア創造」や「コミュニケーション」の重要性を否定するものではない。アカデミズムとジャーナリズムは手を携えつつ、「陰謀論」が広がる世界において、建設的な役割を果たせるはずだ。

　そのための一歩として、本書は、内外のさまざまな立場の研究者やジャーナリスト、現場教師の見解や実践を掲載し、メディアリテラシーを総括的に捉えることで、現時点での「決定版（テキスト）」とすることを目指した。

　ただ、今後に積み残している課題もある。例えば、「クリティカルシンキング」といっても、論者によって捉え方が違うし、メディアリテラシーの定義も本書内でも紹介しているように「多元的」である。

　情報の真偽の検証（ファクトチェック）とメディアリテラシーをどのように関係付けるべきかという課題もある。多くのメディアリテラシー研究者は情報の真偽を見極める能力をメディアリテラシーに位置付けることについて懐疑的である。

　他方、ユネスコは、真偽を見極める情報リテラシーとメディアリテラシーを統合的に捉え、多くの偽情報は「理性ではなく信念に、そして推論ではなく感情に焦点を当てることで、人々の意識の中に偽りを忍ばせる」と指摘している（UNESCO. DISINFODEMIC Deciphering responses to COVID-19 disinformation Policy brief 1, p.5）。新しいメディアリテラシーを多元的リテラシーだと考えるならば、一つのリテラシーの視点だけにとどまってはいけないだろう。しかし、メディアリテラシーをどこまで広く捉えるかという議論は今後も続いていく。

　また、ヘイトスピーチや差別表現をめぐる課題もある。今日のソーシャルメディアの課題として偽情報問題にのみ焦点が当てられがちだが、差別表現の問題を軽視すべきでないことは明らかである。

　差別表現を考える上で重要なことは、発信者本人が差別だと意識していない

ことが多いことだ。無意識の差別なのである。

「マイクロアグレッション」という言葉がある。これは日常生活に埋め込まれた差別言説だといってもよい。マイノリティーは日々、日常会話の中で小さな攻撃や侮辱、無価値化を含むメッセージを受ける。あからさまなヘイトスピーチは目立つために、すぐに問題化するが、マイクロアグレッションは陰に隠れて、マイノリティーを攻撃する。この問題はネットを含む「いじめ」の問題ともつながっている。新たなメディアリテラシーは、こうした問題にも向き合う必要がある。

民主主義の基盤であるシティズンシップ（市民性）との関係も、深めていく必要があるだろう。本書でもデジタルシティズンシップとメディアリテラシーの関係を論じた章を設けたが、この研究はまだ始まったばかりである。日本でもGIGAスクール構想の進展とともにデジタルシティズンシップ教育への関心は急速に高まっている。新しいメディアリテラシーの中でどう位置付けるかが、検討課題となる。

本書は、山脇研究主幹（当時）と坂本の出会いから始まり、趣旨に賛同する多くの研究者・実践者の方々のご協力を頂いた。各章の草稿が仕上がるたびに、版元の時事通信出版局の坂本建一郎出版事業部長、新井晶子氏を交えて議論を重ねてきた。お二人のご尽力に感謝する。

本書の出版を契機に、分野を超えて新たなメディアリテラシーの議論が広がっていくことを期待したい。

法政大学キャリアデザイン学部教授

坂本　旬

編者紹介

坂本旬（さかもと・じゅん）［第3章、おわりに］

法政大学キャリアデザイン学部教授

1959年大阪府出身。東京都立大学大学院教育学専攻博士課程単位取得満期退学。専門はメディア情報教育学、図書館情報学。1996年より法政大学教員。ユネスコのメディア情報リテラシー・プログラムの普及をめざすアジア太平洋メディア情報リテラシー教育センターおよび福島ESDコンソーシアム代表。著書に『デジタルキッズ　ネット社会の子育て』（旬報社）、『メディア情報教育学』（法政大学出版局）、編著に『メディアリテラシーを学ぶ』（大月書店）、『デジタル・シティズンシップ　コンピュータ1人1台時代の善き使い手をめざす学び』（大月書店）、『デジタル・シティズンシップ教育の挑戦』（アドバンテージサーバー）、『地域と世界をつなぐSDGsの教育学』（法政大学出版局）等多数。

山脇岳志（やまわき・たけし）［はじめに、第16章、実践④、第4部モデレーター］

スマートニュース メディア研究所 所長

京都大学経営管理大学院特命教授　帝京大学経済学部客員教授

1964年兵庫県出身。京都大学法学部卒。朝日新聞社に入社後、事件や地方行政担当を経て、経済部で金融や情報通信分野などの当局・業界を担当、調査報道にも従事。ワシントン特派員、論説委員などを経て、グローバルで多様な視点を重視する別刷り「GLOBE」の創刊に携わり、編集長を務めた。2013年〜17年までアメリカ総局長。トランプ氏が当選した大統領選をカバーした。編集委員としてコラム執筆後、2020年にスマートニュースに転職。メディア研究所研究主幹を経て、2022年4月から同所長。他に、オックスフォード大学客員研究員（Reuter Fellow）、ベルリン自由大学上席研究員を経験。著書に『日本銀行の深層』（講談社文庫）、『郵政攻防』（朝日新聞社）など。共編著に『現代アメリカ政治とメディア』（東洋経済新報社）など。

執筆者紹介（編者除く執筆・インタビュー順）

［第1部　メディアの激変とメディアリテラシーの潮流］

藤村厚夫（ふじむら・あつお）［第1章］

スマートニュース メディア研究所フェロー　ファクトチェック・イニシアティブ（FIJ）副理事長

法政大学経済学部卒。株式会社アスキーの書籍・雑誌編集者、日本アイ・ビー・エムなどを経て、2000年に株式会社アットマーク・アイティを起業。合併を経てアイティメディア株式会社代表取締役会長に就任。2013年よりスマートニュース株式会社執行役員（メディア事業開発担当）を経て、同社フェロー・メディア研究所フェロー。

天野彬（あまの・あきら）［第2章］

電通メディアイノベーションラボ主任研究員

東京大学大学院学際情報学府修士課程修了。専門分野はSNSや若年層の消費トレンド。企業との共同研究プロジェクトを多数手掛ける。著書に『シェアしたがる心理〜SNSの情報環境を読み解く7つの視点〜』（宣伝会議）、『SNS変遷史「いいね！」でつながる社会のゆくえ』（イースト新書）、共著に『情報メディア白書』（ダイヤモンド社）など。

坂本旬（さかもと・じゅん）［第3章］＝編者略歴参照

村上郷子（むらかみ・きょうこ）［第4章］

法政大学キャリアデザイン学部兼任講師

カンザス大学大学院教育学研究科博士課程修了。博士（学術）。ユネスコのGAPMIL（現ユネスコMILアライアンス）の創設に関わる。専門はメディア情報リテラシー教育、情報リテラシー教育。共著に『地域と世界をつなぐSDGsの教育学』（法政大学出版局）、"The International Encyclopedia of Media Literacy"（Wiley-Blackwell）など。

森本洋介（もりもと・ようすけ）［第5章］

弘前大学教育学部准教授

京都大学大学院教育学研究科博士課程研究指導認定退学。博士（教育学）。専攻は比較教育学、教育課程論。著書に『メディアリテラシー教育における「批判的」な思考力の育成』（東信堂）。共著に『教育のあり方を問い直す：学校教育と社会教育』（東信堂）、『メディア・リテラシーの教育論—知の継承と探究への誘い—』（北大路書房）など。

今度珠美（いまど・たまみ）［第6章］

一般社団法人メディア教育研究室代表理事　国際大学GLOCOM客員研究員

関西大学大学院博士課程後期課程在学

鳥取大学大学院修了。修士（教育学）。年間150回以上、学校や教員向けのメディアリテラシーやデジタルシティズンシップの授業、研修を行っている。また開発した教材は学習デジタル教材コンクールで学情研賞、日本教育新聞社賞等を受賞。共著に『デジタル・シティズンシップ　コンピュータ1人1台時代の善き使い手をめざす学び』（大月書店）など。

中村純子（なかむら・すみこ）［第7章］

東京学芸大学大学院教育学研究科准教授

東京学芸大学大学院連合学校教育学研究科学校教育学専攻博士課程修了。博士（教育学）。川崎市公立中学校教諭として約30年教鞭を取った後、現職。専門は国語科教育学、メディアリテラシー教育、国際バカロレア教育。共著に『メディア・リテラシーの教育　理論と実践の歩み』（渓水社）など。

ルネ・ホッブス（Renee Hobbs）［第8章＝Interview］
ロードアイランド大学教授
アメリカ・ロードアイランド大学でメディアリテラシー教育の普及や調査を行っているMedia Education Lab創設者で現ディレクター。ミシガン大学コミュニケーション修士課程修了、ハーバード大学教育大学院博士課程修了（教育博士）。著書に『デジタル時代のメディア・リテラシー教育：中高生の日常のメディアと授業の融合』（東京学芸大学出版会）など。

楠見孝（くすみ・たかし）［第9章］
京都大学大学院教育学研究科教授
学習院大学大学院人文科学研究科博士課程退学、博士（心理学）。学習院大学助手、筑波大学講師、東京工業大助教授、京都大学助教授、教授を経て現職。専門は認知心理学。共編著に『批判的思考力を育む：学士力と社会人基礎力の基盤形成』（有斐閣）、『批判的思考と市民リテラシー：教育、メディア、社会を変える21世紀型スキル』（誠信書房）など。

［第2部　ジャーナリストの視点と実践］

菅谷明子（すがや・あきこ）［第10章＝Interview］
在米ジャーナリスト　ハーバード大学ニーマン・ジャーナリズム財団理事
コロンビア大学大学院修士課程修了、東京大学大学院博士課程単位取得満期退学。『Newsweek』日本版スタッフ、経済産業研究所（RIETI）研究員などを経て独立。2011-12年ハーバード大学フェロー（特別研究員）、2014年から現職。著書に『メディア・リテラシー　世界の現場から』『未来をつくる図書館　ニューヨークからの報告』（共に岩波新書）など。

下村健一（しもむら・けんいち）［第11章＝Interview、実践①］
令和メディア研究所主宰　白鷗大学特任教授
東京大学法学部卒。TBS報道局アナウンサー、フリーキャスター計25年を経て、官邸にて内閣審議官等を2年半。慶應義塾大学特別招聘教授など経て、現職。光村図書の小学校5年の国語教科書に「想像力のスイッチを入れよう」を執筆。2000年以降、小学校から大学、企業まで数百回のメディアリテラシー授業を行ってきた。インターネットメディア協会（JIMA）のメディアリテラシー担当。主著『10代からの情報キャッチボール入門』（岩波書店）。

海野由紀子（うんの・ゆきこ）［第12章＝Interview］
日本放送協会広報局制作部チーフ・プロデューサー
上智大学比較文化学部卒。日本放送協会（NHK）入局後、報道番組ディレクターとして番組制作に携わる。その後、アジア太平洋放送連合（ABU）、ヨーロッパ放送連合（EBU）のリエゾンなど海外渉外業務の他、経営関連の業務に携わった。2021年から現職。「つながる！NHKメディア・リテラシー教室」を立ち上げから担当。

鈴木款（すずき・まこと）［第13章］

教育アナリスト　フジテレビ解説委員　iU（情報経営イノベーション専門職大学）客員教授

早稲田大学大学院スポーツ科学研究科修了。農林中央金庫を経てフジテレビ入社。「報道2001」ディレクター、ニューヨーク支局長、経済部長を経て2015年から現職。著書に『小泉進次郎　日本の未来をつくる言葉』（扶桑社新書）、『日経電子版の読みかた』（プレジデント社）、『日本のパラリンピックを創った男　中村裕』（講談社）など。映倫次世代への映画推薦委員。

宮地ゆう（みやじ・ゆう）［第14章］

朝日新聞GLOBE副編集長

慶應義塾大学総合政策学部、同大法学研究科政治学修士課程修了後、フルブライト奨学金を得てコロンビア大学院（国際関係論）で修士課程修了。朝日新聞東京社会部、GLOBE編集部、サンフランシスコ支局長、経済部記者などを経て、2022年から現職。著書に『シリコンバレーで起きている本当のこと』（朝日新聞出版）など。朝日新聞書評委員。

アラン・ミラー（Alan Miller）［第15章＝Interview］

ニュース・リテラシー・プロジェクト（NLP）創設者・CEO

ウェズリアン大学卒業後、ハワイ大学で修士号取得。ユニオン・タイムズなどの記者を経て、ロサンゼルス・タイムズに入社。同紙のワシントン支局の調査報道チームの創設メンバーでもある。ピュリツァー賞はじめジョージ・ポーク賞など多くのジャーナリズムの賞を受賞。日本で暮らした経験があり、ジャパン・ソサエティーのフェローを務めたこともある。

山脇岳志（やまわき・たけし）［第16章］＝編者略歴参照

［第3部　教育現場での実践］

下村健一（しもむら・けんいち）［実践①］＝第11章略歴参照

秋田剛（あきた・たけし）［実践②］

東京都大田区立羽田中学校主任教諭／前・足立区立第一中学校主任教諭（社会科）

早稲田大学法学部卒。民間企業、俳優養成所を経て、玉川大学通信課程で教員免許状取得。2000年に東京都の教員となる。東京都北区立北中学校、文京区立第七中学校、文京区立音羽中学校などを経て、2022年より現職。「新聞記事を活用した学習活動の探求」で第15回東京新聞教育賞受賞。

宮崎洋子（みやざき・ようこ）［実践③⑩］

元スマートニュース　メディア研究所 主任研究員

旧総理府・総務庁（現内閣府）に入省し、公正取引委員会、総務省、外務省などで勤務。東大大学院法学政治学研究科修士課程、ハーバード大学ケネディスクール修士課程、政策研究大学院大学博士課程（政策）修了。2019年にスマートニュースに入社し、現在は慶應義塾大学大学院メディアデザイン研究所リサーチャー。

中井祥子（なかい・しょうこ）［実践③］
元スマートニュース メディア研究所 メディアリテラシー担当
リクルート勤務を経て、2014年にスマートニュースに入社。広告事業の立ち上げ、NPO支援事業の企画運営などを担当し、研究所ではメディアリテラシーの「出前授業」を始めた。2021年に退職し、現在は、子どもたちを自然の中で成長させる「原っぱ大学千葉」主宰。

津田真耶（つだ・まや）［実践④］
横浜創英中学・高等学校教諭（社会科）
早稲田大学教育学部社会科地理歴史専修卒。2008年から現職。

坂本建一郎（さかもと・けんいちろう）［実践④］
時事通信出版局出版事業部長
東京学芸大学大学院教育学研究科修了。教育月刊誌編集長等を経て現職。本業の傍らプロボノとして中学・高校・大学で授業支援を行う。共著に『若手教師の成長をどう支援するか』（教育開発研究所）。

山脇岳志（やまわき・たけし）［実践④］＝編者略歴参照

横山省一（よこやま・しょういち）［実践⑤］
本郷中学校・高等学校教諭（社会科）
国学院久我山中学校・高等学校などを経て、2007年より現職。第58回読売教育賞最優秀賞（社会科部門）受賞。第14回金融教育に関する小論文・実践報告コンクールで優秀賞（実践報告部門）受賞。2011年から2020年まで東京私学教育研究所の文系教科運営委員を務めた。

井上志音（いのうえ・しおん）［実践⑥］
灘中学校・灘高等学校教諭（国語科）
関西学院千里国際中・高等部などを経て、2013年より現職。日本国際バカロレア教育学会理事。東京書籍の高校国語教科書の編集委員、2022年度「NHK高校講座　現代の国語」（Eテレ）の番組委員も務める。共著に『「知の理論」をひもとく―UNPACKING TOK』（ふくろう出版）など。

二田貴広（ふただ・たかひろ）［実践⑦］
奈良女子大学附属中等教育学校主幹教諭（国語科・進路指導部主任）
新潟大学大学院現代社会文化研究科博士課程（後期）単位取得満期退学。秋田県の公立高校教諭を経て2004年より現職。奈良女子大学で国語科教育の授業も担当。日本NIE学会常任理事。2016年文部科学大臣優秀教員表彰。Microsoft Innovative Educator Experts。

畝岡睦実（うねおか・むつみ）［実践⑦］
岡山県立岡山南高等学校教諭（国語科）
岡山県立東岡山工業高等学校、岡山県立岡山城東高等学校などを経て、2017年より現職。岡山県

高等学校学校図書館活用教育研究委員会代表を務める。共著に『中学校・高等学校　言語活動を軸とした国語授業の改革─10のキーワード』（田中宏幸・大滝一登編著・三省堂）など。

岡本歩（おかもと・あゆみ）［実践⑦］
近畿大学附属広島高等学校・中学校　福山校教諭（国語科）
同志社大学文学部卒。2000年より現職。『学びの質を高める！ICTで変える国語授業2 ─応用スキル＆実践事例集』（明治図書／野中潤編著）などに実践例が掲載されている。

鵜飼力也（うかい・りきや）［実践⑧］
国際基督教大学高等学校教諭（地歴公民科）
国際基督教大学卒。民間企業、横浜女学院中学校高等学校を経て、2017年より現職。現職教員として東京学芸大学教職大学院教育実践専門職高度化専攻（修士課程）に在籍。『はじめての授業のデジタルトランスフォーメーション』（東洋館出版社）に実践記事掲載。

鍛治本正人（かじもと・まさと）［実践⑨］
香港大学ジャーナリズム・メディア研究センター副教授
米ミズーリ大学コロンビア校修士（ジャーナリズム）取得後、CNNの記者として2001年香港に移住。2010年より現職。同香港大学において2014年博士（社会学）取得。専門はアジアにおけるニュースリテラシー教育、ファクトチェック実践、および誤・虚偽情報生態系の研究。

中澤歩（なかざわ・あゆむ）［実践⑩］
青翔開智中学校・高等学校教諭（国語科）
京都大学教育学部卒。京都市立西京高等学校附属中学校を経て、2020年より現職。青翔開智中高では広報部（WEB担当）も兼務。GEG Kurayoshi共同リーダー、先生のための教育事典EDUPEDIA編集部。

長澤江美（ながさわ・えみ）［実践⑩］
スマートニュース メディア研究所 研究員
愛知教育大学教育学部小学校教員養成課程国語科卒。12年間の時事通信社勤務を経て、2016年〜20年、ニューヨーク在住。2020年に入社し、メディアリテラシーを担当。

［第4部　座談会・メディアリテラシー教育の現在地と未来］

［参加者］

上田祥子（うえだ・さちこ）
埼玉県教育局県立学校部高校教育指導課教育課程担当指導主事
東京学芸大学中学校教員養成課程国語科卒業後、不動産ディベロッパー会社勤務を経て専業主婦を経験。埼玉県立所沢北高等学校、埼玉県立川越初雁高等学校を経て、2023年より現職。若者たち

の、高校卒業時の進路選択のサポートを行う「HASSYADAI social」の理事も務める。『国語の窓第2号』（明治書院）などへの寄稿も。

合田哲雄（ごうだ・てつお）

文化庁 次長

東北大学法学部卒、東京大学大学院修士課程修了。1992年旧文部省入省。福岡県教育庁高校教育課長、NFS（全米科学財団）フェロー、文部科学省高等教育局企画官、初等中等教育局教育課程課長、同財務課長、内閣府 科学技術・イノベーション推進事務局審議官などを経て、2022年から現職。これまで2度にわたり、学習指導要領改訂に携わった。著書に『学習指導要領の読み方・活かし方』（教育開発研究所）など。

平川理恵（ひらかわ・りえ）

広島県教育委員会教育長

同志社大学卒業後、㈱リクルートに入社。1998年南カリフォルニア大学経営学修士（MBA）取得。留学仲介会社を起業後、2010年、女性としては全国で初めて公立中学校の民間人校長（横浜市立市ヶ尾中学校）に就任。2018年から現職。著書に『クリエイティブな校長になろう 新学習指導要領を実現する校長のマネジメント』（教育開発研究所）など。

［モデレーター］

山脇岳志（やまわき・たけし）＝編者略歴参照

メディアリテラシー　吟味思考（クリティカルシンキング）を育む（はぐくむ）

2022 年 1 月 20 日　初 版 発 行
2023 年 10 月 30 日　第 3 刷 発 行

編著者　　坂本旬・山脇岳志
発行者　　花野井道郎
発行所　　株式会社時事通信出版局
発　売　　株式会社時事通信社
　　　　　〒 104-8178　東京都中央区銀座 5-15-8
　　　　　電話 03（5565）2155　https://bookpub.jiji.com
印刷・製本　中央精版印刷株式会社

装丁　　　　山之口正和（OKIKATA）
本文デザイン　大島恵里子
DTP　　　　一企画
校正　　　　溝口恵子
編集　　　　新井晶子・坂本建一郎